教师教育精品教材·学前教育专业系列　　i教育·融合创新一体化教材

幼儿园课程的理论与实践 微课版

高　敬　王艺芳◎著

华东师范大学出版社

·上海·

图书在版编目(CIP)数据

幼儿园课程的理论与实践/高敬,王艺芳著.
上海:华东师范大学出版社,2024. —ISBN 978-7
-5760-5719-5

Ⅰ.G612

中国国家版本馆 CIP 数据核字第 2025PF3452 号

幼儿园课程的理论与实践

著　　者　高　敬　王艺芳
责任编辑　余思洋
责任校对　张佳妮　时东明
装帧设计　庄玉侠
封面作品　上海市崇明区东滩思南路幼儿园

出版发行　华东师范大学出版社
社　　址　上海市中山北路 3663 号　邮编 200062
网　　址　www.ecnupress.com.cn
电　　话　021-60821666　行政传真 021-62572105
客服电话　021-62865537　门市(邮购)电话 021-62869887
地　　址　上海市中山北路 3663 号华东师范大学校内先锋路口
网　　店　http://hdsdcbs.tmall.com

印　刷　者　浙江临安曙光印务有限公司
开　　本　787 毫米×1092 毫米　1/16
印　　张　20
字　　数　446 千字
版　　次　2025 年 6 月第 1 版
印　　次　2025 年 6 月第 1 次
书　　号　ISBN 978-7-5760-5719-5
定　　价　49.00 元

出 版 人　王　焰

(如发现本版图书有印订质量问题,请寄回本社客服中心调换或电话 021-62865537 联系)

课程资源地图

园级层面的
幼儿园课程

上海市宝山区青苹果
幼儿园青品课程 / 10

上海市黄浦区荷花池幼
儿园艺术教育课程 / 11

上海市嘉定区安亭幼
园生命教育课程 / 11

班级层面的
幼儿园课程

幼儿园课程的
整体性特点

用科学原理打造室内
运动馆（大班）/ 22

解决生活中的烦恼
（大班）/ 12

幼儿园课程的
实践性特点

幼儿园课程的
趣味性特点

收集雨水大行动
（小班）/ 27

帮水搬家（大班）
/ 27

上海市杨浦区五角场
幼稚园户外活动 / 28

幼儿园课程
内容的综合
性特点

园级层面的
幼儿园课程
目标

飞机场（小班）
/ 57

做一条树围测量
项链（大班）/ 54

上海市嘉定区嘉定新城崇
教幼儿园户外活动 / 33

幼儿园课程内容的生活性特点

娃娃超市（大班）/ 57

幼儿园课程内容的开放性特点

交通系统下的马路大发现（小班）/ 58

园级层面的幼儿园课程设计

幼儿园课程实施的生活化原则

上海市浦东新区浦电幼儿园"客人来了"劳动活动 / 134

上海市徐汇区园南幼儿园运动特色课程 / 106

上海市徐汇区紫薇实验幼儿园生命教育课程 / 106

幼儿园课程实施的活动性原则

上海市黄浦区思南路幼儿园个别化学习活动 / 136

幼儿园课程实施的游戏化原则

上海市嘉定区嘉定新城实验幼儿园展示 / 138

幼儿园课程实施的师幼互动原则

山坡上的彩虹滑道（大班）/ 142

金鱼不见了（大班）/ 142

上海市杨浦区民办科技幼稚园户外综合游戏 / 138

幼儿园课程实施的资源开发与利用原则

交朋友（中班）/ 150

前　言

　　本书力求全面系统地介绍幼儿园课程的理论与实践。在具体阐述中,本书将课程理论与实践紧密结合,这是因为幼儿园课程既是一门理论性很强的学科,又是一门实践性很强的学科。理论无实践则空,实践无理论则盲,幼儿园课程理论没有实践的支撑,则显得苍白无力;幼儿园课程实践没有理论的指导,则容易偏离正确的方向。故本书在结构上采用了理论与实践深度融合的呈现方式,每一章在理论阐述的同时,将来自各层面,特别是各个幼儿园丰富的实践案例与分析以及拓展阅读资料穿插于其中,旨在帮助读者实现从幼儿园课程理论向实践的转化。

　　本书还将幼儿园课程的理论与实践在不同层面加以阐述。由于幼儿园课程内涵丰富,涉及国家及地方、园级、班级等多个层面,且研究对象范围广,故幼儿园课程的理论及实践千头万绪。为此,本书将幼儿园课程分为国家及地方、园级、班级三个层面进行阐述,力求使理论与实践更有针对性。

　　此外,本书顺应当今国内外学前教育改革动态和趋势来阐述幼儿园课程的理论与实践,凸显时代性。本书内容力求反映当前学前教育发展的时代背景和要求,根据党的二十大报告提出的加快建设高质量教育体系背景下的幼儿园课程主题展开。

　　为帮助读者内化幼儿园课程的理论与实践,本书还提供思考题,帮助读者做到理论与实践相结合,学以致用,知行合一。

　　本书既可用于学前教育师资的职前培养,帮助未来的学前教育工作者系统学习幼儿园课程基本理论、主要模式和编制技术,了解幼儿园课程实践及改革动向,为日后从事幼儿园课程实践打下扎实基础;也可用于提高在职学前教育管理者和工作者的幼儿园课程理论与实践素养,以更好地规划决策和开展高质量课程建设。希望本书能给各类读者带来有益的理论学习指引和实践运用参考。

虽然本人长期从事幼儿园课程理论与实践的研究，但课程是教育现象中最繁杂的一个概念，要描述得全面、清晰、实用，颇富挑战性。期待广大同仁多提宝贵意见。

感谢研究生陈爱琳、高天航、吴金霞、冯飞洋、周知遇等同学参与案例整理和分析。感谢华东师范大学出版社在本书出版工作中的大力支持。感谢提供课程资源的上海市黄浦区荷花池幼儿园、思南路幼儿园、复兴中路第二幼儿园，静安区大宁国际幼儿园，徐汇区紫薇实验幼儿园、园南幼儿园，杨浦区民办科技幼稚园、五角场幼稚园，宝山区青苹果幼儿园，嘉定区嘉定新城实验幼儿园、嘉定新城崇教幼儿园、安亭幼儿园，浦东新区浦电幼儿园，崇明区东滩思南路幼儿园，以及上海青浦世界外国语幼儿园的陈茜老师。感谢崇明区东滩思南路幼儿园提供的精美而有活力的封面照片。对本书中引用改编的来自一线学前教育工作者及国内同行的研究成果，在此一并表示感谢。

上海师范大学(上海)学前教育学院　高敬

目

MU LU

录

第一章　幼儿园课程的内涵

美国课程专家泰勒(R. Tyler)在其《课程研究入门》一书中指出,课程是"教育事业的核心,是教育运行的手段,没有课程,教育就没有了用以传达信息、表达意义、说明价值的媒介。正因为如此,课程在教育活动中起着决定性作用"。[1] 此外,课程是实现教育目标的"基石",是组织教育教学活动的最主要依据,是集中体现和反映教育思想及教育观念的载体,是实现社会公平、保证和提升教育质量、满足教育工作者个人发展及终身学习需求的重要途径。因此,随着教育在国家发展中重要性的不断增加,课程日益成为各国提升国家未来竞争力、增强人类经济社会科学进步适应力的重要手段。

由此可见,课程被赋予多重意义,课程在整个教育过程中处于核心位置。同样,幼儿园课程也是学前教育事业的核心,是实现幼儿园教育目标和培养目标的载体与蓝图,幼儿园课程的目标、内容与结构、组织实施和评价等,从总体上决定着幼儿园课程的质量和儿童的发展水平。由此,幼儿园课程是学前教育的重要构成要素,也因此得以成为学前教育专业中的一门独立的学科。

在对幼儿园课程的基本理性认识中,内涵探讨是首要的、不可忽视的重要问题。全面理解和把握幼儿园课程的内涵,有助于形成正确的幼儿园课程意识和科学的幼儿园课程本质观;同时,有助于科学开展和指导有效的幼儿园课程实践,因为对幼儿园课程内涵的认识将直接决定对幼儿园课程本质的理解,也将直接决定幼儿园课程的实践效果。

内涵是一个概念所反映的事物的本质属性的总和,也就是概念的内容。课程内涵指的是对课程概念的正确认识和了解,对幼儿园课程内涵的研究涉及幼儿园课程本身的定义、涉及层次与发展趋势等,如此便可深刻而全面地揭示幼儿园课程这一概念的本质属性。

---

[1] 转引自:孟凡丽.国外多元文化课程开发模式的演进及其启示[J].比较教育研究,2003,24(02):28—33.

第一节　幼儿园课程的定义

一、幼儿园课程的词源

了解幼儿园课程的定义，首先要追溯"幼儿园课程"一词的起源。

在西方，英国著名哲学家、教育家斯宾塞（H. Spencer）于 1859 年发表了《什么知识最有价值》（*What knowledge is of most worth*）一文，其中最早使用了"课程"（cirriculum）一词。"cirriculum"一词实际起源于拉丁语"currere"，"currere"是动词，意为"跑"；"cirriculum"则是名词，意为"跑道"（race-course）。根据这个词源，西方课程在学校教育中，其原始含义是名词，指"学习的进程"（course of study），简称"学程"。从动词形式来解释，其含义便是"奔跑"或"跑步"，意味着要求教育者开展活动，让儿童从中进行学习、收获体验、获得发展。随着 20 世纪 70 年代以来概念重建主义运动的开展，课程的研究范式转变，课程的概念被放在更广阔的教育领域中，从而经历了根本性的概念重建：不只意味着跑道、轨道或学程等静态事物，而是也包括了"跑"这一过程，使课程成为静态文本和动态因素相互作用的过程。即课程成了一个变化的、动态的、复杂的、相互作用的经验连接网络，而不再是一个简单的、线性的、等待执行的学程。

在我国学前教育史上，"幼儿园课程"一词的明确提出是在 20 世纪 20 年代，当时使用的是"幼稚园课程"。1928 年 5 月在南京召开的民国时期第一次全国教育会议上，时任教育部部长、著名教育家陶行知先生针对当时国内幼稚园没有一个基本的课程标准，以及幼稚园课程和教材是舶来品、不符合我国实际的情况，提出了《审查编辑幼稚园课程与教材案》。该提案提出后，教育部聘请了以陈鹤琴为代表的有关专家拟定了《幼稚园课程标准》，并于 1932 年 10 月正式颁布，1936 年 7 月修正。该标准明确指出了"课程范围"，涉及音乐、故事和儿歌、游戏、社会和常识、工作及静息等，并对每一项课程内容都做了有关目标和具体事项的说明。此后，"幼稚园课程"一词作为"幼儿园课程"的前身，在学前教育领域开始得到广泛重视和使用。[①] 1949 年以前，学前教育实验大多围绕幼儿园课程而展开。1949 年之后，尤其是 20 世纪 50 年代，因广泛学习苏联的学前教育模式，采用教学的系统概念指称幼儿学习的内容体系，无论是政府文件，还是学术界和实践领域都不再使用"课程"这个术语。20 世纪 80 年代，随着幼儿园课程的改革，我国学术界和实践领域才开始再次使用"课程"一词。

二、幼儿园课程的定义

课程是教育领域中含义最为复杂、歧义最多的概念之一，正如斯考特（R. Scotter）所言：

[①] 虞永平,张帅. 从模仿借鉴到规范创新——新中国成立 70 年来幼儿园课程的发展[J]. 教育科学文摘,2019,38 (04):51.

"课程是一个用得最普遍但却定义得最差的教育术语。"[1]"课程"一词的使用范围非常广泛且包括了多重含义。如《简明国际百科全书·课程》(*The international encyclopedia of curriculum*)列出了九种关于课程的不同定义[2],说明对课程定义的理解呈现出多元化的现象。我国对课程定义的阐述主要围绕五个维度:学习科目维度、学习经验维度、学习活动维度、教学计划维度和学习目标维度。[3] 受其影响,我国学前教育界对幼儿园课程的定义有过不同的诠释。了解幼儿园课程发展史上曾经出现的每一种课程定义及其背后所隐含的特定价值取向及本质特点,同时了解幼儿园课程定义的不同层次及发展趋势,有助于对幼儿园课程的内涵形成较为全面和深入的认识。

从 20 世纪上半叶《幼稚园课程标准》中使用"幼稚园课程"一词至今,我国对幼儿园课程的定义,曾有几种典型的看法。

(一) 幼儿园课程即教学科目

该定义认为幼儿园课程指幼儿园教学的各种科目。1952 年 3 月,教育部颁布了由苏联专家戈林娜(Galina)等人指导,经过部分地区实验和修改而制定的《幼儿园暂行规程(草案)》和《幼儿园暂行教学纲要(草案)》,并开始在全国试行。《幼儿园暂行规程(草案)》设置了六项幼儿园教养活动:体育(包括日常生活、卫生习惯、体育游戏、舞蹈和律动等),语言(包括谈话、讲故事、歌谣、谜语),认识环境(包括日常生活环境、社会环境、自然环境),图画手工(包括图画、纸工、泥工、其他材料作业),音乐(包括唱歌、表情唱歌、听音乐、乐器表演)以及计算(包括认识数目、心算、度量)。《幼儿园暂行教学纲要(草案)》则是针对以上六门科目制定的教学纲要,各科教学纲要都包括目标、教材大纲、教学要点和设备要点等四个方面。《幼儿园暂行规程(草案)》和《幼儿园暂行教学纲要(草案)》将幼儿园课程看成一门门的教学科目,加强了幼儿园各科教学的计划性、系统性、思想性与科学性,奠定了新中国幼儿园分科课程的基础。

《幼儿园暂行规程(草案)》和《幼儿园暂行教学纲要(草案)》对新中国的幼儿园分科教学的指导意义非常重大,一直影响着此后我国颁布的相关纲要中对课程内容的规定。如受其影响,1981 年颁布的《幼儿园教育纲要(试行草案)》规定,幼儿园的教育内容分为生活卫生习惯、体育活动、思想品德、语言、常识、计算、音乐、美术等八个方面。《幼儿园教育纲要(试行草案)》在之前的基础上,增加了生活卫生习惯、思想品德两方面的教育内容,并强调通过游戏、上课、观察、劳动、娱乐等活动完成教育任务。但幼儿园的教育教学仍然采用分科教育模式,课程仍然是分科体系,主要设有体育、语言、常识、计算、音乐、美术六科,而且还规定了六科每周的上课

---

① Scotter R D, Kraft R J, Haas J D. Foundations of education: social perspective [M]. Upper Saddle River: Prentice Hall, 1979:272.

② Lewy A. The international encyclopedia of curriculum [M]. Oxford: Pergamon Press, 1991:15.

③ 郝德永. 课程研制方法论[M]. 北京:教育科学出版社,2000:67.

节数;对于新增加的生活卫生习惯和思想品德,《幼儿园教育纲要(试行草案)》中没有详细说明该如何落实。因此可以看出,《幼儿园教育纲要(试行草案)》将幼儿园课程理解为教师教授的各门学科,主要包括六门学科。

"幼儿园课程即教学科目"的定义以学科知识为中心,重视以相应的学科逻辑为基础来组织幼儿园课程,注重系统的知识教学,强调教师应该向幼儿传授人类社会长期传承下来的、必要的、有价值的知识。但是,这一课程定义从学科维度出发将幼儿园课程分类,人为地割裂了人类社会的知识和幼儿所具有的知识经验之间本应有的内在联系;该定义将幼儿园课程以学科来界定,使课程内容常常由教材决定,外在于幼儿的现实生活,与幼儿当下的经验、兴趣、需要相背离;该定义以学科知识为上,容易忽视知识以外的情感、态度、创造性、个性等对幼儿成长有更大影响的因素;该定义还容易导致教师为追求知识技能掌握的课程目标,把幼儿看成外在于课程的接受者,把课程实施当成一种灌输和训练。

"幼儿园课程即教学科目"是新中国成立以来我国学前教育界对幼儿园课程本质的普遍认识,是曾经影响我国时间最长、范围最广的一种课程定义,甚至在当今的学前教育中,幼儿园课程的分科思想和实践还时有所见。如有些幼儿园因功利主义的影响,以小学阶段学业知识习得为目的,专门设立数学、拼音、识字、美术等课程,让幼儿系统学习学科的知识和技能。这一现象主要与我国一些等级制的文化价值观、应试导向的学业内容有紧密关系,幼儿园为了迎合家长望子成龙、望女成凤的心态,在课程实践中追求技能习得,急功近利。

📋 **案例**

幼儿园教师排练节目,暴力推倒多名孩子

2023 年,某幼儿园教师在排练毕业典礼节目时情绪激动,将几名孩子推倒在地,引发网友关注。在他人拍摄的视频中,多名孩子在教室里排练节目,一名教师在指导幼儿动作和队形排列。其间,该教师因孩子未达到其要求而多次推搡孩子,致使 4 名孩子摔倒在地。其中一名孩子在爬起来后又被推倒,如此反复了几次。情绪激动的教师丝毫没有停止的意思,一名女孩甚至被拎起往后一甩。

案例分析: 这名教师暴力推倒多名孩子的直接原因,是排练毕业典礼节目时,过分追求孩子动作和队形的整齐划一,并因孩子未做到而迁怒于孩子,进而情绪失控。在体罚孩子的背后,从课程定义观来看,反映出该教师将幼儿园课程看作教学科目,对毕业典礼节目过分追求孩子对动作和队形的正确掌握。

(二)幼儿园课程即教育活动

"幼儿园课程即教育活动"是从宏观的、广义的角度来定义幼儿园课程的,"幼儿园课程是实现幼儿园教育目标,帮助幼儿获得有益经验,以促进其身心全面和谐发展的各种活动的

总和"①,课程泛指为幼儿设置的,且区别于其他教育机构的教育活动的总和,如 1932 年的《幼稚园课程标准》中指出的音乐、故事和儿歌、游戏、社会和常识、工作及静息等内容。另外,全美幼儿教育协会(National Association for the Education of Young Children,简称 NAEYC)和美国国家教育部幼儿教育专家协会(National Association of Early Childhood Specialist in State Department of Education,简称 NAECS/SDE)将幼儿园课程定义为:一种有组织的框架,它描述了儿童应学习的内容、儿童达到规定课程目标的过程、教师为帮助儿童达到这一目标所担负的责任,以及教与学所发生的内容。② 根据这一定义,幼儿园课程的范围十分广泛,儿童每天的经历,甚至每一分钟的经历,都是课程的一部分。唱歌、游戏、观察和运动是课程的一部分,吃饭、洗漱和休息等也是课程的重要组成部分。

"幼儿园课程即教育活动"把幼儿园课程在狭义的教学科目上进行了拓展,泛化为幼儿在园进行的一切教育活动,即幼儿园课程不再局限于教学活动,还包括在幼儿园中开展的其他任何类型的教育活动,如生活活动、游戏活动、运动,以及毕业典礼、运动会、节日庆祝活动、亲子活动等常规活动。由此可见,该定义对幼儿园课程内涵的理解更全面了,也更准确地反映出了幼儿园课程的本质特点:上课、教学难以反映出幼儿园课程的本源和真谛,游戏活动、生活活动、运动及常规活动等恰恰勾勒出了幼儿园课程有别于其他各级教育课程的基本概貌和特点。然而,该课程定义指向的都是显性的教育活动,未包括可能对幼儿有支持作用、起潜移默化影响的幼儿园环境、教师言行等隐性课程;此外,由于教育活动多是由教师设计、安排和组织的,该课程定义主要是从教师的角度切入来考虑为幼儿设置学习的"跑道",而较少从幼儿的角度探讨其在课程"跑道"上学习的经历、体验和结果。要知道,由于每个幼儿的兴趣、需要、生活经验和认知结构存在差异,学习过程中对活动的体验和感受也就各不相同,因此,该定义无法兼顾和解释幼儿活动前的个体差异,以及通过活动所获得的个性化、异质性的学习经验,没有深刻地揭示出幼儿园课程的内涵与本质。

"幼儿园课程即教育活动"的定义在 20 世纪二三十年代的幼儿园课程改革中广为流传。同时,在 20 世纪 80 年代末开始的幼儿园课程改革中,"幼儿园课程即教育活动"也是一种主流的、普遍被认可的幼儿园课程定义观。总体而言,该定义受到西方幼儿园课程理论的影响,也是针对"幼儿园课程即教学科目"的弊端产生和发展而来的。

 案例

幼儿对刷油漆的认识和体验

在中班"刷油漆"美术活动后,教师在自由活动时与 4 名幼儿闲聊"什么是刷油漆"

① 陈幸军.幼儿教育学(新版)[M].北京:人民教育出版社,2003:129.

② Arce E M. Curriculum for young children:an introduction [M]. Toronto: Nelson Press, 2012:20.

的问题，一名幼儿说是"刷一层颜料"，一名幼儿说是"涂上漂亮的颜色"，一名幼儿说是"穿上漂亮的衣服"，还有一名幼儿说是"涂一层东西不让干掉"。

案例分析：以上 4 名幼儿虽然都在教室中参与了教师面向全体幼儿统一开展的同一节美术活动，但是从他们的回答中可以看出，活动后幼儿对刷油漆的认识是有个体差异的，即均带有自己最深刻和独特的活动体验与感受。由此，"幼儿园课程即教育活动"的定义只关注到了教师对教育活动的安排和内容，而无法诠释和洞察每名幼儿基于自己的兴趣、原有生活经验和认知结构在活动中所建构的个性化学习经验，未深入了解幼儿的内心体验与独特感受。

（三）幼儿园课程即学习经验

受西方课程定义观的影响，如卡斯韦尔（H. Caswell）、坎贝尔（D. Campbell）在 20 世纪 60 年代提出的"课程是儿童在教师指导下所获取的所有经验"[1]，20 世纪 80 年代末，我国的幼儿园课程改革中开始出现类似的课程定义观。该定义观认为"幼儿园课程是儿童在幼儿园环境中获得的旨在促进其身心全面发展的教育性经验"[2]，"幼儿园课程是一组系统的有利于幼儿全面、和谐发展的经验"[3]。由此，幼儿园课程是幼儿在幼儿园环境中获得的全部经验，这些经验是有目的、有计划、有组织的，对幼儿发挥"正效应"作用的，促进其身心发展的显性和隐性学习经验，而不是零散、杂乱、自然、原始的经验，也不是未经筛选的、不良的负面经验。同时，由于幼儿必须通过自身的直接感知、实际操作和亲身体验等方式来建构经验，因此只有那些幼儿真正实践并理解和接受了的经验，特别是直接经验，才称得上是课程。在该课程定义观下，幼儿园课程不再仅被理解为游离于幼儿主体之外、由教师设计与组织的显性教育活动，更是幼儿在活动中所获得和吸收的、个性化的、直接的、有益的学习经验；同时，还包括幼儿从环境中受到的影响及因此而获得的学习经验。

"幼儿园课程即学习经验"从经验维度反映了课程对幼儿全方位的影响，使幼儿园课程超越了其显性的层面。因为从幼儿经验来源的范围来看，幼儿园课程既包括精心设计的、预设的、对幼儿发展起促进作用的显性课程，又包括非预设的、环境中的物和人等对幼儿具有潜移默化影响的潜在课程或隐性课程。此外，这一课程定义将"教育活动"拓展到"教育经验"再到"学习经验"，把幼儿的直接经验置于课程的中心位置，实现了课程定义的本质由"物"向"人"的转变，由"教师"视角向"幼儿"视角的转变，由考虑活动内容的安排向注重幼儿的兴趣需要和体验感受的转变，体现了"解放人性"的人文主义的努力。另外，这一课程定义

[1] Caswell H L, Campbell D S. Curriculum development [J]. Review of education, 1961, 61(02): 5—16.
[2] 刘焱. 学前教育原理（2002 年版）[M]. 大连：辽宁师范大学出版社, 2002: 222.
[3] 虞永平. 学前教育学[M]. 苏州：苏州大学出版社, 2001: 58.

也将幼儿园课程由"静态"变为"动态",重视幼儿的主体地位及幼儿与外界环境之间的交互作用,重视课程实施的过程而非结果。由此,这一课程定义对幼儿园课程内涵的理解不仅全面和合理,而且也更加本质和深刻。但是,任何事物都具有两面性,这一课程定义也存在一些无法克服的局限。首先,该课程定义过于强调幼儿个性化的、直接的经验,在课程实践中容易造成强调幼儿的兴趣和个体感受,但忽视幼儿系统知识经验的学习,教育的目的性、计划性较差。另外,由于班级幼儿人数多,经验因人而异,经验本身又具有随意性、模糊性和主观性的特点,在实践中教师往往很难准确分析和把握,从而影响了幼儿园课程的有效组织与实施,影响了幼儿园课程目标的实现。

"幼儿园课程即学习经验"在 21 世纪初随着幼儿园课程改革的深化而不断深入人心,许多学前教育工作者在幼儿园课程实践活动中持有该课程定义观,在安排和组织教育活动时,努力在活动前去了解和把握幼儿的兴趣需要、已有生活和学习经验,力求活动设计从幼儿的原有兴趣和经验出发;努力在活动中去创设环境、提供材料,帮助幼儿基于兴趣和原有认知结构主动积极建构有益的知识经验,促进幼儿在原有基础上发展;努力在活动后去分析和诠释幼儿已建构的个性化学习经验,促进幼儿经验的交流、共享、迁移、运用。同时,教师还注重在一日生活中创设具有教育性、能与幼儿互动的班级环境,潜移默化地支持和促进幼儿通过与环境中的物、人互动而建构有益的经验。

 案例

地板上的一排排小脚印

小班盥洗室边上有一个茶水桶,茶水桶前面的地板上画着两排整齐的小脚印。户外运动后回到教室,幼儿在盥洗室洗完手后,纷纷拿起水杯去茶水桶处接水。不一会儿,已拿好水杯欲接水的幼儿越来越多,只见晚来的幼儿看了一眼地板上的小脚印后,就自觉地站在小脚印上排队等候接水。

(案例来源:上海青浦世界外国语幼儿园陈茜老师)

案例分析:该小班的茶水桶前的地板上画着的两排小脚印,作为一种环境创设的标志,可提示幼儿"接水时自觉排队,遵守秩序不拥挤"的行为规范。可见环境是幼儿园的隐性课程,可传递给幼儿具体直观的学习经验,给予幼儿潜移默化的教育影响。

案例

我家的冰箱

在中班"我家的冰箱"美术活动的导入环节,教师出示冰箱的图片,并让幼儿说说自己家的冰箱。有的幼儿说"我家的冰箱有两扇门",有的幼儿说"我家的冰箱里放了冰淇淋和酸奶",有的幼儿说"我家的冰箱里放了南瓜"。教师尊重每一名幼儿的看法,对冰箱的外形和功能进行了总结。在幼儿交流了对家里冰箱的认识后,教师又安排了绘画活动,让幼儿画家中冰箱里放了哪些食物,以巩固幼儿对冰箱储藏食物功能的认识。有的幼儿画了石榴、橘子、酸奶、牛奶、鱼虾、火腿肠、巧克力等;有的幼儿在绘画中区分出冰箱冷藏室和冷冻室分别储藏的食物,有的幼儿则没有严格区分。对幼儿的绘画作品,教师始终抱着欣赏的态度,张贴在墙面上让幼儿分享交流,而没有急于对幼儿未掌握冰箱冷藏和冷冻的不同功能这一学习经验深入开展教学。

（案例来源:上海青浦世界外国语幼儿园陈茜老师）

案例分析:该班级的幼儿由于各自的兴趣、经验等不同,对家中冰箱及其所储藏的食物表现出了不同的关注点。在分享对冰箱的认识和绘画冰箱中的食物时,幼儿都是基于自己独特的生活经验进行的,获得的学习经验也是多元、独特和主观的,可以看到不同的掌握速度和进程。"幼儿园课程即学习经验"的定义观,能够帮助教师树立幼儿视角,深入幼儿内心世界,做到课程从幼儿的原有经验出发,并尊重和理解幼儿在活动中建构的个性化学习经验,不过于追求特定的学习结果。

　　综上,对幼儿园课程有多元的界定。究其原因,首先是定义维度的差异。从以上三种典型的幼儿园课程定义来看,有从学科维度来界定幼儿园课程的,形成了幼儿园课程定义的学科说;有从活动维度来界定的,形成了幼儿园课程定义的活动说;还有从经验维度来界定的,形成了幼儿园课程定义的经验说。此外,幼儿园课程的多元定义还体现了对幼儿园课程价值认识的差异,有从知识价值的角度来界定幼儿园课程的,强调幼儿园课程知识本位的价值观,追求幼儿社会文化知识和学科技能的获得;有从个人价值的角度来界定的,强调幼儿园课程儿童本位的价值观,追求幼儿的主体性、基本经验与能力的发展。最后,幼儿园课程的多元定义还反映出对幼儿园课程本质特点认识的不同,有从目的性、计划性、逻辑性的角度来说明其特点的,将其视为系统化知识教学的载体;有从生活性、实践性、体验性的角度来说明其特点的,将其视为提供丰富、有益、与生活有关、促进幼儿自主建构直接经验的一种途径。

　　随着 20 世纪 70 年代以来概念重建主义运动的兴起、课程研究范式的转变,课程经历了根本性的概念重建,它不只意味着跑道、轨道或是学程等静态事物,也包括了"跑"这一过程,使课程成为静态文本和动态因素相互作用的过程。幼儿园课程不仅是静态的学程,也是动态的"跑程",愈加突出幼儿的主体地位。因此幼儿园课程多从经验的维度来进行界定,即幼儿园课程是教师通过组织实施各类教育活动、进行环境创设,支持幼儿主动学习、自主建构,进而使其获得个性化的学习经验。从以上定义也可看出幼儿园课程是广义的,在幼儿获得学习经验的过程中包括显性的各类教育活动,还包括隐性的环境创设;包括幼儿学什么,也包括教师怎么教。

第二节 幼儿园课程的层次

美国著名课程专家麦克尼尔(J. McNeil)曾经提出课程可分为两个世界:一是修辞的世界,即专业委员会成员、教育董事、政府领导等人在其中回答教什么、如何教等问题,课程改革、目标、标准、政策与框架等与之相连;二是经验的世界,教师、学生在其中缔造课程,追求目标,建构知识和意义。[①] 另一美国著名课程专家古德莱德(J. Goodlad)在探讨课程时,认为存在五种不同层次的课程,分别为"理想的课程、正式的课程、领悟的课程、运作的课程、经验的课程"。课程的这五个层次是现代课程改革在通常意义上必然要经历的推进阶段或者实施步骤。[②] 从理想课程的设计(主体为专家)到正式课程的颁布(主体为政府)到领悟和运作课程的发生(主体为学校和教师)再到经验课程的呈现(主体为学生),其实质就是课程改革从表层到深层、从文本到实践的过程。

基于以上两个理论,幼儿园课程从纵向上来看,也具有多元的特点,自上而下可包括不同层次。[③] 对其进行划分,有助于幼儿园课程改革的推进,也有助于厘清各类幼儿园课程存在的问题;有助于使本书所描述和探讨的幼儿园课程理论更具有针对性和指向性,也有助于更有效地指导各类幼儿园课程研究和实践活动,特别是指导教师班级层面的课程实践,将实施的课程转化为幼儿体验的课程,最终实现课程促进幼儿全面发展的育人价值和功能。

一、国家及地方层面的幼儿园课程

这是由国家及地方教育行政部门规定的、在幼儿园普遍实施和推广的幼儿园课程。

就我国而言,曾有过一段推广和实施国家层面幼儿园课程的历史时期。如根据《幼儿园教育纲要(试行草案)》提供给教师的全国统编的幼儿园教材,包括体育、语言、常识、美术等科目,全国各地的幼儿园均采用这套国家统一的幼儿园课程及教材。

但自 20 世纪 80 年代末开始幼儿园课程改革起,鉴于我国地区差异大、各地发展不均衡的现实状态,地方层面的幼儿园课程开始实施。此时,国家不规定统一的幼儿园课程,主要通过各类政策法规,如《幼儿园工作规程》《幼儿园教育指导纲要(试行)》《3—6 岁儿童学习与发展指南》等,为全国各地幼儿园的课程设计、组织、实施及评价提供参考和指导。各地教育行政部门则根据国家各类文件中有关幼儿园课程的规定,结合本地区的地域特点和发展需要,组织各类专家来编制与设计地方层面的幼儿园课程,供本地区的幼儿园使用,以增强幼

---

① 参见:史丽晶.基础教育课程改革目标实施程度研究[D].长春:东北师范大学,2016.

② 转引自:施良方.课程理论——课程的基础、原理与问题[M].北京:教育科学出版社,1996:9.

③ 钟启泉.国外课程改革透视[M].西安:陕西人民教育出版社,1993:22—23.

儿园课程的地区适应性。

地方层面的幼儿园课程在实施过程中,除了形成省、自治区、直辖市层面的课程外,还因本地区特色、优质课程资源等,形成了区域层面的幼儿园课程。如上海市金山区的田野课程,针对教师缺乏对本地区优质资源的利用意识、较少带领幼儿进行自然实践等问题,开发利用田野资源,借助"田野体验活动",开展了成就田野中的"皮小囡"课程建设实践。

总体而言,国家及地方层面的幼儿园课程是较上位的宏观层面的课程,是一种处于专家头脑和观念之中,并由教育部门推广到社会上供所有幼儿园实施的理想和正式的课程。这一层面的幼儿园课程目标、课程内容、课程组织实施和课程评价等都是通过各种政策法规、课程指南和教材来确定的,基层幼儿园的课程实施者只能尝试理解制定者的观念并贯彻落实。而且,国家及地方层面的幼儿园课程是专家根据他们的理论和观念中幼儿身心发展规律及特点、课程资源、发展需要设计出来的,此时的幼儿是被赋予标准化年龄特征的、抽象的儿童群体,而不是实际的、具有鲜活特点和个性的、具体的儿童;课程资源和发展需要也是立足于国家及地方整体宏观考虑的。因此,从某种意义上来说,国家及地方层面的幼儿园课程虽然在社会上得到了实施和落实,但总体来说针对性不强,并不一定完全符合基层幼儿园的实际情况和个性需要。随着幼儿园课程改革的不断深化,地方层面的幼儿园课程在编制与设计时受英国课程专家斯滕豪斯(L. Stenhouse)的过程模式的影响,开始体现出开放且低结构的特点,以利于幼儿园灵活地根据自身特点进行选择,改编和创造课程。从这一角度出发,国家及地方层面下也就有了园级层面的幼儿园课程。

二、园级层面的幼儿园课程

微课
上海市宝山区
青苹果幼儿园
青品课程

这是各幼儿园依据国家和地方的教育纲要、课程指南或教材内容,经过主动改造建设而确定的幼儿园课程。即幼儿园结合自身的办园特色和幼儿发展需要对国家及地方层面的幼儿园课程进行选择、改编、创编,甚至开发,由此形成符合幼儿园自身特点和发展方向的幼儿园课程。园级层面的幼儿园课程是幼儿园在理解国家及地方层面幼儿园课程的基础上,整合幼儿园的特点和需要进行建构与实施的,可谓是一种被领悟、被理解的课程(perceived curriculum)。

园级层面的幼儿园课程,仍属于中观层面的课程,对幼儿来说还是一种较"正式的课程",因为这类课程多由幼儿园管理者、教研组长及骨干教师设计,总体上与教室中正在活动的幼儿仍有一定距离,不一定完全符合一线幼儿园教师所面对的班级幼儿的具体兴趣、需要、经验和发展水平。随着我国幼儿园课程改革的不断深入,课程管理逐步由集中走向民主,由统一趋向自主;也因为学前教育属于非义务教育阶段,无严格的对课程标准的硬性规定和束缚,而毕竟每一所幼儿园都有自己独特的教育生态,都有自己的办园理念、课程基础、师资、生源、资源等,故园级层面的幼儿园课程建设得到了基层幼儿园的广泛重视。从某种意义上来说,园级层面的幼儿园课程立足于每一所幼儿园独特的办园及课程实施背景与条件,故又可被称为园本课程。

拓展阅读

上海市黄浦区荷花池幼儿园艺术教育课程

上海市黄浦区荷花池幼儿园的课程以艺术教育为主要特色,秉持着"环境有艺术风格、校园有艺术气氛、教师有艺术才能、幼儿有艺术情趣"的办园目标,提出共生共享、视域融合的课程理念。相信"儿童是天生的艺术家",尊重幼儿的自主选择、生成、体验和表达,注重倾听欣赏、互动沟通,追求回归儿童本真的教育境界。

微　课

上海市黄浦区
荷花池幼儿园
艺术教育课程

课程确立审美、立德、启智的课程目标,指向幼儿美感、创造性、人格、认知等的整体发展,挖掘艺术教育的综合育人价值。

课程实施强调探索、自主体验、创造,注重过程、强调对话、体现共生、突出共享,以充分发挥幼儿的艺术潜能和创造力。

课程建构整合立体的活动体系和实施途径,从"小社团"艺术特色活动到"大艺术"活动课程,在"幼儿园—家庭—社区圈"中,整合幼儿一日生活各场域的内容和途径。

课程形成育人导向的评价体系,开发聚焦幼儿创造性、学习品质、情绪情感的观察评估体系,支持幼儿艺术智慧的碰撞,并通过评估结果促进教师教育行为的优化。

(资料来源:上海市黄浦区荷花池幼儿园)

拓展阅读

上海市嘉定区安亭幼儿园生命教育课程

上海市嘉定区安亭幼儿园生命教育课程形成"每一个孩子都是一颗独特的生命种子"的儿童观,认同生命教育就是保护每个儿童的生命安全,尊重每个儿童的个性需求,润泽每个儿童的生命成长过程。该课程将保护儿童生命、促进儿童健康放在所有工作的首位,并以"润泽"强调顺应儿童天性、满足儿童需求。该课程旨在让每一颗种子生发出生命的力量,为未来幸福生活奠基。

微　课

上海市嘉定区
安亭幼儿园生
命教育课程

上海市嘉定区安亭幼儿园生命教育课程根据《3—6岁儿童学习与发展指南》《上海市学前教育课程指南（试行稿）》，确立生命教育课程总目标：培养"身体好、习惯好、爱生活、爱创造"的儿童。从与儿童直接经验有关的"共同生活、探索世界、心灵成长"及与生命教育有关的"生命与自己、生命与社会、生命与自然"两方面，细化具体目标和阶段目标，确立了幼儿园生命教育的实践取向。

上海市嘉定区安亭幼儿园生命教育课程构建了凸显儿童立场的课程体系。从生命与自己、生命与社会、生命与自然三个内容维度，构建体现每个年龄段特点的"生命教育内容阶梯"，课程体系完整并持续优化。

上海市嘉定区安亭幼儿园生命教育课程创新了生命教育活动样式，形成"根植生活、亲身体验、自主探索、独立思辨、个性表达"的活动指导思想，让幼儿认识、尊重、关爱生命；形成生命主题活动序列，如安全保护日方案30个、小安纪念日活动12个、关爱生命STEM项目61个、儿童哲学话题30多个，汇总成"课程十中心图谱手册"等。

上海市嘉定区安亭幼儿园生命教育课程的生命教育资源从室内到户外，让幼儿在大自然中觉知生命的多样性与丰富性。创生具有个性化选择、多样化体验的生命教育课程经历，成就有意义的幸福童年。彰显儿童话语权，让儿童在自主思辨、主动发现、深度探究中提升核心素养，为面向未来做准备。

（资料来源：上海市嘉定区安亭幼儿园）

三、班级层面的幼儿园课程

班级层面的幼儿园课程是班级教师依据国家、地方及幼儿园的正式课程，经由自身的理解内化而在班级中实际实施的课程，可谓一种真正针对班级幼儿特点而运作的课程（operational curriculum）。由于在特定的教育情境中，不同经验和水平的教师对国家、地方及幼儿园的课程会带有个人的理解、诠释与解读，在课程实施中会寻求普适性课程的情境化课程意义，赋予其个性化的特点。此外，由于教师所面对的班级幼儿是具体的、动态的，因而在实施课程

微课
解决生活中的
烦恼（大班）
（上海青浦世界
外国语幼儿园
陈茜老师）

时，会兼顾班级幼儿的总体发展特点、兴趣、需要，也会考虑幼儿的个体差异，对课程进行相应的调整、改编和生成，这种现象在课程内容方面体现得尤为明显。这样，园级层面课程的下位就是班级层面的课程。在课程实施中，教师注重追随幼儿的兴趣和需要，凸显幼儿的主体地位，让班级幼儿做课程的主人。因此，这一层面的课程又被称为班本课程。

相比宏观的国家、地方层面幼儿园课程，及中观的园级层面幼儿园课程而言，班级层面的幼儿园课程是最适合幼儿发展水平和兴趣需要的微观课程。故一些幼儿园积极鼓励教师在实施园本课程的过程中，根据班级幼儿的问题、兴趣、爱好和需要以及自身的特长进行班级课程的建设，设计和形成班本课程，以使园本课程更好地适应班级幼儿的实际情况。

案例

上海市浦东新区冰厂田幼儿园班本课程故事——毛毛虫和我们

1. 我们发现

如果你看见一条毛毛虫,你会做何反应?远远地"弹开",还是"啊,好吓人啊"? 如果让你来描述毛毛虫的外形,你会如何表述?

孩子们这样做:

嘟嘟第一个发现了毛毛虫,并告知了一群小伙伴。孩子们挤在毛毛虫前,满眼的好奇,满脸的惊喜。

齐齐说:"它长得好像一个小森林啊,你们瞧,那些绿色的凸起就像一棵棵小树,中间的蓝色带子就是一条小河!"

原来,孩子们是这么想的!

2. 我们取名

在运动区域偶遇毛毛虫之后,孩子们又在教室的植物角发现了另一条完全不一样的毛毛虫,于是孩子们更好奇了。

为了区分发现的两条毛毛虫,孩子们给它们取了名字。

到底选用谁取的名字呢?我们一起来投票吧!

3. 我们想问

小小毛毛虫,点燃了孩子们的好奇心,他们提出了许多的问题。这么多问题,先研究哪一个呢?在对研究问题的投票中,关于毛毛虫刺的问题脱颖而出,成为孩子们的研究焦点。

4. 我们关爱

在研究毛毛虫的刺时,孩子们频频提到:"毛毛虫的刺有毒!"对此该怎么办呢?

"我们要远离它们!"

"可是,其他班的小朋友们还不知道,那该怎么办呢?"

于是,孩子们决定一起来提醒其他班的小朋友并做了如下分工。

微信宣传组:拍视频,借助老师的微信群发布。

灭虫任务组:在老师的提醒下,绘制灭虫任务单。

安全提示组:绘制安全提示画。

5. 我们学习

为了知道更多关于毛毛虫的故事,老师还邀请了更多的"专家"来帮助孩子们。

妞妞外婆告诉孩子们关于毛毛虫的故事。

小学自然课的朱老师给孩子们上了一堂生动的自然课——"毛毛虫的一生"。

初中生团团哥哥与孩子们分享了自己养护和观察昆虫的经历。

"专家"的加入让孩子们知道了更多关于毛毛虫的知识。孩子们也开始学着"专家"的样子介绍毛毛虫。

6. 我们照顾

毛毛虫,羽化成蝶;蚕宝宝,吐丝作茧。

"老师,我们好想看到毛毛虫变蝴蝶、蚕宝宝变飞蛾的样子啊!"

孩子们开始成为养蝶人、养蚕人,

孩子们认领了蝶蛹和蚕卵,

孩子们给它们都取了名字,

孩子们照顾着它们,

孩子们观察着它们,

等待它们长大的那一天。

7. 我们放飞

等待的时间,好慢,每天看,蝶蛹(蚕蛹)纹丝不动;

蜕变的时间,好快,刹那间,蝴蝶(飞蛾)破茧而出;

但是,蝴蝶(飞蛾)的生命周期很短,

孩子们面临一个抉择,

放飞它们,还是继续观察?

孩子们的问题,孩子们自己决策。

放飞组:依依不舍地放飞了自己的蝴蝶"金点点",即使再不舍,也要放飞,因为"大自然,是它的家,让它飞吧"。

观察组:一开始坚持观察,"我有两只蝴蝶,一雄一雌,让它们产卵,我们来观察"。后来,"放飞一只蝴蝶,让蝴蝶快乐吧,留下一只蝴蝶,我们继续观察,让我们快乐吧"。

最后,大家还是决定全部放飞。

8. 我们拓展

蝴蝶(飞蛾)放飞了,但孩子们的探索还没有结束。

孩子们开始好奇:枯叶蝶,就是长得很像枯叶的蝴蝶,是动物的拟态现象吗? 为什么蚕宝宝只吃桑叶? 为什么五色梅最能吸引蝴蝶? 如何制作蝴蝶标本?

放飞的不只是蝴蝶,更多的是孩子们的思考、好奇、探索……

老师想说:

追随着孩子们的好奇心,和孩子们一起探索、成长。在探索与蝴蝶和飞蛾有关的生物学内容时,老师也和孩子们一起感受生命的魅力,感受生命的坚毅和柔软;一起学会表达自己,感受自身的主体性;一起尝试猜测、验证,学习观察、探究;一起学会关爱身边的人,让自己的发现惠及更多小伙伴……

（案例来源：上海市浦东新区冰厂田幼儿园）

案例分析：教师根据本班幼儿因发现两条不一样的毛毛虫而产生的惊喜、好奇和疑问,生成了一系列围绕毛毛虫和蚕宝宝的活动,即设计和形成了班本课程。在班本课程实施的过程中,教师始终以幼儿为主体,追随幼儿的兴趣,创造机会支持幼儿自己决定学习的历程。可见,班本课程相比园本课程而言,可更好地适应班级幼儿的兴趣和发展需要,更好地凸显幼儿的主体性。

📋 案例

班本午睡活动安排

某幼儿园统一的午睡环节提示如下：

14:00—14:30,快乐起床。

14:15 开始,教师在卧室中巡视,提醒早醒幼儿早起并进行自我整理,不想起床或还未醒的幼儿可继续午睡,直至 14:30。

该园某大班教师在此基础上,对自己班级的午睡活动进行了如下安排：

参照园方统一的安排提示,根据本班大部分幼儿午睡时间短、会提前醒来的实际情况,在卧室的一角专门创设了一个起床休闲区。14:15 起,早醒并起床整理好的幼儿可在该区域内看书、玩玩具,但须保持安静。

（案例来源：上海市浦东新区冰厂田幼儿园丁雨凡老师）

案例分析：教师根据本班幼儿午睡时间短的实际情况对午睡时间进行了班本化的实施和安排,形成了班本午睡活动,使午睡既适合本班幼儿休息的需要,也满足了午睡早醒幼儿的活动需要。这说明园级层面为所有教师提供的统一生活课程,落实到班级层面时,需要教师根据班级幼儿的实际生活活动情况和需要灵活实施,从而形成班本生活活动课程。

四、幼儿实际体验的幼儿园课程

幼儿在班级中通过教师的组织实施,真正感受和实际体验的课程,可被称为"体验层次的课程"（experienced curriculum）。对于教师实施的课程,因为每个幼儿原有的生活经验、兴趣、需要和发展特点不同,他们对课程内容的理解和体会存在差异,所以每个幼儿会以自己的独特方式来感受、认识教师实施的课程,由此,幼儿在活动中实际体验和获得的学习经验具有个性化色彩。

幼儿对台风的认识

某大班教师结合"春夏秋冬"主题下"会变的天气"次级主题,给幼儿开展故事活动"气象台认错",让幼儿了解风、雨等自然现象及其与人们生活的关系。在之后的自由活动时间里,教师听见幼儿在聊天气的话题,其中磊磊坚持认为"下雨是雷公公发怒导致的"。过了几天,该教师又开展了"台风警报"这一科学活动,让幼儿理解台风这一自然现象、感受台风多变的特征及人们应对的办法。活动后,教师专门问了磊磊对台风的认识,磊磊表示:"台风就是抬来的风,是被雨抬来的风。"对于活动中提到的因气象台预报台风来袭而决定全市停课,最后却风平浪静的事情,磊磊认为:"是气象台在指挥台风,叫它来才来的。"

案例分析:以上案例说明在教师开展相应的活动后,幼儿对于活动内容、活动经历的看法和感受,都需要经过自己的理解。因而幼儿的学习经验完全有可能与教师的预期不一致,同时幼儿所体验的幼儿园课程具有因人而异的个性化色彩。

综上,幼儿园课程涉及的多元层次可用下图来表示(图1-1)。

国家及地方层面的幼儿园课程——(宏观课程)

↓

园级层面的幼儿园课程——(中观课程)

↓

班级层面的幼儿园课程——(微观课程)

↓

幼儿实际体验的幼儿园课程

图1-1 幼儿园课程的层次图

从以上不同层次的幼儿园课程来看,对教师而言,真正有意义的、对幼儿发生实质性作用的课程,是幼儿在班级中切身体验的课程。国家及地方、园级和班级层面的幼儿园课程,最终都需要转化为每一个幼儿实际体验的课程,这样才能真正为幼儿所经历,实现促进幼儿全面和谐发展的功能。因此,学前教育工作者愈加认可"幼儿园课程即学习经验"的课程定义,更多地从幼儿经验的维度而非教师的活动视角来认识幼儿园课程的内涵。

第三节　幼儿园课程内涵的演变趋势

从幼儿园课程定义的演变过程和幼儿园课程层次的多元化特点出发,我们认为幼儿园课程内涵呈现出以下的发展变化趋势。

一、由强调学科知识和技能到强调幼儿的学习经验

幼儿园课程不再简单地等同于系统的、具有逻辑性的学科知识和技能,幼儿逐渐取代知识技能,被置于课程的核心位置,幼儿园课程的定义由静态的跑道、轨道,逐渐转化为动态的幼儿在园所,甚至在园外,经历和获得显性与隐性学习经验的过程。由此,幼儿园课程内涵越来越重视幼儿现实的及主动获得的直接经验和体验,而不是过分强调传授人类长期积累下来的学科知识和技能。1981 年的《幼儿园教育纲要(试行草案)》将幼儿园教育内容分为生活卫生习惯、体育活动、语言、常识、计算、音乐、美术等,从课程的内涵来看,幼儿园课程主要是学科知识和技能的载体。2010 年的《幼儿园教育指导纲要(试行)》将幼儿园课程划分为健康、语言、社会、科学和艺术五大领域,从课程的内涵来看,幼儿园课程是为幼儿安排的五大领域教育活动的总和。2012 年的《3—6 岁儿童学习与发展指南》将幼儿学习和发展的领域同样划分为五大领域,从课程的内涵来看,幼儿园课程是幼儿在教师安排的五大领域教育活动和创设的教育环境中借助师幼互动主动建构学习经验的过程,以及在此基础上所获得的自主发展。可以看到,我国政策文件中对幼儿园课程的规定印证了幼儿园课程内涵由强调学科知识和技能到强调幼儿学习经验的积极主动的变化过程。

二、由强调静态的学程到强调动态的过程

随着幼儿园课程淡化学科知识和技能、强调学习经验的改变,其逐步走出了预设目标和教育结果的过分限制,走出了课程设计和实施由目标出发又回到目标的单向封闭式的学程。"课程不再是一件东西,而更像是一个过程。它成为一个动词、一次行动、一项社会实践、一种个人意义、一种公众希望。课程处于不断的变化之中。它是一场持续的、复杂的对话"[1],课程由静态走向了动态,幼儿园课程设计者和实施者不再一味以课程预设目标为权威,不再仅追求目标的达成度,不再过分注重依据预设目标按部就班地实施课程、控制进程,而是放手提供自主性,注重师幼互动,强调课程实施中幼儿主动"奔跑"的过程,并有机灵活地将预设课程目标自然地整合到幼儿"奔跑"的过程之中。为此,教师更加关注在目标达成中活动过程本身的价值,注重课程实施过程中幼儿的兴趣、爱好、积极性、自主性、专注力、探究能力

---

① Pinar W F. What is curriculum theory [M]. Mahwah: Lawrence Erlbaum, 2004:188.

和创造力等各种实际表现,注重提供幼儿丰富的、独特的、有意义的课程经历和体验,与此同时,注重必要的师幼互动和对话,支持幼儿有意义的学习。而且,从课程的实施来看,关注了过程本身,自然也就更容易有所收获;不关注过程,则很难完全实现所有预设目标。如此,幼儿园课程更强调在注重过程价值、幼儿经历的基础上,自然实现预设目标和达成幼儿发展,遵循一种由过程到结果的课程实施路线。

三、由强调课程文本到强调教师、幼儿、教材、环境各要素之间的互动

幼儿园课程曾经有过国家统一出版发行的配套教材,学前教育工作者依据教材有计划、有目的地实施课程,在一定程度上使其对教材文本的关注远远超过对幼儿、环境等要素的关注。20 世纪 80 年代后,国家教材停止使用,各地编制了适应本地区特色的教材。但伴随着改革的进程,学前教育工作者不再把幼儿园课程仅理解为根据静态的教材内容安排的幼儿学习进程,不再视教材为幼儿园课程的唯一要素和组成部分,不再唯教材至上。幼儿园课程实践中愈加强调教师、幼儿、教材和环境四要素间的互动,重视四要素间持续作用、动态调整、灵活生成的课程;对于地方层面的课程教材,提倡应结合教师的教育情境进行二次开发或调整和改编,必要时还会追随幼儿的兴趣和需要开发教材以外的课程内容,进行课程的班本化。由此可见,幼儿园课程除了注重教材所提供的静态课程内容外,还把幼儿、环境、家长与社区资源等作为构成和影响课程设计与实施的重要因素,考虑这些因素对幼儿园课程所起的综合影响作用,从而将教材视为参考资料而非权威文本,让课程更追随幼儿的兴趣、需要,贴近幼儿的生活。

四、由强调显性课程到强调显性课程与隐性课程并重

显性课程是指教师有计划、有组织地对幼儿实施的正规课程,其特点是明显、有目的性和见效快。当认为幼儿园课程即教学科目及教育活动时,幼儿园课程仅停留于显性课程的层面,强调设置正规课程对幼儿发展产生的显性影响和促进作用。

隐性课程又可被称为潜在课程,是指幼儿在幼儿园环境(包括物质环境、精神环境、文化体系、人际关系)中因受到潜移默化的影响而获得的非预期经验、价值观和态度等。隐性课程以其特有的途径,时时处处以隐蔽的方式传递信息、影响幼儿,对幼儿的学习经验获得及发展所起的作用也是稳定而不可忽视的。随着课程定义观的转变,人们认识到幼儿园课程除了教师有计划、有组织实施的显性课程外,来自幼儿园环境中的隐性课程也是支持幼儿学习、影响幼儿发展的不可忽视的课程内容,是幼儿获取学习经验及成长发展的重要途径之一。环境被视为班级的"第三位"教师、"不说话"的教师,成为幼儿园课程的构成内容,对幼儿产生着积极的教育影响,发挥着支持和促进作用。

因此,当今幼儿园课程越来越重视显性课程与隐性课程并重,使这两者在促进幼儿发展中发挥着各自的功能。

💡　**思考题**

1. 用幼儿园课程定义的相关理论分析以下杜威(J. Dewey)所描述的现象是在批判哪一种幼儿园课程定义。

美国进步主义教育家杜威在《学校与社会·明日之学校》一书中,曾有一段描述:"让儿童在他高兴地尝着某些完全不同的东西的时候,吞下和消化一口不可口的食物。"

2. 阅读以下新闻,用幼儿园课程定义的相关理论谈谈自己的认识。

近日,一段幼儿园开学典礼上钢管舞表演的视频在网上流传。视频中,有多名幼儿及家长坐在台下,台上有表演者跳着钢管舞。有家长称:"园长和老师有这样的喜好,哪敢放心让他们教? 我要让孩子转学。"该地教育局发布通报称:经查,该园邀请机构利用自带钢管器材表演钢管舞,教育局认为在幼儿园面向幼儿表演钢管舞欠妥。处理如下:(1)教育局立即责成该园向家长和社会致歉;(2)教育局责令举办者立即解除该园园长的职务。

(案例来源:《北京青年报》)

3. 阅读以下游戏活动中教师的困惑,用幼儿园课程定义的相关理论谈谈自己的看法。

中班角色游戏活动开始没多久,教师就发现有几个平时游戏中比较活泼的男孩不见了。教师在教室里巡视一遍后,发现这几个男孩都躲在平时放材料的小房间里。男孩看见教师打开小房间门后,就告诉教师:"教室里有'妖怪',我们害怕,就躲起来了。"整个角色游戏活动的过程中,这几个孩子都在小房间里自得其乐地玩,而没有参与其他同伴的角色游戏。第二天的角色游戏活动中,这几个男孩还是声称"'妖怪'来了",躲在小房间里不出来,教师对此感到很困惑:如果第三天的角色游戏活动再发生这种"怕'妖怪'就躲起来"的情况,要不要介入指导呢?

4. 幼儿园课程内涵可以分为几个层次? 分别是什么?

5. 幼儿园课程内涵的发展趋势是什么?

第二章 幼儿园课程的特点和要素

　　课程是学校教育运行和育人的重要载体与媒介,不同阶段的学校教育都有其特定的教育规律和育人任务,也就产生了具有相应特点的课程。幼儿园课程是学前教育运行和育人的重要载体,主要是为招收3—6岁(实行托幼一体化的地区为2—6岁)儿童的教育机构——幼儿园编制的。为该年龄段儿童所提供和编制的课程,鉴于幼儿学习和发展的水平、规律、目标,有区别于其他各阶段学校教育课程的特征。

第一节　幼儿园课程的特点

　　幼儿园课程与其他各级教育机构相比,其独特性显著表现在以下几个方面。

一、个体适宜性

　　"以幼儿为教育对象的幼儿园课程的决策,要求教育者更多地关注个体儿童的发展水平。"[①]"教师在编制幼儿园课程时要满足每个儿童在某一特别方面、特别时间、特别地点、特别的一天或特别的发展水平的特别需要。儿童能力越弱,越要加大课程的变化性和个性化的力度"[②],因为2—6岁儿童的发展,在很大程度上受制于其身心发展的内在规律和成熟水平,幼儿园课程的设计和决策应该充分考虑每个幼儿的发展水平,考虑幼儿身心发展的特殊性。一般来说,幼儿各方面的发展都有自身的特点,表现出一定的个体差异性,而且年龄越小,发展的不均衡性越大,差异越显著。

① Spodek B, Saracho O N. Issues in early childhood curriculum [M]. New York: Teachers College Press, 1991: 5.

② Carr M, May H. Weaving patterns: developing national early childhood curriculum guidelines in Aotearoa-New Zealand AECA [J]. Australian journal of early childhood, 1994,19(01):25—33.

因此,幼儿园课程在价值取向和决策设计上具有个体适宜性的特点。为此,课程总体上首先强调适宜儿童身心发展的特点、需要和文化背景,而不是过多追求满足社会需要和知识逻辑体系。此外,为做到课程的个体适宜性,教师还要深入了解幼儿、分析研究幼儿,针对班级幼儿在兴趣、经验、能力、性格等方面的特点和水平设计及实施课程,做到因材施教。

案例

造桥的五种玩法

在大班个别化学习活动"造桥"中,我提供了积木、不同材质的纸、雪花片、记录表这四种材料,同时还设计了五种不同层次的玩法。玩法一,探索哪种材质的"桥面"更稳固;玩法二,探索哪种形状的"桥面"更稳固;玩法三,探索哪种折痕的"桥面"更稳固;玩法四,探索"桥墩"远近与承受力的关系;玩法五,探索不同材质、不同形状"桥面"的承受力。

之所以设计这五种玩法,是因为在个别化学习活动实施过程中要根据幼儿的实际情况(如能力、水平、生活经验等),确定活动内容及材料的投放次序。如探索能力较强的幼儿,可以直接进入玩法二;而对探索能力较弱的幼儿,则可引导其从玩法一开始逐步深入。由于玩法四、玩法五难度较大,幼儿在完成玩法三后,可根据自己的探索兴趣及实际需要选择进行。

(案例来源:上海青浦世界外国语幼儿园陈茜老师)

案例分析:在以上有层次的个别化学习活动设计中,教师充分理解和尊重幼儿发展进程中的个体差异性,五种玩法与幼儿的相应发展水平和兴趣经验相适应,以支持和引导他们从原有水平向更高水平发展。该案例体现了幼儿园课程的个体适宜性特点。

二、整体性

幼儿园课程的整体性主要指幼儿园课程通过德、智、体、美、劳五方面的教育和健康、语言、科学、社会、艺术五大领域的整合实施,实现促进幼儿身心和谐全面发展的目标。对于幼儿来说,其生理、心理发展是一个有机的系统,涉及身体、认知、情感、个性、社会性等方面,而且,幼儿对外界事物的心理反应、其学习和活动都具有整体性的特点。而外部事物作为一个复杂的统一体,并不是按照成人所谓的逻辑和分类标准加以组织的,幼儿是以完整的人的面貌面对事物的,活动中做出的也是对事物整体的、综合的反应。

案例

怪兽来啦

一天,幼儿在老师的带领下来到户外场地运动。做操结束后,幼儿便开始自主运动。有的幼儿跳绳,有的幼儿骑自行车,有的幼儿爬攀爬网。其中景宝的行为引起了老师的关注。

景宝:"怪兽来啦,怪兽来啦,快跑,哈哈哈。"说完撒腿就跑,边跑还边喊:"怪兽来啦,怪兽来啦。"

诚诚:"哪里? 哪里有怪兽?"

景宝:"那边,怪兽在那边。"他一边激动地说着,一边用手指向攀爬网旁的欣欣。

诚诚和景宝偷偷走到欣欣身边。等欣欣看向他们时,景宝撒腿就跑,并喊着:"怪兽啊,怪兽来啦。"

诚诚见到景宝跑了之后,也跟着跑并一起喊:"怪兽来啦,快跑啊。哈哈哈。"他们迅速跑到"安全屋"(滑梯下面的空地)。那个被当成怪兽的欣欣听了之后,便去追他们。

等到欣欣不追的时候,景宝和诚诚会再次偷偷地靠近欣欣,然后飞速跑过去碰欣欣的肩膀、手臂,接着又跑开并喊着:"怪兽啊。"这时欣欣再次去追赶他们。在追赶过程中,景宝和诚诚还激动地喊着:"怪兽来啦,快跑啊,哈哈哈。"这种行为持续了十几分钟,直到景宝和诚诚满头大汗被老师要求休息才停止。

(案例来源:上海青浦世界外国语幼儿园陈茜老师)

案例分析:教师安排了幼儿运动的时间,然而在活动过程中,幼儿对运动环境和活动做出了综合的、整体的反应,所以幼儿会边奔跑锻炼身体,边将同伴想象为怪兽,很自然地将运动和角色游戏结合起来。幼儿在锻炼身体的同时,发挥了想象力,并主动与同伴交往,各方面的能力都得到了发展。

所谓幼儿的全面和谐发展,意味着幼儿的生理心理各方面,或学习与发展各领域和各方面的整体协调发展。从幼儿生理心理发展来看,全面和谐发展意味着幼儿在身体、情感、认知、个性、社会性等方面的整体发展,即所谓的"完整儿童"(whole child);从幼儿学习与发展来看,全面和谐发展意味着幼儿在健康、语言、科学、社会、艺术五大领域和德、智、体、美、劳五个方面的整体发展。幼儿的全面和谐发展,并不意味着追求各方面完全均衡发展,而是在有所侧重的基础上达到一种总体的和谐状态。如以身体发展或健康领域发展为基础,以此带动幼儿其他方面的全面协调发展。

幼儿园课程的整体性特点,首先要求幼儿园课程在宏观层面上保证德智体美劳五育并举,不能忽略五育中的某一方面;保证五大领域全面兼顾,不能过分追求或者偏废幼儿某一领域的学习和发展。五育并举、五大领域均衡的

微 课
用科学原理打造
室内运动馆
(大班)(上海青
浦世界外国语幼
儿园陈茜老师)

课程才是具有整体性的幼儿园课程。如运动环节注重对幼儿科学探究能力的培养,将健康领域和科学领域相整合。此外,还要求幼儿园课程在中观层面上保证幼儿各领域、各方面所涉及的内在要素的整体协调。如在健康领域中,幼儿的学习与发展包括身心状况、动作发展以及生活习惯和能力三个子领域,幼儿园课程需要全面兼顾这三个子领域的整体协调发展,包括:为幼儿提供合理均衡的营养,保证充足的睡眠和适宜的锻炼,满足幼儿生长发育的需要;创设温馨的人际环境,让幼儿形成积极稳定的情绪情感;帮助幼儿养成良好的生活与卫生习惯,提高自我保护能力,形成使其终身受益的生活能力和文明的生活方式,如此才能促进幼儿在健康领域的全面和谐发展。又如在语言领域中,幼儿的学习与发展包括倾听与表达、阅读与书写准备两个子领域,幼儿园课程需要全面兼顾这两个子领域的整体协调发展,包括:多给幼儿提供倾听的机会,引导幼儿学会认真倾听;为幼儿创设自由、宽松的语言交往环境,鼓励和支持幼儿与成人、同伴交流,让幼儿想说、敢说、喜欢说并能得到积极回应,帮助幼儿养成良好的语言行为习惯;为幼儿提供丰富、适宜的低幼读物,经常和幼儿一起看图书、讲故事,提高其语言表达能力,培养其阅读兴趣和良好的阅读习惯;引导幼儿体会标识、文字符号的用途,让幼儿在写写画画的过程中体验文字符号的功能,培养书写兴趣,如此才能促进幼儿在语言领域的全面和谐发展。另外,宏观层面的课程与具体的课程要做到有机联系、相互渗透,以整合的方式加以组织和实施,以体现课程的整体性特点,进而促进幼儿的全面和谐发展。

从课程的整体性特点出发反思幼儿园的特色课程,我们认为,特色课程的开发和建设首先要依据幼儿园课程的整体性,以促进幼儿的全面和谐发展,避免因某一领域或某一方面课程的缺失而造成幼儿学习和发展的失衡。在此基础上,幼儿园根据本园课程及幼儿发展需要开发和建构园本课程。同时,幼儿园还要避免开发和建设不切实际的特色课程,否则容易造成幼儿园课程的超载,给幼儿学习和发展带来重负。

 案例

从课程目标看幼儿园课程的整体性特点

上海市嘉定区嘉定新城实验幼儿园在课程总目标的制定过程中,针对和指向促进幼儿在身体、情感、认知、个性、社会性等方面的发展,一一对照描述。由此确立的课程总目标为:对幼儿进行综合素养启蒙,培育"爱生活(会自理习惯好、乐运动强人格)、有主张(有想法敢质疑、有自信敢创新)、喜探究(会观察善思考,亲自然发现美)、愿交往(会倾听善表达、担责任有归属)"的幼儿。

上海市黄浦区荷花池幼儿园在课程总目标的制定过程中,针对和指向促进幼儿五大领域的学习与发展,结合本园艺术课程基础,提出促进幼儿创造性艺术表现、社会性情感、身体健康、科学和数学概念及语言五大领域的发展。此外,根据五大领域下的子领域,确定每一领域的关键要素,并将课程总目标分解为具体目标。

(案例来源:上海市嘉定区嘉定新城实验幼儿园、上海市黄浦区荷花池幼儿园)

案例分析:上海市嘉定区嘉定新城实验幼儿园的课程总目标以"爱生活、有主张、喜探究、愿交往"为统领,努力做到促进幼儿身体、情感、认知、个性和社会性等方面的全面和谐发展,体现了幼儿园课程的整体性特点。上海市黄浦区荷花池幼儿园的课程总目标努力做到在宏观层面上包含五大领域,并在表述顺序上将艺术领域放在首位,凸显了本园课程注重艺术领域的特色;在课程具体目标的表述中,从每一领域下的子领域出发,提炼关键要素并分解为具体目标,努力做到在中观层面上促进幼儿每一领域下各子领域的全面和谐发展。

 案例

<h3 style="text-align:center">从教师运动的操作要点看幼儿园课程的整体性特点</h3>

某园教师描述的运动的操作要点:

运动前,带领孩子们做好运动前的准备:小便,包上小肚子。保育员也做好相应的保育工作:给体弱、肥胖、超重等需要特殊照料的幼儿戴好标记手环,以便各个区域的老师关注;做到运动中的个性照护,同时为每名幼儿垫上背巾。

运动中,创设环境、提供材料,给予幼儿自主运动的机会,提高幼儿的运动兴趣,鼓励幼儿利用材料进行一定强度的身体锻炼,发展基本动作,提高身体素质;和保育员会分工合作,观察各个区域中幼儿的运动安全及出汗情况;提醒肥胖幼儿多运动、出汗多的幼儿注意擦汗、口渴的幼儿注意喝水等。

运动后,组织幼儿做好运动后的放松、小便、洗手、喝水、穿衣服等。

(案例来源:上海市浦东新区冰厂田幼儿园丁雨凡老师)

案例分析:以上健康领域课程实施中教师的操作要点首先注重健康领域下幼儿的动作发展;同时也关注幼儿的运动兴趣及身心状况;此外,还注意幼儿的生活习惯和生活能力。如此,做到了健康领域下幼儿各子领域的整体协调发展,反映了幼儿园课程的整体性特点。

三、广泛性

幼儿园课程的广泛性特点是指幼儿园课程要促进幼儿全面和谐的发展,就需要课程是广泛的,涵盖幼儿德、智、体、美、劳五方面教育和健康、语言、科学、社会、艺术五大领域。从具体的课程内容来看,包括幼儿园生活活动、游戏活动、运动、学习活动,以及节日庆祝活动等常规性活动,重视各种教育活动提供给幼儿的有益学习经验。

此外,幼儿园课程的广泛性特点还指顺应课程内涵由静态的学程到动态的过程的发展趋势,因此幼儿园课程应是广义的范畴,既涵盖各类静态的、显性的课程,还包括对幼儿的学习和发展起支持作用的隐性课程,以及各类课程的动态实施过程。

📋 案例

从幼儿园一日生活作息时间安排表看幼儿园课程的广泛性

表 2-1　幼儿园一日生活作息时间安排表(秋冬季)

小班		中班		大班	
7:40	生活活动与游戏活动(来园、区角游戏、点心等)	7:40	生活活动与游戏活动(来园、自由活动、点心等)	7:40	生活活动与游戏活动(来园、劳动等)
				8:00	运动与生活活动(8:30早操)
9:10	学习活动	8:35	运动与生活活动(8:45早操)	9:00	户外游戏活动(自由活动)
9:30	运动与生活活动(9:40早操)	9:35	学习活动	9:30	学习活动
10:30	户外游戏活动(自由活动)	10:00	户外游戏活动(以角色、结构、表演等游戏为主)	10:00	户外游戏活动(以角色、结构、表演等游戏为主)
11:00	生活活动(午餐、散步、午睡、点心等,14:10起床)	11:00	生活活动(午餐、散步、午睡、点心等,14:10起床)	11:00	生活活动(午餐、散步、午睡、点心等,14:00起床)
15:00	运动与生活活动(15:05做操)	14:50	个别化学习活动	14:00	运动(14:25做操)
				14:40	生活活动(点心等)
15:20	个别化学习活动	15:20	运动与生活活动(15:25做操)	15:10	个别化学习活动
15:50	自由活动与离园	16:00	自由活动与离园	16:05	自由活动与离园

(案例来源:上海市虹口区小不点幼儿园课程实施方案)

案例分析:由以上安排可见,幼儿园课程涉及的内容广泛,包括来、离园,生活活动,运动,学习活动,游戏活动等,反映了幼儿园课程的广泛性特点。

四、启蒙性

《幼儿园工作规程》明确指出："幼儿园是对 3 周岁以上学龄前幼儿实施保育和教育的机构。幼儿园教育是基础教育的重要组成部分，是学校教育制度的基础阶段。"2024 年正式颁布的《中华人民共和国学前教育法》指出，"学前教育是国民教育体系的组成部分"。学前教育已纳入我国的学制，作为学校教育制度的起始阶段，课程必须具有启蒙性的特点。启蒙，即使幼儿获得入门的、基本的、有益于后继发展的知识经验。具体而言，具有启蒙性的幼儿园课程，首先在课程目标上，要符合幼儿的身心发展规律和水平，不宜拔苗助长。其次，在课程内容上，要选择与幼儿生活相贴近的浅显、简单、基础的经验，如生活中的数字、生活中的花草树木、生活中为城市服务的人等，这也从侧面反映了幼儿园课程内容的生活性；同时，课程内容要选择有利于幼儿后继学习和终身发展所需的关键、基本、核心的经验，以发挥基础阶段的启蒙教育作用。如让幼儿初步感知生活中数学的有用和有趣，具有初步的探究能力，在观察和探索的基础上，尝试进行简单的分类、概括，学习做简单的计划和记录等，而不是过多强调目标的繁难、知识内容的精深，以及能力技能的精湛；又如培养幼儿良好的生活习惯和能力，使其具备基本的安全知识和自我保护能力，遵守基本的行为规范等。

总之，幼儿园课程具有启蒙性的特点，在做到广泛性的基础上，重在浅显，重在保基本。

进 餐 礼 仪

在某幼儿园的进餐活动中，教师专门创设了一块图文并茂的宣传板，关注幼儿的进餐礼仪。内容包括进餐中良好的行为：椅子坐坐好，吃饭不说话；饭碗手中拿，筷子要小心；食物吃干净，餐桌要整洁。

（案例来源：上海市宝山区青苹果幼儿园王梳园老师）

案例分析：该幼儿园非常注重在进餐活动中培养幼儿良好的进餐礼仪，说明课程着眼于提供和丰富有关良好的生活卫生习惯及行为规范等方面的基本经验，体现了启蒙性的特点。

什么样的土壤最适合种植

某幼儿园大班自然角创设了"什么样的土壤最适合种植"的内容。教师用图片和文字给幼儿介绍了三种用来种植植物的土壤材料——蛭石、泥炭苔和混合堆肥，并让幼儿尝试将三种材料混合，做成超级土壤来开展日后的种植活动。

案例分析：教师在班级创设了自然角，为幼儿提供操作的机会，但是从其内容来看，是让幼儿了解植物生长的最佳土壤的组成和特点，而提供的土壤材料远离幼儿的生活经验，名称超出了幼儿的认知水平和理解能力，过于繁难、深奥，没有体现课程的启蒙性。教师应从幼儿的年龄特点和规律出发，以《3—6岁儿童学习与发展指南》为依据，提供自然角的材料、内容，培养幼儿对植物的兴趣和初步的探究能力，建构有关植物基本生长条件等浅显的、基本的学习经验。

五、实践性

幼儿以具体形象思维为主，其学习是直觉型而非分析型的，感官是幼儿接触和了解世界的重要途径。幼儿园课程更多地被界定为幼儿的学习经验，特别是幼儿的直接经验，即课程实施本质上是幼儿进行的各种主动实践的活动。正如杜威所言，"为了儿童"的课程应是儿童"生动的和个人亲身的体验"[1]。因此，幼儿园课程要注重幼儿直接经验的获得，强调幼儿主体的实践行动，而不是过多强调书本间接知识和经验的传授。幼儿园的课程实施要能够尊重幼儿直觉型学习的特点，让幼儿充分运用感官，多通过动手操作和探究活动，建构和积累起自身的直接经验与知识。例如，幼儿懂得小动物生活习性的知识及爱护小动物的道理，不是通过教师口头传授获得的，而更多的是教师给幼儿提供照料小动物的机会，让幼儿在与小动物"打交道"的过程中获得有关小动物生活习性的印象，使其对小动物的关爱自然地体现在对小动物的照料行为中。

因此，幼儿园课程在实施上具有实践性的特点，注重幼儿的直接感知、实际操作和亲身体验。

微课
收集雨水大行动（小班）（上海青浦世界外国语幼儿园陈茜老师）

微课
帮水搬家（大班）（上海青浦世界外国语幼儿园陈茜老师）

📋 案例

磁铁能吸什么

在"磁铁能吸什么"的科学区角活动中，教师让幼儿用系有磁铁的"钓鱼竿"钓由铁片、塑料片、纸片等制作的"鱼"。活动中幼儿发现，只有铁片做的"鱼"全被钓起来了，其他的"鱼"一条也没有被钓起，这是什么道理呢？通过教师的启发、引导，幼儿懂得了"磁铁能吸铁"的道理，培养了善于动脑、积极思考的学习习惯。

（案例来源：上海市宝山区青苹果幼儿园王梳园老师）

---

① （美）约翰·杜威.学校与社会·明日之学校［M］.赵祥麟,任钟印,吴志宏,译.北京:人民教育出版社,1994:128.

　　案例分析：教师在让幼儿了解"磁铁能吸铁"的道理时，并没有直接将此告知幼儿，而是在科学区角中提供各种不同的材料让幼儿操作、观察、比较和思考，帮助幼儿建构相关的经验，体现了幼儿园课程的实践性特点。

六、趣味性

微课
上海市杨浦区
五角场幼稚
园户外活动

　　爱玩、爱游戏是幼儿的天性，在游戏时，幼儿的观察、注意、记忆、思维、想象、创造等心理活动状态都十分积极活跃，活动更主动，可获得良好的学习效果和愉悦的体验。游戏是符合幼儿身心发展水平的快乐自主的活动，也是幼儿的基本活动。幼儿通过游戏可以不断地学习和积累经验，建构对世界的理解与认识，因此，"玩中学"是幼儿最主要的学习方式，趣味性也成为幼儿园课程的重要特点之一，主要表现在幼儿园课程内容和实施方面。

　　为此，教师要以幼儿为中心，多观察了解幼儿的兴趣，选择有趣的课程内容，或让幼儿自主选择自己感兴趣的课程内容，并在课程内容的学习过程中采取幼儿喜闻乐见的游戏形式，提高学习的愉悦体验和效果。

📋 案例

为什么不唱《小乌鸦爱妈妈》

　　我曾经带班级孩子参加少儿合唱比赛，获得一等奖。当时，我很骄傲，因为我指导的大班孩子能合唱三声部的《小乌鸦爱妈妈》。记得为了参加比赛，我们不时地"加紧"排练，随着合唱歌声的日趋和谐，我越来越投入，直至体会到成功的快乐。

　　我以为，孩子们和我一样，学习技能、沉醉于乐声、感受成功。但是，在这群孩子的毕业典礼上，有一个自由吟唱环节，每个孩子可唱一段自己喜欢的歌，表达对幼儿园的记忆和情感。活动中，气氛很热烈，几乎每个孩子刚开口，其他小朋友就和着音乐一起唱起来。令我纳闷的是，没有人唱《小乌鸦爱妈妈》。于是，轮到最后一个孩子时，我提示："唱《小乌鸦爱妈妈》吧。"几乎所有的孩子都摆手否定。

　　我拉过一个孩子问："为什么不唱《小乌鸦爱妈妈》？"

　　他说："老是唱老是唱，不好玩，没劲！"

　　（案例来源：应彩云.集体教学应在关怀童心中开展［EB/OL］.（2023 - 08 - 16）［2024 - 11 - 26］. http://ageo6. com/ageo6web3/Home/Mobile/mgDetail? 1d = 3d8476e0-ceaa-4754-9574-908b9cc9b1fe. ）

　　案例分析：由以上案例可知，幼儿是复杂的个体，教师无法完全了解孩子的兴趣。

教师热衷的事情,未必能燃起孩子们的热情;教师感兴趣的事情,未必是孩子们的兴趣。所以,如果教师只关注自己的教育任务,而不在乎孩子们的感受,那么孩子们更多地体验到的是"不好玩"。教师要多让孩子选择他们感兴趣、觉得有意思的课程内容。

 案例

"荷塘迷宫"和"植物大战僵尸"

在室内运动平衡区,我设计了一个"荷塘迷宫"。我投放了万象组合、梯子、椅子、软垫等材料,并设计了从低到高的行走路线,让孩子们大胆体验。这条路是搭建在"小河"上的,孩子们能在"小河"里摸到"小鱼"并走过"荷塘",把"小鱼"送回家。万象组合的材料代替了独木桥,而且有高有低,走上去很有乐趣;梯子、椅子组成的迷宫让孩子们能在较高处大胆跨走并保持身体的平衡。趣味性的游戏让孩子们不觉得枯燥乏味,对运动保持了新鲜感。

在室内运动投掷区,我创设了孩子们喜欢的"植物大战僵尸"。我提供了三种不同的投掷物——纸球、软球和沙包,以及"僵尸"的图片,让孩子们在一定的距离外,选择不同的投掷物对着"僵尸"开战,锻炼手部肌肉。在游戏情境中,孩子们还能进行比赛,看谁投得准、投得多,就好像在游戏中闯关一样。孩子们玩得十分投入。

(案例来源:上海青浦世界外国语幼儿园陈茜老师)

案例分析: 教师通过"荷塘迷宫"和"植物大战僵尸"两个游戏,创设了游戏性的运动区域,提高了幼儿运动的兴趣,也赋予了运动趣味性的特点。

第二节　幼儿园课程的要素

幼儿园课程要素是幼儿园课程的必要组成部分。早在 1942 年,美国课程专家哈里·贾尔斯(H. Giles)就明确了四个课程要素:具体目标、学科内容、方法和组织、评价。[①] 借鉴以上观点,顺应课程由静态走向动态的趋势,幼儿园课程要素主要包括课程目标、课程内容、课程实施和课程评价四个方面。此处主要论述前两个方面。

---

① 转引自:(美)艾伦·C.奥恩斯坦,费朗西斯·P.汉金斯.课程:基础、原理和问题(第三版)[M].柯森,主译.南京:江苏教育出版社,2002:248.

一、幼儿园课程目标

课程目标是课程的第一要素。课程内容的设计是以课程目标为核心而进行的,课程实施是以人们对课程目标的学习、认识及把握为重要前提的,课程评价的开展也是以课程目标的实现程度和水平为重要依据的。

目标在学前教育领域中是一个复杂的概念,课程目标在幼儿园课程要素中也是一个繁难的概念,它们都可包括不同层次的目标。

(一) 学前教育领域中不同层次的目标

学前教育领域从宏观到微观有不同层次的目标,其最上位的概念是学前教育目的。教育目的是指教育的总体方向,它体现的是普遍的、总体的、终极的教育价值。[①] 教育目的阐明了培养人才的规格和方向,是对受教育者总的要求或为培养受教育者而确定的总的质量规格,是教育活动的总体出发点和归宿,构成了教育活动的第一要素和前提。一般而言,学前教育目的从属和服从整个国家的教育目的。

教育目标体现的是不同性质的教育和不同阶段的教育的价值,如幼儿园、小学、中学、大学等分别具有不同的教育目标。幼儿园教育目标是学前教育目的的下位概念,体现了幼儿园教育促进幼儿发展的价值。《幼儿园工作规程》规定幼儿园教育目标为对幼儿"实施德、智、体、美等方面全面发展的教育,促进幼儿身心和谐发展"。

幼儿园课程目标是幼儿园课程中一个十分重要的概念,既是幼儿园教育目标的下位概念,又是幼儿园教育活动目标的上位概念,在幼儿园教育目标和幼儿园教育活动目标之间起着桥梁作用。幼儿园课程目标受幼儿园教育目标的制约,具体体现了幼儿园课程建设与实施的价值取向。

幼儿园教育活动目标是教育活动预期达到的结果,主要指向幼儿通过活动实施而产生的学习结果和发展变化。幼儿园教育活动目标具有指引教育活动方向、决定教育活动策略的选择和运用、指导教育活动评价等功能。幼儿园教育活动目标是幼儿园课程目标的下位概念,只有将幼儿园课程目标转化为一系列具体的、可操作的教育活动目标,幼儿园课程目标才能最终得以实现。

以上学前教育领域中不同层次的目标,一般来说,越上位的目标表述越概括、笼统,越下位的目标表述越具体、明确,目标表述从上位到下位是一个从一般化、概括化向具体化、可操作化转化的过程。

学前教育领域中不同层次的目标,可用图 2-1 来表示。

但需要注意的是,正如课程专家泰勒所指出的,研究课程不必对课程目标、教学目标做很细致的区分;国内的课程专家也主张在实践中不必对课程目标与教学目标做过分明晰的划

[①] 张华. 课程与教学论[M]. 上海:上海教育出版社,2000:150.

图 2-1　学前教育领域中不同层次的目标

分。① 幼儿园课程由各种教育活动构成,幼儿园课程目标通常也包含教师所制定的各类教育活动目标,因此,本书不对幼儿园课程目标和教育活动目标做刻意的区分。

(二)幼儿园课程目标的含义

最早提出"课程目标"的学者是美国的博比特(J. Bobbitt)。他认为课程目标指的是那些"儿童需要掌握和形成的能力、态度、习惯、鉴赏、知识的形式"②,指向经由课程帮助儿童获得各方面所需的素质。黄政杰认为,课程目标是课程设计的方向或指导原则,是可预见的教育结果,是学生经历各种教育活动后必须达成的表现。③ 结合以上两种典型的课程目标界定以及其他课程目标的概念来看,学者大多把课程目标理解为一定学段的教育机构的课程力图使学生最终达到的发展结果或标准。

由此,我们认为,幼儿园课程目标就是学前教育机构的课程力图促进幼儿在身心发展上所要达到的预期结果。这一预期结果阐述和规定了通过阶段性的或终结性的幼儿园课程的设计和实施,幼儿应该达到的发展状态和水平,可表明幼儿是否得到全面、主动、和谐的发展,表明幼儿所具有的基本素质和核心素养的具体内容,如是否健康、活泼、文明、乐群等。故幼儿园课程目标的表述更多地从幼儿发展结果和状态的角度来描述。

(三)幼儿园课程目标的作用

首先,幼儿园课程目标是实现幼儿园教育目标的重要手段。通常来说,人们在做出行动之前,便对行动结果有了某种预期。而幼儿园课程在设计、实施和评价时也应该是有目标的。如果课程没有或不明确目标,幼儿园教师就会根据各自的理解自行设计、实施和评价课程,课程实践就存在盲目性,就很难保证幼儿园课程围绕国家、地方所规定的幼儿园教育目标来运作,为幼儿铺设的课程"轨道"就难免跑偏、跑歪。要知道目标是行动的指南,幼儿园课程目标是幼儿园课程设计、实施和评价的"指南针",具有清晰的导向作用。只有在明确的幼儿园课程目标的导引下,才能保证促进幼儿身心全面和谐发展的幼儿园教育目标的最终实现。

① 张华.课程与教学论[M].上海:上海教育出版社,2000:152.

② Bobbit J F. The curriculum [M]. Boston: Houghton Mifflin Company, 1918:42.

③ 黄政杰.课程设计[M].台北:东华书局,1991:186.

此外,幼儿园课程目标是幼儿园课程的首要组成部分,在幼儿园课程要素中处于核心位置。因为幼儿园课程目标一旦确定,就可直接为课程内容的选择和组织提供依据,并为课程实施和课程评价提供基本的要求与准则。

(四) 幼儿园课程目标的层次

由于幼儿园课程内涵层次的多元化,幼儿园课程目标也就有不同的层次。区分不同层次的幼儿园课程目标,对于科学合理地制定目标是十分有帮助的。

完整的课程目标应该包括宏观、中观和微观三个层次。[①] 宏观目标是国家、地方对幼儿园中的课程内部运行系统的整体要求,反映和规定了国家、地方对幼儿园课程促进幼儿成长发展的总体预期及要求。中观目标是幼儿园根据国家、地方课程改革的精神和幼儿园的实际,将宏观的课程目标具体化,使之结合幼儿园本身的情况和需要,具有较强的针对性及指导性。微观目标就是班级层面在课程和活动上欲达到的促进幼儿身心发展的预期结果,更加契合班级幼儿的情况和需要,对幼儿园课程实施者而言,具有更直接的操作性和引导性。

根据以上宏观、中观和微观课程目标的总体思路,结合具体课程实践,幼儿园课程目标从纵向角度而言,一般分为三个层次:第一层次为国家、地方层面的幼儿园课程目标,第二层次为园级层面的幼儿园课程目标,第三层次为班级层面的幼儿园课程目标,具体包括不同时间的课程目标,如学年或学期目标、月目标、主题教育活动或周教育活动目标等。从时限来看,幼儿园课程目标从宏观到微观,由中长期走向短期;从表述特点来看,幼儿园课程目标从宏观到微观,由概括走向具体。以上幼儿园课程目标的三个层次可用图 2-2 表示。分清各类幼儿园课程目标,有助于各级主体有针对性地制定各类课程目标,指导不同层面的幼儿园课程的设计、实施与评价。

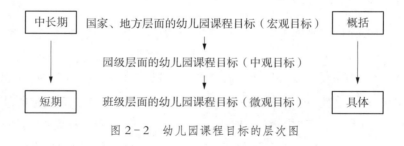

图 2-2   幼儿园课程目标的层次图

1. 国家、地方层面的幼儿园课程目标

国家、地方层面的幼儿园课程目标是由国家、地方教育行政部门制定的,一般在国家、地方的教育指导纲要、课程指南等纲领性的文件中有所阐述和体现,作为宏观层面的目标,是一种相对比较笼统、概括的长期目标。这类目标在确立后,面向所有的幼儿园,总体是共性

---

① 刘启迪.课程目标:构成、研制与实现[J].课程・教材・教法,2004,24(08):24—29.

的、统一的、普适的，也因此无法有很强的情境适宜性和内容针对性。

目前，我国国家层面的幼儿园课程目标主要体现在 2001 年由教育部颁布的《幼儿园教育指导纲要（试行）》中，它主要是通过幼儿园教育内容的五大领域目标来加以阐述的。①

2012 年由教育部颁布的《3—6 岁儿童学习与发展指南》将幼儿的学习与发展分为健康、语言、社会、科学、艺术五个领域，并从这些领域出发，对 3—4 岁、4—5 岁、5—6 岁三个年龄段末期幼儿应该知道什么、能做什么，大致可以达到什么发展水平提出了合理期望，给幼儿园五大领域课程目标的制定，特别是各年龄段课程目标的制定提供了参考标准。

地方层面的幼儿园课程目标多体现在各地根据《幼儿园教育指导纲要（试行）》《3—6 岁儿童学习与发展指南》的精神，结合本地区的地域特点和发展需要而颁布的教育指导纲要、课程指南等文本中。

2. 园级层面的幼儿园课程目标

园级层面的幼儿园课程目标是指各基层幼儿园根据国家、地方制定的课程目标和精神，结合本园的办园实际与发展需要而制定的切实可行的课程目标。由于国家、地方规定的课程目标相对比较宏观、概括，在幼儿园具体的课程实践中往往很难直接贯彻落实，需要进一步分解细化。同时，由于国家、地方规定的幼儿园课程目标具有普适统一的特点，多属于观念层次的目标，在具体运用时往往很难直接照搬照抄，而是需要进一步的调适和转化，以适合幼儿园的实际情况，包括办园理念、办园条件、师资水平、课程基础、幼儿发展状况和需要、家长社区资源等。如此，在幼儿园课程目标体系中，国家、地方层面的幼儿园课程目标的下位就有了园级层面的幼儿园课程目标。它以国家、地方的课程目标为总体框架，体现了国家和地方立场，同时，基于自身的教育生态和课程实施的背景条件，包括本园教师、幼儿、家长、硬件设施、课程基础等，彰显出幼儿园的个性特点。

拓展阅读

上海市嘉定区嘉定新城崇教幼儿园课程目标

课程目标：依据《3—6 岁儿童学习与发展指南》《上海市学前教育课程指南（试行稿）》，结合本园课程理念，通过园本课程实施，促进幼儿体能与健康、习惯与自理、自我与社会、语言与交流、探究与认知、美感与表现等方面的发展，使幼儿"亲自然、爱探索，愿自理、能自立，乐交往、善表达"，身心健康和谐发展。

微　课
上海市嘉定区嘉定新城崇教幼儿园户外活动

---

① 教育部基础教育司.《幼儿园教育指导纲要（试行）》解读[M].南京：江苏凤凰教育出版社，2017：30—35.

具体内涵：

亲自然、爱探索：亲近自然、好奇探究、主动发现；

愿自理、能自立：乐意做事、独立自信、有责任感；

乐交往、善表达：文明乐群、想象创造、多元表达。

（资料来源：上海市嘉定区嘉定新城崇教幼儿园）

园级层面的幼儿园课程目标勾勒出幼儿园课程设计、实施和评价的总体方向，明确了幼儿经过该幼儿园课程实施可获得的学习与发展的预期结果，但其表述针对幼儿园所有班级的整体课程，相对还是比较概括，对园内各个班级课程实践的指导性还无法直接体现。因此，为提供幼儿园各班教师课程设计、实施与评价的清晰方向，园级层面的幼儿园课程目标还会进一步分解为班级层面的幼儿园课程目标，包括各年龄段目标或各学年目标，指导教师在实践中开展课程活动。

3. 班级层面的幼儿园课程目标

班级层面的幼儿园课程目标是各班教师在设计与实施课程时，根据幼儿园制定的全园课程目标，结合各班具体情况而制定的与本班幼儿实际相适应的课程目标，以使目标符合对本班幼儿的发展结果预期，能得以落实。一般来说，园级层面的幼儿园课程目标是一种中观目标，适应性和可操作性总体上较为一般，难以覆盖所有幼儿及教师，需要班级教师根据本班幼儿的实际发展水平、班级的师资水平及家长情况等，制定出针对性更强的班级层面的课程目标，包括学期目标、月目标、主题教育活动目标或周教育活动目标等，使目标更具有指导不同时期课程和教育活动方向的作用，以保证课程和教育活动凸显促进幼儿发展的价值，为实现总体的幼儿园课程目标服务。班级层面的幼儿园课程目标是班级教师对本园统一普适的课程目标，主要是对学年或学期目标的调适和转化，以期符合班级幼儿的发展需要和水平特点，增加课程目标的针对性和适应性。

因此，班级层面的幼儿园课程目标是园级层面的幼儿园课程目标在各班所对应的、相对较具体的课程目标，是一种微观层面的课程目标。

案例

大（一）班第一学期课程目标和月目标

上海市某幼儿园大班制定的第一学期课程目标：

本班基本目标：

（1）有基本的生活自理能力，养成良好的饮食、睡眠、排泄、盥洗、整理物品等生活习惯，独立自信地做力所能及的事。

（2）体验人与人相互交往、合作的重要性和快乐，尊重他人需要。形成良好的自我意识、规则意识。

（3）积极参加体育活动，大胆尝试新奇、有趣的活动，获得身体活动的经验，动作协调、灵活。具有安全意识和初步的自我保护能力。

（4）尝试探究、操作、实验，对事物变化发展的过程感兴趣，有初步的环保意识。

（5）了解社区内及城市典型的设施、景观，参与民间节日活动，萌发爱祖国、爱家乡的情感。

（6）知道一些不同地域、不同民族的人，以及他们的风俗习惯，有初步的多元文化意识。

（7）了解现实生活中数的实际意义，能从生活和游戏中感受事物的数量关系。

（8）能大胆、清楚地表达自己的想法，倾听同伴的讲述。会主动用语言与人交往。

本班补充目标：

（1）有任务意识，学习自我管理、自我服务，提高解决问题的能力。

（2）有观察和感知能力，养成良好的学习习惯。

（3）大胆地提出问题，积极尝试用自己的方法记录问题，并与小组成员一起协商解决问题。

（4）积极尝试运用探索工具、收集信息，能够发现问题、解决问题。

本班月目标：

9月：

（1）有基本的生活自理能力，养成良好的饮食、睡眠、排泄、盥洗、整理物品等生活习惯，独立自信地做力所能及的事。

（2）有任务意识，学习自我管理、自我服务，提高解决问题的能力。

10月：

（1）参与民间节日活动，萌发爱祖国、爱家乡的情感。

（2）能大胆、清楚地表达自己的想法，倾听同伴的讲述。会主动用语言与人交往。

（3）具有安全意识和初步的自我保护能力。

11月：

（1）尝试探究、操作、实验，对事物变化发展的过程感兴趣，有初步的环保意识。

（2）了解社区内及城市典型的设施、景观。

（3）了解现实生活中数的实际意义，能从生活和游戏中感受事物的数量关系。

12月：

（1）积极参加体育活动，大胆尝试新奇、有趣的活动，获得身体活动的经验，动作协调、灵活。

（2）有观察和感知能力，养成良好的学习习惯。

1 月(次年):

(1) 知道一些不同地域、不同民族的人,以及他们的风俗习惯,有初步的多元文化意识。

(2) 体验人与人相互交往、合作的重要性和快乐,尊重他人需要。

(3) 形成良好的自我意识、规则意识。

(案例来源:上海市宝山区青苹果幼儿园王梳园老师)

案例分析:以上实际运作的大(一)班第一学期课程目标,以基本目标和补充目标的形式呈现,既遵循了园级层面具有普适性的大班及学期课程目标的精神,同时又将园级层面的课程目标进行了调整,使课程目标更具体化,更针对该班级幼儿的实际发展水平和预期发展结果。同时,将学期目标进一步分解,拆解为月目标,有助于学期目标的最终实现。

(五) 幼儿园课程目标的价值取向

幼儿园课程目标的价值取向是指各层次课程设计主体,即国家、地方、幼儿园及教师在制定幼儿园课程目标时所持有的价值观或指导思想。这种价值观或指导思想决定着幼儿园课程目标关注结果还是过程,持教师视角还是儿童视角,并决定着幼儿园课程目标表述的不同性质和特点。幼儿园课程目标较为常见的取向有行为目标(behavior objective)、生成性目标(evolving purpose)和表现性目标(expressive objective)等取向。

1. 行为目标取向

顾名思义,行为目标针对幼儿行为,是指以幼儿具体外显的、可被直接观察的行为来进行表述的课程目标,指向的是实施课程以后幼儿所发生的行为变化,较关注结果和教师视角。

行为目标在课程与教学领域中的出现和确立始于课程开发科学化的早期倡导者、目标模式的创始人博比特。博比特认为,20 世纪是科学的时代,要求精确性和具体性,因此,课程目标必须具体化和标准化。这使得行为目标在课程领域中得以确立。

随后,泰勒在《课程与教学的基本原理》一书中,系统发展了博比特等人的行为目标理念。他认为,课程目标确定之后,应当用一种最有助于选择学习经验和指导教学过程的方式来陈述目标。

其后,美国著名教育学家、心理学家布卢姆(B. S. Bloom)、克拉斯沃尔(D. R. Krathwohl)等人继承了泰勒的行为目标的理念,借用生物学中的"分类学"概念,提出教育目标分类学,从而把行为目标取向发展到一个新阶段。到 20 世纪六七十年代,美国著名教育学者梅杰(R. F. Mager)、波法姆(W. J. Popham)又领导发起了行为目标运动,把行为目标取向发展到了顶峰。从某种意义上来说,20 世纪是课程领域中行为目标确立和流行的世纪。

行为目标取向认为课程目标必须表明儿童学习后应该具有的行为模式和表现,这些行为还应是具体的、特殊的、可以观察的,所以表述时要注意避免使用概括的、含糊的行为动词。有效的行为目标表述,必须指明儿童身上应该发生的外显行为,在学习的终点所表现的行为改变要素和该行为所应用的生活领域或内容要素。① 行为目标取向的表述方式指向幼儿获得相关知识及经验后的行为表现,在幼儿园课程目标的制定中得到了广泛、普遍的运用,特别是在班级层面的幼儿园课程目标的制定中表现得尤为突出。

 案例

大班第一学期语言和数学领域课程的行为目标

某幼儿园大班第一学期语言领域的课程目标为:"能大胆、清楚地表达自己的想法,倾听同伴的讲述;会主动用语言与人交往。"数学领域的课程目标为:"了解现实生活中数的实际意义,能从生活和游戏中感受事物的数量关系。"

案例分析:以上是一种典型的行为目标的表述,它具体直接地指明了在课程实施后幼儿的行为改变要素,主要体现在语言领域的表达倾听、数学领域的数量感知,以及行为所应用的生活领域的交往等要素上。

拓展阅读

小班语言活动"爱妈妈"的行为目标

某幼儿园小班语言活动"爱妈妈"的目标之一:学习用语言"我给妈妈……(如捶捶背)"和相关动作表达对妈妈的情感。

行为目标是一种精确的、可观察的目标,幼儿园课程目标表述采取行为目标取向会更具体、明确、客观,具有清晰的外显性,能使教师有计划、有效地实施课程,引导幼儿相关行为的发生,促进幼儿相应领域的发展,因此,行为目标操作性强,便于教师掌握和运用。此外,行为目标以幼儿具体行为的形式呈现,为教师提供了课程评价的标准,便于教师判断课程实施的效果,并较为精准地开展评价工作。因此,长期以来,行为目标是幼儿园课程目标最常用的一种表述方式。

但是,行为目标的不足也很明显。首先,行为目标只限定于幼儿的"行为"表现,忽略了

---

① Tyler R W. Basic principles of curriculum and instruction [M]. Chicago: The University of Chicago Press, 1949:46—47.

一些对幼儿发展更有价值的非行为性的高层次的课程目标。幼儿的许多高级心理品质,如价值观、情感、态度、审美情趣等,是很难用外显的、可观察的行为来预先具体化和客观化的,因为这些高级心理品质不只是行为层面的问题,更涉及意识层面的问题。由此,行为目标排除了那些难以被观察和具体行为化,但又往往对幼儿发展有更高价值的课程目标。其次,事先预设的行为目标从教师视角出发,容易成为教师强加于幼儿的东西。幼儿是富有主体性和创造性的个体,其行为在很大程度上具有不可预知性,然而行为目标由幼儿园课程设计者预先制定,这就将目标与手段、结果与过程人为地割裂开来,把幼儿园课程实施过程看成了一个可预先决定和控制操纵的机械化过程。最后,行为目标过分追求结果而忽略过程。由于关注课程实施后精确具体的目标的达成,教师容易忽略教育过程中那些未曾预期到的幼儿的重要表现。

2. 生成性目标取向

生成性目标取向认为,幼儿园课程目标不只是体现为书面计划中预设成文的要求,而是更应被理解为具有动态而开放的内涵,即除了事先预设的行为目标外,还有一种是在注重过程的课程理念下所提倡的生成性目标。生成性目标又被称为展开性目标,是指在具体教育情境中随着教育过程的展开而自然生成的课程目标。

生成性目标是针对行为目标的局限而提出的,它关注的不是外部事先规定的目标,而是强调教师根据课程实施的实际进展提出相应的目标,强调儿童、教师、活动内容与教育情境的交互作用。以生成性目标为取向的学者认为,在教育过程的任何阶段,不管提出的目标是什么,都不能被看成是最终目标。目标是演进着的,而不是预先存在的。"生长""过程"可能是意思有些模糊的术语,但课程目标就是要处于这种状态。如果说行为目标是在教育过程之前或教育情境之外预先制定的,那么,生成性目标就是教育情境的产物或问题解决的结果,是儿童和教师关于经验的价值观生长的"方向感"(a sense of direction)。[①] 所以,生成性目标最基本的特征就是过程性。

生成性目标的提出可以追溯到杜威提出的"教育即生长"的命题。在杜威看来,教育是儿童经验的不断改造,是儿童的生活和生长,生活、生长以及经验的改造本身即构成教育目的。因此,教育者必须警惕所谓一般的和终极的目的。杜威认为,课程目标不是一种指向遥远未来的结果,而是引导着现在的生长和发展的手段,是从各个特殊的现实状态中自然引发和生长出来的。

课程专家斯滕豪斯则从另一角度来阐述生成性目标。他认为,学校教育由四个不同的过程构成,包括技能的掌握、知识的获得、社会价值和规范的确立及思想体系的形成。如果说前两项教育过程还能用事先预期的行为目标来陈述的话,后两项教育过程肯定是不能这么做的。所以,他提出课程不应以事先规定的目标(或结果)为中心,而要以过程为中心,即

---

① 张华. 课程与教学论[M]. 上海:上海教育出版社,2000:178.

目标要根据学生在课堂上的表现而自然展开。

随着 20 世纪 80 年代我国幼儿园课程改革的进行,生成性目标取向对幼儿园课程目标制定的影响越来越深刻。幼儿园课程设计者认识到在注重预设目标的预期结果之外,更要关注过程,要善于在与教育情境的交互作用中,调整预设的目标,形成灵活的,适应幼儿兴趣、经验和当前需要的课程目标。生成性目标取向要求教师消解行为目标所存在的过程与结果、手段与目的之间的二元对立。当过程与结果、手段与目的被内在地统一起来时,课程目标就是幼儿在课程实施过程中所产生的、自己需要的、适宜的目标,而不是课程设计者预先制定的、强加给幼儿的目标。

为了体现注重过程的、动态开放的生成性目标取向,在制定课程目标时,对于生成性目标的表述,要留有空间,尽量使用一般性的、宽泛的、过程性的目标表述,避免使用具体的、细致的、结果性的目标表述。如生成性目标"认识身体主要部分的外部特征",该目标表述中的"身体主要部分的外部特征"较为一般、宽泛,能让教师随时接纳在课程实施过程中幼儿可能出现的对身体主要部分及特征的兴趣变化,而不是严格按照教师预设的所有身体部位的特征依次认识;相比而言,行为目标"知道眼睛的名称和它观察事物的功能,知道嘴巴的名称和它辨别食物味道的功能,知道耳朵的名称和它分辨不同声音的功能",即表述具体、细致,要求幼儿明确知道眼睛、嘴巴、耳朵等身体部位的名称和作用。此外,在生成性目标取向中,为体现过程性,教师要尽量少用规定性的语词,如"学会""掌握""记住""说出""知道"等,而多用"了解""认识""尝试"等这类过程取向的语词。

生成性目标相比行为目标而言,更具完善性。首先,生成性目标包括了行为目标无法顾及的那些很难测评、很难被转化为具体行为的内容,如涉及价值观、情感态度等高级心理品质的内容。因此,除了关注行为改变外,它引导课程设计者关注与制定对幼儿发展更有长远价值的非行为性的高级心理品质目标。例如,某园大一班第一学期的课程目标制定为:"体验与人相互交往、合作的重要性和快乐。""萌发爱祖国、爱家乡的情感。"

其次,生成性目标与行为目标相比,不过于具体细致,不刻意关注结果,而是一种具有一般性、宽泛性和过程性的目标。这样的课程目标表述促进教师以动态的、开放的眼光看待预设目标,同时,在实施课程时更关注过程,使教师能够处于一种观察、识别的状态,随时灵活应对幼儿生成的内容,而不是追求预设目标的达成,或检验预设目标与教育结果的一致性。

📋 案例

"了解家人"课程目标的取向转变

有关"了解家人"的课程目标,上海市幼儿园一期课改教材中的描述:"会称呼自己的爸爸妈妈,知道爸爸妈妈的工作及常做的事。"上海市幼儿园二期课改教材中的描述:"了解父母,亲近父母,愿意用自己的方式表达对父母的情感。"

案例分析：上海市幼儿园一期课改教材中的课程目标多为行为目标的表述，未涵盖幼儿情感、态度等非行为性目标，且表述具体、细致，注重结果。上海市幼儿园二期课改教材中的课程目标包括了一些行为目标无法顾及、很难测评、很难被转化为具体行为的内容，如亲近父母、对父母的情感等高级心理品质的目标；同时，表述一般、宽泛，如了解父母；具有过程取向，如强调愿意表达而不是强求幼儿说出某些话语。

此外，生成性目标不过分注重预设，也不一味追求目标的达成度，而是关注活动过程中那些未曾预期到的幼儿实际表现和需求，使课程目标更具有灵活性和适切性，更符合幼儿当下实际的兴趣、需要和教育，同时也能够体现其在促进幼儿发展中的作用。

📋 案例

"创编西瓜儿歌"的生成性目标

夏天到了，某幼儿园小班开展了科学活动"认识西瓜"，教师预设的目标之一："能运用多种感官认识西瓜的特征。"为此，教师为幼儿提供西瓜的图片、实物西瓜，让幼儿观察西瓜的外形特征；提供已切开的块状西瓜，让幼儿观察西瓜的内部组成。在自主观察活动中，一些幼儿看到被切开的块状西瓜很想吃，就围过去边看边议论纷纷："这个像红绿小船。""这个像弯弯的小船。""这个像月亮。"这些讨论吸引了更多幼儿围过来观察。当幼儿的关注点离开了西瓜的外形特征和内部组成，教师顺应幼儿的兴趣点，组织幼儿观察切开的块状西瓜的外形，并引导幼儿尝试进行描述，生成了新的"创编西瓜儿歌"的目标。

（案例来源：上海市浦东新区冰厂田幼儿园丁雨凡老师）

案例分析：在"认识西瓜"的小班科学活动中，当教师发现幼儿被切开的西瓜吸引住、发挥想象力描述西瓜时，便将预设目标"能运用多种感官认识西瓜的特征"进行了调整，生成了新的目标"创编西瓜儿歌"。该生成性目标更符合幼儿当下的兴趣、需要，也具有促进幼儿想象力和语言能力等方面发展的作用。

然而，生成性目标作为动态、开放的目标，具有不可预测性和不可控制性，不容易指导教师的课程实践，操作性较差，难以在课程领域被广泛地运用和推广。此外，生成性目标一般性的、宽泛的、过程取向的表述特点使课程评价往往因缺乏客观标准而带有过多的主观色彩。另外，生成性目标虽然关注幼儿的兴趣和需要，但日常生活中幼儿的兴趣和需要是动态的、变化的，由此生成的活动随时随地都会发生，因此，生成性目标取向往往会使教师的课程目标偶发性、适切性有余，但缺乏应有的科学性、计划性和系统性。

3. 表现性目标取向

表现性目标指向的是每一个幼儿在具体教育活动情境中所产生的富有个性的、独特的目标。由于教育强调受教育者主体性和创造性的发挥,强调儿童反应的多元化和个性化,因此,幼儿园课程目标表述还有一种重要的取向——表现性目标取向。表现性目标是由美国课程学者艾斯纳(E. W. Eisner)提出的。

艾斯纳认为,预设的控制性本位的行为目标可能适合某些教育目的,但是不适合用来概括我们所珍视的大多数教育期望。由此,艾斯纳提出要区分教学(instructional)和表现(expressive)。教学目标旨在使儿童熟练运用现有的文化工具(cultural tool),其所指向的行为方式是已知和可预见的,希望儿童在学习后的一段时间内表现出来,它适合表述人类文化中已有的规范和技能,对大部分儿童而言通常是共同的。所谓表现性目标,则着眼于儿童可能形成的种种创造性反应,是超越现有内容的,不但促进儿童发展,而且此种发展一定是因人而异的。表现性目标并不指向学生从事某些学习活动后所获得的行为改变,即不描述学生即将学到什么,而关注学生的教育经历。因此,表现性目标是引发的,不是规定的。[①] 如"参观动物园并讨论在那儿看见的有趣的事情"就属于表现性目标,因为儿童对动物园的动物和其他事物的兴趣点及偏好是多元的,儿童对动物园有趣事情的看法也一定是因人而异的,教师无法完全预见和统一规定儿童的行为,但注重行为发生的过程。

斯滕豪斯指出,学校教育至少包含四种不同的过程:训练(training)、教学(instruction)、启蒙(initiation)和导引(induction)。[②] "训练"旨在获得某种技能,训练如果成功了,个人便具备实践或表现的能力,例如运算、打字、学一门外语等。"教学"和信息学习有关,成功的教学可促进所学信息的识记和保留,例如记忆化学元素、国名、日期等。"启蒙"旨在使学生熟悉社会价值和规则,成功的启蒙使人能够学会解释社会环境、预测他人的反应等。"导引"与文化思想体系的介绍有关,由此促进学生形成对人类文化思想的理解,例如把握要点、了解关系、做出判断等。"导引"作为一种教育过程,应是一种真正的教育,可使学生更加自由自主、更富有创造力。例如,艺术领域的教育更多的应是"导引"的教育过程,对于儿童图画、音乐、手工作品等的评价,最重要的应是着眼于创造性,而不是依据事先规定的统一模式和技能进行评价。由此,斯滕豪斯也提倡学校教育中着眼于学生创造性的表现性目标是必不可少的。

在我国,当今幼儿园课程多持有以儿童为本的理念,学前教育工作者越来越淡化对儿童知识技能获得的关注,而注重儿童活动过程中的主体性、创造性,由此,表现性目标在幼儿园课程目标的表述中愈加多见,特别是在艺术、语言等领域。在预设课程目标时,幼儿园课程设计者关注幼儿多样化和创造性的表达表现,目标表述的字里行间体现了对幼儿反应和行为的多种结果的预期,而不是将预设目标一刀切,期待儿童反应的一致性和统一性。

---

① Eisner E W. The educational Imagination: on the design and evaluation of school programs [M]. New York: MacMillan, 1979:15.

② 转引自:黄政杰. 课程设计[M]. 台北:东华书局,1991:147—148.

表 现 性 目 标

　　某幼儿园大班艺术领域的学期课程目标："用自己喜欢的方式表达对作品的感受和体验。"中班主题活动"美丽的春天"的课程目标："愿意用自己喜欢的方式表现春天。"

（案例来源：上海市黄浦区荷花池幼儿园课程实施方案）

　　案例分析：以上均为表现性目标取向，其目标不是追求标准化的、统一的预期结果，不要求儿童反应的同质性，而是期待反应的多元化，让幼儿发挥自身主体性和创造性，表现个体差异性。

　　表现性目标取向的表述，不是规定教师对幼儿园课程实施后幼儿获得的统一行为结果的预期，而是指向每一个幼儿在具体教育活动情境中的种种"际遇"和所产生的各种个性化的表达表现，因此，表现性目标所注重的是课程实施的过程而非结果，具有过程性。表现性目标强调的是个性化，目标指向的是培养幼儿的主动性和创造性，把幼儿园课程实施看成幼儿个性发展和创造性表现的过程。

拓展阅读

中班音乐活动"动物欢乐舞"的表现性目标

　　对于中班音乐活动"动物欢乐舞"，教师制定的表现性目标为：乐意用身体动作模仿和创造性地表现带有动物特征的舞蹈。活动中，每一个幼儿都发挥出自身的主动性和创造性，做出小企鹅、大象、犀牛等动物的动作、姿态。

（案例来源：上海市黄浦区荷花池幼儿园李文娟老师）

　　如前所述，幼儿园课程的层次是多元的，但最终都将转化为幼儿能够体验的课程，而每个幼儿实际体验的课程往往由于他们的个体差异而有所不同。当幼儿的主体性得到充分发挥、充分表现个性化自我的时候，他们在具体教育活动情境中对课程的体验和反应会有多样化的表现。而对幼儿这些多样化表现的重视是有极大意义的，因为课程实施过程中的差异性既是一种教育现象，也是一种课程资源，表现性目标的价值就在于对班级课程实施过程中差异性资源的正视和利用，并使之产生新的课程效应。由此，表现性目标既强调了幼儿的自主性和主体性，也强调了尊重幼儿的个体差异性。

　　但是，表现性目标取向由于对幼儿多元反应的期待，使目标过于模糊、笼统而具有不确定性和不可控性,很难对教师的课程实施起到明确的方向指导作用,因此,该目标取向在幼儿园课程实践中的操作性相对较差。此外,依据笼统、不确定的表现性目标对幼儿园课程进行评价,也往往因为缺乏客观的标准而使评价带有过多的主观色彩。

二、幼儿园课程内容

幼儿园课程内容是构成幼儿园课程的重要组成部分,该要素具体涉及对幼儿园课程内容的选择和组织。

(一)幼儿园课程内容的含义

当幼儿园课程设计者在日常工作中考虑需要"教什么",或者考虑需要提供幼儿哪些学习经验时,就涉及了幼儿园课程内容这一要素。

幼儿园课程内容是指根据幼儿园课程目标,为促进幼儿的身心全面和谐发展、丰富幼儿成长经历,而有目的地支持幼儿建构各种学习经验的一切活动的总和。经验从种类而言,一般可分为间接经验和直接经验。幼儿还不具备接受抽象的符号知识的能力,他们只能通过动作和感官与外部环境发生互动以获取直接经验。同时,就直接经验本身来说,它对幼儿的发展有着奠基性的作用。直接经验是人生的基本经验,有了这一步经验,才能产生记忆、想象和思想等。由此可知,直接经验才是符合幼儿身心发展特点并能够为幼儿终身的学习、生活和发展奠定基础的课程内容。

当然,除直接经验外,幼儿园课程内容还会涉及人类有价值的文化和知识经验,如弘扬中华传统文化中的尊老爱幼等美德。但是,这些文化和知识经验,作为间接经验,只有遵循同生活经验相联系的原则才能发挥其价值。

(二)幼儿园课程内容的作用

幼儿园课程内容是幼儿园课程的基本要素,也是构成幼儿园课程的重要成分,决定了幼儿园课程的概貌。幼儿园课程设计者对课程内容的选择倾向和组织方式在很大程度上决定了幼儿园课程的本质特点,反映了课程设计者持有的幼儿园课程价值观。

同时,内容在幼儿园课程中是实现幼儿园课程目标的载体。幼儿园课程如果离开了内容,课程目标将成为"一纸空文",很难得到贯彻和实现。

(三)幼儿园课程内容的取向

幼儿园课程内容的选择和组织首先涉及的是对课程内容取向的考虑,即所持的一种价值倾向。幼儿园课程内容的取向受设计者的幼儿园课程定义观的影响,主要表现为以下三种倾向:幼儿园课程内容即教材、幼儿园课程内容即学习活动、幼儿园课程内容即学习经验。

1. 幼儿园课程内容即教材

在"幼儿园课程即教学科目"的课程本质和定义观的影响下,我国一度出现了"幼儿园课程内容即教材"的课程选择和组织的取向。

教材,又称教科书,是指以文字和图形等语言符号形式反映课程内容的教学用书,它是课程内容直接的物质载体。将课程内容看作教材这一物质载体的取向,是与学科维度的幼儿园课程定义观紧密联系在一起的,因为学科知识和技能的传递是以教材为基本呈现载体和重要依据的。

在选择和组织课程内容时持"幼儿园课程内容即教材"的取向,会使幼儿园课程设计者关注学科知识和技能,关注其逻辑性,使系统性的学科知识和技能成为幼儿园课程内容的基本材料;会使幼儿园课程实施者在活动过程中关注通过教材这一物质载体,将系统的学科知识和技能有序地教授给幼儿。该取向认为,教材经由各类学科专家精心编撰而成,具有较高的学术性、逻辑性和系统性,是幼儿园课程内容选择的唯一可靠依据。课程实施就是教师以教材为本,把这些由专家设计的、反映人类精华的文化知识传授给幼儿的过程。在这种取向下,教材对幼儿园课程实施者而言,具有绝对的权威性,课程实施者一般无法控制教材而只能照搬照用教材,教学中常常被教材牵着鼻子走。

尽管教材一词在幼儿园课程实践中,不像在中小学教育机构中那样被突出和强化,但是,"幼儿园课程内容即教材"的取向在幼儿园课程学科维度定义观的影响下,也曾经在课程史上主宰着幼儿园课程实践,幼儿园课程内容一度全部用教材这一物质载体的形式直接加以确定和体现,强调系统的学科知识教学,强调教师应该向幼儿传授那些必要的有价值的学科知识和技能。如在第一章中提到的我国根据《幼儿园教育纲要(试行草案)》而统编的教材,即是这一取向下的产物。

"幼儿园课程内容即教材"在20世纪50年代到80年代,一度是我国普遍的课程内容选择和组织的取向,有其存在的价值和作用。该取向的长处在于使幼儿园课程内容的逻辑性与操作性增强,课程实施者在课程实践中对幼儿园课程内容的选择有据可依,也有质量和水平的保障,可帮助幼儿获得系统的、有一定价值的学科知识和技能。但是,这一取向往往会导致教材中心论,幼儿园课程实施者一味根据书面教材确定课程内容,使学习内容成为专家、教师等头脑中事先规定的幼儿必须接受的东西,而不一定是幼儿自己真正需要的和感兴趣的内容。所以,依据教材选择和组织幼儿园课程内容,往往直接导致课程内容脱离幼儿的生活经验,脱离幼儿的学习兴趣和需要。

在20世纪80年代的幼儿园课程改革中,这一取向依旧存在,我国许多地区为贯彻落实国家幼儿园课程改革的精神而组织专家编制地方统一的幼儿园教材。但此时的"教材"已突破传统的认识,被命名为"教师参考用书",其内涵被赋予了新的意义。首先,教材并非以学科知识为线索而编制,不是学科知识的代言人。因为新课程改革背景下的地方教材不是以学科为中心分门别类地呈现幼儿园的课程内容的,课程设计者更多从幼儿的心理顺序出发选择和组织课程内容,使幼儿园课程内容呈现出贴近幼儿生活经验和整合性的特点。其次,教材不再处于神圣而权威的地位。新课程改革背景下的教材不再被视为统一规定的、必须让幼儿学习和接受的教学材料,而是成为提供给教师参考和选用的课程文本资源。因为课程设计者顺应课程改革的发展,以过程模式来编制幼儿园课程,即以一种动态的、开放的、低结构的形式来编制教材,如此便无法拿来就用,鼓励教师不唯教材至上,基于儿童立场,敢于对教材进行创造性的"二次"开发与加工,即依据自己对教材内容的理解,根据本园资源及本班幼儿的兴趣、经验、发展特点、需要对教材内容进行选择、改编和创编,以充分发挥教材使用中的主观能动性和创造性,让教材更符合幼儿的心理顺序。从过程模式的教材编制出发,如今教师对教材内涵的认知已得到拓展和深化,教材等同于提供丰富的课程素材,便于课程实施者基于儿童立场和资源条件进行组合运用、改编和创编。

2. 幼儿园课程内容即学习活动

将课程内容看作学生的学习活动、通过活动分析法来确定和设计课程内容的取向,早在19世纪英国的斯宾塞时期就开始了。20世纪以后,一些课程专家,如博比特、查特斯(W. Charters)、塔巴(Taba)等,主张通过研究成人的活动,识别各种社会需要,进而转化为课程目标,再把这些目标转化成学生的学习活动,构成课程内容,这就是所谓课程内容设计的活动分析法。为此,英国教育家怀特海(A. N. Whitehead)就曾说过:"教育只有一种教材,那就是生活的一切方面。"[①]

"幼儿园课程内容即学习活动"的取向在幼儿园课程内容的选择和组织中,曾经也成为一种主要的倾向。很显然,"幼儿园课程内容即学习活动"的取向受到了"幼儿园课程即教育活动"这一课程定义观的影响,打破了注重学科知识技能及追求其系统化的思想,不过分强调幼儿学科知识与技能的掌握,而是关注与幼儿生活密切联系的各种活动,从而为幼儿安排能主动积极参与的各种学习活动,让幼儿在活动过程中去探索和发现,以此促进幼儿的发展。

我们知道,活动是主客体相互作用的结果,活动的实质是主动消除外部的控制和程序性的安排的过程。由此,"幼儿园课程内容即学习活动"淡化了追求学科知识技能的观念,使课程内容走出学科的限制,贴近幼儿的生活,确立起幼儿课程实施中的主体地位,认识和尊重幼儿的主动性与积极性。但是,该取向更多地将学习活动看成是表面的、外显的"活动",把课程内容等同于幼儿进行的外在的、显性的操作活动。但至于课程内容能否被幼儿同化,活动能否从本质上引起幼儿深层次的心理结构的变化,是该取向难以预见和保证的。可见,"幼儿园课程内容即学习活动"的取向只诠释了幼儿外在的、表面形式的活动,对于幼儿内在的、深层形式的心理活动和变化则关注较少,无法解读活动中与幼儿行为相伴随的内在认知结构和心理图式所发生的变化。

"幼儿园课程内容即学习活动"的取向在20世纪二三十年代的幼儿园课程设计与实施中十分盛行,课程内容的选择和组织多突出该取向。例如,当时陈鹤琴创立的"五指活动"课

[①] 转引自:华东师范大学教育系,杭州大学教育系. 现代西方资产阶级教育思想流派论著选[M]. 北京:人民教育出版社,1980:116.

程,就充分体现了此种课程内容取向。顾名思义,"五指活动"课程十分注重幼儿的活动,以大自然、大社会为中心选择课程内容,为幼儿安排了健康活动、社会活动、科学活动、艺术活动和语文活动等五种不同类型的活动,并在活动中把儿童看成是教育的主体,指出"做"是儿童学习和探索世界的重要方式,课程实施中鼓励幼儿"做中学、做中求进步"。另外,在同时代的张雪门、张宗麟等专家创立的课程模式中,其课程内容也多以幼儿的活动为中心进行选择和设计。此外,综观当今的幼儿园课程改革,受陈鹤琴、杜威、皮亚杰等学者的课程理论和教育思想的影响,"幼儿园课程内容即学习活动"的取向得到了广泛的认可,幼儿园课程内容多围绕幼儿的生活经验加以选择和组织,安排幼儿在园的一日生活,鼓励幼儿在健康、语言、社会、艺术和科学等领域的学习活动中主动操作、建构知识,获得全面和谐发展。

3. 幼儿园课程内容即学习经验

"学习经验"是教育学和心理学中的一个常用术语,泰勒使用该术语,是为了区别那些把课程内容等同于教材或学习活动的观点。在泰勒看来,学习经验既不等同于一门课程所涉及的内容,也不等同于教师所安排的活动,而是指学生与外部环境相互作用的结果。因为学习是通过学生的主动行为而发生的,学生的学习取决于他自己做了什么,而不是教师呈现了些什么内容或要求学生做些什么。所以,他认为,即使是坐在同一课堂参与同一活动的两个学生,活动后也有可能会获得两种不同的学习经验。

"幼儿园课程内容即学习经验"的取向,是受到了幼儿园课程经验维度的定义观的影响。该取向认为幼儿是主动的学习者,幼儿园课程内容不仅是为幼儿安排的各类学习活动,更是幼儿在活动中与外部环境相互作用时做出的反应、建构的经验。这一取向既充分尊重幼儿在学习中的主体地位,同时强调幼儿已有兴趣、需要和生活经验对课程的理解及体验的影响作用,强调幼儿已有认知结构和心理图式对课程内容的支配作用。这一取向要求课程内容注重幼儿原有的生活经验和兴趣需要,注重与幼儿的心理认知结构相适应,认为课程应是幼儿通过与环境的作用能够真正理解和直接体验的学习。如此,该取向将幼儿园课程内容选择的关注点由物转向人,由教师视角转向儿童视角,体现了儿童立场和人文主义立场。但是,由于幼儿的学习经验具有主观性、不确定性和随意性的特点,因此,该内容取向与前两种取向相比,其操作性和计划性相对较差。

📋 **案例**

基于幼儿生活经验对教材内容的改编

在上海市幼儿园二期课改课程内容中,大班"我们的城市"主题中"路边新事"次级主题下有"东方书报亭"的活动素材点,中班"周围的人"主题下有"邮递员叔叔好""送货员"等活动素材点。然而,随着社会的发展变化,当前幼儿的生活中很难再看见书报亭,很少见到邮递员、送奶员等,缺少这方面的生活经验。故教师将"东方书报亭"改为马路上随处可见的"共享单车""电子计时牌""广告牌"等；将"邮递员""送货员"改为生活中比较常见的"快递员""外卖员""代收点"等。

（案例来源：上海市浦东新区冰厂田幼儿园丁雨凡老师）

案例分析：从教师对相关内容的改编中，可以看出其在课程内容选择和组织取向上持有"课程内容即学习经验"的取向，让课程内容贴近幼儿的生活经验，并使幼儿通过与改编后的这些素材的互动来建构有关主题的核心经验。

综上，幼儿园课程内容选择与组织的取向在幼儿园课程发展史上，表现为以上三种不同的倾向，其差异的本质还是源于所持有的幼儿园课程定义观的差异。有的从学科维度的课程定义观出发来选择和组织幼儿园课程内容，有的从活动维度的课程定义观出发，有的则更多地从经验维度的课程定义观出发。

（四）幼儿园课程内容的特点

幼儿园课程内容与其他各级各类教育机构的课程内容相比，其最明显的特点是综合性、生活性和开放性。

1. 综合性

综合是指把不同类型、不同性质的事物组合在一起，使它们成为一个整体。不同阶段的教育对课程内容的综合有不同水平的需要，幼儿园课程内容的综合，是幼儿身心发展特点以及学前教育性质的客观要求。

首先，幼儿园课程内容的综合性符合幼儿心理反应整体性强、学习与发展具有整体性的特点。因为对幼儿来说，外部事物作为一个复杂的统一体，并不是按照成人所谓的逻辑和分类标准加以组织的，幼儿原本是以完整的人的面貌面对事物的，而分门别类的学科把幼儿的世界加以割裂，使幼儿对外部世界的认识失去应有的联系和整体性。幼儿各个方面的学习与发展并不是彼此孤立地进行的，各方面的发展之间，如认知发展与社会性情感的发展之间、身体健康和个性发展之间、语言发展与社会性情感发展之间、个性发展与认知发展之间等，都有着不可分割的联系。[①]《3—6岁儿童学习与发展指南》运用课程领域方法（curriculum area approach），从健康、语言、社会、科学、艺术五个领域描述幼儿的学习与发展，确保各领域之间是相互渗透和整合的，"幼儿语言的发展贯穿于各个领域，也对其他领域的学习与发展有着重要的影响：幼儿在运用语言进行交流的同时，也在发展着人际交往能力、理解他人和判断交往情境的能力、组织自己思想的能力"。此外，学前教育作为基础教育的奠基阶段，其主要任务是促进幼儿身心和谐全面的发展而非专项特色发展，只有综合的课程内容才能保

[①] 侯莉敏. 关注幼儿学习与发展的整体性[J]. 教育导刊（下半月），2013(12)：51—53.

证幼儿的全面发展。

理论上,为了阐述幼儿园课程的内容类别以便于进行实践的整合,需要人们先对课程内容进行一定的分类。但这种分类要从幼儿的视角出发,努力采用一种不割裂幼儿知识经验的相对划分的方式,以保证幼儿园课程内容的综合性。如当前幼儿园课程内容从幼儿接触世界的经验所构成的领域角度来进行划分,这样形成的领域课程相对以往的学科维度的课程内容分类,更能彰显幼儿园课程内容的综合性而非分科的特点。但是,要分类便不可避免地采用了分析式的思维方式,无论人们怎样划分课程内容,都只能是相对的、暂时的。在人为分析式的理论分类基础上,幼儿园课程实施者要始终树立课程整合的意识,实践中要时刻考虑建立各领域课程内容之间的内在关联性,在"一域"中发现"五域",使各领域课程内容之间相互渗透,而不是彼此割裂和孤立。

在当前具体的幼儿园实践中,就学习活动而言,各领域课程内容之间的内在联系被整合在若干个幼儿感兴趣的、贴近幼儿生活经验的"广义的概念"或"大概念"之下,即运用主题方法(thematic approach),以"主题"来整合幼儿的学习经验,统整幼儿的学习领域,如此,保证了幼儿园课程内容的综合性。如小班主题活动"白天和黑夜"通过认识太阳、月亮(科学领域),讲讲白天的动物、晚上的动物(语言与科学领域),画画月亮姐姐(艺术领域)等,使各领域课程彼此发生有意义的关联,体现了以主题为核心的课程内容的综合性。实践中,这是一种综合性的主题课程。在主题课程中,教师围绕幼儿日常生活中的兴趣、问题、生活经验预设或由幼儿自主生成一个广义的大概念,并在一段时间内围绕这一概念,坚持儿童视角、遵循幼儿的心理顺序来选择组织内容、建构主题网络,充分利用幼儿园、家庭和社区等资源,创设丰富的环境,开展多样化的活动(包括集体学习活动、个别化学习活动、社会实践活动等)。主题课程能支持、引导幼儿主动活动,建构各领域整合的学习经验,获得自主发展。一般来说,适合幼儿的主题往往是从幼儿自身(生理、心理发展)、幼儿生活的环境(社会与自然环境)中挖掘的,从"幼儿"这个中心出发,逐渐向外扩展。主题课程从幼儿的角度而言就是主题学习。

 案例

大班"我们的城市"主题网络的构建

上海市幼儿园教师参考用书《学习活动(5—6岁)》中有大班主题"我们的城市"。主题开始前:教师以"你觉得我们生活的上海是怎样的城市"来引发大班孩子生活经验的共鸣。在互动交流中,一个孩子提出"上海人很多",并用自身的生活经验加以诠释,于是更多的幼儿从这个视角拓展出去:"上海车也很多。""上海房子也很多。""好玩的地方多。""好吃的东西多。""好玩的玩具多。"由此,形成了"儿童视角的'我们的城市'幼儿经验框架",并可分析梳理"我们的城市"主题核心经验,包含三个块面。"认知与能力"块面有三个角度：一是特征，涉及城市的建筑、道路交通、生活设施等；二是变化，涉及城市的过去、现在、未来等；三是关系，涉及城市与人生活的关系。"情感与态度"块面有"爱城市""爱家乡"。"表达与表现"块面涉及"创意设计"。再从各分主题的目标中提炼出关键词——"变化""美好""方便"。在以上梳理的基础上，教师对幼儿经验视角所指向的经验发展价值进行判断，并与原有主题核心经验进行关联。

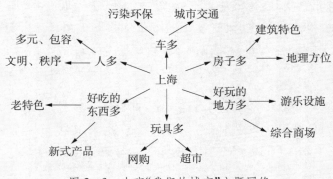

图2-3 大班"我们的城市"主题网络

在图2-3所示的主题网络中，内圈是幼儿经验和视角，外圈则是该视角所对应的幼儿发展价值，将幼儿的经验视角关联主题原有的核心经验。

（案例来源：上海市长宁区长宁实验幼儿园陈青老师）

案例分析："我们的城市"主题课程源自上海市幼儿园教师参考用书，在主题网络的构建过程中，教师围绕"城市"这一广义的概念选择和组织内容、建构主题网络，将幼儿的生活经验和视角与主题的核心经验、课程目标相关联。如此，既做到了课程内容的综合性，又体现了儿童视角。

除了以主题学习活动做到课程内容的综合性外，幼儿园课程实践中还以"方案"或"项目"的方法（project approach）整合幼儿学习与发展的各领域（现多称为"项目"），体现课程内容的综合性。"项目"与"主题"有紧密的联系，多源于主题课程的生成，也可生成于幼儿的日常活动中。与主题课程的"主题"相比，"项目"是适合进一步探究、值得更深入和更多学习的"主题"，具有真实性、探究性、操作性和挑战性的特点。项目课程是教师支持、帮助和引导幼儿在真实丰富的情境下，从自己关心的真实问题出发，以小组或团体的方式（多以小组的方式），进行较长时间的自主探究活动，最终解决问题、建构各领域经验、提升学习能力，是一种综合性课程。不同于主题课程预设和生成相结合的内容来源，项目课程的"项目"多由幼儿直接生成，来源于幼儿自身好奇探究的兴趣和愿望。

"蚯蚓"是项目课程吗

在一次户外骑车活动中,孩子们在停车场发现了一条受伤的蚯蚓,引发了孩子们的讨论……顺应幼儿的兴趣,教师组织了谈话活动"畅谈蚯蚓",让幼儿说一说蚯蚓是什么样的,在哪里见过蚯蚓,等等;故事阅读活动"蚯蚓和蜜蜂的故事",向幼儿讲述劳动在生命形成和进化中的重要作用;科学活动"蚯蚓",让幼儿学习蚯蚓的形态特征、生活习性,以及给植物松土、施肥,促进植物生长的本领,了解蚯蚓是人类的好朋友,我们要爱护它;美术活动"勤劳的小蚯蚓",画画蚯蚓及蚯蚓的本领。

（案例来源:上海青浦世界外国语幼儿园陈茜老师）

案例分析:从教师开展的一系列活动来看,课程内容首先是教师预设而不是由幼儿生成的,不是源自幼儿自身好奇探究的兴趣和愿望的;其次,各类活动的操作性、探究性和挑战性还不够,以上课程还不能完全被称为项目课程。

项目课程的组织实施一般需要经历三个阶段:规划讨论、探索研究和交流分享。在规划讨论阶段,教师基于幼儿的问题提出驱动性问题、初步确定项目主题及探究网络。驱动性问题是能够引发幼儿自主探究和推动幼儿问题解决的关键性问题,教师需要在幼儿真实问题的基础上加以提炼,且驱动性问题的答案不是唯一的,而是多维的、开放性的。如:怎样的桥最牢固,怎样的停车场可以停更多的车辆,怎样让植物安全过冬,等等。在探索研究阶段,教师通过多种途径和小组合作的组织方式,运用多种措施和策略支持幼儿设计方案、调查研究、自主探索、创建作品。在交流分享阶段,教师鼓励幼儿展示作品,交流探究的过程,分享探究的结果、收获和想法等。其间,教师可不断基于幼儿的兴趣和探究情况调整原有的探究网络,用驱动性问题链促进幼儿生成新的项目主题,支持幼儿深入思考和持续探究。项目课程有助于拓展幼儿园主题课程内容和学习活动内容,有利于促进幼儿自主学习、探究学习和深度学习,发展幼儿良好的学习品质和学习素养。项目课程从幼儿的角度而言,就是项目化学习或项目学习。

"小鸡"的项目化学习之旅（小班）

一、驱动性问题的产生,师幼共建初步的项目网络

五月的一天,瑞瑞家里的新成员"小鸡"成了班里的新话题:"我看过小鸡,黄黄的。""我也看过!""小鸡有尖尖的嘴巴。""我知道小鸡喜欢吃米。""母鸡会下蛋的,我吃过鸡蛋。"……

　　小鸡对于现在生活在城市里的孩子们来说,既熟悉,又陌生。孩子们很早就知道小鸡的存在,并被成人告知了一些有关小鸡的知识:小鸡有一个黄黄的、毛茸茸的身体;小鸡喜欢吃虫;小鸡有翅膀;等等。但很多孩子并没有看到过真实的小鸡,瑞瑞的小鸡引发了孩子们强烈的探索欲望。

　　于是,放学后教师悄悄地和瑞瑞约定:"把小鸡带到幼儿园吧,和小朋友一起养小鸡。"第二天,我们的小客人——瑞瑞家的五只小鸡就住进了"临时动物园"。这可掀起了轩然大波,孩子们热烈又富有激情地讨论着,有的孩子讨论小鸡身体的大小,有的孩子研究小鸡的眼睛,有的孩子观察小鸡的脚趾……

　　"小鸡究竟长什么样? 小鸡有怎样的秘密?"孩子们的探究生成了一些驱动性问题。于是,师幼共建了初步的项目网络(见图2-4)。

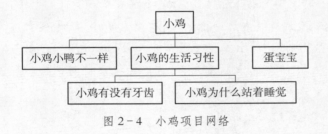

图2-4　小鸡项目网络

二、幼儿开展项目探究

　　为了促进幼儿自主自发地进行探究学习,丰富探究体验,养成良好的学习品质和学习能力,教师尝试了以下几种策略。

　　1. 创设开放、自主的低结构探索区

　　在项目化学习中,低结构探索区给了孩子们很大的探索空间,让孩子们在自己主导的学习活动中自由探究,有足够的空间个性化表达自己的发现。在小鸡的探究中,教师开辟了小鸡饲养角、小鸡资料区、小鸡探究展示板等。孩子通过自主观察、记录、实验等活动,体验有意义的探究过程,主动习得经验,自主获得有效的探究方法。

　　2. 创设支持性的互动墙面

　　教师充分利用班级环境——墙面(见图2-5),物化孩子们的问题解决过程,为孩子们的探究学习提供隐性支持。在小鸡的探究中,随着孩子们探究的深入,教师依次创设了:

　　(1)发现记录墙:教师把孩子们自主记录下来关于小鸡的观察发现呈现在发现记录墙上,支持孩子们在彼此发现的经验间建立联系;

　　(2)互动问题墙:基于平时的观察发现和记录,孩子们把自己对小鸡的疑问和困惑记录在墙上,培养孩子们提出问题

图2-5　小鸡探究墙面

的意识；

（3）猜测推理墙：教师鼓励孩子们针对问题大胆提出自己的猜测和推理，并给出解决问题的方法，促进其问题解决意识的萌发；

（4）实证探究墙：教师就孩子们最为关注的两个核心问题——"小鸡有没有牙齿""小鸡为什么站着睡觉"创设了两面实证探究墙。针对这两个问题，孩子们自主分组进行探究，将实证资料（照片、图书、网络资料等）呈现在墙上，帮助孩子们形成基于问题进行探究的意识、基于证据表达表现的能力。

3. 鼓励自主记录的学习方法

学龄前孩子的探究有着很大的随意性和无意性。教师研究了幼儿自主记录的学习方法，鼓励孩子们把自己的发现、猜想以及收集到的信息自主记录下来。例如，在小鸡的探究中，孩子们形成了小鸡观察日记本、小鸡故事书等自主记录。

从无意义地观察到饶有兴趣地记录，到有意义地学习，再到有目的地围绕问题进行探究，自主记录这一学习方式贯穿于孩子们整个学习的过程中，帮助孩子们理清自己思考的脉络，将碎片化的思考统整起来，推动孩子们将所学经验与旧经验建立起联系，使孩子们的"发现学习"趋向有目的、有意义的探究活动。

4. 激活分析、比较的思维能力

在饲养小鸡的第四天，教师组织孩子们开展了集体学习活动"小鸡小鸭"。孩子们能够运用已有经验对小鸡小鸭的外形特征进行比较，但是这些"比较发现"是零散、片断的个体发现，很难帮助孩子们形成系统、完整和深入的思考方式。

为了激活孩子们分析、比较的思维能力，教师研究学习了气泡图（bubble map），作为一个类似思维导图的思维工具，它特别适合帮助孩子们发现和理解事物的多样特征，建立思维之间的联系。在随后小鸡和小鸭的故事讨论环节，教师支持孩子们利用气泡图来比较小鸡和小鸭的相同与不同，在比较中帮助孩子们建立新旧经验之间的联系，帮助孩子们从多维视角看待事物，从而有效激活其分析、比较的思维能力（见图2-6）。

5. 提供丰富的环境引发幼儿的探究

户外丰富的环境可以为孩子们创设良好的、有意义的学习环境。在有关小鸡的探究中，孩子们把五只小鸡带到草地上，观察到小鸡吃小石子的现象，由此又引发了孩子们对"小鸡为什么吃小石子"的探究。

三、交流分享各自的收获，结束项目主题

孩子们通过自己在真实情境中的探究，知道了小鸡的很多秘密，便急于向周围的朋友们分享自己所知道的小鸡的知识。于是，教师和孩子们讨论：你们学到了关于小鸡的哪些知识？你们打算和谁分享呢？孩子们表示要出一本关于小鸡的图书（见图2-7）送给隔壁班级的小朋友。

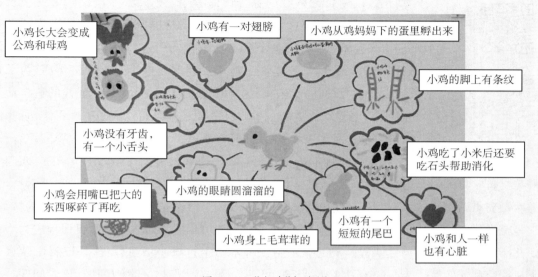

小鸡长大会变成公鸡和母鸡

小鸡有一对翅膀

小鸡从鸡妈妈下的蛋里孵出来

小鸡的脚上有条纹

小鸡没有牙齿，有一个小舌头

小鸡吃了小米后还要吃石头帮助消化

小鸡会用嘴巴把大的东西啄碎了再吃

小鸡的眼睛圆溜溜的

小鸡有一个短短的尾巴

小鸡身上毛茸茸的

小鸡和人一样也有心脏

图 2-6　"小鸡"气泡图

教师提供了各类纸笔让孩子们自由绘制图书，并鼓励他们走进其他班级交流分享。

图 2-7　故事书

（案例来源：上海市嘉定区嘉定新城实验幼儿园李淼苗老师、龚亮老师）

案例分析："小鸡"的项目化学习源于幼儿生活中对小鸡产生的探究兴趣，教师支持幼儿生成项目，在幼儿好奇的基础上帮助和引导幼儿产生可深入探究的驱动性问题，围绕师幼共建的初步项目网络，鼓励幼儿开展项目探究，包括创设开放、自主的低结构探索区以及支持性的互动墙面，鼓励自主记录的学习方法，激活分析、比较的思维能力，提供丰富的环境引发幼儿的探究等，以帮助幼儿主动探究，解决问题，建构有关小鸡的各领域经验。最后，教师组织幼儿交流分享各自的收获和探究结果。整个项目课程的实施过程清晰，以问题为中心，并整合了幼儿多领域的学习内容。

微　课

做一条树围测
量项链(大班)
(上海市静安
区大宁国际
幼儿园)

　　在幼儿园以项目为核心的综合性课程中,又逐渐产生了 STEM 项目课程。这是因为发展 STEM 教育已成为世界发达国家培养科技创新人才的重大战略和未来愿景①,同时,随着 STEM 教育的引入,我国幼儿园课程实践借鉴了 STEM 教育理念,特别是在上海市二期课改推进了二十多年后,为了让学前教育面向世界、面向未来,更为了让幼儿获得更全面、更现代的科学活动经验和经历②,培养幼儿更高水平的科学素养、学习品质、创造性思维、合作能力等,以"科学探究"为核心开展 STEM 项目课程,可体现课程内容的综合性。

STEM 是科学(science)、技术(technology)、工程(engineering)和数学(mathematics)四门学科英文首字母的组合,第一个字母 S(科学)和最后一个字母 M(数学)作为两门基础学科,就像两个支点,是 T(技术)和 E(工程)两门学科的基石。综合性是 STEM 教育最突出的特征,它是跨学科(transdisciplinary)的教育,注重多学科的有效整合,故 STEM 项目课程成为当前幼儿园较多实施的综合性课程。STEM 项目课程本质上也属于项目课程,是以科学领域的项目探究和问题解决为主的学习活动,强调幼儿像"科学家"那样去发现问题、探索问题。幼儿在真实情境中通过设计和制造等活动来解决生活中有意义的问题,并有机融入数学、技术、工程等经验。STEM 项目课程中主题的生成与项目一致,可以源自主题课程,与主题课程相融合;同样也可以源自幼儿的一日生活,与幼儿的一日生活相融合。STEM 项目课程在实施阶段与项目课程基本相似,但形成了以科学为核心的思维五步骤探究过程,具体为:提出问题——讨论决策——制定计划——实施计划——测试改进。在 STEM 项目课程的项目化学习中,幼儿持续地提出问题、探究制作、记录发现、合作验证、分享交流,开展伴随质疑、创新等高级思维的、有深度且有意义的学习,可培养问题意识、独立思考和判断能力、高阶思维和问题解决能力、科学素养和创新能力、合作和沟通技巧,建构支持可持续发展的核心素养。

拓展阅读

小菜园的大棚

一、问题的由来

　　"小菜园的大棚"活动源自中班孩子的户外种植。学期初播下的种子由于连续暴雨一直没有发芽,教师和孩子们重新翻种,两周过去了,仍没动静。"为什么会这样呢?"

---

① 杨晓萍,杨柳玉,杨雄.幼儿园科学教育融入 STEM 教育的核心价值与实施路径[J].天津师范大学学报(基础教育版),2018,19(04):72—77.

② 上海市教育学会幼儿教育专业委员会,上海史坦默科学教育研究中心,黄琼,王雪华.STEM+在幼儿园:上海学前教育面向未来的创新实践[M].上海:中国中福会出版社,2022:序.

对于孩子们的疑问,教师没有立即作答,而是让他们回家询问家人。孩子们收集了很多答案,其中一名搭建大棚种植草莓的幼儿家长告诉大家:"天气冷了,蔬菜也怕冷,会被冻坏,所以需要一个房子。"孩子们平时在上学路上都见过大棚,还有去草莓园摘草莓的经验,对大棚都不陌生,在小菜园搭建大棚的念头由此产生。

二、活动过程

1. 第一阶段:参观体验备经验

孩子们对大棚的了解仅停留在简单的认识层面,对于其结构、功能、材料都比较陌生,于是教师为幼儿前期经验的形成做了一些准备。

(1)参观大棚:通过参观,孩子们知道了大棚的基本外形、结构、功能、材料等。

(2)说一说、画一画:参观结束后,幼儿将自己看到的大棚和同伴说一说,并且画下来。

(3)查阅资料:什么样的大棚适合我们的小菜园呢?孩子们带着问题和父母共同查阅资料,并将收集到的信息带来幼儿园与同伴分享。

(4)"迷你大棚"手工活动:在实际搭建大棚前,教师设计了一次手工活动,让幼儿在纸上画一块小菜园,然后在资源库中选择材料搭建"迷你大棚"。这次初步的体验和探究为后面的设计、搭建和解决更复杂的问题奠定了基础。活动结束后,师幼谈话交流,教师对幼儿的想法进行了回应、提炼,帮助幼儿丰富经验。

2. 第二阶段:设计制作出成果

(1)搭建前的准备如下。

设计草图:幼儿自主设计,画出大棚图样。

材料准备:同样长短的竹条、竹片、锯子、剪刀、锤子、绳子、塑料布。

技术支持:幼儿园的门卫爷爷是搭建大棚的高手,在搭建过程中遇到困难,可以向他请教。

搭建步骤:①将竹条两头以跨越土地的方式插入小菜园;②盖上塑料布,将多余部分剪去;③将塑料布与竹条固定住。

(2)第一次搭建:插竹条时幼儿两两合作,分别拿住竹条两头,插进小菜园的泥土里。但是幼儿发现泥土太硬,竹条根本插不进去。询问了门卫爷爷后,幼儿用锯子锯下小段的竹片,用锤子将它锤进泥土里,再把竹片拔出,这样泥土中就留下了一个深深的洞。在这个过程中,孩子们为了让洞与洞之间的距离相等,选择了实物测量的方法。最后,幼儿将竹条插进洞内,教师帮助其插深,保证稳固。

(3)第二次搭建:铺小路。

这次搭建的目的是在竹条上铺上塑料布。在铺塑料布的时候,孩子们发现竹条摇摇晃晃,不够稳固。他们继续请教了门卫爷爷,原来是目前由竹条搭的支架缺少横向支撑,在门卫爷爷的帮助下,孩子们在拱形支架上加上了三根支撑竹条。搭建完成后,教师和孩子们进行了讨论:"现在我们的大棚支架已经完工了,看看还有哪些地方需要调整?"孩子们沉浸在成功的喜悦中,纷纷表示都已经很棒了,可以开始盖塑料布了。但是门卫爷爷提出:"这个大棚里没有路,以后菜都长出来了,你们怎么去采摘呢?"这时,班级里一个孩子说:"我有办法,以前我们用砖块搭过路。"说罢,孩子们从幼儿园"生活广场"找来很多红砖,一个接一个开始铺设。很快,一条小路就完工了,为了让小路更为平整,孩子们在这里玩起了"小兔接龙跳"的游戏。

(4) 第三次搭建:铺盖塑料布。

本次搭建的目的是铺盖塑料布。孩子们像玩太阳伞一样把塑料布展开,才发现这块塑料布实在太大了,要剪掉一些。教师提出:"剪掉多少呢?"孩子们开始讨论。由于幼儿有制作"迷你大棚"的经验,他们想到将塑料布盖在大棚上,然后进行裁剪,这样尺寸才会合适。于是,孩子们分别站在两边,一边的孩子负责拉住塑料布,另一边的孩子开始用笔做"修剪处"的标记。最后,孩子们推选出平时手工制作最棒的小朋友将多余的塑料布剪去。

3. 第三阶段:测试优化促完善

问题一:如何固定塑料布?

孩子们将塑料布绑好后,一阵大风吹来,塑料布鼓起来了,大棚也跟着左摇右晃,非常不牢固。怎么绑才牢固呢?"用胶水""用双面胶",这些答案立马被大家否定了,他们纷纷表示,太阳晒过、下过雨后胶就不黏了。孩子们再次请来门卫爷爷帮忙,门卫爷爷提出了用竹片将塑料布夹在竹条上,再用绳子绑住固定的方法。

问题二:如何知道大棚里种的是什么呢?

大棚完工后,在整理材料时,一个孩子问:"草莓被塑料布盖住,别人怎么知道里面种的是什么呢?"另一个孩子提议,把原来插在小菜园里的展示牌继续插进泥土里。可有孩子提出异议:即使插在泥土里,也是在大棚里面,别人根本看不见。有孩子提议把展示牌挂在门上,可门上没有挂钩。后来大家决定用颜料将图案画在大棚的门上,这样会非常清晰。有的孩子画了草莓,代表这是草莓园;有的孩子画了大猪鼻子和小猪鼻子,分别代表大朱老师、小朱老师的班级。

在门卫爷爷和教师的帮助下,孩子们的大棚完工了。孩子们也想像草莓园一样,在大棚内种上草莓,于是他们买来了奶油草莓苗开始种植。80天后,他们吃上了甜甜的草莓。

4. 第四阶段:拓展应用乐分享

孩子们的大棚完工后,其他班级的幼儿看到了也想有蔬菜大棚,这样蔬菜在冬天里就不会被冻坏了。于是,他们向这个班的孩子提出请求,教师和孩子们计划帮助有需要的班级一同搭建。

（资料来源：张菊芳. STEM 项目学习，开启孩子的创造之旅——以中班 STEM 项目活动"小菜园的大棚"为例[J]. 早期教育（教育教学），2019（10）：18—20.）

课程内容的综合性反映出幼儿园课程从性质上来说是一种综合性课程。在主题课程实践中，学前教育工作者要从对幼儿和谐全面发展的独特理解出发，进行主题下各领域课程内容的综合，实现有机统整和联系，切忌为综合而综合，追求表面形式、无内在联系、简单拼凑的"拼盘"式综合。其中，很重要的是要有儿童立场，以幼儿为中心、基于幼儿的生活经验整合课程内容。"在谋求课程综合性的时候要有平常心，最大限度地发挥课程的教育价值，为成长中的孩子们建构儿童的课程，这才是教育者的根本使命。"①除了主题课程外，教师还要以幼儿为中心生成项目课程，让幼儿在主动学习和探究学习中实现综合性的全面和谐发展。

微　课
飞机场（小班）
（上海青浦世界外国语幼儿园陈茜老师）

2. 生活性

幼儿园课程内容还具有生活性的特点，紧密联系幼儿的生活场景和生活经验。幼儿园课程设计者在选择幼儿园课程内容、考虑什么知识对幼儿来说最有价值时，要坚持从幼儿的心理特点和发展水平出发。总体来说，由于幼儿的认知发展不够完善，理解水平较为有限，生活经验相对缺乏，因此不是所有的内容都是他们能够理解和体验的，不是所有的素材都可以纳入幼儿园课程内容体系的。一些课程内容虽然有其重要的学术价值，但其超出了幼儿理解的阈值，或内容相对枯燥乏味，往往与幼儿的兴趣需要不相符合。杜威说："学校科目相互

微　课
娃娃超市（大班）（上海市崇明区东滩思南路幼儿园）

联系的真正中心不是科学，不是文学，不是历史，不是地理，而是儿童本身的社会生活。"②幼儿的生活是感性的、具体的，只有那些贴近儿生活实际的、幼儿正在经历的人与事，与幼儿生活紧密相连的、真实的、非虚幻的课程内容和经验，才凝聚了幼儿始终感兴趣的主题，才更容易激发幼儿的学习兴趣，也更容易让幼儿感受、体验和内化。

因此，生活是幼儿园课程的焦点和中心，课程内容应该从幼儿的实际生活中去选择。在幼儿的生活中，蕴含着许多具有教育价值的内容素材，留待课程设计者去发现和挖掘。生活性是幼儿园课程内容的重要特点，幼儿园课程内容要与幼儿的生活相融合和贴近，到幼儿生活的自然、社会等领域中围绕季节、节日、重要事件等去选择和组织经验，只有如此，幼儿园课程才能真正促进幼儿自由、健康地发展。此外，贴近幼儿生活，来自大自然、大社会的课程

---

① 张华. 关于综合课程的若干理论问题[J]. 教育理论与实践，2001，21（06）：35—40.
② 转引自：赵祥麟，王承绪. 杜威教育论著选[M]. 上海：华东师范大学出版社，1981：3.

内容,也能够确保提供给幼儿的经验具有启蒙性而非过分精深,做到让学前教育真正成为基础教育的奠基阶段。

妇女节和植树节课程

在妇女节这个充满温情的节日中,孩子们观看了相关视频,不仅了解了妇女节的意义,还体会了妈妈养育自己的辛劳。于是,孩子们决定通过力所能及的劳动,关心、体贴妈妈。各班还开展了丰富多彩的活动,表达对妈妈的爱意,如"美好祝福送妈妈"等。

植树节期间,教师让幼儿投票选出自己要种的植物种子,观察自己的植物的生长情况,并在自己的植物旁插上自己的牌子;设计自己班级关于植树的标志;在家中动手种花插花,美化家庭;记录关于植树节的各种想法。

(案例来源:上海市浦东新区锦绣幼儿园)

案例分析:以上节日课程内容围绕妇女节和植树节,说明教师在选择和组织课程内容时以幼儿的生活为中心,结合重要的节日,体现了幼儿园课程内容的生活性特点。

3. 开放性

幼儿园课程内容预设和生成相结合,具有较大的灵活性和变通性。幼儿园课程内容不仅表现为课程设计者依据课程目标和幼儿兴趣需要预设的静态材料,还表现为活动中动态生成的材料,是教师和幼儿在具体的、丰富的教育活动情境中通过师幼互动共同形成和建构的活动内容。

微课

交通系统下的马路大发现(小班)(上海青浦世界外国语幼儿园陈茜老师)

有关"生成",《现代汉语词典》将其解释为"形成""产生",强调其自发性。由于幼儿园课程设计者选择课程内容时,其所依据的幼儿的兴趣和需要是教师预先设想的,往往具有静态性和普遍性的特点,然而在课程实施中,幼儿带着各自的兴趣、需要和已有经验参与教师所安排的各类活动,并在此基础上与外部客观世界发生相互作用。在活动中,幼儿以无意注意为主,其兴趣、需要会因为各种外界因素而呈现出变化性和动态性,教师事先往往难以预料及把握,也不一定能够准确捕捉,导致教师预设的课程内容框架与幼儿当下的兴趣和需要不相吻合。杜威曾在《儿童与课程》一文中指出,课程与儿童相互冲突的根本原因在于造成冲突的课程的主要价值是"为了教师"。[1] 因此,幼儿园课程内容要坚持儿童立场,置幼儿于中心,实现幼儿在课程内容决策中的主体地位,做到课程内容从幼儿出发。为此,教师首先要以一种灵活、动态的方式来尊重和顺应幼儿的经验、兴趣、需要。因为

---

[1] (美)约翰·杜威.学校与社会·明日之学校[M].赵祥麟,任钟印,吴志宏,译.北京:人民教育出版社,1994:133.

这些因素具有不稳定性,常常因情境而发生变化,教师要以开放的眼光来看待课程内容,发现、捕捉和提取幼儿的即时兴趣与需要,结合课程目标和要求进行有教育意义的价值判断,灵活调整预设的课程内容并生成新的课程内容。此外,教师在符合幼儿年龄特点、兼顾大部分幼儿兴趣经验的基础上,还要灵活把握幼儿每日生活中关注的新奇事物、重大事件,再依据课程目标和要求进行有教育意义的价值判断,生成新的课程内容。

值得注意的是生成课程内容时,教师要处理好幼儿主体和教师判断、个体幼儿和全体幼儿、内容新颖性和实施可行性之间的关系。具有专业性的幼儿园教师在生成课程内容时坚持儿童立场,以幼儿为中心决策,但生成不是偶然的、随意的、教师被孩子牵着鼻子走的。"如果真是那样,课程就不叫课程了。"①生成课程时,教师不能完全被动追随幼儿,而是需要树立目标意识和儿童发展意识,对生成内容进行有教育意义的价值判断,以促进幼儿有效学习。当然,生成课程内容时还要处理好个体幼儿和全体幼儿之间的关系,生成的课程内容尽量兼顾大多数幼儿的兴趣和需要;处理好内容新颖性和实施可行性之间的关系,可以完全由幼儿自主提出非常新颖的课程内容,然而教师终究还要考虑实施的可行性,以不过多打乱班级一日生活的作息安排、影响作息的合理性为原则。

 案例

"毕业活动"的生成

在大班"我要上小学"主题下的个别化学习活动中,有些幼儿对教师预设的区角内容不感兴趣,没有参与到活动中,而是想在毕业前表达对幼儿园的留恋。教师了解后,鼓励幼儿在教室的一角生成"毕业活动"的区角,然后在材料超市里自己选择材料,自主开展一系列活动:制定春游计划,制作礼物清单、汗衫、包、毕业纪念册,拍毕业照等。

(案例来源:上海市虹口区实验幼儿园)

案例分析:在"我要上小学"主题下的个别化学习活动中,当幼儿对教师预设的活动内容不感兴趣并生成"毕业活动"的想法时,教师顺应幼儿的主张,支持幼儿生成感兴趣的活动,体现了幼儿园课程内容的开放性。

案例

软体昆虫图书册

在户外活动时,幼儿意外发现了一只长相比较奇怪的软体昆虫,因为其形态和颜色

---

① (美)伊丽莎白·琼斯,约翰·尼莫. 生成课程[M]. 周欣,卢乐珍,王滨,等译. 上海:华东师范大学出版社,2004:1.

有点像蜗牛但是又没有外壳,吸引了孩子们的注意。针对该昆虫是什么,幼儿之间展开了讨论,但是没有一致的答案。这不正是《3—6岁儿童学习与发展指南》中培养幼儿对周围事物的好奇心和观察探究能力的契机吗?所以,教师让幼儿回家查阅资料,并将资料打印出来,拿到幼儿园里一起分享,再和幼儿一起将其收集起来的资料做成图书册,放在图书区角里,让对此感兴趣的幼儿进一步阅读。

(案例来源:上海市嘉定区嘉定新城实验幼儿园陈雪老师)

案例分析:教师灵活地捕捉到了幼儿在户外活动中意外发现的新鲜事物,结合教育目标生成了收集软体昆虫资料、制作和阅读软体昆虫图书册的阅读区活动内容,体现了课程内容的开放性。

拓展阅读

封草地行动

幼儿园要封草地,因为孩子们每天有大量的时间在草地上活动,小草没有足够的生长空间,被踩来踩去,春天来了也长不出来。有些幼儿对此表示不同意,因为自己天天要在草地上锻炼身体。但有些幼儿反驳道:难道小草的生命不比大家的运动更重要吗?孩子们相互辩论,最终得出一致的看法:爱惜、保护小草的生命更重要,自己可以先在其他地方运动。于是,幼儿园支持幼儿生成"封草地行动"的课程内容,由幼儿自主制定封草地计划单。画封草地的海报、宣传画,让更多的幼儿爱惜小草的生命,让它们健康生长;为草地拉护栏、做标志,告知封草地期间"不得入内";制作邀请函,邀请家长以及园长妈妈参与封草地仪式;与家长一起行动,设计爱绿护绿的宣誓词,同伴间积极投票,共同选出封草地仪式的宣誓词。

(资料来源:上海市嘉定区安亭幼儿园)

(五) 幼儿园课程内容的分类

对事物进行分类时,可以有不同的视角,它们是构成各种分类结果的起点。对幼儿园课程内容的分类,也有不同的视角,可采用不同的角度和标准。但总体来说,幼儿园课程内容的分类受到幼儿园课程定义观及内容取向的影响,在不同的幼儿园课程定义观和课程内容取向的框架下,幼儿园课程内容的分类有其相对应的维度,由此获得的分类结果也有所不同。

具体而言,从学科维度的课程定义观和课程内容取向出发,幼儿园课程内容显然是按照学科维度来进行分类的,如被划分为不同种类的学科,各学科在课程设计中彼此独立、互不联系,在课程实施中也是各自为政、互不渗透、界限十分清晰。如《幼儿园教育纲要(试行草案)》将幼儿园课程内容分为生活卫生习惯、体育活动、思想品德、语言、常识、计算、音乐、美术等,是一种典型的学科维度分类模式,破坏了幼儿园课程内容的整体性。

从活动维度的课程定义观和课程内容取向出发,幼儿园课程内容则是按幼儿园所组织实施的教育活动类型来进行分类的,如生活活动、运动、学习活动、游戏活动。这四类活动发挥各自的课程功能,整合组成了幼儿园完整的课程内容。这种分类从一日生活组织实施的形式的角度,明确了幼儿园课程的内容,打破了幼儿园课程内容的分科状态,但容易因为教师过多关注各类活动的有序实施状态而导致各类活动有机渗透的难度增加,从而影响了幼儿园课程内容的整体性。随着新课程改革的不断深入,幼儿德、智、体、美、劳全面发展的立德树人教育目的的提出,幼儿园教师需要柔活四类活动,如将运动和游戏活动相整合,避免两类活动割裂,实施中各自为政。

从经验维度的课程定义观和课程内容取向出发,幼儿园课程内容会超越教育活动的内容和类型,按幼儿获得经验的领域来进行分类。这种分类相比活动维度的分类,既考虑到了不同课程内容在幼儿学习与发展中的特殊性,又打破了活动组织与实施的分类界限,在一定程度上体现了幼儿园课程内容的统整思想。如《幼儿园教育指导纲要(试行)》将幼儿园课程内容分为健康、语言、社会、科学、艺术五大领域,艺术领域融合了美术和音乐的活动,科学领域融合了常识和数学的活动。同时,这种领域分类只是一种相对划分,实践中要关注各课程内容领域间的相互联系与有机渗透。

(六) 幼儿园课程内容的组织

幼儿园课程内容组织的方式,会直接影响幼儿园课程内容与结构的性质,也制约着幼儿园课程实施中幼儿学习与活动的方式及效果。一般来说,幼儿园课程内容的组织可从不同的视角进行安排,有以下几种相对的方式。

1. 逻辑顺序与心理顺序

从课程内容所遵循的内在顺序来看,幼儿园课程内容的组织有逻辑顺序与心理顺序之分,它们是幼儿园课程组织的一组相对方式,也是历来在幼儿园课程组织方式中颇有争议的问题。

幼儿园课程内容组织的逻辑顺序指的是根据学科的系统及其内在的逻辑来组织和安排课程内容;幼儿园课程内容组织的心理顺序则指的是以适合儿童心理特点与发展水平的方式组织和安排课程内容。以逻辑顺序组织幼儿园课程内容的方式,较强调学科知识本身的系统性,较少考虑幼儿的兴趣、需要、经验和发展水平,体现了学科中心主义的取向。以心理顺序的方式组织和安排幼儿园课程内容,则是一种儿童中心主义的取向,强调根据幼儿的发展水平以及幼儿的兴趣、需要和经验组织课程内容,采用各种适合幼儿的方式,注重课程内容为幼儿所喜爱和理解,较少考虑学科知识本身的逻辑顺序和幼儿所获得知识的系统性。

无论是按逻辑顺序组织幼儿园课程内容,还是按心理顺序组织,都不是偶然性的课程决策,其背后反映了幼儿园课程设计者所持有的价值取向,即不同的幼儿园课程设计取向往往决定了不同的幼儿园课程内容的组织方式。具体而言,以逻辑顺序组织幼儿园课程内容的方式,是一种理性主义的学科中心取向的课程设计;以心理顺序组织幼儿园课程内容的方式,则是一种人本主义的儿童中心取向的课程设计。不同的历史阶段、不同的课程改革时期,幼儿园课程价值取向及课程设计取向不同,课程内容的组织方式也呈现出明显的差异。

按逻辑顺序或心理顺序组织课程内容都不具有绝对的优势,而是各有其长处和弱点。一些课程专家认为理想的状态是两者取长补短,以达到和谐统一。正如泰勒所指出的,课程组织不仅要关注逻辑顺序,还应关注儿童的心理顺序。但理想的应然状态容易构想,实然状态则难以做到。长期的幼儿园课程实践业已证明,课程组织要达到逻辑顺序和心理顺序的平衡是相当困难的,因为人类的任何活动都是在一定的社会文化背景下的一种价值有涉的活动。幼儿园课程价值取向和课程设计取向在不同时期都有其侧重的方面,幼儿园课程内容的组织方式会随之表现出一定的偏向。因此幼儿园在组织课程内容时,理论上既要遵循学科的基本结构和逻辑线索,又要做到顺应幼儿的心理特征,但这是很难绝对兼顾的。而对于处于基础教育奠基阶段的学前教育来说,学科知识的掌握并非重要的任务,培养良好的情感、态度、能力等基本素质,为幼儿的后继发展奠定基础则更为重要。由此,结合学前教育的任务定位,根据兴趣、动机、习惯、态度等在幼儿学习与发展中的重要作用,遵循心理顺序的课程内容组织方式无疑更适合幼儿,宜作为幼儿园课程内容的重要组织方式。在此基础上,再尽量兼顾课程内容的逻辑顺序。

拓展阅读

从高处往下跳的安全知识——遵循心理顺序的课程内容组织

生活教育特色园注重对幼儿的安全教育,为此,用图文并茂的形式告知幼儿日常生活中从高处往下跳时的安全事宜,帮助幼儿建构日常生活中的安全知识。安全手册内容如下:

（1）不能双手放在口袋中　　（2）不能跳到垫子外　　（3）不能脚后跟落地　　（4）跳到垫子上

图2-8　安全手册

（资料来源:上海市徐汇区宛南实验幼儿园孙瑾老师）

2. 纵向组织与横向组织

从课程内容之间是否具有内在关系的角度来看,幼儿园课程内容的组织有纵向组织与横向组织之分,是幼儿园课程内容组织的另一组相对方式。

纵向组织,又叫垂直组织,指将幼儿园课程内容按纵向的发展序列组织起来,关注不同年龄段课程内容之间的关系。课程内容的纵向组织有两个基本标准,即"连续性"和"顺序性"。幼儿园课程内容的连续性指的是幼儿园课程内容在不同学习阶段重复出现。顺序性是指幼儿园课程内容根据学科的逻辑体系和幼儿的身心发展阶段,由浅至深、由简至繁地组织起来。一般来说,强调学习内容从已知到未知、从具体到抽象,是历史上教育家们的一贯主张。如夸美纽斯(J. A. Comenius)曾告诫教师要按由简至繁的顺序安排课程内容。

横向组织,又叫"水平组织",指的是按"广义概念""大概念""项目"将课程内容以横向的内在关系组织起来,即打破传统的学科知识体系,关注不同领域的课程内容之间的联系。20世纪70年代以后,一些教育家开始强调课程内容的横向组织原则,要求打破学科的界限和传统的知识体系,以便让学生有机会更好地探索社会和个人最关心的问题。这是与20世纪60年代以后自然科学与社会科学汇流、社会科学内部各学科日趋综合的趋势相适应的。在这些教育家看来,如果要使学生所学的内容对他们的生长具有重要意义,就必须摆脱传统学科的形式和结构。所以,他们用一些所谓的"广义概念""大概念""项目"作为课程内容组织的要素,使课程内容与学生经验有效地联系起来。课程内容水平组织的基本标准为"整合性"(intergration),具体指找出各种课程内容之间的内在联系,然后整合为一个有机整体。

在幼儿园课程的发展史中,纵向组织与横向组织课程内容的方式在不同的历史时期都曾出现过,20世纪五六十年代,幼儿园课程内容以纵向组织的方式为主;20世纪80年代后,幼儿园课程内容则以横向组织的方式为主。幼儿园课程内容的纵向组织方式强调幼儿所学知识和技能的层次性与逻辑性,即认为幼儿学习较为复杂的、抽象的知识是以较简单的、具体的知识为基础的,强调后阶段学习的内容与前期学习内容的关联,课程内容按照从简单到复杂、从具体到抽象的顺序依次推进。幼儿园课程内容的横向组织方式强调的则是幼儿所获得的各种知识经验的自然融合与有机统整,强调知识经验与幼儿生活和发展的联系,而不关注知识本身的性质。同理,幼儿园课程内容要做到纵向组织和横向组织的兼顾与平衡也是课程组织中的两难技术问题,现实中的幼儿园课程内容组织总是根据设计者所持有的幼儿园课程价值取向和课程设计取向而有不同的侧重和偏向。

总体而言,幼儿园课程内容的横向组织方式,相比纵向组织而言,较好地实现了课程内容的统整,与幼儿具有的整体性发展特征和学习方式更为接近和相适宜,因此,幼儿园课程内容宜多提倡横向组织的方式。具体的设计模式很多,相应的课程综合程度也有差异。借鉴比萨(J. A. Beane)对课程统整的定义:"课程统整是课程设计的理论,以教育工作者与年轻人共同合作而认定的重大问题或议题为核心,组织课程,以便促成个人和社会的统整,而不考虑学科的界限。"①幼儿园课程内容较适宜以幼儿关心的、感兴趣的、生活中的话题或广义的概念为核心来加以组织,构成一种与幼儿生活相连的综合主题课程。但综合主题课程在设计和实施中要注意主题的确定、主题网络的建构及主题的开展,要多注重师幼互动、动态生成,避免教师预设得过多过密,否则综合主题课程容易变异为以知识为中心的纵向组织的分科课程,忽视了儿童的主体地位和心理顺序。同时,课程内容还可通过项目来加以横向组织。

3. 直线式组织与螺旋式组织

从课程内容之间是否有所重叠的角度来看,幼儿园课程内容有直线式组织与螺旋式组织之分,它们也是幼儿园课程组织中的一组相对方式,同样是幼儿园课程组织中难以两全的问题。

直线式组织指的是将课程内容安排为在逻辑线索上相联系的一条"直线",前后内容互不重复,即课程内容呈直线式前进,前面安排的内容在后面不再呈现;螺旋式组织指的是课程内容在不同的学习阶段会重复出现,但是后面呈现的内容在深度和广度上较前面的内容都有所加强。

两种方式各有其长处和弱点。直线式组织是根据学科知识本身内在的逻辑安排课程内容,有益于幼儿学习如何系统地思考问题和理解事物之间的关系,有利于幼儿学习一些逻辑性较强的学科知识和技能;此外,直线式组织由于前后课程内容互不重复,是一种效率较高的组织方式,可最大化地推进幼儿学习的进程。然而,直线式组织要求幼儿有一定的记忆能力和把握前后关系的逻辑思维能力,对幼儿思维水平和记忆的要求相对较高。

螺旋式组织则有益于幼儿在原有学习经验的基础上,通过与外界环境的交互作用建构新的经验,以逐步拓展和深化原有学习经验;同时,该方式也有益于幼儿发挥学习的主动性和积极性,通过主动操作将新旧经验加以联系,从而进行有意义的学习。此外,螺旋式组织背后多以直觉形象思维为主,其循环重复的排列方式对幼儿也无过高的记忆要求。但螺旋式组织由于重复呈现主题而使提供的课程内容的效率不高。

相对而言,在当前以幼儿发展为本的理念的指导下,幼儿园课程设计与实施者更关注幼儿学习的过程,幼儿的学习效率并不是幼儿园教育追求的主要结果。此外,幼儿的思维以具体形象为主,记忆发展不尽完善。因此,幼儿园课程内容的组织较多采用螺旋式组织的方式。如上海市幼儿园教师参考用书中的学习活动便是以主题为核心的综合课程,课程内容采用的是一种螺旋式组织的形式,做到每一个一级主题在小、中、大各个年龄段都有重复,但二级主题涉及内容的广度和深度则随幼儿年龄的增长而不断加强。如表2-2所示。

---

① 转引自:林智中,陈健生,张爽. 课程组织[M]. 北京:教育科学出版社,2006:24—25.

表 2 - 2　上海市幼儿园教师参考用书中对学习活动的螺旋式组织

一级主题	大班二级主题	中班二级主题	小班二级主题
人	首都北京 欢腾的国庆节 旅行去 多彩的民间活动 了不起的中国人	我爱我家	娃娃家 过年啦
水	在海上在水边 会变的水 护水卫士	水真有用	雨天 好玩的水
我自己	身体真有用 和影子捉迷藏 我和别人不一样	身体的秘密	小宝宝 好听的声音
植物	街心花园 绿色菜篮子 种植园 能保健和治病的植物	好吃的食物	苹果和橘子 小花园
城市	老房子新建筑 逛街 路边新事 通畅的路 新式的车	我在马路边 周围的人	小司机 小医生 理发师
季节	会变的天气 四季轮换 四季的树和花	在秋天里 寒冷的冬天 春天来了 火辣辣的夏天	不怕冷 夏天真热啊 白天和黑夜
动物	不同的家园 千奇百怪 学来的本领 我和动物是朋友	在农场里 在动物园里	小兔乖乖 学本领 熊的故事 动物的花花衣
学校	我的小书包 参观小学 小课堂 毕业时刻	玩具总动员 幼儿园里朋友多 常见的用具	我的幼儿园 好朋友

案例

"水"主题内容的螺旋式组织

小班——和水做游戏：

尝试用水玩各种游戏，积累有关经验，并体会游戏的快乐。在感知水的特性的基础上，注重让幼儿在与水的各种游戏中积累一些感性经验。

中班——尝试实验、记录等方法：

尝试用实验、记录的方法，感知水的用处。让幼儿尝试实验、记录等方法，了解水的用处，并对水的特性有初步的了解，为大班的探究和发现做好"技术"上的准备。

大班——各类特征与生活现象：

观察大自然的水，探究和发现水的不同来源和特征。着重了解水的存在状态以及它与人类的关系。帮助幼儿将生活中的现象与水的特性联系起来。

（案例来源：上海市徐汇区长桥第三幼儿园张凌老师）

案例分析：在课程内容的螺旋式组织中，"水"的主题在小、中、大班每个年龄段都有重复，但是课程内容的广度和深度随着年龄的增长而不断加强。

随着幼儿园课程内涵由静态走向动态的趋势，幼儿园课程要素除了幼儿园课程目标、课程内容等静态要素外，还包括课程实施、课程评价等动态要素。有关课程实施、课程评价要素的阐述将集中放在后面的章节中进行，这里不再赘述。

第三节　幼儿园课程的价值取向

以上幼儿园课程设计中所涉及的课程目标、课程内容等要素的取向及表现方式，归根结底是由幼儿园课程的价值取向所决定的。

一、幼儿园课程的价值

任何实践活动都不是价值无涉的，价值往往决定了幼儿园课程的观念及实践的具体表现，对幼儿园课程价值的正确认识有助于幼儿园课程实践的科学开展。因此，幼儿园课程的价值问题是幼儿园课程的核心问题。

（一）课程价值

价值是具有特定属性的客体对于主体需要的意义。课程价值是指作为客体的课程与其主体之间的一种特定关系的反映,指课程对个体和社会发展的意义,对个体和社会一定需要的满足。

1859年,斯宾塞的《什么知识最有价值》一文开创了课程价值研究的哲学思路,即在人生的学习阶段如何以尽可能少的时间学到尽可能多的有用的知识。他从个人生活和发展的需要出发来论述教育,认为有助于个人完满生活的知识是有价值的知识,并从这种需要出发列举出课程包含的五个方面。

继斯宾塞之后,关于课程价值的探讨一度吸引了众多学者的兴趣。总体来说,西方课程价值理论主要讨论以下一些问题:[①]

(1) 什么学习领域最有价值或较有价值?

(2) 这些学习领域有什么价值?

(3) 它们对谁有价值?

(4) 它们为什么有价值?

在进步主义教育家杜威看来,学校课程的价值问题可以由"什么知识最有价值"表现为"什么经验最有价值",由此,关于课程价值的讨论就表现为"什么学习经验最有价值"。

(二) 幼儿园课程的价值

幼儿园课程的价值反映了幼儿园课程与各价值主体需要之间的关系,具体是指幼儿园课程对幼儿个体和社会发展需要的满足,体现了幼儿园课程对幼儿个体发展和社会需要满足的意义,分为个体层面和社会层面。由于课程的价值是多元的,在不同时期,依据不同主体的需要,应突出何种价值,需要认真进行选择。[②] 幼儿园课程的价值在幼儿园课程发展的不同时期,分别表现为不同的价值观:如以促进儿童素质和能力的全面发展为本位的课程价值观,或以促进儿童知识技能的发展为本位的课程价值观。

二、幼儿园课程的价值取向

(一) 课程的价值取向

价值取向是价值哲学的重要范畴,它指的是"一定主体基于自己的价值观在面对或处理各种矛盾、冲突、关系时所持的基本价值立场、价值态度以及所表现出来的基本价值倾向和特定的价值方向"[③]。价值取向决定了人类的活动,人有什么样的价值取向,就会有相应的价值活动。同样,价值取向的正确与否,直接决定着人们的思想及行动的成效。

课程的价值取向代表的是一种价值倾向,是"课程主体在课程活动中依据自身的需求和

---

① 施良方.课程理论——课程的基础、原理与问题[M].北京:教育科学出版社,1996:286.

② 严仲连,马云鹏.论课程价值的实现与理性选择[J].教育理论与实践,2010,30(11):39—43.

③ 徐贵权.论价值取向[J].南京师大学报(社会科学版),1998(04):45—50.

利益,在制定和选择以及实施课程计划与方案时所表现出的一种倾向性"①。课程的价值取向是影响课程价值实现的重要因素,是课程建构和运作的灵魂与方向,课程的价值取向是课程研究的重点内容。由于人们在哲学思想、价值观、方法论、文化背景及对个体的心理发展的认识等方面存在差异,由此便形成了不同的课程价值观,进而演变成不同的课程价值取向。这不仅会影响人们对课程的整体认识,而且对课程设计过程的各个环节及课程评价的标准等都有至关重要的影响。

"课程不只是我们的劳动场所,它成为我们的劳动产品,我们因它而改变,它也处于不断的变化之中"②,课程价值取向因此在社会需求与个体发展之间、在知识技能获得与个体发展之间不断变化。故人类历史上曾出现过各种形态的课程价值取向,表现为纷繁复杂的课程价值观,其中影响较大的课程价值观有社会本位课程价值观、儿童本位课程价值观和知识本位课程价值观。社会本位课程价值观反映了单纯以社会需要为标准来设计课程,是将社会需要作为课程内容选择依据的一种倾向;儿童本位课程价值观反映了把儿童个人发展的需要作为依据来设计课程的一种倾向,课程强调为每个儿童提供有助于其个性发展和健康成长的经验与能力,强调儿童学习的内部动机;知识本位课程价值观则反映了从知识本身的状况和系统性出发来设计课程的取向,要求根据知识的类别和知识之间的内在逻辑线索来组织课程。

(二)幼儿园课程的价值取向

幼儿园课程的价值取向是幼儿园课程实施主体根据自身的需要,按照当前的认识水平,在一定的哲学思想的支配下,在制定及实施课程方案与计划时对幼儿园课程的属性、功能等所表现出的一种心理倾向和行为趋向。幼儿园课程的价值取向决定了人们对幼儿园课程的基本要素和基本特性的认识,决定了幼儿园课程要素与性质之间表现出的种种差异及课程编制的指导思想。

从世界范围来看,20世纪前的学前教育,由于受福禄贝尔(F. Frobel)和蒙台梭利(M. Montessori)等教育家的影响,较关注知识,强调儿童学习阅读、书写和数学技能的"死板的课程",多进行正式和形式化的教学。后在进步主义教育家杜威的影响下,出现了以儿童为中心的教学方法,这一思潮成为进步主义的教育实践,在20世纪30年代到40年代的公立幼儿学校中越来越盛行。此后,幼儿园课程在价值取向上便形成了两大"阵营":一方以"知识—学科"为取向,另一方以"活动—经验"为取向。前者以满足社会发展需要为目的,将社会文化知识的传递作为幼儿园课程的首要任务,课程内容主要从学科知识中寻找资源与素材,课程价值主要体现为传递系统的、有内在逻辑的学科知识;后者则强调幼儿园课程以儿童通过与环境材料的互动获得的经验为内容,尤其重视儿童通过各种实践操作活动来获得直接的

---

① 靳玉乐,杨红. 试论文化传统与课程价值取向[J]. 西南师范大学学报(哲学社会科学版),1997,29(06):62—67.

② Pinar W F. What is curriculum theory [M]. Mahwah: Lawrence Erlbaum, 2004:188.

经验,课程价值主要体现为提供儿童发展中所需的丰富而有益的经验。

我国幼儿园课程的价值取向随着不同时代对幼儿园课程的认识、幼儿园课程定义的演变而发生嬗变。20世纪二三十年代,幼儿园课程被看作教育活动,为促进儿童身心发展而以儿童为主体提供各类丰富多彩的活动,幼儿园课程价值取向较多表现为儿童本位课程价值观。20世纪五六十年代,在"幼儿园课程即教学科目"定义的影响下,幼儿园课程价值取向主要倾向于知识本位,幼儿园课程强调提供系统的、具有逻辑性的各类学科知识。到了20世纪80年代末,随着"幼儿园课程即教育活动"和"幼儿园课程即学习经验"课程定义的影响的扩大,幼儿园课程价值取向主要表现为提供丰富的教育活动,促进幼儿主动建构经验、获得发展,即"幼儿发展价值成为学前课程价值的核心"①,幼儿园课程价值取向较侧重儿童本位。由此,我国幼儿园课程发展进程中的课程价值观曾存在着典型的价值冲突,突出表现为以促进幼儿基本素质和能力发展为目的的儿童本位的课程价值取向与以幼儿知识和技能掌握为目的的知识本位的课程价值取向之间的冲突。

从理论阐述的角度出发,我们认为我国有两种截然不同的幼儿园课程价值取向:一种是儿童本位的,即把追求幼儿基本素质和能力发展作为课程的基本价值取向,是一种强调"人的价值"的幼儿园课程价值观;另一种是知识本位的,即把追求幼儿知识和技能的获得作为课程的基本价值取向,是一种强调"社会价值"的幼儿园课程价值观。这两种幼儿园课程价值观之间的关系可用图2-9来表示。

图 2-9 幼儿园课程的价值取向图解

以上为了理论阐述的需要,将幼儿园课程价值取向置于两个极端,具有绝对性。但在幼儿园课程的发展历程和实践活动中,并不会采用非此即彼的二元论思维方式,也不可能完全做到择其一元而拒绝另一元,因此幼儿园课程价值取向往往表现出相对性的特点,形成从知识本位到儿童本位的连续体,课程价值取向在连续体上偏移,从而实现有主有从的综合。即并不存在仅以其中某一元为价值取向的单一的、极端的情况,而是在价值判断过程中依据社会文化背景和教育状况对某种课程价值取向进行强调。由此,幼儿园课程的发展史也表现出幼儿园课程价值取向如"钟摆般"或偏向强调课程之于"人的价值"的儿童本位,或偏向强调课程之于"社会价值"的知识本位。

———————————————

① 虞永平.学前课程价值论[M].南京:江苏教育出版社,2002:84.

　　具体而言,幼儿园课程价值取向越来越倾向于儿童本位。自新课程改革以来,人们深深地认识到虽然知识与技能是课程的价值体现之一,但幼儿园阶段的课程价值取向不应仅仅"止于斯",不能停留于追求知识技能的层面。幼儿园课程更为重要的价值是培养幼儿获取知识和获得发展的基本素质与能力,为其后继可持续发展奠定根基,这才恰恰能体现出幼儿园课程有别于中小学课程的独特价值。与此同时,随着强调人的主体地位的人本主义教育思想的不断强化,从教育价值主体的维度来分析和审视幼儿园课程的价值取向,幼儿园课程应该强调以幼儿的发展为核心,弘扬幼儿园课程实施中的主体性。

　　由此,当前幼儿园课程的价值取向在提供幼儿基本经验的基础上,更多地偏向儿童本位课程价值取向,表现为超越知识层面,致力于培养幼儿后继学习和终身发展所需的核心素养和能力。如科学活动"静电的力量",其教学设计中的目标定位,不是要让幼儿学会、知道一些静电的知识,而是要培养他们对科学现象的兴趣、好奇心,使他们勇于提问、质疑、假设,并能基于问题进行实验、操作、分析、判断,再以事实、探索的结果为依据来进行反思、调整。其中渗透的对科学素养和能力的培养,便是关注幼儿未来可持续发展和终身发展所需的核心素养和能力的体现。

三、幼儿园课程价值取向与幼儿园课程要素

　　价值取向是课程建构和运作的灵魂与方向。幼儿园课程价值取向会影响幼儿园课程目标、内容、实施、评价等要素,并能够把各个要素整合起来。即幼儿园课程要素的性质是由幼儿园课程价值取向所决定的,幼儿园课程价值取向一旦确定,幼儿园课程要素就表现出与之相对应的特点,并呈现出一个有内在联系的、整体的幼儿园课程样貌。[①]

　　具体而言,两种不同的幼儿园课程价值取向与幼儿园课程要素,包括课程目标、内容、实施、评价之间的关系可见图 2 - 10。为理论阐述的方便,我们仍然从两个极端的课程价值取向出发加以说明。

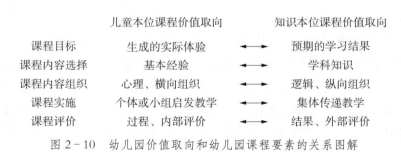

图 2 - 10　幼儿园价值取向和幼儿园课程要素的关系图解

　　由图 2 - 10 可知,如果幼儿园课程价值取向以知识为本位、强调教师向幼儿教授学科知识和技能的话,幼儿园课程目标以预设的行为目标为主,即以幼儿获得预期的学科知识和技

① 胡燕红. 幼儿园课程基本价值取向研究[D]. 上海:上海师范大学,2019:8—9.

能为主要追求,注重幼儿经学习而在行为上发生的变化和结果;课程内容主要表现为各学科欲传授给幼儿的分门别类的具体知识和技能,课程内容的选择以学科知识为中心;课程内容的组织以分科课程的方式按照学科知识的逻辑体系进行纵向组织;课程实施常常以教师为中心,多以集体的形式通过传递灌输的方式进行;课程评价则以客观的行为结果为标准,更多地采用结果评价模式。如体育活动课上,若追求幼儿体育技能掌握的话,课程目标会制定为"学会连续跳三下绳"的结果取向。从这一目标出发,课程内容安排遵循儿童动作技能的发展顺序,课程实施时教师先集中进行跳绳动作技能的示范讲解,然后让幼儿进行操练。活动结束时,课程评价是将教育结果与预定的课程目标相对照,以行为目标的达成度来衡量活动的成功与否,即看多少幼儿达到了其预定的"连续跳三下绳"的课程目标,多以外部评价为主,内部的教师自我评价则多侧重效果记录,个体的自我反思不够。以上幼儿园课程要素的表现特点,显然是受到了知识本位课程价值取向的影响,其课程价值观突出了幼儿园课程的社会价值,强调幼儿学习和掌握人类社会长期传递下来的有价值的知识。

反之,如果幼儿园课程的价值取向是儿童本位的,强调幼儿基本的、适宜的素质与能力的发展,对幼儿园课程预设目标就会采取一种开放的态度,课程设计者在制定课程目标时,淡化预期结果,注重教育过程,把课程看成一种动态的师幼互动的过程,将目标看成是生成性的,追求幼儿在活动中获得的各种实际体验;课程内容不是以学科知识为中心来选择,而是主要围绕幼儿在生活中应获得的必要的基本经验来加以选择;课程内容的组织以综合课程的方式,打破学科知识逻辑性和系统性的纵向组织,更多地按照幼儿的心理顺序围绕某一中心内容(如主题)进行横向组织;课程实施多以个体或者小组的方式进行,课程评价则更多地采用过程评价模式,注重幼儿园内部评价,强调教师的自我反思和调整,而非考查预定目标的达成度。如在"森林狂欢曲"这一音乐活动中,儿童本位的课程价值取向下的课程目标可定为:"让幼儿感受乐曲美,并能根据乐曲进行各种方式的表达表现;培养幼儿对音乐的感受力与表现力。"这种目标不是行为目标,而是描述总体教育过程的一般性的、宽泛的目标,而且,这种目标不构成评价的主要依据,因为这种目标未规定儿童反应的一致性,只是追求儿童的个性发展和创造性表现。活动过程中,教师会运用"听了这首曲子你有什么感受""好像看见谁来了"等问题不断启发、引导幼儿说出对乐曲的感受,并鼓励幼儿个别地、自由地、富有创造力和想象力地把对乐曲的感受和理解表现出来。在课程实施过程中,教师并不追求一种统一的对乐曲的感受与表达方式,而是肯定幼儿任何一种个性化的感受与表达方式。活动结束后,教师进行自我评价,将教育过程中的一切情况都纳入了评价范围,特别是过程中幼儿参与音乐活动、表达表现时的兴趣与积极性,而不是关注最终的结果。教师会在进行自我评价与反思的基础上,提出课程改进的措施。

综上,幼儿园课程价值取向曾经在儿童本位与知识本位之间摇摆不定,而随着幼儿园课程的发展及新课程改革的深入,人们在价值取向定位和决策中,越来越认识到学前教育是基础教育的奠基阶段,幼儿园课程价值取向在强调个人价值和社会价值协调的基础上,应在连续体上更偏向儿童本位,应在兼顾儿童基本经验获得的基础上,更倾向于充分促进幼儿核心素质与能力的发展,为幼儿后继学习和终身发展奠定良好基础,也给予幼儿更健康幸福的童年生活。

然而,幼儿园课程价值取向就达到应然的状态了吗?应然的幼儿园课程价值取向会受到哪些因素的影响呢?首先是来自家长的知识本位课程价值取向会对幼儿园课程价值取向有影响。例如,家长在日常育儿中信奉"不要让孩子输在起跑线上",持有望子成龙、望女成凤的集体无意识心理;家长一窝蜂地让幼儿学钢琴、学外语,以及超前学习小学课程,对幼儿未来持不跟进不行的不安全感。其次,来自社会的知识本位课程价值取向亦会影响幼儿园课程价值取向,主要是小学教师过度追求学科知识技能的掌握。总体来看,理论层面探讨的幼儿园课程应然的儿童本位价值取向还未得到真正的确立,学前教育工作者任重而道远。法国思想家卢梭(J. Rousseau)说道:"大自然希望儿童在成人之前,要有儿童的样子,如果我们打乱了这个次序,就会造成一些果实的早熟,他们长得既不丰满也不甜美,而且很快就会腐烂,我们会让活泼的儿童变得老态龙钟。"

📋 案例

发现喜欢画画的孩子

我班有一位幼儿,平日表现并不突出,可是每当画画时,他的作品却特别突出:大胆的用色、独特的创造力。在与孩子妈妈交流后,我了解到原来妈妈也发现了孩子喜欢画画,就给他在绘画创作的素质教育班报了名,孩子非常喜欢。妈妈还说道:"他在画画时,认真得让我简直不敢相信。"而这样的结果是,我发现孩子在上美术集体活动时的注意力比以前大有进步。

(案例来源:上海市浦东新区冰厂田幼儿园丁雨凡老师)

案例分析:"起跑线"并非外在设定的,不应总把别人作为参照系,应给自己的孩子量身定制"起跑线"。案例中的这位家长从孩子个人兴趣、需要出发,定制自己孩子个性化的"起跑线"。

💡 思考题

1. 思考以下案例说明了幼儿园课程哪些方面的特点。

案例1:教师利用儿歌培养小班幼儿的如厕习惯。如:"一二三,三二一,排好队呀站整齐。上厕所呀不拥挤,安全安全是第一。"这首儿歌让幼儿懂得上厕所要排好队。又如:"小花猫,喵喵叫,有尿贪玩不去尿。小花猫,你别叫,贪玩憋尿可不好。小花猫,喵喵叫,赶快跑到厕所尿。"这首儿歌是让幼儿懂得不能憋尿,有便意要立刻去厕所。

案例2:午睡时间快到了,孩子们上完厕所后走进卧室。他们来到自己选择的床位旁,铺被子、脱鞋子、脱衣裤,快速地上床睡觉了。大多数孩子很快就睡着了,可是有个孩子辗转反侧就是睡不着。于是老师来到他的床边,轻轻地拍着他,希望能够帮助孩子入睡。十分钟、二十分钟、三十分钟过去了,孩子还是没有睡着。一个半小时后,孩子终于在迷迷糊糊中睡着了。另外,有的孩子虽然入睡快,但是睡眠时间短,很早就醒来了。这时,老师又来到这些孩子的床边,轻轻安抚,让幼儿继续闭目养神,保持安静不影响同伴。

2. 从幼儿园课程的特点出发来评析以下案例中教师的做法如何。

一位大班教师欲教会幼儿生活中常见的测量方法,就组织幼儿开展游戏"扔沙包比赛"。教师带幼儿到户外,先让幼儿扔沙包,然后引导幼儿思考:"怎样才能知道沙包扔了多远? 你可以用什么方法知道呢?"在教师反复的要求下,幼儿用语言表述了"可以通过跨步或用棍子、绳子、布条等工具来测量"。

3. 某幼儿园教师选择"石英石的作用"作为课程内容,请从幼儿园课程的特点出发来评析该教师的做法如何。

4. 思考以下案例说明了幼儿园课程内容的什么特点。

案例1:某大班教师发现幼儿在户外混龄运动中,对"战场区"兴趣十足,"男兵女兵们"乐此不疲地使用"炮弹""手榴弹""石头"进行投掷,后期更是自发地创造了新"武器",对此教师给予了一定的关注。随后,教师又回忆起幼儿在主题活动中对管子进行探索时充满兴趣的表现,于是结合两者设计出大班科学活动"空气炮",以此满足幼儿的兴趣,同时让幼儿通过直接感知和实际操作发现"推力"的实质并感受探索的乐趣。

案例2:某大班教师结合《3—6岁儿童学习与发展指南》中对幼儿倾听及艺术欣赏和表达表现的要求,发现班级幼儿对文学作品的兴趣及对模仿创作的喜爱,就以《猫鼠之夜》的故事为载体,充分利用《猫鼠之夜》的情节与音乐音效给幼儿带来想象创作的空间,设计了相关的教学活动。

案例3:班级最近正在进行"雨天"的主题活动,孩子们开始关注天气的变化。一天的来园谈话活动中,孩子们在讨论下雨天和太阳天。

师:今天,我们来认识各种天气。今天是什么天气?

生:下雨的天气。

师:下雨的天气我们叫"雨天"。一起说说看,"雨天"。那么,不下雨的天气我们怎么说呢?

这时,老师拿出一个太阳标记和一个乌云标记。

生:太阳天。

生:乌云天。

师:有太阳的时候,我们叫晴天。(然后教师把太阳标记放在乌云标记后面)乌云把太阳挡住的时候,我们叫阴天。明天请你们看一看是什么天气,把天气牌放在"天气预报"中。

5. 阅读以下案例,谈谈该教师在课程内容生成中的做法如何。

　　教师无意中听到孩子们在谈论家里养的宠物,很多孩子都说家里养了狗,并就狗展开了热烈的讨论,所以教师从幼儿的兴趣出发设计了"狗,人类的好朋友"这一科学活动。

6. 思考以下案例,谈谈其在幼儿园课程价值取向方面对你有何启示。

　　一个3岁小女孩告诉妈妈,她认识礼品盒上的"OPEN"的第一个字母"O"。她的妈妈听后非常吃惊,询问女儿是怎么认识的。当得知是老师教的,她的妈妈认为这剥夺了女孩的想象力,因为在认识作为字母的"O"之前,女孩会把"O"说成苹果、太阳、足球、鸟蛋,但识读了字母"O"之后,她就失去了这种能力。

第三章 幼儿园课程的理论基础

探究课程的理论基础,就是获取课程理论赖以存在的合理依据,而这些依据一般源于学科本身或其他学科。① 具体而言,课程的理论基础是指影响课程的基础学科。一般而言,"把心理学、社会学和哲学作为课程的基础或基础学科,是大家比较公认的"②。可以说,课程的发展与这些基础学科的发展及其共同影响是密切关联的。

了解幼儿园课程的理论基础就是探寻幼儿园课程理论与心理学、哲学、社会学等基础学科之间的关系,是幼儿园课程研究的重要内容。一般来说,幼儿园课程需要从各相关基础学科的研究和理论中获得视野、借鉴与发展。一种理论可以用来解释和预测幼儿的学习与行为,帮助教师设计和实施幼儿园课程。关于幼儿学习和发展的理论有很多种,随着儿童研究不断取得进展,心理学家、哲学家和社会学家提出了不同的关于儿童如何学习和发展、幼儿园课程如何设计和实施的理论。每一种理论对儿童的学习与发展的看法及对幼儿园课程设计与实施的建议都有着自己独特的视角和见解,有其可借鉴之处,我们有必要全面综合地了解这些构成幼儿园课程基础的理论观点及其对幼儿园课程的影响,以在幼儿园课程实践中做好适合我国文化背景及幼儿园自身发展特点的适宜的课程决策。

第一节 幼儿园课程的心理学基础

心理学是以人为研究对象的一门学科,必然成为幼儿园课程的理论基础之一。在幼儿园课程设计与实施的过程中,首先涉及的是对幼儿作为一个主体的发展原因、特点、规律及本质等的思考和解释,这是儿童发展心理学理论关注的焦点,由是,不同的心理学理论流派对儿童学习与发展的观点会直接影响幼儿园课程设计及实施的思路。心理学对幼儿园课程的影响是不言而喻的,正如美国儿童教育家斯波代克(B. Spodek)所指出的,"对 20 世纪早期

---

① Zais R S.Curriculum: principles and foundations [M]. New York: Thomas Y. Crowell Co. , 1976:89.
② 施良方.课程理论——课程的基础、原理与问题[M].北京:教育科学出版社,1996:23.

儿童课程具有最主要影响力的理论之一是儿童发展理论"①。

心理学在其学科发展的过程中曾经涌现出许多流派，观点繁多，当代对幼儿园课程理论与实践产生过重大影响作用的心理学流派主要是成熟理论、认知心理学、心理动力学、行为主义心理学和人本主义理论等。

一、成熟理论与幼儿园课程

（一）成熟理论的观点

成熟理论（maturational theory）主张儿童的发展主要是由遗传因素所决定的，因为人类的生物基因以系统的方式按一定的规律发展，虽然环境也会影响儿童自然的发展过程，但是不可能根本改变其发展的模式。

被称为 19 世纪末 20 世纪初儿童研究运动之父的霍尔（G. S. Hall）在儿童发展方面所做的研究，充分反映出发展是基于遗传的观点。霍尔的研究继承了达尔文进化论的观点，认为"个体发展是复演种系发展的过程"。由此，霍尔主张教育应顺应儿童的天性和发展规律，而不是去遵循来自外部的规则，他也被认为是建立以儿童为中心的教育理念的先驱。

格塞尔（A. Gesell）继承了霍尔的主张，但也超越了霍尔的研究，将现代的实验室观察研究技术运用于儿童发展研究中。他认为，儿童的发展是由遗传因素决定的，强调生物因素在儿童发展中的作用。他认为，儿童身心的发展变化是受机体内部的因素，即生物基因固有的程序所制约，他把这种通过基因来控制发展过程的机制定义为成熟。格塞尔认为在儿童发展进程中要关注儿童的常态特征和行为的自然展开，儿童行为的出现有一个生理年龄表。为此，格塞尔详细地描述了新生儿到 10 岁儿童的发展情况，确定了每一特定年龄儿童的典型特征，并以此作为该年龄儿童正常发展的指标。格塞尔等人根据这些指标建立起了儿童发展常模，制定了格塞尔婴幼儿发展量表，发展了一套测量工具和评价方法专门用于研究儿童的发展。但是，格塞尔儿童行为的研究对象样本量较小，行为常模是建立在对一批"精心挑选"的儿童进行研究的基础之上的，所以，其研究结果并不具有普遍性。

成熟理论总体较强调成熟因素在儿童发展中的决定作用，但较忽视环境因素的作用，未看到文化和社会因素对儿童发展进程与结果的影响作用。举例而言，在不同的社会环境中，儿童教育的观点和做法会存在着差异，如在日本的幼儿园教室里，有目的地限制提供材料被认为是促进儿童合作行为的良好策略；但按照西方的观念则认为教室里限制提供材料会引起幼儿之间的冲突，因为"自我中心主义"的思维会限制幼儿考虑他人的利益，无法和别人一起合作、玩耍，故是一种不良的教育策略。这两种截然不同的对教室中"限制材料"所持的教育观点，明显源自社会文化因素造成的对儿童发展的原因和策略的不同看法，然而在成熟理

---

① Spodek B. Handbook of research on the education of young children [M]. New York: MacMillan Publishing Co.,
　1993:95—97.

论中却被完全忽视了。

（二）成熟理论对幼儿园课程的影响

成熟理论对中外幼儿园课程的影响是非常显著的。许多年来，成熟理论深深地影响着学前教育工作者对儿童学习与发展的认识及学前教育领域中幼儿园课程的实践。基于格塞尔等人的成熟理论，幼儿园应创设能让儿童得到自然发展的一种自由宽松的环境，教师不宜对儿童施加不适当的压力，不宜过分干涉和指导儿童活动，应基于儿童的兴趣、需要和生理的发展规律来设计课程、创设环境和开展实践。在教育活动前，教师应尊重儿童自然成熟的生理特点和规律，设置功能多元的活动区角，安排丰富多样的活动内容让儿童自由选择、自主决定，重视儿童选择材料和活动的自发兴趣与内在动机。在教育活动中，教师应重视儿童学习的"准备状态"，应耐心等待儿童的自然成熟，而不要在儿童尚未达到"准备状态"时人为地去促进儿童的发展。在幼儿园中，教师的作用是为儿童提供支持，使其能够得到自然成长和发展的自由宽松的环境与气氛，尊重儿童自身的成熟进程和发展规律，让儿童能充分体验和经历，满足其需要。

目前，我国幼儿园课程理论受成熟理论的影响较大，国家及地方幼儿园课程决策者反复强调幼儿园教师应树立正确的教育观念，了解和遵循3—6岁幼儿学习与发展的基本规律和特点，进而建立对幼儿发展的合理期望，实施科学保教。然而，反观幼儿园课程实践，仍有一部分幼儿园还在进行超前的、"拔苗助长"式的教育，开设了各种不适合幼儿学习特点的课程内容，如思维训练（对柱体、锥体，坐标概念的认识等）、英语学习等，这些课程内容很显然是不符合成熟理论的，违背了幼儿身心发展的规律。

二、认知心理学与幼儿园课程

对幼儿园课程有重大影响作用的认知心理学理论主要是皮亚杰的认知发展阶段理论和维果茨基的社会历史文化理论。

（一）皮亚杰的认知发展阶段理论

在20世纪下半叶，对幼儿园课程影响最大的认知心理学理论莫过于瑞士心理学家皮亚杰（J. Piaget）的认知发展阶段理论。该理论被视为能用来修正格塞尔等人有关儿童发展的成熟理论，因为成熟理论没有很好地看到和说明早期经验及文化环境等在儿童发展中的重要作用。

1. 皮亚杰认知发展阶段理论的观点

皮亚杰的认知发展阶段理论指出，随着儿童个体的逐渐成熟和发展，其思维方式也在发生变化，表现为不同的发展阶段，分别是感知运动阶段、前运算阶段、具体运算阶段和形式运算阶段等四个相继出现的、有着质的区别的阶段。该理论还揭示了每个阶段儿童认知发展的特点和规律。皮亚杰认为，智慧的本质从生物学来说是一种适应，是同化和顺应之间的一种特殊的平衡。同化是指主体将感受到的外部刺激纳入原有图式之中的过程;顺应是指主体调节自身的内部结构,建立新的图式,或者调节原有图式,以适应特定刺激环境的过程。同化和顺应要依赖图式,图式是动作的结构或组织。① 同化与顺应之间的不均衡状态会激活平衡化的过程,儿童的认知在由平衡到不平衡再到平衡中,逐渐从低级向高级发展。

对皮亚杰来说,儿童的认知发展不仅建立在其生理年龄的基础上,而且还建立在儿童自身主动活动的基础上。认识的起点和基础是主客体相互作用,主体与客体相互作用的结果即是建构。儿童作为主体是主动的、能动的学习者,通过与世界的积极互动来主动建构自己的知识,从而主动地尝试了解外部世界的意义。儿童积极地参与与世界的互动,动作是他们建构知识、认识世界的原因。皮亚杰认为,任何知识都发源于行动,行动是联系主客体的桥梁,动作发展了,主客体之间的联系就得到了发展,分别演化为关于客体的物理知识和关于主体的数理逻辑。认知发展阶段理论经常被认为是以儿童为中心的,以儿童的动作和涉及的经验为中心,儿童的认知能力是完全根据预定的顺序得到发展和展现的,成人人为的干预、说教并不能有效地促进儿童认知发展的进程和速度。

皮亚杰的理论在很大程度上影响甚至支配着当时儿童认知发展的理论研究,但皮亚杰本人只是一个研究儿童认知发展的心理学家,其关注点只是儿童的思维发展及主体建构思想。皮亚杰没有过多地关注和研究儿童的教育问题,没有系统地演绎其理论在学前教育中应用的可能性。他除了驳斥一些教育界人士人为地加速儿童发展的意图和行为外,没有过多介入学前教育领域和幼儿园课程领域。当被问及他的认知发展阶段理论如何被用于学前教育实践时,皮亚杰只是很勉强地对教师提出了 3 条相互关联的建议:为儿童提供实物,让儿童自己动手去操作;帮助儿童发展提出问题的技能以及应该懂得为什么运算对于儿童来说是困难的。② 由此,皮亚杰的认知发展阶段理论在学前教育中的启示是:"为儿童提供丰富的学习环境和机会,鼓励儿童去思考、去推理和解决问题。"③

2. 皮亚杰认知发展阶段理论对幼儿园课程的影响

受皮亚杰认知发展阶段理论的影响,20 世纪六七十年代,美国出现了很多以此为基础的、以促进儿童认知发展为中心目标的认知课程模式,包括凯米(C. Kamii)和德弗里斯(R. DeVries)的课程、高瞻(High/Scope)课程,这些认知课程模式是皮亚杰认知发展阶段理论在幼儿园课程领域的直接体现和运用。20 世纪 80 年代中后期,由全美幼儿教育协会提出的发展适宜性教育实践(developmentally appropriate practice,简称 DAP)及意大利瑞吉欧教育体

---

① (瑞士)J. 皮亚杰,B. 英海尔德. 儿童心理学[M]. 吴福元,译. 北京:商务印书馆,1980:80.

② 转引自:(加拿大)罗比·凯斯. 智慧的发展——一种新皮亚杰主义理论[M]. 吴庆麟,朱尚忠,袁军,译. 上海:上海教育出版社,1994:25.

③ Forman G, Landry C. The constructivist perspective on early education: applications to children's museums [M]//Roopnarine J, Johnson J E. Approaches to early childhood education. 3rd edition. Upper Saddle River: Prentice Hall, 2000:159.

系(Reggio Emilia Approach)等,也都是以皮亚杰的认知发展阶段理论中的建构主义思想为其主要理论基础的。

在我国,皮亚杰的认知发展阶段理论,尤其是"发展是主客体相互作用、主动建构知识"的相互作用论和建构论的观点,也成为课程的理论基础,在幼儿园课程设计与实施中得到了较突出的反映。幼儿园课程设计和实施尊重幼儿的认知发展阶段及相应规律,注重幼儿通过积极主动地与外界互动来建构知识,学前教育工作者在日常教育活动中创设开放的教育环境,提供适宜的、丰富多样的材料,让幼儿主动参与直接感知、操作和探究的活动,通过自身的动作与外部世界的相互作用进行探索,以此促进幼儿经验的建构和认知的发展。此外,根据皮亚杰的认知发展阶段理论,除了与外部环境和材料的相互作用外,主客体的相互作用还离不开幼儿与教师的互动,离不开教师的促进和指导。学前教育工作者在活动中还要注重与幼儿的积极互动,通过问题的提出创设幼儿认知上的冲突和不平衡,引发幼儿的探索,促进幼儿认知水平不断得到发展。另外,学前教育工作者主张课程应能够适合不同认知发展水平的儿童,并突出以同化为主的游戏活动在幼儿园中的重要性。

(二) 维果茨基的社会文化历史理论

与皮亚杰同时期的人物——苏联教育家维果茨基(L. Vygotsky)提出了心理发展的社会文化历史理论。虽然皮亚杰的认知发展阶段理论成为了幼儿园课程的重要基础,并被学前教育工作者在幼儿园课程实践中进行了很好的演绎和运用,但皮亚杰的认知发展阶段理论并没有说明文化背景和社会环境因素对儿童学习和发展的影响。维果茨基认为,儿童的知识建构受到其过去、现在的社会交往因素的影响。他进一步指出,有些知识经验是儿童可以通过自主建构而获得的,还有一些知识经验则必须在学校背景中通过他人的教授获得。具体而言,儿童在教育机构内后天获得的知识与经验主要取决于教师作为教育者所起的作用,教师可运用大量的指导策略帮助儿童解决建构时所遇到的困难并促进儿童的学习。此外,同伴的启发和交流也可促进儿童获得更丰富的知识。

以维果茨基为代表的社会文化历史理论流派重视社会文化对儿童学习和发展的作用,反映了认知心理学从强调个体中心到强调社会情景因素影响的发展趋势,对学前教育产生了相当大的影响,逐渐成为幼儿园课程设计与实施的重要心理学理论依据。

1. 维果茨基社会文化历史理论的观点

维果茨基是苏联卓越的心理学家,在他短暂的一生中,主要研究儿童发展与教育心理,着重探讨思维和语言、儿童学习与发展的关系问题。他因在心理学领域所做出的重要贡献而被誉为"心理学中的莫扎特"。他提出的社会文化历史理论不仅对苏联,而且在世界范围内产生了广泛而深远的影响。20世纪20年代,维果茨基在从事教学与儿童发展问题研究时,扬弃了传统心理学对教学与儿童发展的看法,强调了社会文化因素在儿童认知发展和学习过程中的重要性,并提出了反映教学与发展内部联系的重要概念——最近发展区(Zone of Proximal Development,简称 ZPD)理论。

最近发展区理论是社会文化历史理论的核心内容之一。维果茨基认为,最近发展区是指在"学生现有的独立解决问题水平"和"通过成人或者更有经验的同伴的帮助而能达到的潜在发展水平"之间的区域。① 维果茨基将第一种水平称为"现有发展水平",指已经形成的心理机能及发展水平。第二种水平是即将达到的发展水平,指儿童正在形成和发展的过程,其实质表现为儿童在这一发展阶段还不能独立完成任务,但可以在成人或有能力的同伴的帮助下完成这些任务。这两种水平之间的距离,就是最近发展区。

最近发展区的概念阐明了儿童个体心理发展的社会起源,突出了教学的作用,指出了教学应走在儿童发展的前面;彰显了教师作为儿童心理发展的主要促进者在教学中的主导地位;明确了同伴影响与合作学习对儿童心理发展的重要意义。维果茨基认为,教育作为一种社会文化的因素,是儿童学习与发展的重要因素。教育不仅要看到儿童的"现有水平",还要关注他们潜在的"发展水平",要善于创设儿童的最近发展区,走在儿童的发展之前,并能指引儿童从现有的发展水平向明日的发展水平迈进。

除最近发展区理论外,"心理工具"也是维果茨基社会文化历史理论中的一个重要内容。维果茨基所谓的心理工具,是指能扩展儿童心理能力,帮助儿童记忆、注意和解决问题的内在工具,包括语言和其他媒介。语言是人类为了组织思维而创造的一种最关键的工具,人类的概念和知识都寓于语言之中。在不同的文化背景中,心理工具是不同的,因此需要通过教师的教学而加以传递。人的心理发展是从低级心理机能发展到高级心理机能的过程,人的高级心理机能是社会历史发展的产物,是在人际交往活动的过程中产生和发展起来的。高级心理机能是以心理工具和符号为中介的,正是通过心理工具的使用和符号的中介作用,人才有可能实现从低级心理机能向高级心理机能的转化。

2. 维果茨基的社会文化历史理论对幼儿园课程的影响

维果茨基的社会文化历史理论作为认知心理学理论的一个流派,对幼儿园课程的设计和实施产生了重要的影响。

从心理工具的概念出发,幼儿园课程应该能够帮助儿童获得智慧和社会交往的技能,特别是获得语言这一心理工具技能,以促进儿童心理机能的不断成熟和发展;幼儿园课程还应该为儿童提供文化工具,帮助儿童适应所处的外部世界和文化情景。

此外,最近发展区理论对幼儿园课程实践具有特别重要的影响。根据维果茨基的最近发展区理论,幼儿园课程应努力适应儿童的最近发展区,即幼儿园课程的设计和实施应在儿童最近发展区的现有发展水平(独立行为水平)与即将达到的明日发展水平(需要帮助水平)之间,使儿童通过各种类型的互动,包括与教师的互动及与不同发展水平的同伴的互动等,来促进自身心理机能的发展。幼儿园课程的设计和实施者应特别重视教学在儿童发展中的积极作用,强调教师在儿童知识建构中的重要作用;以"指导者""促进者"的角色实施鹰架教

---

① (苏)维果茨基.维果茨基教育论著选[M].余震球,译.北京:人民教育出版社,1994:112—117.

学,通过使用提示、重复、提供实物等手段来与儿童互动、帮助儿童,促进儿童在已有认知水平上的不断发展。在教育活动中,幼儿园教师不仅只是去关注和评价儿童的独立行为水平,而且要能够发现儿童在与成人和同伴的互动中的潜在能力及水平,教师应该使用一种更具弹性的动态性评价技术和方法去评价幼儿的发展潜能,等等。

三、心理动力学理论与幼儿园课程

一个完整的儿童心理发展理论,应包括儿童情感的发展。心理动力学理论(psychodynamic theory)作为主要解释儿童情感发展的学说,也是幼儿园课程的理论基础之一。

(一) 心理动力学理论的观点

心理动力学理论,又叫精神分析理论(psychoanalytic theory),是弗洛伊德(S. Freud)首创的一个心理学流派。该理论关注儿童的人格和情感发展特征,强调儿童的早期经验影响了儿童今后的社会行为和社会判断力,认为游戏是根植于儿童内心深处的情感表现,是儿童对挫折的一种心理发泄,被认为是一种预防性心理健康疗法或教育性疗法。[①]

弗洛伊德的精神分析理论将人的心理分为意识、前意识和潜意识三个区域,并在此基础上提出了人格结构说。弗洛伊德认为,人格是由本我、自我和超我三部分构成的。本我是潜意识的结构部分,它急切地寻找出路,要求尽快得到满足;自我是意识的结构部分,主要是对本我的控制和压抑;超我则是人格的最高层次,它指导自我,限制本我。

新精神分析学派是在修正弗洛伊德精神分析理论的基础上发展起来的派别,其中,最重要的代表人物是埃里克森(E. H. Erikson),他提出了心理社会动机发展阶段的理论,也即人格发展阶段理论。埃里克森认为人的发展是依照渐成原则进行的,将个体人格发展的整个过程分为八个阶段,每一阶段都有一个由生物学的成熟与社会文化环境、社会期望要求之间的矛盾所决定的心理社会危机,人格发展的过程就是危机不断解决的过程。他认为,危机的顺利解决有助于发展健康的人格,否则,便会形成不健全的人格。为帮助儿童形成健康的人格,埃里克森认为,每一发展阶段都有其特定的、带有普遍性的心理社会任务,例如,0—1.5岁的主要发展任务是培养信任感,2—3岁的主要发展任务是培养自主性,4—5岁的主要发展任务是培养主动性,等等。他认为,帮助儿童顺利解决每一发展阶段的主要矛盾,会促进儿童在社会性和情感方面的积极发展,进而促进儿童积极品质和健康人格的塑造;游戏在儿童掌握潜意识的心理动力和解决心理冲突中可以起到一定的作用。

(二) 心理动力学理论对幼儿园课程的影响

心理动力学理论,即精神分析理论对幼儿园课程的设计与实施也产生过重要的影响,迄

---

① (美)贾珀尔·L.鲁普纳林,詹姆斯·E.约翰逊.学前教育课程(第三版)[M].黄瑾,裴小倩,柳倩,等译.上海:华东师范大学出版社,2005:26.

今还在发挥其影响作用。

　　受该理论的影响,幼儿园课程方案的目标制定会突出促进幼儿身心健康发展的预期结果,特别是强调幼儿健康人格的培养,强调幼儿心理的健康发展。根据心理动力学理论,儿童早期心理冲突的解决以及情感和思想的表现表达活动对于维护其心理健康具有重要的作用;游戏,特别是角色游戏,能为儿童提供应对消极情感和解决情绪、情感冲突的途径,因此游戏应是幼儿园最主要的活动,要提供颜料、黏土、沙子等原始素材,促进儿童表达和反映潜意识的行为。那些可以表达出儿童内心深处的心理冲突的"成品",像洋娃娃、木偶等也是需要的。[①] 在心理动力学理论的影响下,教师不会去干预儿童的角色游戏、艺术创作等创造性活动,而是让幼儿自主游戏和表现,能够自由地、真实地表达和宣泄自己的情绪、情感。

　　例如,美国的斑克街早期教育方案等,就是借鉴了心理动力学理论,认为学校应是注重儿童情感发展、促进儿童心理健康的教育机构,应为儿童创设一个良好的、自由的成长环境,学校课程较强调儿童个性和社会性的发展。此外,发展适宜性教育实践,除了借鉴皮亚杰和维果茨基的建构主义理论外,埃里克森的人格发展阶段理论也是该课程的一个重要理论基础。

四、行为主义理论与幼儿园课程

　　美国心理学家华生(J. Watson)等人创立了行为主义理论(behaviorist theory),作为心理学的重要理论流派之一,对幼儿园课程理论与实践所产生的影响是十分重大的。

(一) 行为主义理论的观点

　　行为主义理论认为,可通过控制和设计环境来塑造儿童的行为,环境中的强化等条件,可提高儿童特定行为出现的频率。行为矫正和社会学习观点与行为主义的学习理论有密切的关系。

　　行为主义学派的创始人华生宣称,行为主义是唯一彻底而合乎逻辑的机能主义。他认为,学习是通过刺激—反应而产生新旧知识之间的联结,从而引起外显行为变化的活动,是不断试误的过程。他强调客体的作用和外在的行为及其变量关系,关注知识的接受与技能的训练。华生坚信,有什么样的刺激,必然有什么样的反应,某种行为训练得越多,习惯的形成就越迅速和牢固。华生认为心理学的理论目标在于预见和控制行为,心理学家应重点关注行为而不是心和意识。即使像思维这样的高级心理活动,也可归结为行为,适合用客观的刺激—反应(S - R)的联结去进行解释和分析。

　　新行为主义理论的代表人物斯金纳(B. F. Skinner)坚持和继承了华生的早期行为主义立场,认为行为心理学家的任务就是在实验者所控制的刺激条件和有机体的反应之间建立函数关系。此外,斯金纳作为激进的行为主义心理学家,提出了操作性条件反射的概念。他

[①] (美)贾珀尔・L.鲁普纳林,詹姆斯・E.约翰逊.学前教育课程(第三版)[M].黄瑾,裴小倩,柳倩,等译.上海:华东师范大学出版社,2005:26.

认为，人类的绝大部分行为都是操作性的，学习的过程就是操作性条件反射形成的过程。任何习得的行为都与及时强化有关，要控制行为就必须对强化进行控制，因此可以通过强化的手段来形成和塑造儿童的行为；而练习之所以重要，是因为它在儿童行为形成中为重复强化的出现提供了机会。人的操作性行为的形成不是一蹴而就的，而是需要一点一点逐渐习得。

（二）行为主义理论对幼儿园课程的影响

20 世纪 60 年代以前，行为主义理论在世界范围内作为心理学界的主流，曾对幼儿园课程的理论与实践产生过重要影响。如，当时作为幼儿园课程设计依据的目标模式的理论基础就是行为主义理论，目标模式在幼儿园课程目标制定中，将课程目标等同于行为目标，重视和突出外在可被观察和测量的显性的行为目标，将行为目标的确立作为目标模式课程设计的逻辑起点。又如，美国"随后计划"（Follow Through Project）教育方案中的直接教学模式（the direct instruction model），也建立在行为主义理论的基础上，特别是参考了斯金纳的新行为主义理论。直接教学模式强调发挥教师在教学中的直接作用，以教师为中心安排幼儿园课程内容并组织教学，认为教师可以通过事先周密的设计，使儿童与环境互动，以此来促进儿童的学习。该模式运用程序教学的方法，以小步递进的方式进行教学，同时，教学过程中采用及时强化和反馈等手段，通过增强、塑造、处罚、削弱等方法来促进或消除刺激与反应之间的联结，从而使幼儿的学习行为得以产生或使行为习惯得以巩固。

行为主义理论在特殊儿童的课程设计与实施中发挥了重要的作用。在现实教育中，格塞尔的成熟理论和皮亚杰的认知发展阶段理论等很难运用到特殊儿童身上。例如对于发育迟缓的儿童来说，他们不能顺利地获得一些概念和技能，而是需要在教师的直接指导下，通过不断的实践练习和巩固才能进行学习。同样，对那些有运动障碍的儿童来说，他们也不能像其他同龄孩子一样通过自己的身体运动去探索周围的物质环境，无法正常获得身体适应空间的经验。这时，就需要运用行为主义理论进行指导，需要教师在计划和实施活动时发挥直接指导的作用，通过训练使这些儿童也能够像其他人一样，掌握发展中必须学习的概念和技能。由此，行为主义理论在全纳性课程中有很重要的作用，其运用可帮助特殊儿童发展。

此外，在一些教学活动中也需要运用行为主义理论的策略。如在入园的初始阶段，儿童很难靠内在的自律和动机来养成良好的行为习惯，这时要建立起适宜的幼儿园课程和活动常规，就需要运用行为主义理论来帮助教师进行幼儿的行为管理，以建立班级良好的常规。

五、人本主义理论与幼儿园课程

人本主义理论（humanistic theory）是 20 世纪五六十年代在美国兴起的一个重要的心理学流派，在心理学史上，人本主义理论与心理动力学理论和行为主义理论等量齐观，被称为"第三种力量"。人本主义理论以其对人性的乐观解释和对人的价值和潜能的关注，引起了思想界和理论界的关注。人本主义理论的发起人是马斯洛（A. Maslow），影响最大的代表人物是罗杰斯（C. Rogers）。

（一）人本主义理论的观点

人本主义理论对儿童的内部需要和动机予以高度重视。马斯洛认为，人有七个由低到高的需要层次：生理需要（如饮食等），安全需要（生活有保障，无危险等），归属感和爱的需要（与他人亲近，受到接纳，有所依归），尊重需要（胜任工作，得到赞许、认可），认识需要（求知、理解和探索），审美需要（追求秩序和美）和自我实现的需要。在这些需要中，前一种需要的满足是后一种需要满足的基础和前提，如果缺少一种需要或需要得不到很好的满足，人格发展就不会完善。其中，自我实现是理想人格追求的最高目标。马斯洛强调，完满的人性，主要指人的友爱、合作、求知、审美、创造等特性或潜能，这些潜能的充分实现即为自我实现。[①] 罗杰斯也认为，所有的人都有一种内在的需要以生长、生存和提高他们自己，所有的生命内驱力都包括在这种实现倾向中。[②]

人本主义理论强调人的情意发展（情绪、情感、态度）和认知发展（理智、知识、理解）的统一，进而强调情意教育和认知教育的统一，要求突出情感在人的学习中的重要作用，认为情意不仅是行为的基础，还是智慧的基础，唯有借助情意教育和认知教育的统一，整体人格成长才有可能。人本主义理论对儿童的主体地位高度重视，反对行为主义理论把人看作环境的消极被动的接受者、忽略人的主观能动性的做法，强调发挥学习过程中儿童的主体性，要求教师不对儿童严格控制或横加干涉，要鼓励儿童大胆想象，甚至幻想，鼓励儿童在发现自我的情景中获得个人的发展。人本主义理论提出要允许儿童自由表达，确保儿童在既温暖亲切又轻松愉快的气氛中学习，即使儿童犯了错误，也不能打击其活动的积极性。罗杰斯认为，唯一能避免对儿童的自我实现倾向进行干扰的方法，就是给予他们无条件的积极关注，即无论他们做什么都能体验到积极的尊重。[③]

（二）人本主义理论对幼儿园课程的影响

幼儿园课程的设计与实施也受到了人本主义理论的影响，特别是在当今强调以幼儿发展为本理念的幼儿园课程改革中。受人本主义理论的影响，学前教育工作者在幼儿园课程设计与实施中努力研究儿童，将儿童的身心发展特点、学习特点和切实需要作为幼儿园课程设计的前提，也作为后继课程实施及评价的依据。在幼儿园课程设计中，为了真正体现儿童在学习活动中的主体地位，设计者力求尊重儿童，使课程建立在满足儿童需要的基础上，其中包括尊重儿童生理的、安全的、尊重的、情感的、学习的和自我实现的需要，如此使课程真正适合儿童；在幼儿园课程实施中，努力满足儿童活动主体性的要求，给予儿童自由选择、自主发展的权利，给儿童提供充分的自我表现的机会，鼓励儿童去积极发现和创造。此外，受

---

① 转引自：高觉敷. 西方心理学的新发展[M]. 北京：人民教育出版社，1987：409.

② 转引自：高觉敷. 西方心理学的新发展[M]. 北京：人民教育出版社，1987：410.

③ 转引自：（美）B. R. 赫根汉. 现代人格心理学历史导引[M]. 文一，郑雪，郑敦淳，等编译. 石家庄：河北人民出版社，1988：204.

人本主义理论的启示,幼儿园课程设计和实施者在注重幼儿认知发展的同时,还重视幼儿情感的发展,课程目标旨在促进幼儿智力因素与非智力因素的整体协调发展。

第二节　幼儿园课程的哲学基础

哲学是对本体论、认识论和价值论等的探讨,是人们更深刻地理解事物的基础,因此,哲学是所有学科的基础学科和指导学科。"就学校课程理论与实践而言,离不开其心理学、社会学和哲学的基础。而在这三者中,最重要的当推哲学基础。因为不仅课程的理论与实践以哲学为依托,而且心理学与社会学也是受哲学导引、支配的"[①],"哲学是课程的起点,是对所有课程进行连续决策的基础"[②],哲学制约着课程观的产生、发展和变革。作为幼儿园课程的理论基础之一,哲学为幼儿园课程提供有关知识的来源、知识的性质、知识的类别、认识过程以及知识的价值取向等方面的理性认识,促进相应幼儿园课程观的形成。所有这一切,对于幼儿园课程的理论与实践,特别是对幼儿园课程的价值取向的判断、幼儿园课程本质的认识、幼儿园课程设计模式的确定、幼儿园课程内容选择和组织的取向等都会起到直接的影响作用。幼儿园课程的理论基础研究需要探讨哲学认识论,在宏观的视野下深入研究其与幼儿园课程的设计与实施之间的关系。

从性质上来看,不同的哲学派别对世界、人生、知识和价值等有着不同甚至对立的观点,这些观点会直接或间接地制约课程理论,影响课程实践。就幼儿园课程理论与实践而言,受影响较多的哲学流派主要包括经验论、唯理论、实用主义哲学及存在主义哲学等。

一、经验论与幼儿园课程

(一) 经验论的观点

经验论又称经验主义,它认为感性经验是一切知识和观念的唯一来源,较夸大来自人的感性经验或感性认识的作用和真实性,贬低甚至否定人的理性认识的作用和真实性。经验论认为,在人的头脑之外还存在着一个现实的世界,它完全独立于人的认知过程。知识是独立于人的意识而存在的,主体通过感知反映客观存在的知识,认识的过程就是发现真理的过程。经验论的主要代表人物之一是英国近代哲学家洛克(J. Locke),他提出了彻底经验论的"白板说",提出儿童的心灵就像"一张白纸或一块板,是可以随心所欲地做成什么式

---

① 施良方.课程理论——课程的基础、原理与问题[M].北京:教育科学出版社,1996:59.

② Goodlad J L, et al. Curriculum inquiry: the study of curriculum practice [M]. New York: McGraw Hill, 1979: 64.

样的"①。洛克认为,全部知识建立在经验之上,知识归根结底是来源于经验的。洛克的这些思想,使他的认识论带上了明显的机械论和形而上学的色彩,无法说明人的认识具有能动性的一面,不能很好地解释认识的起源,尤其是逻辑范畴与规律的起源问题。

(二) 经验论对幼儿园课程的影响

经验论这一哲学流派对人类知识的来源和性质的解释,曾一度影响着幼儿园课程设计与实施的思路和实践。如意大利著名教育家蒙台梭利受经验论的影响,其创立的课程模式带有相当强烈的经验主义色彩。蒙台梭利认为儿童有一种内在的生命力,表现为儿童期是各种心理机能发展的敏感期,特别是感官发展的敏感期,对人类文化知识的传递,要通过儿童的各种感官——视觉、听觉、嗅觉、味觉和触觉等来进行。因此,蒙台梭利创设的教学法体系十分重视儿童的感官教育,强调儿童的感官训练和肌肉练习。她专门设计了一整套全面训练儿童感觉发展的教具和儿童进行动作练习的器械、设备等,让儿童在教师创设的"有准备的环境"中进行自由活动、实现自我教育,从而获得相应的感觉经验与认识。

二、唯理论与幼儿园课程

(一) 唯理论的观点

唯理论是与经验论相对立的哲学流派,又被称为理性主义。唯理论者认为,具有普遍必然性的可靠知识不是也不可能来自后天的经验,而是从先天的、无可否认的"自明之理"出发,经过严密的逻辑推理得到的。他们往往把这种"自明之理"说成是人心中与生俱来的"天赋观念"。唯理论者认为,物质世界是变幻多端、无根可寻的,只有理念才是真实的、永恒的、唯一的客观存在。只有依靠理性才能直接把握到事物本质的那种"理性直观知识";又或者说,依靠理性进行逻辑推理得来的理性认识,才是一种可靠的知识。人类认识的过程就是通过天赋的理性而获得真正的、永恒的知识与真理的过程。如柏拉图(Plato)的哲学观把人的理念视为永恒的,认为知识早就存在于人的内心世界中。又如笛卡尔(R. Descartes)认为,人的观念有三个来源,天赋的、外来的和虚构的。天赋观念是人的一种能力,来自人的本性。莱布尼茨(G. Leibniz)进一步提出了"内在观念",与洛克的"白板说"相抗衡。他赞成笛卡尔主张的天赋观念,甚至认为"我们灵魂的一切思想和行为都来自它自己内部,而不能是由感觉给予它的……"②。

(二) 唯理论对幼儿园课程的影响

唯理论的哲学思想也曾影响过幼儿园课程设计与实施的理论和实践。例如,德国著名

---

① (英)约翰·洛克. 教育漫话[M]. 傅任敢,译. 北京:人民教育出版社,1985:209.
② (德)莱布尼茨. 人类理智新论[M]. 陈修斋,译. 北京:商务印书馆,1982:36.

儿童教育家福禄贝尔受其影响,认为是神创造了人和自然,人性和自然反映了与上帝的统一,从而使福禄贝尔的幼儿教育思想和实践体系明显带有万物有神论的宗教神秘主义色彩。福禄贝尔认为,宇宙是一个统一体,其中心是神,人和宇宙万物普遍具有神的本原。他认为,儿童具有活动、认识、艺术和宗教四种本能,强调儿童自身活动的重要性,强调游戏是早期教育的基础。福禄贝尔还专门设计了"恩物"来促进儿童的自身活动,指导儿童的自由游戏。然而,由于受到先验哲学的影响,福禄贝尔设计的供儿童游戏和活动的"恩物"材料,被赋予了一种象征的意义,因为在福禄贝尔看来,"恩物"的作用不仅在于帮助儿童理解物体的物理属性,学习生活、数学和美等三种形式的知识,更在于帮助儿童理解人、神和自然之间的关系。

三、实用主义哲学与幼儿园课程

(一) 实用主义哲学的观点

实用主义哲学主要源自美国,产生于 19 世纪向 20 世纪过渡之际,代表人物是法国哲学家、启蒙思想家卢梭和美国哲学家杜威。科学的发展使社会接受了对现象的科学解释,并认识到了变化的力量,由此,实用主义哲学对经验论和唯理论的哲学流派提出了挑战。实用主义哲学反对把主体与对象、经验与自然人为割裂的"二元论"思想,主张任何知识的获得都包含行动的因素。这就是说,没有行动就没有知识,反之,知识也因为能指引行动而更具有价值。实用主义哲学认为真理是一个随时间演化的概念,人们在生活中必须做的是考察他们所处时代的环境,并在他们所处的时代和文化的框架内,对什么使得生活有意义进行判断。[①] 实用主义哲学以经验作为现实世界的基础,他们认为知识来源于基于行动的经验,反对脱离儿童现实生活的间接经验——书本知识,认为直接经验——儿童通过自己的活动所获得的关于自然的知识和关于社会的知识是最有价值与意义的。

(二) 实用主义哲学对幼儿园课程的影响

实用主义哲学的代表人物杜威以实践哲学为武器,批判了赫尔巴特(J. Herbart)的传统教育学和主智主义的课程观,反对学校同社会生活相隔离、课程同儿童需要和现实生活需要相脱节的死读书现象。杜威主张将课程与儿童的经验结合起来,以儿童的活动和行动作为课程的出发点与中心,重视让儿童"在做中学"的经验课程,认为应通过儿童的活动使教育机构成为儿童生长的地方,而不是学习现成教材的地方。为此,杜威以儿童的需要和兴趣作为课程设计的根本依据,认为儿童与课程之间的关系不是对立的,而是相关联的,儿童是起点,课程是终点,只要把教材引入儿童生活,让儿童自己直接去体验,就能把两点连接起来,使儿童从起点走向终点。杜威曾一度批评过福禄贝尔为儿童设计的"恩物",认为它们是人为设

---

① (美)David G. Armstrong. 当代课程论[M]. 陈晓端,主译. 北京:中国轻工业出版社,2007:98.

计的,而不是基于儿童自己真正的经验的。杜威认为经验是儿童主体与客体之间连续不断相互作用的产物,教育机构中各门类的学科是科学的产物,而不是儿童经验的产物。儿童的生活是一个整体,经验也必须是一个统一的整体,而教育机构为儿童提供的各种学科却将他们的世界割裂和肢解了。

实用主义哲学对幼儿园课程的设计和实施产生过非常大的影响。国内外有许多早期教育方案和幼儿园课程模式,都是建立在实用主义哲学思想的基础上的。在西方,美国的方案教学便依据了杜威的实用主义哲学思想,方案作为非结构化的教学,旨在补充结构化的正规性教学,其教育实践强调儿童通过主动操作和探究来解决真实生活中的问题,丰富儿童的直接体验。此外,意大利的瑞吉欧教育体系也将其理论基础建立在杜威的实用主义哲学观点上,以方案活动的方式让儿童通过自主探究体验来建构知识并表达表现,从儿童的兴趣和需要出发实施一种弹性的课程。在我国 20 世纪二三十年代的幼儿园课程改革实践中,陈鹤琴创立的"五指活动"课程和张雪门创立的"行为课程"模式,都受到杜威实用主义哲学理论的影响,强调儿童在课程实施中的主体地位及儿童的直接经验。当前,实用主义哲学以行动为核心的知识观和教育观,对幼儿园课程改革实践产生的影响也是重大的。具体而言,课程即教育活动及学习经验的幼儿园课程定义观得到了广泛的认可和接纳,幼儿园课程内容更多地围绕幼儿的生活经验、兴趣、需要来选择和组织安排,幼儿园课程实施强调幼儿运用感官进行实践活动,强调从做中学,突出幼儿在与环境交互作用基础上的直接经验的获得,由此,幼儿通过自身的行动获得的实际经验和体验与课程紧密联系在一起。

四、存在主义哲学与幼儿园课程

(一) 存在主义哲学的观点

存在主义哲学,又称生存主义,也是当代西方哲学的主要流派之一。存在主义哲学源于20 世纪前的欧洲哲学,最早由德国哲学家海德格尔(M. Heidegger)提出。存在主义哲学以人为中心、尊重人的个性和自由,认为人是在无意义的宇宙中生活,人的存在本身并没有太大的意义,但人可以在存在的基础上自我造就。存在主义哲学主张对情景做选择,选择是个体行为,选择后的决定导致个人的自定义,最后形成个人的本质。存在主义哲学从个人的主体性出发来看世界,善、真实和现实是个人界定的,现实是由存在、主观选择的真理和自由的善组成的世界。① 在存在主义者眼中,几乎没有标准、习俗、传统或永恒的真理。

(二) 存在主义哲学对幼儿园课程的影响

从存在主义哲学出发,存在主义者倡导让学生自由选择学习内容,自由决定真伪的标准,

---

① (美)Jon Wiles, Joseph Bondi. 课程开发:实践指南(第六版)[M]. 徐学福、陈静,主译. 北京:中国轻工业出版社,2007:61.

并以此标准判断真理;没有针对所有学生的统一课程规则。① 存在主义的教育哲学认为,在课程设计和编制中,应尽量避免系统化的知识和结构化的学科,要尊重儿童个人的、主观的选择自由,让儿童能够从多种学习情景中做出选择,从自己所期待的过程中去学习。存在主义者认为,教育是发展儿童自由选择意识、唤醒自我的责任感的过程,要让儿童明白选择的意义,并为自己的选择负责。崇尚存在主义的教育家主张通过哲学的对话让儿童表现选择的行为,引发儿童个人回应、提问,让儿童自主地表达表现。

从存在主义哲学的思想出发,幼儿园课程的设计和实施中较关注及强调儿童的选择权利,幼儿园课程设计和实施者努力去创设一种丰富的环境、提供多样的材料,让幼儿能够有自由选择的机会,并让幼儿学会在课程内容中做出选择,以培养幼儿感官和兴趣基础上的个人选择能力及自由操作和表现的能力。

第三节 幼儿园课程的社会学基础

社会学是研究社会事实的、拥有多重范式的学科,是从社会哲学演化而来的一门现代学科。19 世纪末至 20 世纪初,教育社会学从社会学中分化出来以后,研究者开始从社会学的角度研究各种教育现象、教育问题及其与社会之间相互制约的关系,开始在社会背景下从不同的角度透析社会与教育、课程的关系,这成为课程的重要理论基础。

同样,社会学也成为幼儿园课程的重要理论基础之一,因为幼儿园课程的理论与实践与社会学有着密切的关系。一方面,幼儿园课程是社会活动的一个组成部分,在其发展的过程中,作为社会的中介②,始终受到社会的经济、政治、文化等因素的影响。另一方面,社会学由于其学科本身具有的整体性、综合性特征,也总是试图从社会的政治、经济、文化等角度来全面研究自身对幼儿园课程的影响。

一、经济与幼儿园课程

在《辞海》中,经济是社会生产关系的总和,是政治和思想意识等上层建筑赖以树立起来的基础,也可以是一个国家国民经济的总称,或指国民经济的各部门。

作为学前教育核心组成部分和运行载体的幼儿园课程,从经济的角度来看,可发挥出一种生产性的功能,对一个社会的经济产生一定的回报,为社会贡献出经济的利益和价值。据经济合作与发展组织(Organization for Economic Co-operation and Development,简称 OECD)1999 年的报告,儿童时期的早期教育和保育是能从经济投资中获益最多的教育。国

---

① (美)David G. Armstrong. 当代课程论[M]. 陈晓端,主译. 北京:中国轻工业出版社,2007:98.
② 苏贵民. 论幼儿园课程理论的研究范围[J]. 学前教育研究,2005(05):5—7.

外的一些研究业已表明，学前教育相比其他各级各类教育而言，会对社会投资产生更高的投资回报率。如一项对美国高瞻（High/Scope）课程模式的追踪研究发现，在学前教育事业上每投资 1 美元，就会有 16 美元的社会回报，社会的税收、公共服务、失业人员福利和犯罪率等方面都会由此获益。[①]

此外，幼儿园课程本身会受到社会经济因素的直接影响。首先，一个社会不同地区经济发展水平的不平衡和差异，必然会带来幼儿园课程发展及课程设计与实施质量上的不均衡现象。在我国，由于历史、区域等诸方面的原因，经济发展水平在各地区之间的差异性较大。经济发展水平的差异直接造成各地区学前儿童接受早期教育机会和质量的不均等，导致不同经济发展水平的地区对幼儿园课程设计与实施的重视、关注及财政投入程度极不平衡。其次，在同一地区，经济发展水平在城乡之间也是有差异的，这种差异会导致农村和城市之间幼儿园课程设计和实施水平的不均衡现象。一般来说，城市儿童享受优质教育资源的机会较多，可利用的课程资源范围广；农村儿童，特别是贫困地区的农村儿童，享受的学前教育资源和课程资源则十分匮乏，导致儿童入园率低，幼儿园课程实践活动无法正常开展，幼儿园课程设计和实施质量也十分堪忧，课程实践忽视幼儿学习与发展的特点和规律，小学化倾向十分普遍。

由各地经济发展的不平衡而带来的学前教育发展和课程设计实施方面的失衡受到越来越多人的关注，人们更加重视学前教育公平，期望让尽可能多的学前儿童都能够获得接受早期教育的机会和权利，同时接受与儿童发展特点相适应的幼儿园课程。为此，国家不断加大对贫困地区幼儿园的经济扶持，在贫困地区帮助建立一些普惠性幼儿园，让当地适龄儿童接受公平的学前教育，同时出台各种课程政策和文件来帮助提高贫困地区幼儿园的教育质量。当然，在提高教育质量的过程中，不同经济发展水平地区的幼儿园，其学前教育资源条件差异很大，因此也需要根据该地区的实际情况对儿童实施不同性质和特点的课程。

二、政治与幼儿园课程

政治是政府、政党等维护、统治、治理国家的行为，是人类社会中存在的一种非常重要的社会现象。课程具有政治性（curriculum is political），课程是在政治情境中建构的。上层建筑中的政治制约和影响着包括教育在内的一切社会活动，学校课程的规划和实施始终受到社会政治因素的影响。

同样，幼儿园课程也深受政治因素的影响和制约，在我国不同的历史发展时期，由于不同的政治体制和状态，幼儿园课程的特点和侧重点都会有很大的差异。1904 年颁布的《奏定学堂章程》规定设立蒙养院，第一次把学前教育列入正规学制中。当时的课程中包含"忠君爱

---

① Schweinhart L J. The High/Scope Perry preschool study through age 40: conclusion, and frenquently asked questions [M]. Ypsilanti: High/Scope Press, 2004:44.

国、忠孝节义之事"[1]等内容,体现了统治阶级维护自身统治、维护封建伦理纲常的需要。20世纪二三十年代,受民主、科学思想等的影响,我国制定和颁布了《幼稚园课程标准》,规定了幼稚园的教育目标、课程范围和教育方法,强烈反映了统治阶级要求创办新教育、反对传统的旧教育的思想。新中国成立后,我国政治上受苏联的影响,学习其教育经验,课程全盘"苏化",幼儿园实行分科教学和分科课程模式,强调有计划有目的的教育,强调教师在教育过程中的主导地位,强调集体教育和全面发展,[2]幼儿园课程集中反映了当时的国家意志。在"文化大革命"时期,幼儿园课程忽视了幼儿的特性。改革开放以来,我国学前教育得到前所未有的发展,对幼儿园课程的研究得到重视,课程价值取向偏向幼儿为本,课程目标和内容不断优化,课程实施中幼儿的主体性得到更多体现。

幼儿园课程除了受到政治的影响外,同时也反作用和服务于政治,因为作为培养人的载体,幼儿园课程的显性目标就是为国家培养所需要的未来合格人才。如当前的幼儿园课程在注重幼儿为本的同时,也更多地体现国家立场、国家意志,遵循党的教育方针路线,推进幼儿园课程高质量发展,坚持以人民为中心发展教育,加快建设教育强国,为以中国式现代化全面推进中华民族伟大复兴提供有力支撑。

三、文化与幼儿园课程

近年来,课程研究者逐渐意识到课程研究与文化语境的不可分割性[3],课程的理论基础研究领域注重文化学科的影响,兴起了以文化作为视角的研究热潮,运用文化人类学的理论和方法来探究课程问题、诠释课程现象以及发现课程规律。

文化是特定社会中特有的行为、思维方式、价值观的体系,或者说是人类社会所创造的特有意义体系。[4] 每一种文化都是独特的、单一的,具有由地域、历史造成的特殊性。幼儿园课程的文化学研究也十分盛行。人们开始注意研究社会文化背景对儿童发展的影响,关注家庭环境和幼儿园教育的互动与影响,关注每一个幼儿因其背景而导致的学习与发展的特殊性。人们认识到任何学习都不是在"真空"中进行的,而是在社会文化的背景下通过个体的建构而发生的。只有在家庭、文化和社会背景中才能更好地理解儿童,文化是儿童发展的关键因素。

如20世纪80年代,美国人类学家托宾(J. J. Tobin)等人运用人种学的研究方法,对中国、日本和美国三种文化背景下的幼儿园教育理念及实践进行了横向的比较研究。研究者从以上三个国家中各选择了一所幼儿园,拍摄一日生活中典型教育活动的录像,并剪辑成20分钟左右的视频。随后,研究者把这些视频分别放给这三个国家的幼儿园教师、园长、家长

---

① 李桂林,戚名琇,钱曼倩. 中国近代教育史资料汇编:普通教育[M]. 上海:上海教育出版社,1995:13.

② 石筠弢. 学前教育课程论[M]. 北京:北京师范大学出版社,1999:245.

③ 辛继湘. 制约课程改革的文化语境分析[J]. 湖南师范大学教育科学学报,2013,12(05):59—63.

④ 冯增俊. 教育人类学[M]. 南京:江苏教育出版社,2001:232—233.

和儿童教育专家观看，让他们从自己的立场出发来回答有关幼儿园教育方面的问题，诸如："对社会而言，幼儿园有存在价值的三个最重要的理由是什么？""儿童在幼儿园内学习的最重要的东西是什么？""一个好教师的最重要的特征是什么？"①这一比较研究发现，人们关于早期儿童教育的理念和实践的价值观受到不同文化背景的支配与影响。例如，38%的美国人和27%的中国人认为"交往技能"是儿童在幼儿园学习中前三位重要的东西，但只有5%的日本人认为它是前三位重要的；30%的日本人认为"同情和关爱他人"是儿童在幼儿园学习中第一位重要的东西，80%的日本人认为"同情和关爱他人"是前三位重要的，而只有4%的中国人和5%的美国人将"同情和关爱他人"看作是儿童在幼儿园学习中第一位重要的东西，将它作为前三位重要的中国人和美国人也分别只占20%和39%。又如，有37%的中国人和22%的美国人认为，幼儿园存在的最重要的理由是给予儿童学业上的良好开始，67%的中国人和51%的美国人将此看成是前三位重要的；与此相反，分别只有0.3%和2%的日本人将此看成是第一位重要和前三位重要的事。②研究者认为，早期教育理念和实践的价值观变化并不是偶发的，它既反映了一个国家社会文化的变化，同时也影响着该国家社会文化的变化。

由上可见，社会文化背景影响着人们的早期教育价值观，也势必影响幼儿园课程价值观及课程实践。社会文化对幼儿园课程的影响可具体从文化本土性和文化多元性两方面来洞察。

（一）文化本土性与幼儿园课程

本土性又叫民族性，文化本土性表明群体中的人所处的环境及其身份认同和文化认同意识。课程研究的文化本土性主张将课程研究的问题域指向本土课程实践和本土文化情境，关注对课程文化本土性的诠释。③ 文化的本土性更多关注的是文化的适宜性问题。著名的美国教育家布鲁纳(J. Bruner)曾就自己的亲身经历和20世纪50年代末至60年代初的美国课程改革运动的失败发表过意见，他指出，"离开了社会背景，课程争论的意义也就黯然失色了"，因为"不顾教育过程的政治、经济、社会文化来论述教育理论的心理学家和教育家，是自甘浅薄的，势必在社会上和教室里受到蔑视"。④

进入21世纪，全球化的浪潮滚滚而来。"从全球着眼，从本地着手"(thinking globally, acting locally)是全球化时代西方十分流行的警句，它说明了无论全球化进程有多快，普及程

---

① 朱家雄.幼儿园课程与活动设计[M].北京:中央广播电视大学出版社,2011:34.

② Tobin J J, Wu D Y H, Davidson D H. Preschool in three cultures: Japan, China and the United States [M]. New Haven: Yale University Press, 1991:188-192.

③ 桑国元.文化人类学视域中的课程研究内涵及其方法论变革[J].湖南师范大学教育科学学报,2014,13(05):69—72.

④ (美)J. S. 布鲁纳.布鲁纳教育论著选[M].邵瑞珍,张渭城,等译.北京:人民教育出版社,1989:92.

度有多高,我们都必须从一个基本的事实出发,那就是把自己的事情办好①,坚持文化的本土性和适宜性。文化的本土性、适宜性使课程论研究者认识到幼儿园课程的本土化研究的重要性,认为幼儿园课程应基于我国课程理论与实践的土壤,提高对本土幼儿园课程特点的关注,并思考外来幼儿园课程理论与思想在中国本土幼儿园课程实践中的适切性问题。从文化的本土性出发,人们认识到试图追求一种可以运用于任何环境、适合于任何国家和地区的"最好的"或"最理想"的"放之四海而皆准"的"超文化背景"的幼儿园课程模式的倾向,往往是难以实现的。同时,文化本土性也促使学前教育工作者对国外的幼儿园课程模式和早期教育方案基于本民族的文化而不断加以本土化。

从语义上说,本土化就是使某样事物发生转变,以适应本国、本地、本民族的情况,且在本国、本地、本民族继续生长,并浸染了本国、本地、本民族的特色或特征。本土化是外来文化与本民族传统文化相互沟通、融合的过程,是外来幼儿园课程模式改变自己的初始形态以适应本民族文化的过程。本土化使幼儿园课程更具有文化适宜性,因为不同国家有各自不同的社会文化背景,与之相适应的幼儿园课程也就具有鲜明的本土生态性。如瑞吉欧教育体系曾一度成为风靡世界的幼儿园课程模式,但是托宾在《从民族志研究视角看学前教育的质量》一文中,严肃地指出了美国学习该体系课程理念的局限性,认为来自意大利瑞吉欧的幼儿园课程在世界范围内并不具有普适性,其中就存在一个课程所依赖的文化的本土性问题。"该课程之所以能在意大利生长,是因为意大利在传统上享有优秀学前教育理念发源地的美誉;观光客们喜欢在意大利的那一区域旅游,因为那里景色优美、食物可口;瑞吉欧的课程偏重美学品位的培养,这跟那些来参观的美国中产阶级教育者们的口味不谋而合。"②同样,对来自意大利的瑞吉欧教育体系,从文化因素出发,我国的学前教育工作者也应认识到该体系与中国文化之间存在着相当大的距离。因此,我国在借鉴任何一种国外的幼儿园课程模式时,都要力求立足于自己的文化背景进行本土化的吸收和运用。对其课程的理念、内容及实施不宜直接采取拿来主义,而是应结合我国的文化背景思考其可借鉴之处,吸取其积极合理的一面,使该体系在本土化的基础上更适合我国幼儿园课程实践的土壤,辩证地处理好本土文化与外来文化的关系。

总之,"还没有超越国家和民族的教育学,还没有普适性的教育学,任何教育都是在一定的传统文化土壤之上的"③,幼儿园课程也是如此。我们要立足课程的文化基础来推动外来课程的本土化实践,否则会导致对理论的误用和背离,回望走过的学习皮亚杰认知发展阶段理论、蒙台梭利教学法、瑞吉欧教育体系、方案教学、多元智力理论、高瞻课程等的道路,发现一次又一次的求索后,似乎总不可避免地回到"狗熊掰棒子"的老路上。

---

① 李晓东. 全球化与文化整合[M]. 长沙:湖南人民出版社,2003:6.

② 转引自:朱家雄. 国际视野下的学前教育[M]. 上海:华东师范大学出版社,2007:139.

③ 丁钢. 历史与现实之间:中国传统教育的理论探索[M]. 北京:教育科学出版社,2002:23.

（二）文化多元性与幼儿园课程

"每个儿童都降生于先于他存在的文化环境中，但他来到世界，文化就统治了他，随着他的成长，文化赋予他语言、习俗、信仰、工具等。总之，文化向他提供作为人类一员的行为方式和内容。"①从这个意义上说，儿童作为现实的存在，文化对其的影响是全面深刻和根深蒂固的。而且，文化作为一种精神力量，在当今世界的不同民族、不同地区之间持续不断地进行着相互沟通和彼此交融，呈现出多元文化并存的趋势。幼儿园课程如何看待在不同的、具体的社会文化背景中生存的儿童，还原儿童的社会文化性，尊重来自不同社会文化背景的儿童，并通过课程促进多元文化的交流和欣赏，成为幼儿园课程理论和实践研究面临的问题。

自 20 世纪 60 年代，多元文化主义思潮在西方的一些发达国家兴起，经过几十年实践运动的推动以及理论研究的深入，这场多元文化主义思潮获得了世界上诸多国家的认同。与此同时，这一思潮在教育领域引发了一场多元文化教育运动和研究多元文化理论的热潮。如全美幼儿教育协会曾于 1987 年在儿童教育领域提出了"发展适宜性教育实践"的声明，要求早期教育实践与儿童的年龄及儿童的个体差异相适应。但随后的 1997 年，全美幼儿教育协会又对其最初发布的声明进行了反思、调整和修正，将"文化适宜性"（culturally appropriate practice）列为基本要点，与"发展适宜性教育实践"修正前的适合儿童年龄和适合儿童个体差异这两个方面并列，成为全美幼儿教育协会对"发展适宜性教育实践"概念的核心陈述。② 该修正明显是基于对儿童不同社会文化背景的关照，是对美国社会多元文化特点的认可，倡导在早期教育中务必对儿童实施多元文化的教育，让儿童以彼此尊重的心态欣赏和接受不同文化之间的相似性与差异性。

我国的学前教育工作者在课程设计和实施中应该具有文化学的视角。为此，首先要关注中华传统文化在幼儿园课程中的传承和弘扬，让幼儿了解中华传统文化，培养幼儿的民族文化认同感，使幼儿在人生早期阶段就能够受到中华传统文化的熏陶和启蒙，形成初步的民族文化归属感和认同感。③ 其次，幼儿园课程反映出多元文化教育的要求，为幼儿营造接触和体验多元文化的过程，积极引导幼儿形成最初的文化理解和文化接纳的意识。因为从我国国情来看，我国是一个多民族的国家，各民族间的风俗习惯独特而有差异，在幼儿园课程设计和实施中，需要从文化学视角出发，加强我国多元文化课程的建设，为我国各民族儿童提供适宜的课程资源，探讨我国幼儿园课程的文化适宜性，使幼儿能够在学习和保持本民族文化、本土文化特征的基础上，学习和了解我国其他民族和地域的文化。此外，随着我国城市化进程的加快，大量外来人员随迁子女就读父母务工城市的幼儿园，与城市儿童共同生活，由此，社会文化背景差异成为一种不可否认的文化多样性的客观存在。在这种多元文化

---

① （美）莱斯利·A. 怀特. 文化科学——人和文明的研究[M]. 曹锦清，等译. 杭州：浙江人民出版社，1988：6.

② 转引自：朱家雄. 由"发展适宜性教育实践"想到的——对我国幼儿园课程改革的反思之四[J]. 幼儿教育（父母孩子），2007（09）：4—6.

③ 李召存. 文化观照下的国际学前课程变革[J]. 全球教育展望，2016，45（07）：24—32.

背景下,幼儿园要有一种尊重来自不同社会文化背景的儿童、善待文化差异性和多样性的课程开发意识,通过整合多元文化的幼儿园课程设计和实施,协调一元与多元文化的矛盾冲突,实现幼儿园课程的文化适宜性。如此,幼儿园课程内容能够在反映主流城市文化的同时,兼顾外来人员群体的文化,从而帮助幼儿发展跨文化适应和沟通能力,学会尊重他人。

此外,国际文化交流日益频繁,来自其他国家的儿童入读我国幼儿园的情况日益增多,去往其他国家旅游、感受异国风景和文化的幼儿也不再鲜见。为此,幼儿园课程还要保持适度的开放性和灵活性,使幼儿既能够学习保持和强化本民族的文化特征,同时又有机会学习和理解其他国家的文化与风俗,使包含多元文化的课程内容体现出多元文化教育这一世界教育发展的重要理念和趋势。多元文化也大大丰富了幼儿园课程的内容,为更多儿童的学习与发展提供了适宜的条件。

拓展阅读

中华民俗文化课程

我园一直以来秉持"童蒙养正"的课程理念,建设和实施中华民俗文化课程。我园因地制宜,创设了 21 个民俗文化区域,包括:一楼的剪纸坊、灯笼坊、拓印坊、贴画坊;二楼的书画院、扎染院、泥人院、伞扇院;三楼的围棋社、茶道社、编织社、刺绣社等。在自主运动中,我们会为幼儿提供高跷、笆斗、沙包、竹竿、木板等具有传统特色的器械;做操环节中,我们组织幼儿做威风锣鼓操、武术操、十二生肖操。

(资料来源:上海市奉贤区南中路幼儿园)

综上所述,作为幼儿园课程的理论基础,心理学、哲学和社会学这三门学科应该是相互依存、相互统一的。幼儿园课程的设计及实施,都不能运用一元思维的方式,简单地从以上某一学科理论出发,而是应尽量综合多学科的理论,使理论基础更科学和全面,实践更合理和适宜。

💡 思考题

1. 幼儿园课程的心理学理论基础有哪些? 它们对幼儿园课程有怎样的影响和指导?
2. 幼儿园课程的哲学理论基础有哪些? 它们对幼儿园课程有怎样的影响和指导?
3. 幼儿园课程的社会学理论基础有哪些? 它们对幼儿园课程有怎样的影响和指导?

第四章 幼儿园课程设计

"课程设计"(curriculum design)是与"课程编制""课程开发"(curriculum development)联系紧密的概念。课程编制和课程开发几乎同义。课程编制一词源于英文中的"curriculum making"(博比特用词),"curriculum construction"(查特斯用词)以及"curriculum building"等词。[①] 课程编制,又叫课程研制,"是为完成一项课程计划的整个过程,包括确定课程目标、选择和组织课程内容、实施课程和评价课程等阶段"[②]。课程编制包含了课程设计,在此基础上,才有了课程编制中的课程实施、课程评价等活动。[③] 课程设计是人们根据一定的价值取向,按照一定的课程理念和育人目的要求,以特定的方式组织安排课程的各种要素或成分,从而形成特殊课程结构的过程及产物[④],也是课程建设系统工程的一个组成部分[⑤]。课程设计是课程基本理论向课程实践转化的桥梁和中介,课程设计的结果就是要把理想的课程转化为具体的课程计划或者方案。

幼儿园课程设计是幼儿园课程编制过程中的首要步骤,是幼儿园课程建设系统中的重要环节,随后才有幼儿园课程的实施和评价等独立的课程活动系统。幼儿园课程设计是幼儿园课程理论研究的一个重要课题。

第一节 幼儿园课程设计的概述

一、幼儿园课程设计的作用和概念

幼儿园课程设计是幼儿园课程编制的重要步骤,也是首要步骤,其质量直接决定了幼儿

---

① (美)拉尔夫·泰勒. 课程与教学的基本原理[M]. 施良方,译. 北京:人民教育出版社,1994:99.

② 施良方. 课程理论——课程的基础、原理与问题[M]. 北京:教育科学出版社,1996:81.

③ 和学新,庞丽娟,岳辉. 课程设计:相关概念的辨析与厘定[J]. 天津师范大学学报(基础教育版),2019,20(03):1—5.

④ 张华. 课程与教学论[M]. 上海:上海教育出版社,2000:192.

⑤ 廖哲勋,田慧生. 课程新论[M]. 北京:教育科学出版社,2003:260.

园课程实践活动系统的水平。

美国发展适宜性教育实践对课程设计重要性的阐述

儿童在学校和学前教育机构之所以学到的更多，是因为学校和学前教育机构有精心规划和实施的课程，采用各种教学形式帮助儿童接触和理解有意义的学科内容。如果一个学前教育机构提供和实施的课程是经过精心策划的、知识丰富的、内容全面的，幼儿就能够获得更多的学习经验。对于任何一个学前教育机构来说，有一个书面的、计划性的课程都是非常重要的。每个学前教育机构都必须有高质量的书面形式的课程，教师可以运用它来指导幼儿学习经验的规划和实施。

此外，教师的课程设计非常有必要。没有对知识和技能顺序的高质量的规划，学习活动就可能无法向幼儿提出适宜的挑战；教师可能不理解幼儿当前的技能和能力与未来学习和后续技能、能力掌握之间的关联；他们可能不理解如何教具体的技能和概念，不确定如何整合不同领域和主题的内容；在没有循证制定的正式课程的支持下，许多经验丰富的教师，是根据自己的经验和直觉做出决策的，可能缺乏对于有效的课程规划和教学决策的准确认识。教师高质量的课程设计，是教师规划环境、选择材料、组织使用时间和做出有效教学决策的重要指南。

幼儿园课程设计是设计者依据其持有的课程理念和价值取向以及育人目标对幼儿园课程做出整体的规划和安排，重点处理和解决有关课程要素的问题。在课程设计的具体内容和环节上，顺应幼儿园课程内涵由静态走向动态的趋势，涵盖显性的各类教育活动和隐性的环境创设，涵盖幼儿学什么和教师怎么教，故幼儿园课程设计主要包括幼儿园课程目标的制定、幼儿园课程内容的选择和组织，幼儿园课程实施和评价的预先规划（见图4-1）。

通过幼儿园课程设计，可形成课程的文本产品——幼儿园课程方案，也被称作幼儿园课程计划。幼儿园课程方案是对幼儿园课程的理念、目标、课程结构、内容与设置安

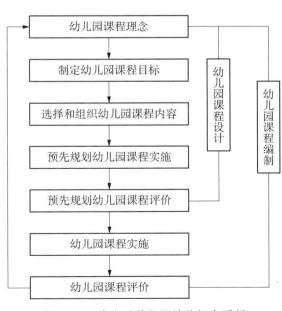

图4-1 幼儿园课程设计的概念图解

排、课程实施、课程评价等的预先规划。

一般来说,由国家进行幼儿园课程的顶层设计,确保国家幼儿教育目标的实现。然而,国家顶层设计的幼儿园课程具有标准化和普适性的特点,而我国各地区之间的差异又很大,地方在国家课程设计的基础上,必要时可以结合省市、区县的地域特点和发展需要进行省市级和区域级课程的顶层设计。与此同时,由于每所幼儿园的实际情况也千差万别,国家、地方的顶层设计无法做到很强的针对性和适应性,这也就产生了园级层面和班级层面的课程设计。然而,课程设计既是一种理论,也是一种方法技术①,需要一定的专业能力,园级层面、班级层面的课程设计至多是一种"准"设计,更多的是对国家、地方课程的调适或部分创生,因为要做到完全的再造设计,需要幼儿园管理者和教师达到一定的专业水平和高度。

因此,从设计层面上来看,幼儿园课程方案有国家、地方制定和颁布,用以指导各基层幼儿园课程实践的,也有幼儿园管理者和教师规划设计,用以指导幼儿园自身和班级课程实践的。国家、地方层面的幼儿园课程方案通常体现在教育纲要、课程指南、课程建设意见等相关文件中;园级层面的课程方案体现在园方整体规划的课程实施方案中,旨在根据本园的背景条件和发展现状对国家、地方课程的落实进行基于本园的全方位规划;班级层面的则表现为教师的各类课程计划,以兼顾本班幼儿的实际情况和个体差异,提高课程的适应性和选择性。

二、幼儿园课程设计的基础及取向

(一) 幼儿园课程设计的基础

多年以来,课程专家确认了影响课程的三种主要因素——学习者、社会和知识②,因此,设计幼儿园课程时也要明确幼儿园课程的主要影响因素,将课程设计建立在幼儿、社会和知识这三方面的基础上。

首先,幼儿园课程设计必须考虑幼儿的因素,将课程设计建立在幼儿的基础上。

考虑来自幼儿的因素,要求幼儿园课程设计坚持儿童立场,以幼儿为中心,将幼儿的身心发展规律和兴趣需要作为课程设计的出发点。因为幼儿发展都要经历大致相同的过程和阶段,在每一个发展阶段,都存在着与幼儿的发展水平相适应的最佳的思维特点和学习经验模式。实用主义教育家杜威指出,所选取的学习经验应该与学习者的个体特征相适应,并能应用于实际活动。此外,以幼儿为中心的幼儿园课程设计,从幼儿的身心发展的独特性而言,更需要从幼儿个体的角度来考虑课程设计与各年龄段幼儿的个性特征是否符合。除了遵循幼儿身心发展的普遍特点和规律外,幼儿的兴趣、需要等也应是课程设计的出发点,课程设计不应只是从已有的教材内容及教师的存在和需要角度出发,使课程远离幼儿的兴趣

---

① 靳玉乐. 课程论(第二版)[M]. 北京:人民教育出版社,2015:78.

② (美)David G. Armstrong. 当代课程论[M]. 陈晓端,主译. 北京:中国轻工业出版社,2007:46.

爱好。当然对于幼儿来说,由于无法完全独立判断自己的需求和兴趣,需要教师在课程设计中对幼儿的兴趣需要做出准确的判断和把握。

📋 案例

基于幼儿学习与发展需求的"我的课程"设计

2013年起,我们又开始反思教师保教实践中教育公平思想贯彻的真问题:在我园各类课程的实施中,是否每一个幼儿都能够受到适当的教育,活动的过程是否能够尊重每一个幼儿的特点和需要,满足幼儿丰富的学习与发展需求,使他们获得充分发展的条件和机会呢?同时,依据《3—6岁儿童学习与发展指南》《上海市学前教育课程指南(试行稿)》等,我们开始着手基于教育过程公平的思想深入贯彻落实的课程园本化的研究与实践——系统构建以幼儿需求为导向的"我的课程"。我们于2015年申报了市级课题"基于幼儿学习需求的'我的课程'的规划与实施研究",借着市级课题研究的契机,系统性地架构与实施以幼儿学习与发展需求为导向的"我的课程"。

"我的课程"以幼儿学习与需求为导向,在最大程度上考虑并实现幼儿学习与发展不同需求的有机统一,并从需求的共同性和多元性特点出发,架构"我的共同性课程""我的选择性课程",分别指向需求的共同性、多元性和差异性。

与此同时,"我的课程"基础性课程和选择性课程的实施,也力求在实践中体现基于幼儿学习与发展需求的思想。我们尊重幼儿的参与权利,形成幼儿主动表达需求的"参与路径",即知晓—表达—决定—评价,让幼儿的需求可以被看得见。

2019年,我园立项上海市课程领导力第三轮项目"基于幼儿学习与发展需求的'我的基础性课程'实施指南编制的研究"。依托此课题,我们进一步深化"我的课程"的实践研究,提炼出基础性课程的需求分析路径和获取方法,构建"基于幼儿学习与发展需求的课程实施模型",以需求观察—需求分析—需求定位—活动实施的课程实施连续体将幼儿学习与发展需求贯穿到一日生活中。

（案例来源:上海市嘉定区嘉定新城实验幼儿园课程实施方案）

案例分析:"我的课程"设计强调从幼儿学习与发展的需求出发,体现了课程设计建立在幼儿的基础上,强调基于分析研究幼儿的学习与发展需求。

其次,幼儿园课程设计要考虑社会的因素,将课程设计建立在社会的基础上。

幼儿园课程设计不可能回避来自社会的因素,要与社会现实需要相适应。由于课程的决策和取舍是在一定的社会环境中展开的,社会现实需要是学前教育存在的根基,也是幼儿园课程设计的重要基础。社会现实需要是社会基于自己的需要而对儿童的成长、发展提出的期望与要求,它不仅仅指社会的政治制度、生产力发展水平、文化传统等对人才规格的要求,也包括社区与家庭的价值观和对儿童发展的要求与期望等。幼儿园课程设计者要考虑社会所期望强化的一些核心价值,并努力将之融入幼儿园课程设计,体现在课程目标和课程内容等要素中。如 2016 年《中国学生发展核心素养》发布,这是我国为落实立德树人根本任务,适应世界教育改革趋势,提升我国教育国际竞争力,而系统设计的具有科学性、时代性和民族性的育人目标体系。

另外,幼儿园课程设计还要考虑知识的因素,将课程设计建立在领域知识和文化知识的基础上。

学前教育作为基础教育的重要组成部分,幼儿园作为正规的教育机构,需要向幼儿传递人类社会长期积累的、有价值的知识和经验,需要从人类文化中精选出最优秀的且能为幼儿所接受的领域知识和经验来进行教学,因为"知识凝聚着人类文化总体经验,知识教学对儿童发展具有本体存在性的基本含义,是儿童学习生命的文化符号存在与创造活动,是引领儿童文化成长的基本道路"①;文化是人类千百年智慧创造的成果积淀,是儿童发展之源。因此,在幼儿园课程设计中,需要对幼儿成长与发展中涉及的课程领域和人类文化的基本知识经验进行研究,确定幼儿学习与发展的主要领域,考虑相关知识的性质,给予幼儿各领域必要的核心经验;同时,考虑幼儿应该接受体验的传统文化知识。但是,在设计各领域核心经验时,要注意避免让幼儿在各课程领域相分离的状态下学习,因为幼儿是整个而综合地获得有关事物的信息和各种经验的。因此,在幼儿园课程设计中,在相对人为地划分课程领域、保持课程领域的体系和特征的基础上,更需要考虑各领域核心经验之间的联系和渗透。

综上,无论是国家、地方还是幼儿园,在具体设计幼儿园课程时,都应综合关注来自幼儿、社会、知识这三方面的基本因素。然而,综合并不意味着均衡,不同时代的幼儿园课程设计,其课程价值取向和理念各有差异,受幼儿园课程价值取向制约的课程目标及内容选择与组织等也会有所侧重。因此,在不同的历史时代,幼儿园课程设计者往往从当时的课程价值取向出发来确定这三者的比例关系,会相对强调或弱化某个基础因素,从而使幼儿园课程设计表现出不同的取向。

(二) 幼儿园课程设计的取向

从幼儿园课程设计的基础出发,在具体设计课程、制定课程方案时,受设计者价值观、态度与信念等因素的影响,在幼儿、社会、知识三方面会有所侧重,从而使课程表现出某种倾向性,这种倾向性实际就是一种课程设计的取向,主要表现为以下三种。

1. 学术理性主义取向

学术理性主义取向(academic rationalist conception),主要表现为一种学科中心(discipline-centered)的设计取向。该取向认为人类在漫长的岁月中积累了反映人类集体智慧的、代表人类文化遗产的系统知识,这些知识是支撑社会存在与发展的支柱,是人类文明发展进程中

---

① 黄黎明. 知识教学:文化哲学的检讨和出路[J]. 教育学报,2009,5(01):18—24,48.

必不可少的部分。因此,学科知识作为课程设计的核心,是学校课程的基本特色。

学术理性主义取向的幼儿园课程设计,较强调和突出幼儿园课程设计的知识基础,在设计时将幼儿园课程人为划分为若干门学科,以学科名称来命名课程,从单一学科出发来确定课程目标、选择和组织课程内容,并由学科专家和学者为每门学科设计与编制具有逻辑性及系统性的教材,以实施分学科的教学,传授幼儿各学科的知识和技能。学术理性主义取向的幼儿园课程设计在我国沿用时间最久,流传范围亦最广。

以学科为中心组成的课程,每门学科都必须按照一定的逻辑顺序组织教材、进行教学,特别注重系统文化科学知识的学习,以书本为中心,强调教师系统地传授。[①] 由此,学术理性主义取向的幼儿园课程设计,其可取之处明显表现在:学科专家编纂各科教材,教材的质量水平比较可靠,突出了学科知识的价值;课程内容的逻辑性较强,使幼儿通过学习能获得较系统和专业的学科知识与技能;教师容易把握课程内容的要求和难易程度并实施课程,可有效帮助幼儿掌握学业知识和技能,为入小学做好准备。但也不能否认,学术理性主义取向的幼儿园课程设计因为是由国家、地方组织各学科专家编制课程,容易使课程内容重视知识逻辑和原理而忽视幼儿的兴趣和水平。同时,由于园级层面特别是幼儿园教师没有机会参与设计,所以,课程内容也难以反映教师及幼儿对课程的现实需要和兴趣。另外,学术理性主义取向的幼儿园课程设计强调学科知识内在的逻辑线索,导致课程内容难以和社会生活密切联系,难以贴近幼儿的生活经验并做到学以致用。由此,其弊端十分突出。

我国20世纪五六十年代及80年代初盛行的幼儿园分科课程,多采用学术理性主义取向的课程设计,强调幼儿学科知识和技能的系统学习。该取向的幼儿园课程设计确立起国内曾最为流行的分科课程体系,也使幼儿园课程基础更多地倾向于学科知识。

2. 人本主义取向

人本主义取向(humanistic conception)主要表现为一种儿童中心的设计取向,在课程设计中较强调以儿童为主要的基础和来源,使课程努力适应儿童。这种设计取向最初见于18世纪欧洲卢梭的《爱弥儿》(Emile)一书中,他竭力主张教师的任务在于为儿童提供学习机会,让他们自发地发现和掌握知识。其后,在19世纪末20世纪初,欧美分别进行了"新教育"和"进步主义教育"运动,以儿童为出发点的理念在当时十分盛行,活动课程适时而生,并迅速占据一片天地。活动课程可以说表现为一种以儿童为中心的课程设计,从而使课程设计也开始表现出人本主义的取向。

人本主义取向的幼儿园课程设计,其根本目的是满足儿童个体的兴趣、需要和经验,为的是开发儿童的内在潜能;课程关注儿童个性的成长与发展,而不是关注传统的学术性知识。课程设计的出发点依据和尊重儿童的发展规律与特点,围绕儿童的兴趣、经验及个性需求,课程选择秉承儿童中心的思想,强调课程必须适应儿童,而不是让儿童去适应既定的课

---

① 李诚忠. 教育词典[M]. 哈尔滨:黑龙江科学技术出版社,1989:60.

程。课程没有固定的范围与顺序,儿童的经验和兴趣是课程组织的中心,课程以遵循儿童心理顺序的方式来安排活动,打破学科界限,就儿童所需要的基本经验和感兴趣的单元主题组成内容进行综合教学。教育活动中重视发挥儿童的主体作用,强调儿童的兴趣、自由与选择,反对灌输和压制;注重活动的灵活性和生成性,强调对预定计划的随机调整。

这一取向的课程打破了学科课程的系统性,主张以儿童的活动或生活经验为中心组织课程,使课程内容脱离书面教材和预设计划的束缚,强调课程关注儿童的兴趣和需要,强调课程关注儿童的积极探究和主动参与。人本主义取向的幼儿园课程设计有利于发挥教师的主动性,使教师不再唯教材是首,而是更多地去发现儿童的兴趣和经验,并努力将之转变为活动,成为幼儿园课程内容的有机组成部分。但人本主义取向的幼儿园课程设计的不足之处在于对学科知识不够重视,不利于幼儿掌握系统的知识经验。

在20世纪二三十年代及90年代末的幼儿课程改革中,幼儿园课程设计逐渐摆脱知识本位的幼儿园课程价值取向,开始受到儿童本位课程价值取向的影响,课程设计的基础更多强调幼儿本身,表现出一定的人本主义取向。如在20世纪二三十年代的幼儿园课程改革中,陈鹤琴的课程设计强调"学做人、学做中国人、学做现代中国人"的课程目标,突出幼儿健全的身体、建设的能力、创造的能力、合作的态度、服务的精神等,扭转了以往课程设计中让幼儿读死书、死读书的学科理性主义取向。在20世纪90年代末开始的幼儿园课程改革中,国家及地方设计的幼儿园课程目标均提出要立足于幼儿后继学习和终身发展所需要的基础素质与能力;预设的课程内容打破了以往学科的界限,以贴近幼儿生活经验的主题为中心来组织课程,不过多追求知识的逻辑性和系统性,关注幼儿直接经验的获得。此外,课程内容还能保持适度的灵活性和动态性,关注基于幼儿兴趣、需要的有意义的生成。随着对幼儿发展为本、幼儿发展优先理念的倡导,我国当前的幼儿园课程设计多采用一种人本主义取向。

在国外的课程模式中,意大利的瑞吉欧教育体系也表现出更明显的人本主义取向,该取向相比国内新课程改革的理念和实践,是一种极端的儿童中心主义,课程没有预设成分,完全是一种生成的弹性课程。

案例

课程设计的"师幼共生"理念

师幼共生,指教师发现、尊重并把握幼儿的兴趣热点、经验需要,通过弹性、灵活、互动的方式,师幼共生课程及活动,实现共成长。

师幼共生的核心要素为:尊重、互动、共赢。

尊重:对幼儿的兴趣热点、已有经验和发展需求的尊重,对幼儿现实水平及可能的发展的尊重。

互动:建立多重互动关系,充分挖掘、运用各种资源,师幼双方共同构建课程,共同调整活动的方向、充实活动的内容。

共赢:在设计、组织、调整、生成活动的过程中,历练、提升教师的专业能力,促进幼儿各方面的自主和谐发展,最终实现师幼成长的共赢。

(案例来源:上海市青浦区佳佳幼儿园课程实施方案)

案例分析:"师幼共生"理念凸显了课程设计中的人本主义取向,将尊重幼儿的兴趣热点、已有经验、发展需求,以及发展水平和最近发展区,作为课程设计的出发点。

3. 社会重建主义取向

社会重建主义取向(social reconstructionist conception)主要表现为一种社会中心的取向,该取向的幼儿园课程设计,以培养可改善和重建社会并促进社会发展的人才作为课程设计的出发点,强调现代社会所需要的未来人才的核心素质和能力,并据之制定课程目标和内容,以培养符合社会发展要求的儿童。

社会重建主义取向的幼儿园课程设计同样也打破了学科课程的系统性,主张以儿童立足于未来社会并促进社会发展所需的基本素质和能力为中心来选择与组织幼儿园课程,关注社会发展需要对儿童的预期。但是,社会重建主义取向的幼儿园课程设计不利于幼儿系统知识经验的学习和掌握,也不重视课程设计中幼儿的兴趣和动机。21世纪的幼儿园课程目标立足于为幼儿的后继学习和终身发展奠定良好的素质基础,以促进幼儿身心全面和谐发展,表现出明显的儿童中心主义。但在确定幼儿的良好素质基础内容时,也会从我国社会发展及未来社会对人才培养的需求出发,凸显良好的生活自理能力,生活卫生习惯和学习习惯,自主、自尊、自信的品质,初步的责任感,积极的社会交往和适应能力等未来人才立足社会所需的核心素养和能力,表现出兼顾社会中心的特点。

拓展阅读

培养幼儿为未来社会做准备的社会性课程

我园的幼儿从小就在多元融合的环境中成长。我们深感培养幼儿为未来社会做准备的迫切性,始终坚持以前沿理念为引领,结合本土化需求,不断丰富和完善园本化的社会性课程。通过幼儿在园的生活,培养幼儿自信地交往和表达,主动适应不同的环境和情况,跟上时代与世界的脚步。

(资料来源:上海市虹口区小不点幼儿园课程实施方案)

总之,幼儿园课程设计有以上三种不同的取向。在不同的历史时期,幼儿园课程设计会在动态协调三种取向的基础上,确立自己关注和强调的某一种取向。如在当前"幼儿发展为本""坚守儿童立场""幼儿发展优先"的学前教育课程改革理念下,幼儿园课程设计更倾向于人本主义取向的课程设计。正如幼儿园课程价值取向具有侧重点一样,幼儿园课程设计取向也非极端地强调儿童中心的一元论,而是在综合三种取向的基础上强调人本主义取向,兼顾社会重建主义取向,适当考虑但尽量淡化学术理性主义取向,从而设计出适合幼儿兴趣需要,兼顾社会发展要求,又能带给幼儿有益知识经验的适宜的幼儿园课程。

三、不同层面的幼儿园课程设计

幼儿园课程层次的多元化,导致幼儿园课程设计也涉及不同层面的活动。按不同层面进行幼儿园课程设计的阐述,可以避免笼统,提高对各级主体课程设计指导的针对性。

(一)国家、地方层面的幼儿园课程设计

国家、地方层面的幼儿园课程设计是顶层的幼儿园课程设计,由于课程设计的专业性,国家、地方层面的幼儿园课程设计一般由国家或地方的教育行政部门携手幼儿园课程专家共同研制,以提高课程设计的科学性,加强对广大基层幼儿园课程设计的指导作用。

国家、地方层面的顶层课程设计首先要解决课程设计的基本取向,在此基础上确立幼儿园课程的总体理念和指导思想,并确定幼儿园课程的目标及相应的课程宏观结构。即在国家、地方幼儿园课程设计中,主要规定幼儿园课程应持有的课程设计取向、理念及预期的幼儿发展结果,并据此确定课程框架,以架构出国家、地方层面幼儿园课程的宏观体系。

如《幼儿园暂行规程(草案)》规定,幼儿园要为小学做准备、为社会主义事业培养接班人,并规定幼儿园教养活动项目为体育、语言、认识环境、图画手工、音乐和计算等。该课程设计具有明显的学科理性主义取向,课程理念和目标强调各学科知识的学习及入小学的准备,课程内容注重知识的逻辑性和系统性,以学科的逻辑为中心纵向组织课程。此外,该课程设计也兼顾了社会重建主义取向,着眼于培养社会发展所需要的具有丰富知识的、能为社会主义建设事业做出贡献的人才。

又如《上海市学前教育课程指南(试行稿)》,规定上海市学前教育课程的基本理念是"以幼儿发展为本",幼儿园课程旨在为幼儿终身发展奠定必要的基础,同时也为培养幼儿适应不断发展变化的社会奠定最初的基础。该文件还规定上海的幼儿园课程分为共同性课程和选择性课程两大类别,共同性课程主要指面向全体幼儿园的、指向幼儿基本经验的课程;选择性课程则是因园而异、为满足本园幼儿的个性发展需求而设置的课程。其"幼儿发展为本"的基本理念使课程设计表现出明显的强化人本主义取向的特点,课程理念以幼儿终身发展必要的基础为追求,并围绕幼儿的经验和心理顺序设计课程内容,以活动为中心横向组织课程内容。此外,该课程设计在一定程度上也兼顾了社会重建主义取向,考虑到了培养幼儿步入社会后所需要的能力。其由共同性课程与选择性课程构成宏观课程体系的架构,也是基于"幼儿发展为本"的课程理念及相关课程目标,共同性课程立足于满足幼儿基本经验的学习,选择性课程则立足于满足幼儿兴趣、需要和个性发展。

拓展阅读

《幼儿园教育指导纲要（试行）》对幼儿园课程内容的设计

《幼儿园教育指导纲要（试行）》在第二部分教育内容与要求中指出，幼儿园的教育内容是全面的、启蒙性的，可以相对划分为健康、语言、社会、科学、艺术等五个领域，也可做其他不同的划分。各领域的内容相互渗透，从不同的角度促进幼儿情感、态度、能力、知识、技能等方面的发展。

其次，国家、地方层面的幼儿园课程设计还包括针对课程的宏观结构确定幼儿园课程的中观结构，以便顶层设计的课程体系从观念层面、社会层面在实践中贯彻落实。即国家、地方教育行政部门针对幼儿园课程体系中的各类课程进行中观设计，确定各类课程下的课程类型，制定各类型课程具体的课程目标、内容与活动、实施策略及评价程序等，以促进国家、地方课程进一步在园级层面具体贯彻落实或指导基层幼儿园基于本园特点进行再设计。如《幼儿园教学暂行纲要（草案）》在《幼儿园教学暂行规程（草案）》六门宏观课程体系的基础上，明确、详细地规定了分科课程下的各科要达到的目标和教学内容，规定了幼儿要完成的作业，确立了课程的中观结构。又如《上海市学前教育课程指南（试行稿）》对共同性课程进行了中观层面的设计，将其分为生活活动、运动、游戏活动和学习活动四种课程类型（简称"四类活动"），并指出每类课程的目标定位、具体内容与结构等。

此外，国家、地方层面的幼儿园课程设计还包括对幼儿园课程实施和评价进行预先规划。幼儿园课程实施的设计从课程理念出发，基于课程目标和内容，规定了幼儿园课程组织与实施的目的、要求、形式、资源利用等，以及幼儿园课程评价的设计则包含目的、原则、内容、主体、类型、方法、过程等。

国家、地方层面的幼儿园课程设计以课程指南或方案、课程建设指导意见等形式呈现，也可在幼儿园工作的规程、教育纲要等文件中加以说明。

（二）园级层面的幼儿园课程设计

由于国家、地方的幼儿园课程设计面向所有的幼儿园，具有统一性、普适性的特点，而从教育系统内部来看，每一所幼儿园都是一个独立活动的实体，具有特殊的有机情境。在这个特殊的有机情境中，教育者、受教育者、教育内容、教育环境交互作用，形成一个微型"生态系统"。[①] 非国家和地方整齐划一的普适性课程所能完全诠释和覆盖的。因此，园级层面需要进行课程的再设计，制定园级层面的课程计划，以使国家、地方层面的处于"观念"层次的课

---

① 张华."特色教育"本质论[J]. 教育理论与实践,1998,18(03):16—18.

程能园本化,在本园贯彻落实。如在为上海市幼儿园提供本地课程设计完整方案的基础上,《上海市学前教育课程指南(试行稿)》指出,要增强课程的选择性,赋予幼儿园和教师合理的自主权,允许不同条件的幼儿园根据实际情况和本园幼儿的特点对课程进行园本化设计。

微 课
上海市徐汇区
紫薇实验幼儿园
生命教育课程

微 课
上海市徐汇区
园南幼儿园
运动特色课程

园级层面的幼儿园课程设计一般由幼儿园管理者和核心成员组成的课程发展小组完成,必要时也可邀请课程专家参与。但课程设计需要专业的技术,对专业的要求较高,如前所述,园级层面的课程设计至多只是一种"准"设计,是将国家、地方课程园本化,基于本园进行调整和具体化。

园级层面的幼儿园课程设计主要是幼儿园依据国家、地方课程的理念、目标、结构、内容、实施和评价的规定,结合自身的办园特色和课程基础,对国家、地方幼儿园课程的理念目标及中观的课程结构与内容进行园本化设计,即进行适当调整、补充拓展和具体化,并在条件成熟的情况下架构必要的园本特色课程或选择性课程,使之更适应本园幼儿及幼儿园的实际发展需要,突出本园的办园特色;同时,更便于课程的具体实施,从而使观念层次的课程成为幼儿园实施的正式课程。

拓展阅读

对上海市幼儿园共同性课程的园本化设计

根据我园人本主义取向的课程设计取向和办园理念,我园对《上海市学前教育课程指南(试行稿)》的课程理念目标进行了基于实际情况的调整:教育,从了解儿童需要开始,培育具有"充实的早期生活经验,良好的行为习惯,学习潜能展露,身心健康快乐"的儿童。同时,从以上课程理念出发,我园对共同性课程中的生活活动进行了中观结构的再设计,按年龄段对生活活动进行了具体设置,将小班的生活活动主要分为自助型活动和盥洗课堂两类活动,将中、大班的生活活动主要分为自助型活动、互助型活动(如小能人俱乐部)和盥洗课堂三类活动。

(资料来源:上海市黄浦区思南路幼儿园课程实施方案)

拓展阅读

对上海市幼儿园选择性课程的园本化设计

上海市黄浦区荷花池幼儿园以艺术教育为主要特色,坚持在继承中求发展,发展中求创新,秉持着"环境有艺术风格、校园有艺术气氛、教师有艺术才能、幼儿有艺术情趣"的办园目标,逐步形成幼儿园艺术教育的独特风格。以艺术教育为特色的选择性课程主要包括小社团艺术活动特色课程、艺术兴趣专用室活动、荷花文化艺术节、"幼儿园—家庭—社区圈"艺术延伸课程。

（案例来源:上海市黄浦区荷花池幼儿园课程实施方案）

园级层面的课程设计最终形成了幼儿园自身的课程实施方案,指导本园教师贯彻落实。

（三）班级层面的课程设计

园级层面的课程相对幼儿而言,往往还较正式和缺乏针对性,在由班级教师贯彻落实时,还要转化为幼儿实际体验到的课程,为此,教师需要对园级层面的课程进行基于幼儿的班级层面的课程设计。班级层面的课程设计更多地涉及微观的课程结构——教育活动层面,包括活动内容的选择、活动的安排和组织实施等,这无疑该由幼儿园课程的实施者——班级教师来完成。

班级层面的课程设计不是严格意义上的设计,从性质上来说也是一种"准"设计,涉及年龄段目标、微观结构及组织实施等内容。具体来说,班级层面的课程设计是教师根据幼儿园的课程设计、教师的特长及班级幼儿的实际情况,进一步对年龄段课程目标、中观结构的某类课程进行班本化的细化,确定其微观结构,即主要根据幼儿园提供的课程内容,针对某类课程活动在班级的活动内容、活动安排和组织实施进行再设计,做到课程因班而宜、因儿童而宜,以确保课程在班级顺利实施并适宜本班幼儿的实际发展特点和发展需要,满足幼儿的个性需求,增强课程的适应性。这是班级层面课程设计表现出的最大优势。

> **拓展阅读**
>
> #### 艺术特色的班本课程
>
> 本班幼儿非常爱好绘画和手工,开学后,他们将寒假期间的趣事,如快乐旅行、寒假生活等,用图画、手工制作等方式呈现在教室墙面上,并在自由活动时间兴趣盎然地观摩交流。班级教师便着手对幼儿园的美术课程进行班本化设计。首先,确定美工材料的使用,选择了艺术大师马蒂斯风格的剪纸、康定斯基风格的圆盘等。其次,确定主题的内容,三月为"我爱妈妈"主题,四月为"保护牙齿"主题,五月为"环保小卫士"主题。另外,还设计了各主题开展中需要家园配合的内容。
>
> （资料来源:上海市徐汇区宛南实验幼儿园）

综上，各层面幼儿园课程设计及具体内容可用表 4 - 1 表示。

表 4 - 1　各层面幼儿园课程设计及具体内容

设计主体	设 计 内 容
国家、地方	课程设计取向，课程理念及目标，课程宏观结构（课程类别）、中观结构（课程类型）、课程实施、课程评价
幼儿园	园级层面课程理念、目标，课程中观结构的调整、补充拓展和具体化（活动类型）、课程实施、课程评价
班级	课程微观结构（活动内容和安排）、组织实施

四、幼儿园课程设计的模式

从课程设计的历史发展来看，比较有影响的课程设计模式为目标模式和过程模式。幼儿园课程的设计也同样受到了这两种模式的影响。

（一）目标模式

目标模式（objective model）兴起于 20 世纪二三十年代，是 20 世纪初课程开发科学化运动的产物，是一种以应用科学管理的原则而建立的、在课程实践中产生了广泛影响的经典课程设计模式。美国著名教育学者博比特于 1918 年在《课程》（*The curriculum*）一书中，提出了课程科学化的问题。在他看来，科学的时代要求精确性和具体性，因此，教育目标必须具体化、标准化。1924 年在《怎样编制课程》（*How to make a curriculum*）一书中，他论述了教育目标的重要性和确定教育目标的基本方法。

目标模式是指以目标为课程开发的基础和核心，围绕课程目标的确定及其实现、评价而进行课程设计的模式。具体而言，就是先预设具体化的行为目标，然后根据目标设计和组织课程内容，教学就在于使这些内容为学生所"复制"，最后达到预期的结果。目标模式又叫"工艺学模式"，因为学校就像一个加工厂，可根据特定的需要将学生塑造成某种"产品"。

1. 目标模式的经典形态——泰勒原理

如果说博比特创造了课程编制的目标模式的雏形，那么，美国的课程专家泰勒则建立了目标模式的经典形态。美国课程发展史上著名的"八年研究"计划的主要负责人在对"八年研究"经验进行总结的基础上，提出了课程设计的基本程序、步骤和方法。

泰勒强调以行为的方式来陈述目标，后人尊称他为"课程行为目标之父"。在 1949 年出版的代表作《课程与教学的基本原理》一书中，泰勒系统地阐述了课程设计的目标模式的基本观点。

　　泰勒指出,编制任何课程和教学计划都必须回答以下四个基本问题,它们是:(1)学校应该试图达到什么教育目标?(2)提供什么教育经验最有可能达到这些目标?(3)怎样才能有效地组织这些教育经验?(4)我们如何确定这些目标正在得以实现?① 这四个问题被看作是课程设计过程中的四个步骤,即确定教育目标、选择教育经验、组织教育经验和评价教育结果,可被统称为"泰勒原理"(Tyler Rationale),其中确定教育目标是最为关键的一步。泰勒认为,教育目标是指导课程设计者所有其他活动的最为关键的准则,教育内容的选择、学习活动的组织及对学习结果的评价都被置于目标的下位,都是围绕或紧随目标的。可见,目标模式将确定教育目标作为课程设计的出发点,显然是一种目标导向的课程编制模式。

　　泰勒倡导行为目标,因此,目标模式非常注重以预先确定的精确、具体、可操作的行为目标来预测学生的变化和评价课程的成败。在该模式下,课程目标几乎等同于行为目标。泰勒建议课程设计者以学生、当前的社会生活和学科这三个方面为依据来制定一般的教育目标,然后,对已列出的目标进行筛选,以社会学和心理学作为过滤器。关于学习经验的选择,要遵循五条原则:第一,学生具有实践这个目标隐含的那种行为的经验;第二,学习经验必须使学生由于实践目标所隐含的那种行为而获得满足感;第三,学习经验所期望的反应是在有关学生力所能及的范围之内的;第四,许多特定的经验可以用来表达同样的教育目标;第五,同样的学习经验往往会产生几种结果。

　　关于经验的组织,泰勒认为有横向组织(不同领域的学习经验之间的联系)和纵向组织(不同阶段或时期的学习经验之间的连续)两种方式,要遵循连续性(直线地重复主要的课程要素)、顺序性(使后一种经验建立在先前经验的基础上,同时又对有关问题进行更广泛、更深入的探讨)和整合性(课程经验之间的横向联系)三个原则②。

　　泰勒还将评价引入课程编制过程,认为评价是检查课程的实际效果与预期的教育目标之间差别的手段,通过评价可确定课程与教学计划实现教育目标的程度。

　　目标模式是一种典型的线性加工模式,以直线的方式安排课程编制的顺序。它预先规定具体的行为目标,然后以此来组织课程内容,通过对课程内容的实施,评价目标的达成度,具体可见图4-2。③

　　泰勒的课程基本原理在课程设计领域极有影响力:"如果不探讨泰勒提出的四个基本问题,就不可能全面地探讨课程问题。"④

2. 目标模式对幼儿园课程设计的影响

　　目标模式对我国幼儿园课程设计产生过较大的影响,尤其表现为对课程目标和课程内

---

① (美)拉尔夫·泰勒. 课程与教学的基本原理[M]. 施良方,译. 北京:人民教育出版社,1994:17.

② Tyler R W. Basic principles of curriculum and instruction [M]. Chicago: The University of Chicago Press, 1949:83-85.

③ 全国十二所重点师范大学,钟启泉. 课程论[M]. 北京:教育科学出版社,2007:76.

④ (美)拉尔夫·泰勒. 课程与教学的基本原理[M]. 施良方,译. 北京:人民教育出版社,1994:2.

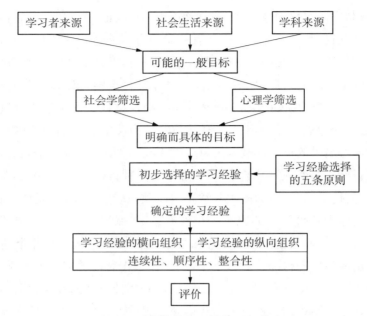

图 4 - 2　泰勒课程设计的目标模式

容的影响,对课程评价的影响更多地体现在对课程评价的关注点和内容上,而不是课程评价的实践本身。

　　曾经,在我国国家、地方层面的幼儿园课程设计中,课程目标多习惯采用行为目标的表述方式,目标十分具体细致,关注幼儿知识技能掌握后在行为上的变化。课程设计的程序以预先规定好的目标和结果为起点,以课程目标为导向和统领,来确定课程结构、选择和组织课程内容、确立课程评价标准。同时,在课程设计中,对幼儿园课程目标过分强调在纵向和横向上的分解与细化。如强调课程总目标在时间单元上的纵向分解,将课程总目标分解为阶段目标(学年目标),将学年目标分解为学期目标,将学期目标分解为月目标,将月目标分解为周或日目标等;或者强调课程总目标的横向纵向分解,将课程总目标分解为健康、语言、科学等领域的学年课程目标,再进一步分解为学期目标和月目标。此外,幼儿园还强调课程评价中主要考查课程目标实现的程度等。

　　目标模式在 20 世纪五六十年代及八九十年代,对我国幼儿园课程的设计产生了深远的影响,幼儿园课程设计的重中之重就是制定课程目标,并对课程目标进行细化分解,甚至连组成半日课程的各项活动目标都要一一加以确定。

　　3. 对目标模式的评析

　　目标模式的优点表现在以下几个方面:第一,课程设计程序显性化,教师较容易掌握,具体化、层次化。第二,幼儿园课程设计的中心明确,以目标为统领,使课程内容的选择和组织以及课程的评价都有明确的方向与指南。第三,课程目标具体清晰、可操作,几乎等同于行为目标,使教师在设计课程、组织教育活动时很清楚应该干什么,操作性强。第四,幼儿园课程评价简单易行。目标模式提供了教育成功与否的明晰准则,即课程目标的达成程度,从而使课程评价的程序相当简单、易行。

但在幼儿园课程设计中,目标模式的局限也是很明显的。

第一,目标的分解和细化与幼儿经验的完整性、系统性相冲突与矛盾。幼儿园课程目标被分解成彼此独立的若干部分,将幼儿的学习经验人为割裂开来。然而,幼儿是完整面对世界的,幼儿对世界的认识和经验的获得方式是整体的。第二,重视结果、轻视过程。目标模式的课程设计,在目标清晰之余,也使过分具体化的目标成为一种垄断、控制,导致课程设计中幼儿园教师关注结果的预设而忽略过程的价值,无视课程实施现场的丰富性与多变性,阻碍现场新的课程目标的不断"生成",从而使幼儿园课程设计成为从目标出发又回到目标的线性的、封闭的过程。而且,行为目标的预设意味着对幼儿园课程与教学过程的控制,企图把幼儿园课程设计和幼儿的学习过程变为一个可预先决定和操纵的机械过程。然而,要知道人的行为是具有能动性的主体做出的富有创造性的活动,幼儿行为本身具有很大程度的不可预知性,预设行为目标的做法就是割裂目标与手段、结果与过程间的有机联系,同时也泯灭了课程实施过程中幼儿的主体性和创造性,无法顾及幼儿的兴趣、需要和能动性以及幼儿之间的个体差异。幼儿活动的自发性与创造性受"目标—手段"的思维习惯的"排挤"而丧失殆尽。第三,课程目标以幼儿的行为来确定,课程就会只关注幼儿可被观察到的行为变化,而无法顾及很难用外显的、可观察的行为来预先具体化的情感、态度、价值观等心理素质,而这些对幼儿的后继发展来说,往往是更有价值的东西。第四,目标模式只根据幼儿的行为变化来衡量课程,必然会导致评价目的在于评出优劣好坏,而不在于改进课程设计。而且,评价通常只依据课程本身的目标,不顾及非预期的目标。

(二) 过程模式

针对目标模式的弊端,过程模式应运而生。过程模式是由英国著名课程论专家斯滕豪斯系统确立的,斯滕豪斯对过程模式的建构是从对泰勒原理的批判开始的。在其1975年出版的《课程研究与开发导论》(*An introduction to curriculum research and development*)一书中,他从一个课程设计者的视角对目标模式的课程设计理论进行了详尽而透彻的分析与批判,客观地指出了其贡献与局限。在此基础上,斯滕豪斯建立起过程模式的理论框架。

斯滕豪斯基于"教育的使命就在于使人变得自由,更具有创造力"的信念,认为课程设计应把目标作为过程标准和程序原则加以阐明,而不是转化成行为目标。斯滕豪斯认为,把目标模式普遍应用于课程开发存在两个基本障碍:一是目标模式误解了知识的本质。目标模式把知识视为一种统治与控制的工具,而知识的本质在于通过知识的运用进行创造性思考。因而,课程应该考虑知识中的不确定性,鼓励个体化的、富于创造性的学习。二是目标模式误解了改善课程实践的过程的本质。[1] 斯滕豪斯认为,目标模式的方法是一种通过使目标明

① 张华.课程与教学论[M].上海:上海教育出版社,2000:116.

晰化来改善实践的尝试。这种做法在逻辑上是合理的,但却不能改进实践。改进实践的过程应依靠教师发现自己教育实践中的问题,并提出解决问题的办法。因而,课程实践理想的做法应该是帮助教师改进教学,发展他们在课程实践中的批判、反思意识和能力。这便是斯滕豪斯过程模式的宗旨。

1. 过程模式的基本观点

过程模式的教育观认为学生的行为结果是无法预测的,教育应当引导学生去探索知识,变得更自由,更有创造力。过程模式的知识观认为,有价值的知识必然是思辨的,因而学生的学习结果是不确定的。过程模式的方法论认为,儿童不是知识的被动接受者,而是知识的主动探究者,学习过程是个体能动地与外界环境交互作用的过程。

斯滕豪斯尝试采取了过程模式的课程设计方式。他认为过程模式比目标模式更适合那些以知识和理解为中心的课程领域,认为课程的研究和设计不应当是按照某些事先决定的行为目标制定出一套方案,课程是在教学过程中展开的,是一个动态开放而不是封闭的系统,表现为学生的主体性和创造性。人们可以通过详细说明内容和方法来合乎理性地设计课程,而不必用目标预先指定所期望达到的学习结果。因此,课程不以预先规定好的外在目标和结果为起点,而是以过程为中心,即要确立"过程原则"(procedure principle)。这一原则认为从事教育活动的价值表现在活动过程之中而不是结果之中,强调过程本身的教育价值,教学活动可以脱离预定的目标。依此原则,课程是一个师幼共同探讨的过程,是一个连续不断地展开的过程,它与宽泛的"教育目的"(aim)保持一致。过程原则的本质在于提供课程设计的方法及指导思想,从而使教师明确教学过程中内在的价值标准及总体要求,并鼓励教师对课程实践的反思批判和发挥创造。斯滕豪斯主张"教师即研究者",教师是课程开发的主体,因此,教师必须从事课程研究和设计工作,把教学与教育研究结合起来。

过程模式有自身的一些特点。首先,过程模式不预先指定行为目标,而是详细说明内容和过程中的各种原理。

其次,过程模式的课程设计程序是:设定一般目标,实施有创造性的教学活动,记述教学活动引起的结果,评价其结果。在该模式中,教师具有充分的自主权,同时学生被视为积极的活动者,主动性、创造性统一于教师的主体作用中。

另外,过程模式重视与目标无关的叙述,采取不受目标限制的评价,目标并不构成最后的评价依据,而是重视个案方法,采用多方面的观察和评价。

此外,过程模式认为课程的价值和内容必须在教学实际中发展或评价,教材的质量决定于教学过程而非做逻辑的判断,教师在实际的教学过程中追求能促使儿童活动的教材。

最后,过程模式并不是绝对反对目标。过程模式强调总体教育过程中的生成性目标,更多地表现为教育过程中各阶段的方向或教育情境的产物,这样教师的注意力便不是集中在固定目标的达成上。从目标的具体表述来看,过程模式的目标是一般性的、宽泛的目标,而不是具体的、细致的行为目标;同时,其淡化结果、注重过程。

2. 过程模式对幼儿园课程设计的影响

随着 20 世纪 90 年代幼儿园课程改革的进行,我国幼儿园课程设计开始意识到目标模式的弊端,逐渐转向过程模式,并落实在具体的课程设计中。

在幼儿园课程设计中,国家、地方层面的幼儿园课程设计在课程目标的制定中,改变了以往关注结果的具体细致的行为目标取向,采用了一种一般性的、宽泛的生成性目标取向,如"大胆尝试新奇、有野趣的活动,获得身体活动的经验"。此外,课程设计改变了以往只强调知识技能获得的行为目标取向,兼顾幼儿情感、个性等非行为目标,渗透了关注过程的生成性目标及表现性目标取向,如"对事物变化发展的过程感兴趣""用自己喜欢的方式表达感受和体验各种富有情趣的作品"。

园级层面及班级层面的幼儿园课程设计中,设计者逐渐改变了过分强调课程目标制定、对课程目标层层细化分解的设计思路,目标不再处于至高无上的垄断地位,设计者同样也关注课程内容的选择和确定的问题。课程设计中,除了根据制定的课程目标有计划地预设课程内容外,设计者还注重根据幼儿的兴趣、需要和爱好等生成课程内容,并努力将之体现在课程计划中。设计者淡化课程目标的预设工作,强化课程目标的动态开放意识,即能够采取灵活开放的态度看待预设的课程目标,认为目标只是起相对的导向作用,实施者可以根据过程中幼儿的兴趣、态度等实际情况,不断调整甚至生成,以更好地顺应幼儿的需要,促进幼儿的发展。此外,设计者确定评价标准时淡化根据预设的课程目标这一客观标准对课程进行的终结性评价,强调过程性评价,注重教师的自我评价和自我反思。以上这些课程设计中的观念和做法都受到过程模式的基本思路的影响。

3. 对过程模式的评析

过程模式具有开放的设计思路,在一定程度上弥补了目标模式的局限性。首先,过程模式突破了目标模式的静态目标形式,关注课程目标的调整和新生成;其次,过程模式否定了关于确立和表述课程目标的行为主义与机械主义的偏向,把课程设计建立在实际的教育情境基础上;另外,过程模式强调教师的自主性和儿童的主动参与及探究学习,重视对儿童主体性和创造性的培养,使课程设计更趋于开放和完善。

但是,过程模式自身也存在一定的局限性。首先,过程模式虽针对目标模式的"病症",提出了很好的课程设计的思想,但未能开出更为理想而全面的或更为对症且见效的"药方",在课程设计程序上没有提出一个明确具体的方案和行动方式,使人们只能"跟着感觉走",难以很好地把握实践,因此,操作性差成为该模式的致命伤。其次,过程模式否定预设的目标,没有相对明确的目标所提供的客观标准,课程设计、实施和评价具有一定的主观性,从而使课程设计本身缺乏科学性和计划性。再次,过程模式"教师即研究者"的口号赋予教师过分理想化的角色定位,运用过程模式设计的课程对教师的素质要求极高,需要教师领会和把握课程所要实现的价值的核心,并能在组织幼儿活动时灵活自如地利用各种教育情境及教育资源。然而,很多教师难以达到这种水平,因而该模式不易被推广。

第二节　幼儿园课程设计的内容构成

随着幼儿园课程内涵由静态走向动态的发展趋势,幼儿园课程设计的内容主要包括幼儿园课程目标、幼儿园课程结构内容、幼儿园课程实施和幼儿园课程评价等主要课程要素的设计。

一、幼儿园课程目标的设计

幼儿园课程设计首先是课程目标的设计,具体指各层面幼儿园课程目标的制定,用以明确幼儿园课程本身要实现的总体标准和具体要求,所期望的通过幼儿园课程实施幼儿在不同阶段应达到的发展水平和状态。

作为幼儿园教育核心的幼儿园课程承载着育人的功能,课程设计者只有确立明确的、科学的幼儿园课程目标,实践层面的课程实施者才会有正确的方向和科学的行动,最终实现幼儿园课程所具有的育人功能。由此,幼儿园课程设计是一项专业性较强的课程决策活动,一般都需要专业的支持,最好有课程专家的介入和指导。

(一) 幼儿园课程目标制定的过程

课程目标首先由国家、地方进行顶层设计,即幼儿园课程目标一般由国家、地方的教育行政部门和课程专家等共同决策制定,以保证目标的科学性和导向性,对各地幼儿园课程设计与实施起到引领作用。之后,幼儿园及教师再进行课程目标的园本化,以保证幼儿园课程目标制定的科学性。幼儿园课程目标的制定要遵循以下的程序。

1. 幼儿园课程目标制定依据的分析

在制定国家、地方层面的幼儿园课程目标之前,首先必须弄清楚的一个基本问题是:幼儿园的课程目标到底依据什么来制定? 根据泰勒的观点,国家、地方层面幼儿园课程目标制定的依据,主要来自对三个方面的研究:幼儿、社会和知识。

幼儿园课程目标的一个基本职能是要促进幼儿的身心全面和谐发展,因此必须对幼儿进行研究,了解幼儿的身心发展特点、兴趣、爱好和需要等。因为幼儿的发展在不同的年龄段会表现出不同的特征,若不能把握,则促进幼儿发展的目标会受到影响。

国家、地方要确立适宜的幼儿园课程目标,还有必要研究社会的需要,了解从幼儿所在的社区到一个民族、一个国家乃至整个人类的发展需求,因为幼儿的发展在本质上总是与社会的发展交织在一起的;不仅要了解社会当前的现实需要,还要包括因社会的变化而产生的未来需要。通过对社会需要的研究,可了解社会对人才的需求标准、对幼儿成长发展的期望和要求,从而通过幼儿园课程目标的表述来确定幼儿发展的状态,确定幼儿应当具备的身心素质。

此外,为了培养社会所需要的人才,幼儿园作为正规教育机构,毕竟是要向幼儿传递人类社会长期积累的、有价值的文化知识和领域核心经验,因此,对知识的研究也成为课程目标最主要的依据之一。设计者要对人类文化知识进行选择,考虑其对幼儿发展的价值,考虑其对负载的课程目标实现的促进作用,从而确定幼儿各学习领域该获得和积累的一些有价值的基本经验。

总之,在制定国家、地方层面的幼儿园课程目标时,要注意避免主观性,要认真分析研究幼儿、社会和知识这三个基本依据,并处理好三者之间的关系。

2. 时代课程价值取向和地区背景的筛选

在分析研究幼儿园课程目标制定的三个依据的基础上,国家、地方层面的幼儿园课程目标往往无法做到三者的均衡协调,因为幼儿园课程目标的制定是在总体的幼儿园课程价值取向的框架下进行的一种价值判断活动,课程目标最终需要由课程价值取向决定。不同的时代有其主导的课程价值取向,因此,设计者需要结合时代背景,在把三个基本依据辩证结合起来的基础上强调和凸显时代所追求的价值取向,从而突出和放大某一方面的依据,确立起适应该时代的国家、地方的幼儿园课程目标。此外,地方层面的幼儿园课程目标还要结合本地区的背景条件进一步将国家层面的幼儿园课程目标本土化,使之能够适合本地区的实际情况和发展需要。

3. 幼儿园办园理念和背景条件的筛选

幼儿园结合国家、地方实际要求将目标加以转化和具体落实。

在转化和具体落实时,各幼儿园首先要准确分析和理解国家及地方教育、课程文件中关于课程目标的核心思想,把握课程目标的价值取向和精神。此外,由于每所幼儿园都有自己的教育哲学和办园及课程理念,办园背景和生态条件也各不相同,因此,在制定幼儿园课程目标时,幼儿园还要结合这些内容对目标进行进一步的基于本园的再设计,确立与幼儿园办园宗旨和办园条件相符的课程价值取向,即课程理念。在此基础上,确定真正适合本园的、个性化的和适宜性的园级层面的幼儿园课程目标,包括课程总目标、具体目标及阶段目标(年龄段目标)等。

拓展阅读

幼儿园课程目标制定中幼儿园办园及课程理念的筛选

立足"幼儿发展优先"理念,结合"蕴美育人,从'朵朵'启航"的办园理念以及美育特色的课程基础,我园将课程理念制定为:以玩育美,五育融合,朵朵花开。同时,依据《上海市学前教育课程指南(试行稿)》,通过园本课程的实施,促进幼儿健康水平以

及情感、态度、认知能力等方面的发展,培养幼儿成为美好的"朵朵",表现为:

　　健康活泼,文明乐群,有自立责任心。

　　亲近自然,爱护环境,有自主探究心。

　　喜欢音乐,乐创表现,有自信爱美心。

(资料来源:上海市青浦区朵朵幼儿园课程实施方案)

对于班级层面的幼儿园课程目标的制定,一般只是基于班级实际对园级层面的课程目标的细微调整和补充,使目标更具有针对性和操作性,不需要也不能进行推倒重构,教师最主要的职责在于课程的执行和实施层面。

以上自上而下关于幼儿园课程目标的制定过程可参见图4-3。

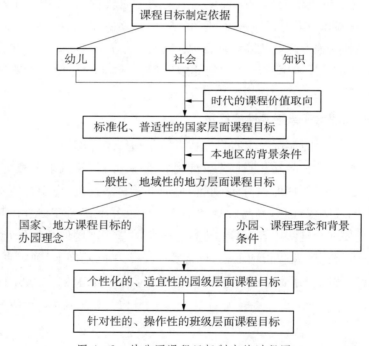

图4-3　幼儿园课程目标制定的过程图

(二) 幼儿园课程目标的制定原则

幼儿园课程目标的制定是课程设计过程中最为关键的环节。在制定时,除了按照一定的程序外,还需要遵循一些基本原则,以保证目标制定的科学合理性。这里涵盖了不同层面的幼儿园课程目标制定的原则,其中某些原则会较为突出地体现在相关层面的幼儿园课程目标制定中。

1. 系统性原则

学前教育领域中有不同层次的目标,包括教育目的、教育目标、课程目标和教育活动目标等,构成了一个多层次的目标体系。在制定幼儿园课程目标时,首先必须从该目标体系出发,考虑和保持目标体系中各层次目标之间的纵向联系,使制定的幼儿园课程目标能够顺接成为幼儿园教育目的、教育目标的具体化;同时,也能成为园级层面幼儿园课程建设的方向,成为幼儿园教师执行课程、开展教育教学的指导。幼儿园课程目标制定中只有保持各层次目标的系统性,才能体现出学前教育领域中目标体系的逻辑性,最终保证最上位的学前教育目的的实现。

2. 整体性原则

幼儿园教育任务是对幼儿实施德、智、体、美、劳全面发展的教育,全面发展的教育体现在具有全面整体特点的幼儿园课程目标上,即促进幼儿在身体、认知、情感和社会性等方面的和谐发展。因此,在制定各层面的幼儿园课程目标时,都应遵循和考虑整体性的原则。党的二十大报告提出全面实现中国式现代化。中国式学前教育现代化是中国式教育现代化的重要组成部分,而幼儿园课程的现代化则是中国式学前教育现代化的产物,其中幼儿园课程目标的现代化主要表现为对幼儿的全面发展诉求的坚持。[①]

整体性原则首先意味着幼儿园课程目标的范围应包括和指向幼儿学习与发展的健康、语言、社会、科学和艺术等领域,德、智、体、美、劳五育,以促进幼儿在身体、认知、情感与社会性等方面的全面和谐发展。

同时,整体性原则还意味着幼儿园课程目标的表述要整合不同取向的幼儿园课程目标,既考虑关注结果的可操作性、具体性的行为目标取向,又考虑关注过程的生成性目标取向与表现性目标取向,从而在目标的指引下使幼儿认知、情感态度、表达表现等各方面的发展均能够落实和体现在幼儿园课程实践中。

3. 连续性原则

幼儿园课程目标的层次是多元的,既包括各层面的幼儿园课程总目标,也包括各层面的幼儿园课程的具体目标及阶段目标。最上位的国家、地方幼儿园课程总目标和具体目标的实现要靠下位的园级层面和班级层面的幼儿园课程目标进行贯彻落实。为此,国家、地方、园级、班级等各层面的课程总目标、具体目标之间要协调一致,每一层面的目标都应该是上一层面目标的具体化,又是下一层面目标的概括化。制定幼儿园课程目标时要防止各层面目标之间的脱节现象,以保证课程目标的层层落实,最终实现总体的幼儿园课程目标。如园级层面课程目标为"具有良好的生活卫生习惯"。班级层面的课程目标宜细化为"具有良好的洗手、睡眠、盥洗、午餐、饮水的习惯"。

另外,连续性原则还特别指各年龄段的幼儿园课程阶段目标要相互衔接、有序联系,以

① 张斌,虞永平.守正与创新:指向中国式学前教育现代化的幼儿园课程改革[J].学前教育研究,2023(06):11—19.

体现出托、小、中、大班幼儿生理心理发展的渐进性与学习发展的递进性特点。

4. 适切性原则

各层面制定幼儿园课程目标时,都要遵循适切性原则,不同层面的目标,其适切性的含义和要求有所不同。

从国家层面来看,适切性意在目标制定时要有国家意志,考虑国家经济、政治、文化等社会影响因素,反映时代发展对学前教育的要求和对未来人才的需求。从地方层面来看,适切性意味着目标制定要根据国家课程目标的理念和精神,结合本地区(省市或区县)的地域特点、资源条件和发展需要,使课程目标与本地区的发展条件和需要相适应。从园级层面看,目标制定的适切性原则要求目标要适合国家、地方的幼儿园课程目标的总体价值取向、理念和精神,同时也要考虑本园的实际办园理念和办园的背景条件。从班级层面来看,课程目标还要适合班级幼儿的实际发展水平、发展需要及家庭文化背景等具体复杂的情况。如此,制定的各层面幼儿园课程目标才具有适切性,才是一种适应幼儿最近发展区的、可以最终达成和实现的目标。否则,就会影响课程目标对幼儿园课程实施的引导作用。

📋 案例

小海星课程目标

海南省直属机关第二幼儿园基于本土海洋特色资源,历经 12 年研究与实践,构建起了"生活化、融合式、模块化"的小海星幼儿海洋教育课程(小海星课程)。小海星课程围绕培养"关心海洋、认识海洋",具有陆海文明视野的"小海星",确立了"亲海、亲自然→探海,喜探究→知海,乐思考→爱海,善表达→护海,有梦想"的课程目标。

案例分析: 小海星课程在课程目标制定中,在遵循国家政策文件强调的亲近自然、喜爱探索、善于思考、乐于表达等总体精神和要求的基础上,充分结合了自身的海洋特色资源,围绕大海资源的开发利用形成了五条课程目标,充分体现了课程目标制定的适切性原则。

拓展阅读

生命教育课程目标

本园确立了"尊重规律,生态育人,多元发展"的生命教育课程理念,设定了培养健康(生命底色)、自信(生命本色)、友爱(生命暖色)、达雅(生命亮色)的多彩儿童的课程目标。

(资料来源:上海市徐汇区紫薇实验幼儿园课程实施方案)

二、幼儿园课程内容的设计

幼儿园课程设计的首要内容是幼儿园课程目标的设计,而幼儿园课程目标实现的重要载体是幼儿园课程内容,因此幼儿园课程内容的设计也是幼儿园课程设计的主要工作,以帮助幼儿园课程目标的最终实现。幼儿园课程内容的设计,具体涉及各层面设计中课程内容的选择和组织。

幼儿园课程内容的选择和组织,是课程设计中复杂的专业技术工作,因为幼儿园课程是一个广义的概念,包括显性的和隐性的课程内容;此外,幼儿园课程内容也十分宽泛,包括幼儿在园所有的生活和教学活动,活动种类丰富、涉及面广。因此,在各层面幼儿园课程内容的选择和组织中,需要合理科学地决策,以帮助促进幼儿园课程目标的达成。从该角度出发,幼儿园课程决策是非常重要的,会在很大程度上影响幼儿经验的获得及其对世界的看法。必要时,各层面的幼儿园课程内容的设计可请课程专家介入和指导。

(一) 幼儿园课程内容设计的过程

1. 确立幼儿园课程内容选择与组织的取向

选择幼儿园课程内容时,应结合课程目标审慎考虑并确立课程内容选择与组织的取向,使课程内容真正符合幼儿的兴趣、需要,达到实现课程目标和促进幼儿发展的目的。

如前所述,幼儿园课程内容的选择与组织取向可包括幼儿园课程内容即教材、幼儿园课程内容即学习活动及幼儿园课程内容即学习经验三种。不同的取向对幼儿园课程内容的选择与组织都会产生不同影响。

幼儿园课程内容即教材的取向,要求设计者在选择课程内容时注重内容的基础性和逻辑性,较强调科学世界,忽视幼儿的兴趣和现实生活的需要,致使幼儿学习的知识和经验缺乏现实感与实际意义,甚至背离了幼儿心理发展的顺序和特点。

幼儿园课程内容即学习活动的取向,要求设计者在选择课程内容时,以活动为中心来安排课程内容,关注幼儿活动中的主动性和兴趣等表现,促进幼儿通过自身的实践活动来建构知识。但该取向容易使课程实施者追求幼儿外在的活动形式和活动结果,而忽略幼儿内在的心理需要和心理结构的变化。

幼儿园课程内容即学习经验的取向,要求设计者在选择课程内容时,既充分顾及幼儿的兴趣、需要和能力,也关注幼儿原有的生活经验和新获得的学习经验。设计者注重课程内容面向幼儿的生活,联系幼儿的生活经验,从幼儿的生活世界出发选择课程内容,并注重良好教育环境的创设,使课程内容能通过儿童与环境之间有意义的交互作用而被儿童理解和同化,并主动建构起相应的、与课程内容有关的有益学习经验,促进幼儿对课程内容的直接体验和感受。正如《幼儿园教育指导纲要(试行)》中明确强调的:"幼儿园应为幼儿提供健康、丰富的生活和活动环境,满足他们多方面发展的需要,使他们在快乐的童年生活中获得有益于身心发展的经验。"但由于经验具有的主观性、动态性和个别差异性等特点,该取向增加了设计者选择课程内容时的难度,操作性相对较差。

综上,幼儿园课程内容设计会因课程价值取向而表现出一定的差异性,幼儿园课程内容设计也限定在课程价值取向和内容设计取向的框架下。就当前来说,幼儿园课程设计者要紧随学前教育改革发展的步伐,把握新时代幼儿园课程价值取向,采取适应"幼儿发展为本和优先"的课程内容选择思路,针对性地设计各层面幼儿园课程的结构与内容,从而使幼儿园课程内容真正能为幼儿体验和感受,并转化为幼儿自身的学习经验,也使幼儿园课程目标通过课程内容来实现其价值。

2. 确定幼儿园课程内容组织的方式

课程发展史上对课程内容的组织有很多方式,每一种组织方式都有自己的长处和不足。在确定幼儿园课程内容组织的方式时,往往要对应课程内容选择的取向,两者会保持逻辑一致性。

一般来说,幼儿园课程内容即教材的取向关注知识的基础性和逻辑性,其组织方式多以逻辑顺序、纵向组织和直线式组织为主,虽然也可以出现螺旋式组织的方式,但不会成为主导,毕竟逻辑性是该取向关注的重点。曾经较普遍的分科课程便多采用逻辑顺序、纵向组织、直线式组织三种方式。

幼儿园课程内容即学习活动的取向下,组织方式则较多样,可以逻辑顺序或心理顺序、纵向或横向组织、直线或螺旋式组织进行,设计者可根据课程的价值取向进行决策,表明课程设计中是关注各类活动的理性学术价值,还是关注活动对幼儿的兴趣满足及经验获得的人本主义价值。一般而言,幼儿园课程内容即学习活动取向下的内容组织,由于将课程视为幼儿主动参与的各类活动,而更倾向于人本主义取向,课程组织多以儿童的心理顺序为主,加之横向、螺旋式组织方式。陈鹤琴的"五指活动"课程就是典型的例子,"五指活动"课程内容围绕幼儿身边的大自然、大社会中的节日、气候、季节等,组成整体的单元中心制课程,主题在不同阶段都有重复和上升。

幼儿园课程内容即学习经验取向关注幼儿的兴趣、需要和经验本身,淡化了幼儿掌握知识的系统性,多以心理顺序、横向组织和螺旋式组织为主,如此,才更符合人本主义取向。

从课程的预设来说,目前在各种幼儿园课程内容的组织方式中,主题课程是一种较适合幼儿身心特点的课程。主题课程是围绕某个中心话题或广义的概念(大概念)来选择和组织内容的课程,其中,话题或概念多贴近幼儿的生活经验及兴趣,课程组织尽量遵循幼儿的心理顺序,较突出幼儿为中心的特点。同时,主题课程以横向组织的形式强调课程内容的有机联系和整合,以螺旋式组织的形式递进性地重现幼儿学习的主题,促进幼儿学习中原有经验和新经验之间有意义的联系及新经验的有效拓展。由此,主题课程是目前使用较普遍的一种幼儿园课程,采用了较适合幼儿的身心和学习特点的幼儿园课程内容组织方式。然而,在这种组织方式下如何协调好幼儿已经掌握的内容和即将学习的经验之间的关系,保证幼儿学习经验的连续而有序衔接,做到由简到繁、由易到难地安排各领域的课程内容,往往是实践中的一个难点,毕竟鱼和熊掌不可兼得。在对待主题课程的这一难点问题时,还是要溯源,关键看设计者所坚持的课程设计取向和课程内容选择取向。如果坚持人本主义取向及幼儿园课程即学习经验取向的话,主题课程实施中更关注的是主题课程的应有价值及所带来的教师观念和实践的变化,如突出幼儿的主体性、尊重幼儿的学习经验、坚持内容的整合性和生活性等。至于幼儿所掌握的知识经验之间的逻辑性问题,则不是主题课程甚至是幼儿园重点关注的,也是较难做到的。课程设计者和实施者能够有所作为的是尽量兼顾知识经验的逻辑性,但不刻意追求,因为它更多是小学教育的主要任务。

总之,每一种课程都有其偏向的特定的课程内容选择取向和组织方式,设计者和实施者要理性看待并在实践中扬长避短。

(二) 幼儿园课程内容选择的原则

课程内容是为课程目标服务的,是以促进幼儿身心和谐发展为最终目的的。各层面的幼儿园课程内容的选择应遵循以下原则。

1. 目标达成性原则

幼儿园课程目标的制定是课程设计的首要环节,课程内容的选择和组织则是其后的重要环节,为此,设计时这两种课程要素应保持内在的联系。具体来说,幼儿园课程内容的选择应与课程目标所设定的取向和方向保持逻辑上的一致性,使所选择的课程内容有助于课程目标的实现,也使课程内容成为实现课程目标的重要载体。

各层面的设计者在选择课程内容时要明确依据和指向课程目标,考虑所选择的内容是否可帮助实现预期的课程目标,有助于实现哪些课程目标。

遵循幼儿园课程内容选择的目标达成性原则,可有效避免选择课程内容时的随意性和盲目性,特别是对园级和班级层面的课程内容选择而言,否则如现实所见,课程内容会出现超载或学业下移的现象,给幼儿造成较重的负担。

拓展阅读

小海星课程内容

海南省直属机关第二幼儿园基于本土海洋特色资源,以海育人,培养"关心海洋、认识海洋"的"小海星",构建起了"生活化、融合式、模块化"的小海星幼儿海洋教育课程。小海星课程内容秉持"大自然、大社会就是活教材"的理念,关切海岛幼儿生活经验和探究需求,打通海洋教育时空的生活化课程理念,建构了由海洋社团、博物馆课程、海洋小镇游戏、海洋节日活动等 63 个模块构成的五大领域融合的课程体系。

生命教育课程内容

本园课程目标为：通过"生命教育"课程的实施，培养健康、自信、友爱、达雅的多彩儿童。

课程内容包含三大板块。

一是渗透"生命教育"理念的基础课程。我园在实施上海市学前教育基础课程的过程中，将"生命教育"课程理念渗透到基础课程的生活活动、运动、游戏活动、学习活动中。在实施基础课程的过程中，将基础课程中与本园"生命教育"课程理念相关的内容做透做亮，将"生命教育"课程理念渗透其中，做到有机统整，对基础课程进行园本化实施。二是"生命教育"特色活动。"生命教育"特色活动是在基础课程之外，基于本园"生命教育"课程理念和目标，就其核心要素（认识生命、热爱生命、保护生命、尊重生命）开展的"生命教育"活动，包括"幼儿安全教育系列""幼儿情感教育系列""幼儿生命实验课程系列"等。三是"社会生命体验"活动，包括园内体验活动及园外社会体验活动。该活动是结合节日、幼儿兴趣点、社会热点等开展的形式多样的生命体验活动，不仅关注幼儿一日生活，更关注利用家园社资源，为幼儿创设专门的社会性体验活动。

（资料来源：上海市徐汇区紫薇实验幼儿园课程实施方案）

2. 生成性原则

幼儿园课程内容具有开放性的特点，预设和生成应相结合。幼儿园课程内容的选择除了要围绕课程目标外，还要坚持儿童视角，以一种灵活、开放的态度来尊重和顺应幼儿动态的经验、兴趣、需要。及时发现、捕捉幼儿的即时兴趣、问题、需要，结合课程目标和要求进行教育意义的价值判断后，调整预设计划，生成新的课程内容。

个别化学习活动的生成

幼儿园个别化学习活动以低结构区域的形式为主，通常以领域进行划分，如语言区、美工区、科探区、音乐区等。而幼儿发展为本的课程理念要求教师尊重幼儿的主体地位，强调幼儿的自主性。为此，教师努力了解幼儿个别化学习活动的内在需求，把握幼儿不同的兴趣爱好，同时，教师不一定严格按照领域进行划分，尝试以幼儿的兴趣爱好为线索生成并划分区域,最大化地给予幼儿自我发展的机会。区域学习的内容可能指向单个领域,也可能涉及多个领域。

表4-2 某班5月个别化学习活动部分区域安排

区域名称	环境及活动设计	涉及领域
谁敢嘲笑狮子	(1) 创设自主阅读区:提供绘本《谁敢嘲笑狮子》 (2) 组织阅读讨论:谁是最厉害的动物 (3) 提供各类美工材料,鼓励幼儿用喜欢的材料和方式表现最厉害的动物 (4) 表演区:用语言、肢体动作等方式大胆表现喜欢的动物的形态或进行故事表演	语言 艺术
恐龙世界	(1) 创设恐龙生活的初步场景,提供各种材料鼓励幼儿制作恐龙或其生活场景,不断丰富场景内容 (2) 提供 iPad 及相关软件、绘本、资料等,并做好相应的记录 (3) 创设初步的恐龙经验墙,幼儿可以根据调查的信息进行恐龙分类、生活习性汇总等 (4) 鼓励幼儿根据创设的恐龙生活场景及幼儿自制的恐龙,讲述恐龙的故事,并利用 iPad 等设备进行录制	语言 艺术 科学
蚂蚁的家	(1) 提供太空泥、透明积木(管道形状、球体)等,幼儿根据已有经验制作各种蚂蚁及搭建蚂蚁的家 (2) 提供墙面环境,幼儿将收集到的蚂蚁的信息分类整理	科学 艺术

(资料来源:上海市嘉定区嘉定新城实验幼儿园黄婷老师)

3. 整合性原则

幼儿园课程目标本身就具有整体性的特点,因为幼儿的生活是整体的,幼儿发展的各领域之间是相互联系、相互促进的,因此课程内容也要具有整合性。

为此,各层面的设计者应尽可能做到课程内容间的相关性(correlation),跨越学科的壁垒去设计幼儿园课程,努力克服对课程内容的人为分割,让幼儿理解各领域内容之间的重要内在联系。幼儿是整体地认识世界的,整合的课程内容让幼儿以完整儿童的面貌面对全面而有机的经验。在以学科为分类原则时,单一的经验成为幼儿活动的起点,这样的做法虽然操作简单但并不适合幼儿。分类是分析语言,从社会及学科的角度来看是有意义的,便于考察、控制和表述,但从幼儿的角度来看,是其无法理解的,也是割裂的。对幼儿来说,活动是其完整地面对生活的历程,活动中幼儿会自然渗透和整合各种课程领域的内容。由此,选择课程内容时要遵循整合性原则,保证课程内容之间的有机联系,并处理好国家、地方层面顶层设计的课程内容和幼儿园、班级层面课程内容之间的关系。

一般来说,幼儿园课程内容整合的方式很多,但是以主题、项目、STEM＋项目为核心的课程内容横向组织的方式是课程内容整合设计中最常用的,其中主题课程内容大多由教师预设,项目及 STEM＋项目课程的内容多以幼儿生成为主。

拓展阅读

各年龄段主题开展计划

表 4-3　各年龄段主题开展计划

	第一学期		第二学期	
	主题	周次	主题	周次
小班	小宝宝、娃娃家	4 周	学本领	2 周
	我的幼儿园	2 周	理发师、小医生	4 周
	苹果和橘子	2 周	白天和黑夜	2 周
	小兔乖乖	2 周	好朋友	2 周
	小司机	2 周	动物花花衣	2 周
	熊的故事	2 周	小花园	2 周
	好听的声音	2 周	好玩的水、雨天	4 周
	不怕冷	2 周	夏天真热啊	2 周
	过新年	2 周		
	第一学期		第二学期	
	主题	周次	主题	周次
中班	我爱我家	2—3 周	好吃的食物	2—3 周
	玩具总动员	2—3 周	身体的秘密	2—3 周
	在秋天里	2—3 周	春天来了	2—3 周
	在农场里	2—3 周	在动物园里	3 周
	幼儿园里朋友多	3 周	周围的人	3 周
	我在马路边、交通工具	4—5 周	常见的用具	2—3 周
	寒冷的冬天	2—3 周	火辣辣的夏天、水真有用	4—5 周

续　表

	第一学期		第二学期	
	主题	周次	主题	周次
大班	我是中国人	4—5周	我自己	4周
	我们的城市	5周	动物大世界	5周
	有用的植物	5周	有趣的水	4—5周
	春夏和秋冬	5周	我要上小学	5周

（资料来源：上海市黄浦区荷花池幼儿园课程实施方案）

4. 适宜性原则

各层面设计者选择的幼儿园课程内容要考虑幼儿的身心发展水平,适合幼儿的生理心理发展规律和特点,同时,还要适合幼儿的兴趣、需要和家庭文化背景等。

从该原则来看,国家、地方层面的课程内容设计要考虑幼儿的总体发展特点和规律,尽量做到与之相适应。尽管如此,其依据的只是理想状态中的标准化的幼儿,而真正"运作的课程"面对的是各园来自不同家庭文化背景的幼儿,即具有个体差异的幼儿,由此,园级层面的课程内容对国家、地方提供的普适性的课程内容要进行基于本园生态的改编和创编,如在上海市徐汇区乌鲁木齐南路幼儿园就读的幼儿可能来自不同国家和地区,故以上海市学前教育基础课程为本,融入了多元文化元素,进行了对幼儿园课程内容的调整改编。此外,班级层面的课程内容在预设时,不能过多地以教师为主体来"师定课程",而是要多结合一日生活中幼儿的表现和问题,分析了解幼儿的年龄特点和发展水平,发现把握幼儿的兴趣、需要和个体差异等。

📋 案例

各种各样的桥

《学习活动（5—6岁）》中有"我们的城市"主题。在进行该主题活动时,幼儿通过集体学习活动、个别化学习活动、阅读书籍等方式积累了城市中的新旧建筑、城市交通等的相关经验。随着主题经验的不断深入,当主题活动进行到次级主题"通畅的路"时,幼儿对城市中高速公路上的桥产生了浓厚的兴趣,并提出:"为什么要造桥?""为什么要造那么多不一样的桥?""跨海大桥是怎么建造的?"教师对幼儿提出的问题进行了价值判断,并顺应幼儿的探究需要,增加了"各种各样的桥"的课程内容。

（案例来源:上海市嘉定区嘉定新城崇教幼儿园郭佳佳园长）

案例分析:在师幼互动的过程中,教师对幼儿发起的提问进行价值判断,并基于幼儿需求对"通畅的路"课程内容进行了调整,生成了"各种各样的桥"这一课程内容。总体符合大班幼儿的兴趣、年龄特点和探究水平,体现了课程内容的适宜性原则。

5. 基础性原则

从学制体系来看,幼儿园教育是基础教育的重要组成部分,是学校教育和终身教育的奠基阶段。这就要求幼儿园课程内容应注重启蒙性,使幼儿能够通过课程内容的学习获得成长中最浅显、简单、基础,但同时又是关键和核心的经验,以帮助幼儿适应未来社会发展对人才的要求,为幼儿后继学习和终身发展奠定必要的、良好的核心素养。为较好地把握基础性原则,有效做法就是从课程目标或幼儿发展目标所指向的幼儿基本经验出发,来逻辑一致地选择对应的课程内容。

一般而言,由专家参与确定的国家、地方层面的幼儿园课程内容能较好地做到基础性,然而,幼儿园和班级层面在进行决策和调整时,由于专业水平和能力的不足,往往只关注内容的价值而忽略了其基础性,课程内容的选择会有随意深化、拓展的现象,以致超出了幼儿的发展水平。这一现象在当前的幼儿园课程内容的设计和实施中经常出现,需要引起相应的重视,其本质是对内容基础性的把握尚有欠缺。

6. 生活性原则

杜威曾经强调"学校必须呈现现在的生活——即对于儿童来说是真实而生机勃勃的生活。像他在家庭里,在邻里间,在运动场上所经历的生活那样"[①]。幼儿园课程一个显著的特点就是具有生活性,集中表现在幼儿园课程内容这一要素上。总体而言,生活世界是幼儿园课程内容选择的取之不尽的资源,正如教育家陈鹤琴所言,"大自然、大社会是幼儿的活教材",课程内容要充分关注儿童的生活经验。

因此,幼儿园课程内容要力求贴近幼儿的生活,从幼儿生活的自然和社会环境中去选择课程内容。幼儿具体形象的思维特点决定了可感知的、生活化的、直观的内容是对其最有效的,幼儿园课程内容与现实生活的距离越近,就越真实、越生动,幼儿也就越容易理解,越容易激发起学习的兴趣。幼儿园课程内容源于生活,同样也能够用于生活,如此的学习方式对幼儿来说才能促进其发展。此外,在幼儿生活经验的参与下,幼儿园课程内容才能真正融入幼儿个体的生命存在。

---

① （美）约翰·杜威. 学校与社会·明日之学校[M]. 赵祥麟,任钟印,吴志宏,译. 北京:人民教育出版社,1994:6.

"我是中国人"主题活动

在9月开学初，一次自由活动时，我不经意间听到班里的文萱和家宏的聊天。文萱说："我告诉你，我是新上海人。我的老家在山东，我会说普通话，还会说一点山东话呢！"家宏好像不甘示弱地说："我的爸爸是浙江人，妈妈是江苏人，和你不一样。不过我们都是中国人。"文萱也很得意地说："对的，我们都是中国人，爸爸妈妈说身为中国人要觉得很自豪。"听到孩子们这样的对话，作为老师的我也觉得很欣慰。"我是中国人"的主题活动符合孩子们的兴趣，同时他们也有与主题相关的生活经验。于是，"我是中国人"的主题活动就这样开展了。

（资料来源：上海市宝山区青苹果幼儿园王梳园老师）

7. 均衡性原则

幼儿园课程目标是促进幼儿身心和谐发展，因此需要相对均衡的课程内容作为载体来实现目标，若失衡则很难保证幼儿经过课程的实施得到全面和谐的发展。因此，各层面的设计者，特别是园级层面的课程内容选择，要保证宏观层面的国家、地方的共同性课程和选择性课程（特色课程）相对平衡；中观层面的课程内容，如生活活动、运动、学习活动和游戏活动，或者五大领域课程内容保持相对平衡。同时，班级教师在选择幼儿园课程内容时，还要兼顾各领域或各类活动的课程内容的均衡，构成适宜的比例关系，切忌任意放大或放弃某领域的课程内容。

园级层面的幼儿园课程结构

表4-4　园级层面的幼儿园课程结构

课程类型	课程内容	适用年龄	要　点
基础型课程	生活活动 运动 游戏活动 学习活动	小班 96% 中班 89% 大班 88%	（1）根据上海市共同性课程的要求设置 （2）以上海市幼儿园教师参考用书为依托 （3）面向全体幼儿 （4）促进幼儿基本发展的课程，主要关注幼儿基本经验的积累和基本能力的发展 （5）各班教师要根据本班幼儿发展情况及兴趣需要，创造性地使用教材

续　表

课程类型	课程内容	适用年龄	要　点
探索型课程	主题方案活动	中班 6% 大班 6%	（1）立足于幼儿的自主探索、尽兴表达、自由想象 （2）目标是发展幼儿的自主性，激发幼儿的好奇心，培养幼儿的探索意识和开放的思维方式
拓展型课程	艺术活动	小班 4% 中班 5% 大班 6%	（1）着眼于培养幼儿的艺术兴趣 （2）着眼于开发幼儿的艺术潜能 （3）着眼于培养幼儿的表达表现能力

（资料来源：上海市静安区芷江中路幼儿园课程实施方案）

拓展阅读

班级一周计划（小班）

为了达到生活活动、运动、游戏活动和学习活动四大板块的平衡，教师事先做好了活动计划表，确保每一天四大板块内容的开展，保证其平衡。其中，生活活动会结合幼儿特点和季节性需要进行开展，每天至少一次；运动，既包括集体游戏，又包括分散活动；游戏活动的内容和观察重点每周都有所不同；学习活动，既包括集体教学活动，又有个别化学习活动。

表 4-5　活动计划表

项目			星期一	星期二	星期三	星期四	星期五
生活活动	内容		（1）谈话活动：我会擦汗 （2）通过谈话、活动中提醒，引导幼儿热了自觉去擦汗				
	观察与指导		（1）观察幼儿的出汗情况，提醒幼儿及时擦汗 （2）观察幼儿出汗后能否用湿毛巾擦汗、休息				
运动	内容	集体游戏	勇敢的小乌龟（新授）	小兔采蘑菇（新授）	勇敢的小乌龟（复习）	勇敢的小乌龟（复习）	小兔采蘑菇（复习）
		分散活动	投掷区、玩车区、球类、大型玩具、玩沙区、平衡区、跑跳区、钻爬区				

续　表

项目		星期一	星期二	星期三	星期四	星期五
运动	观察与指导	(1) 乐于进行走、平衡类游戏,知道热了要休息 (2) 是否能在老师的引导下自主建构运动器械,并愿意尝试新的运动器械				
游戏活动和学习活动	游戏内容	户外游戏、本体性游戏、建构游戏、自主游戏				
	观察重点	(1) 在装扮游戏中新的游戏的产生 (2) 在游戏中专注、自主地进行选择和摆弄操作材料,并初步形成物归原处的习惯 (3) 乐意用简单的语句说说自己游戏的区域、过程以及出现的问题等				
	主题	夏天真热呀:感知夏天明显的气候特征,乐于参加各种使身体凉快的活动				
	个别化学习活动 内容	美工区、益智区、小舞台、阅读区、建构屋、生活区等				
	个别化学习活动 观察指导	(1) 观察幼儿在个别化学习区域中能否安静地操作一份材料 (2) 观察幼儿能否在操作完一份材料后再更换另一份材料				
	集体教学活动	制作凉帽(以艺术活动为主)	冬娃和夏娃(以科学领域为主)	六一节日游戏	我爱洗澡(以艺术活动为主)	夏天真热啊(以语言领域为主)

(三) 幼儿园课程内容组织的原则

幼儿园课程内容的组织决定了幼儿园课程的性质和特点,也决定了幼儿学习的方式和方法。如前所述,幼儿园课程内容适宜的组织方式主要有心理顺序、横向组织和螺旋式组织。

这样的组织方式要求各层面幼儿园课程内容遵循幼儿的心理发展特点和水平,关注课程内容之间的相互联系和有机渗透,同时,也要注重课程内容在不同年龄阶段具有递进性的重复。

目前,主题课程被公认为较好地体现了以上组织原则,但在实践操作中,课程设计者,特别是园级层面和班级层面的课程设计者,需要掌握主题课程设计的相应知识和技术,如主题选择和确定的标准、网络编制技术、拉近技术等,以做到开发的主题课程切实体现了这些原则。

三、幼儿园课程实施的设计

幼儿园课程实施主要是幼儿园教师依据本园课程面向班级幼儿开展日常的课程实践活动,是实现幼儿园课程目标和落实幼儿园课程内容的重要环节。因此,幼儿园课程实施的设计主要是对教师课程组织实施的设计,也是幼儿园课程设计中重要的、最具实质性的构成。幼儿园课程实施的设计主要是对班级教师课程组织实施的方式和途径的预先规划与考虑,以科学有效地将课程目标和课程内容落地,促进幼儿的全面和谐发展。

(一)幼儿园课程实施的设计过程

幼儿园课程实施的设计,也是一个自上而下、不断细化和园本化的过程。

首先,国家、地方层面的幼儿园课程实施的设计制定出课程组织开展的总体要求(原则),以及中观课程结构中各类活动或各领域活动组织开展的具体要求,以指导各地幼儿园课程实施的科学设计,进而指导幼儿园教师高质量地组织与开展各类活动。国家、地方层面的幼儿园课程实施的设计内容经常呈现在教育纲要、课程指南等文件中。

其次,园级层面幼儿园课程实施的设计,需要从国家、地方课程实施的总体要求和具体活动要求出发,基于本园课程目标、课程内容和资源条件进行设计,以指导本园教师高质量的课程实践。园级层面的幼儿园课程实施的设计内容经常呈现在一所幼儿园的课程实施方案中。

(二)幼儿园课程实施原则的设计

为体现对班级教师课程实施的指导价值,国家、地方层面和园级层面的幼儿园课程实施设计的内容基本都包括了课程实施的总体要求和具体教育活动组织实施的要点。国家、地方层面的幼儿园课程实施设计的内容一般具有规范性和普适性,园级层面的幼儿园课程实施设计在此基础上加以园本化,既做到规范性,同时,又符合本园实际的课程实施需要。由于各幼儿园具体教育活动的内容有较大的差异,故这里主要阐述幼儿园课程实施的总体要求,即原则。

幼儿园课程实施的原则,是幼儿园课程目标得以实现的保证,是幼儿园课程实施设计时必须考虑的总体性要求;是一种指导思想的高度凝练,提供了幼儿园教师课程实施思想和行动的框架,决定了其方向和大体的路径。在学前教育高质量发展的时代背景下,国家、地方、园级层面的幼儿园课程实施原则的设计,要考虑周全,以系统勾勒出高质量的幼儿园课程实施图景,如此,才能引领和指导教师在实践中贯彻落实,努力用行动演绎出高质量的课程。当然,园级层面的课程实施原则的设计还应该在规范的基础上,突出体现园本特色。

1. 安全卫生原则

五大领域中,幼儿健康领域的学习和发展是第一位的,促进幼儿健康成长是幼儿园课程的首要目标;《中华人民共和国学前教育法》第五章"保育教育"第五十一条指出幼儿园"对学前儿童在园期间的人身安全负有保护责任"。第五十二条指出,"幼儿园发生突发事件等紧急情况,应当优先保护学前儿童人身安全"。故在幼儿园课程实施中,确保幼儿的安全卫生是第一位的,是首要原则。这一原则可以指导教师明确在课程实施过程中,首先关注材料、场地以及幼儿活动的安全与卫生;时刻提醒教师在创设环境、提供材料以及幼儿现场活动中,注重幼儿的安全和卫生问题,保障幼儿的生命健康。如户外活动太阳较大时可以让幼儿戴帽子遮阳防晒;幼儿在阳光下长时间写画时可提醒其转至阴凉处;游戏中使用废旧材料要注意卫生,防止给幼儿健康造成危害;自主运动中做攀爬、滚筒平衡等挑战性项目时,要预防可能出现的危险等。同时,让教师明白在发生突发事件或者紧急情况时,如突发地震等灾害时,应当优先保护幼儿的人身安全。如汶川地震时,某幼儿园教师为避免幼儿的紧张焦虑,和幼儿相约做个"游戏":大家现在立即跑出教室,看看谁先跑到操场上。

拓展阅读

"战"前安全

教师要组织幼儿在户外玩水枪大战,游戏前先组织幼儿讨论:水枪大战的时候我们要注意哪些安全呢?幼儿纷纷发言:注意安全不要滑倒;不往眼睛上滋水;奔跑灵活会躲避;接水时有序排队不推挤。之后,教师鼓励幼儿用绘画的方式将这些安全事项记录下来,并将绘画作品贴在墙面上。

图4-4　安全事项"不往眼睛上滋水"

(资料来源:上海市徐汇区宛南实验幼儿园孙瑾老师)

此外,安全卫生原则除了能够引导教师保障幼儿的身体安全外,还能提醒教师及时安抚幼儿的情绪,保证幼儿的心理安全。特别是在新生入园焦虑、因各种原因产生消极情绪时。

拓展阅读

托班幼儿入园的哭闹话语与行为

前三天来园:"我要妈妈,打电话给妈妈。""我要和妈妈视频。""我的胡萝卜、小狗狗呢?""我要红梅(家里的阿姨)。"

第四天来园:孩子们会偷偷藏起奶奶的接送卡,不愿上爸爸的车,不肯穿上幼儿园的小白鞋,赖在床上不起来……

(资料来源:上海市宝山区青苹果幼儿园王梳园老师)

2. 目标中心原则

课程实施是实现教育目标和课程目标的最重要的环节之一,幼儿园课程实施的所有过程都必须紧紧围绕教育目标和课程目标来进行,特别是要以课程目标为中心。为此,幼儿园课程实施的设计首先要考虑目标中心原则,指导课程实施者心中有目标,选择有利于目标实现的课程实施途径和方式。若没有一定的目标指向,制定的课程计划便形同虚设,教师的课程实施就会缺乏规划性和目的性,立德树人、五育并举的课程目标就很难实现,影响课程育人功能的发挥。因此,幼儿园课程实施的设计要突出目标中心原则,帮助课程实施者树立和增强目标意识,引领课程实施者注重发挥所制定的课程目标应有的导向作用,实现课程的育人功能。如上海市静安区实验幼儿园的课程目标为"培养幼儿的社会性",幼儿园及教师的课程计划中游戏活动的实施安排是户外混龄自主游戏,以增加幼儿社会交往的机会。

拓展阅读

园级层面幼儿艺术教育特色课程实施的设计

围绕促进幼儿创造性艺术表现、获得主动学习与终身发展的核心素养的幼儿园课程目标,课程实施改变了教师以技能传授为导向的教与幼儿以被动模仿为主的学,让艺术教育从"艺术技能教授"转向关注"艺术体验与创造",艺术活动目的从注重结果转向注重过程。变原有教师主导的小组艺术活动为幼儿自主选择的小社团艺术活动,降低结构化程度。建构以倾听—欣赏—理解—沟通为核心的师幼关系,在师幼双主体开放接纳的双向互动中,每一个孩子的自主选择、体验和表达都得到尊重,共同生成课程;师幼彼此欣赏沟通、倾听融合,幼儿之间、师幼之间互为艺术伙伴,彼此分享艺术经历。运用五感体验法(听、看、闻、品尝、触摸),鼓励幼儿在一日生活中探索艺术。整合幼儿园、家庭、社区的艺术教育资源,将艺术教育延伸到家庭社区中,构建了协同育人的艺术教育实践范式:开发"荷·家园"交互平台,在家园联动中体验艺术;拓展艺术教育途径与场域,在儿童剧院与场馆中欣赏艺术,与艺术家一起趣玩艺术;形成"幼儿园—家庭—社区圈"协同育人路径及运行机制(召集与招募机制、活动策划机制、动态更新机制、资源共享共建机制)。

(案例来源:上海市黄浦区荷花池幼儿园课程实施方案)

拓展阅读

园级层面小海星课程四环联动的课程实施策略

培养"关心海洋、认识海洋"的"小海星",基于本地区海洋特色资源,小海星课程架构了四环联动的海洋教育课程实施策略。

感知。预设有准备的、信息含量高的、有丰富外延的环境,精心融合本地区海岛教育资源,创设支持幼儿主动感知的条件,支持幼儿丰富海洋经验。幼儿园的户外沙区变身为"海滨乐园";"小海豚"集市定期开展关爱海洋动物义卖活动;珊瑚礁长廊里绘有珊瑚礁生态系统;公共区域由幼儿收集的海螺、航船模型、海洋玩偶等创意布展。

唤醒。关注幼儿发展的内驱力,教师倾听并发现幼儿感兴趣的海洋话题,满足幼儿多感官的行动,支持伴随其行动的思考。比如当幼儿有了关于贝壳的经验和兴趣后,教师追随幼儿兴趣投放关于贝壳的绘本和视频资源,创设"好奇心橱柜""贝壳博物馆"等,唤醒幼儿对贝壳的已有经验,引发幼儿对贝壳的想象与思考。

探究。创设有利于幼儿自主活动的氛围,支持幼儿自主探究,包括采用计划、调查、分析、验证等方式尝试解决实际问题。比如有的幼儿对贝壳的花纹感兴趣,教师就鼓励幼儿探索更多关于螺旋花纹的奥秘;有的幼儿对贝壳的历史感兴趣,教师就支持其查阅从贝壳到丝绸之路的绘本等,让幼儿在自主探究中学习海洋经验,在协作讨论中形成个性化的理解。

表达。鼓励幼儿大胆想象,以图画、自主游戏、故事创作、戏剧表演等形式表达感受和理解,将自己的发现与同伴、教师和父母分享。比如幼儿可以通过画美丽的贝壳,制作贝壳绘本、贝壳迷宫,进行贝壳展览,排演"贝壳舞会"戏剧等,分享探索发现。

(资料来源:海南省直属机关第二幼儿园)

3. 过程性原则

幼儿园课程实施的设计还要注重过程,指导课程实施者在确立目标意识的同时强化过程意识。过程性原则可指导教师在课程组织实施中将过程还给幼儿,让幼儿与环境、材料和同伴相互作用,充分享受过程。同时,过程性原则还可指导教师在课程实施过程中注重每一个幼儿的需要、兴趣、发展变化和个体差异,关注幼儿在课程这一"跑道"上"奔跑"的感受、经历与体验,让幼儿获得丰富多元的课程经历、学习经历,而不过分追求课程目标的达成程度。另外,过程性原则可指导教师运用机智、巧妙的师幼互动将预设的课程目标自然地、隐性地统整在课程实施过程中,做到既关注幼儿园课程实施的展开过程,又能够有效实现幼儿园课程目标。

大炮口的搭建

　　在户外建构游戏中,教师观察到洋洋和彤彤在一起搭建大炮。两人合作完成炮身后,洋洋一人在搭建大炮口。只见他首先拿了一根又短又粗的 PVC 管子插入牛奶盒一侧的方孔中,欲将此作为发射炮弹的大炮口。然而,试了一下,手中的管子太粗,没有插进去。随后,洋洋放下手中的粗管子,看了看地上的材料,找了一根又细又长的 PVC 管子,再次尝试插入牛奶盒一侧的方孔中。这次,管子刚好插入,一个直直指向前方的大炮口终于搭建完成了,洋洋高兴地呼唤彤彤来欣赏这一作品。

（案例来源:上海市静安区实验幼儿园曹佳老师）

　　案例分析:教师在户外建构游戏中,非常注重观察幼儿搭建中的行为表现,而没有过多关注幼儿建构作品完成与否。这说明教师在课程实施中关注过程,而不是结果。

4. 生活化原则

微课
上海市浦东新区浦电幼儿园"客人来了"劳动活动

　　幼儿园课程实施的设计要考虑生活化的原则,指导课程实施者加强课程的组织实施与现实生活的联系,努力寻找和创造与生活相一致的教育情境,寓教育于生活中,使幼儿学得轻松、有效,学得更有意义。课程实施生活化是一种开放的课程观念,也符合幼儿生命存在、学习与发展的实际。《生成课程》一书中有这样一段话:"课程不是被预先规划好的一套程序和方法,它应该是与儿童正在经历的周遭生活建立起密切联系的存在,让儿童在教师的支持下自己去发现、去感知、去思考、去实验、去表达、去创造。"

　　幼儿年龄越小,其教育与生活的关系就越密切。教师要善于创设生活化的环境,使幼儿感到亲切、温暖、安全,满足幼儿的生活需要,使幼儿园与家庭教育有一种自然的衔接。

拓展阅读

轻轻三十分,甜睡两小时

　　午睡是幼儿园重要的生活活动环节,从儿童的身心发展规律出发,幼儿午睡的质量不仅影响他们下午的活动,更关乎其身体健康和生长发育。教师要树立"让幼儿生活得像幼儿"的理念,多维度关注幼儿的生活,分析幼儿的生活需要,开展"亲轻三十分,甜睡两小时"活动,优化午睡活动环节的组织,包括睡前活动的环境创设、氛围营造、教师组织、时间安排,都应与幼儿的午睡需要相匹配。

午睡室保持适宜的光线、温度,伴随温馨的音乐,有利于抑制幼儿大脑皮层的兴奋。

教师的言行更为重要。对于难以入睡幼儿的指导不能只停留在一对一的督促上,而是应让幼儿根据自己身心放松的情况选择入睡的时间。教师的肢体动作和语言要变轻、变慢,不宜使用"加油""动作快"这类容易引起幼儿紧张情绪的催促性指导语。

睡前 30 分钟,宜组织幼儿进行分散活动。可让幼儿进图书角坐在小沙发上看书,也可让幼儿安静地坐在地垫上或全身舒展地趴在地垫上听音乐。

睡前活动的时长不是固定的,教师可以根据自己班级幼儿入睡的状态,还有季节、天气等因素灵活调节。

（案例来源:改编自上海市宝山区教育学院万黎老师的记录）

此外,生活是教育的大课堂,提供了丰富的教育资源。生活化原则意味着幼儿园课程引领儿童走进大自然和大社会,在真实的生活情景中进行学习、开展活动。除此以外,教师也可以在教室中尽量创设与生活接近的教育场景,让幼儿的学习更自然轻松。

同时,生活化原则还指在课程实施的设计中,教师要善于"寓教育于生活中",使幼儿园的生活"教育化"。幼儿的一日生活中蕴含着许多教育的契机,教师要做一名"有心人",及时抓住机会对幼儿实施教育。如植物角里的种子从发芽到开花,都经历了哪些过程? 需要怎样的条件? 雨天时,雨水为什么要向下落? 雨天只是让人不能出去玩的坏天气吗? 教师应帮助幼儿逐渐获得更加条理化、丰富化的生活经验,将课程目标通过幼儿的一日生活来自然实现。

拓展阅读

小班幼儿的餐后散步和餐后点心

小班上学期的孩子,还在适应幼儿园这个新家,有的孩子看到有中大班的哥哥姐姐来"串门"甚至会哭闹,更不愿意到其他班级去玩。我们利用餐后散步和餐后点心等环节,循序渐进地鼓励幼儿走到教室外面。在此,我们凸显了课程中的生活化原则,将课程实施和幼儿的实际生活紧密联系在一起,使幼儿逐步适应幼儿园这一新环境。

1. 餐后散步走一走

每天餐后的散步是孩子们最喜欢的时光,他们带着自己的玩具,和同伴及老师去外面玩耍。入学第一个月,我们带孩子们去散步,在他们敢于走出教室后,我们开展了"去哪儿"活动,鼓励孩子们报名当"去哪儿"活动的小小火车头,事先和爸爸妈妈计划第二天想和同伴及老师散步的地方,并拍下照片,贴在班级门口的小黑板上(图4-5)。一段时间后,我们把这些地方的照片集中到"去哪儿"活动板上(见图4-6),孩子自己选择上面的照片,决定今天要去散步的地方。在散步中说说这里有什么,喜不喜欢这里。熟悉了这些地方后,孩子们开始给它们起名字,左右两边都是竹子的小路叫竹子小路、有蘑菇音箱的小路叫蘑菇小路、有红色绿色塑胶场地的叫草地操场、有火车头的草地叫小火车草地、有很多落叶的小路叫会响的小路……

图4-5　孩子们拍下想去的地方的照片　　图4-6　将照片集中在活动板上

2. 餐后点心看一看

这天,我们分享了《爱吃水果的牛》的故事,孩子们不认识故事里的杨桃。于是,这天中午我们事先准备好杨桃,告诉孩子们午餐后可以到教室外面的柚子树下吃杨桃,并提供了各种吃杨桃的工具让孩子来选择和尝试。

(资料来源:上海市浦东新区冰厂田幼儿园丁雨凡老师)

微课
上海市黄浦区思南路幼儿园个别化学习活动

5. 活动性原则

活动是作为主体的人与事物相互作用的过程,是幼儿获得知识与发展的中介。它不仅包括展于外的显性活动,也包括隐于内的心理活动;既包括个体活动,也包括小组活动、集体活动;既包括人与事物的活动,也包括人与人的活动。

幼儿园课程实施要凸显活动性原则,指导教师通过活动的形式来进行课程实施,如通过幼儿的生活活动、运动、学习活动、游戏活动等。同时,指导教师在活动中,要尊重幼儿的参与权,允许幼儿积极主动地参与活动,在活动中与同伴、环境等要素相互作用,通过直接感知、亲身体验、深入探究,主动学习并建构深刻的直接经验。这一原则的核心是强调发挥幼儿作为主体应有的主动性和积极性,开展以项目为核心的探究性学习和合作学习。教师从以往关注幼儿个体建构、理解经验,到更关注幼儿提出自己感兴趣的现实问题,以小组合作的方式运用原有的知识经验,通过质疑、调查、探索等方式解决问题,并获得新经验,发展探究能力、批判性思维等。

拓展阅读

玉米有多高

我班的"乐·活"探究活动开展的是"春天来了"主题下的"玉米种植记"。上学期班级幼儿种植玉米失败,本学期他们还有继续尝试的意愿,于是在 4 月 6 日,全班孩子再次一起播种玉米。一个星期后,种下的玉米开始发芽。日子一天天过去,玉米也在一天天长大,几乎每天都有新变化。玉米长得越来越高,孩子们观察到玉米的变化,提出了"玉米究竟有多高"的问题,并记录在观察手册上。

我们就"怎么知道玉米有多高"和孩子们进行讨论。在上学期种玉米的过程中,孩子们用椅子测量了玉米地的长和宽,给玉米地买了大小合适的大棚,于是这次孩子们想到了用差不多的东西来比一比,并将解决办法画在观察手册上。之后,每一次玉米有明显的变化后,孩子们都从家里带来了和玉米差不多高的物品。

4 月 28 日,牛牛带来了卡片,这时的玉米和卡片差不多高。

5 月 6 日,小徐带来了铅笔,这时的玉米超过了铅笔的高度。

5 月 12 日,阳阳带来了飞机玩具,这时的玉米和飞机玩具差不多高。

之后,玉米飞速生长。

5 月 31 日,孩子们将班级里最长的 1 米尺带去测量,玉米竟然超过了 1 米。班级里已经没有比这个还长的物品了,这可怎么办呢?

就此,孩子们又一起讨论解决方法。小徐说:"我家里有卷尺,我外公是修房子的,我看他用过,那个很长很长。"悦悦也说:"我爸爸也有卷尺,可以拉出来很长的。"于是,其他孩子建议他们带来卷尺。第二天,小徐和悦悦带来了卷尺,孩子们运用卷尺进行测量。

在"玉米种植记"活动中,孩子们对测量进行了思考,将问题与解决办法记录在观察手册上。教师通过孩子们一次次的记录,了解到幼儿探究的步骤、方法,做到了让幼儿的探究看得见。

(案例来源:上海市长宁区愚园路第一幼儿园)

6. 游戏化原则

幼儿园课程实施要凸显游戏化原则,指导教师坚持以游戏为幼儿的基本活动,注重游戏在幼儿园课程实施中的作用,让幼儿园一日生活充满游戏精神,使幼儿体验自主、愉悦,发挥创造力、想象力。

微 课
上海市嘉定区
嘉定新城实验
幼儿园展示

微 课
上海市杨浦区
民办科技幼稚
园户外综合游戏

为此,在幼儿园课程实施中,教师首先应尊重幼儿游戏的权利,保证幼儿每天有充分的自主游戏时间,特别是户外自主游戏的时间。

其次,对于学习活动、生活活动、运动等,教师要尽可能采用游戏化的方式,创设寓教于乐的游戏化环境,让幼儿进行有指导的游戏和规则游戏。由于学习活动外在的教育目的性较强,是以教师传递知识、经验为主要方式的教育活动,是促进幼儿发展的最有效的形式,因而学习活动对于实现课程目标具有高效、直接和涉及面广的特征。但教师必须注意的是,在学习活动中对幼儿的教学应采取游戏的方式进行,因为教学游戏化能使教学过程变得自由、自主、有趣、轻松。此外,幼儿的生活活动、运动等,亦可多采取游戏化的手段,遵循幼儿活泼、好动、爱玩的天性,发挥幼儿的自主性和创造性,使其体验到活动的乐趣。

> **案例**
>
> ### 上海市静安区南西幼儿园的游戏课程
>
> 上海市静安区南西幼儿园构建的游戏课程,以游戏作为基本活动,在实施上海市的地方性课程——运动、游戏活动和学习活动时,以"让游戏中的幼儿学得有趣有效"为价值目标,首先保留了角色游戏、结构游戏、表演游戏等自主游戏活动,同时将运动、学习活动调整为运动游戏、规则游戏等。研制集体规则游戏设计标准与实施要素,开发个别化学习活动中具有"可玩性"的游戏与材料,形成"寓学于乐"的支持策略与操作蓝本。此外,在辅助的生活活动实施中,也运用了游戏的手段,渗透了游戏的精神,如快乐自助餐活动。
>
> (资料来源:上海市静安区南西幼儿园课程实施方案)
>
> **案例分析:**上海市静安区南西幼儿园将游戏作为基本活动,幼儿园课程实施中首先开展了角色游戏、结构游戏、表演游戏等自主游戏活动,同时,将学习活动,特别是个别化学习活动和运动游戏化,并将游戏的精神尽量渗透到生活活动中。课程实施的设计充分体现了游戏化原则。

7. 综合化原则

综合化原则可以指导教师在课程实施中以整合的方式,将课程各要素有机联系,统整课程目标、课程内容、课程组织形式和方法等,以发挥课程的综合功能,促进幼儿整体和谐发展。

综合化原则可指导教师在具体的课程实施中,采用多样化的材料和方式整合课程要素,实现课程的优化组合,以获得综合性的课程实施效果。如提供各类玩具材料,让幼儿在户外运动、游戏、探究,柔活生活活动、运动、游戏活动和学习活动等的实施;以主题、项目为核心开展领域及跨学科的活动;将集体、小组与个别化活动相结合;综合运用讲解法、讨论法、操作法、演示法等。同时,该原则还可以指导教师在具体的课程实施中,将本园的特色课程自然融入基础课程中,达到综合化实施的效果。

拓展阅读

悬垂下滑活动的整合性实施

在悬垂下滑的活动中,幼儿从一端手握吊环下滑,经过一片草地后到达另一端。几次下滑后,教师鼓励幼儿选择并自主放置一些辅助材料在经过的草地上,如不倒翁、沙包、竖立着的垫子等,幼儿在下滑时可尝试双脚夹住沙包、不倒翁等,并在终点放入筐中;也可在下滑过程中用脚踢倒障碍物等。幼儿经尝试并取得成功后,教师又鼓励幼儿重新摆放辅助材料,增加挑战性,如提高垫子的高度、调整障碍物的位置等。可见,课程实施的综合化将运动、游戏和探究有机整合在一起。

(案例来源:上海市嘉定区嘉定新城实验幼儿园沈璐依老师)

8. 动态性原则

富兰(M. Fullan)强调,课程实施是非线性的,充满着不确定性。[①] 课程实施总体是一个开放动态的过程,幼儿园课程实施同样如此。教师应接受课程实施复杂性、开放性和不确定性的特征,遵循计划性与灵活性的统一,充分发挥教育机智,善于根据具体的情境调整或生成课程的目标、内容,以及教育的方法与手段。

现代课程观中的"curriculum"一词,如果只考虑它的名词形式,把"跑道"含义的重点放在"道"上,则容易使课程成为预设的、让儿童被动接受的教育内容或教材,其最终的结果是忽略了个体的经验,仅仅专注于设计、实施、评价和预先的课程材料。其实,课程的拉丁词根是动词,课程定义从动词形式来解释,并不强调静态的跑道,而是重在"跑"上,强调课程是一个动态的"跑的过程""跑的经历"。这必然要求课程实施从静态到动态、从封闭到开放、从固定不变到不确定、从外在到内在、从关注目标到关注过程的转变。

幼儿园课程实施更多地落实在班级层面,表现为教师执行自己制定或专家、园领导制定

---

① Fullan M. Change forces: probing the depths of educational reform [M]. London and New York: the Falmer Press, 1993:78.

的课程计划。在制定课程计划时,假定的课程实施环境是稳定不变的、可控制的,一般是一种线性环境,是一种预先的静态设定。但是,幼儿园课程实施总体所涉及的活动环境是复杂的、不确定的,包括幼儿的状态、教师的行为、环境材料的条件等,任何的细微变化都会对幼儿园课程实施产生影响。而且,幼儿有自己的主观能动性,即使对相同的事物也会有不同的理解、判断和思考,幼儿行为的不可预测性、活动的不稳定性,导致教师很难严格按照既定的课程计划执行。在课程实施过程中,教师会发现预先选择的课程内容常常不符合幼儿当前的兴趣,幼儿感兴趣的问题未被及时纳入课程中;教师也可能发现预先设想的课程目标、内容、程序、进度等与实际的活动进展情况不一致。这就需要教师不过多地关注课程计划的落实程度,不机械地对待课程计划。相反,教师在课程实施过程中,要坚持在预设的课程计划的基础上,具有一种课程调整和创生的意识与能力,密切关注幼儿,同时根据幼儿的兴趣、需要,通过不断的师幼互动,随机灵活调整预设的课程计划,在具体的教育情境中改变原有的课程目标、内容、材料和步骤方法,或生成新的课程目标、内容、材料和步骤方法。这样的课程实施设计允许出现不确定性、非预期性,才可使实施过程更加生动,真正促进幼儿积极主动地发展。

拓展阅读

幼儿园里的树

植树节到了,老师和孩子们一起商量怎么来度过这个有意义的节日。于是,老师对树这一主题进行内容架构,确定了如认识树、树的年龄等内容。但是当孩子们来到操场看到幼儿园里的树时,老师听到了孩子们这样的声音:"哇,幼儿园里有好多树啊!""对啊,这里共有多少棵树呢?""这些都是什么树?"可以看到,"幼儿园里的树"的话题激发了孩子们的探索欲望。在看到孩子们的兴趣所在后,老师及时调整了活动内容,开始和孩子们协商,设计调查表,围绕孩子们想知道的内容进行交流。当老师发现孩子们真正感兴趣且有价值的事物时,要敢于打破原来的计划,及时地进行生成与调整,而不要拘泥于原定计划;应顺应事情的自然发展,因势利导。这样的活动带着一种特别的温度,是孩子们心底的声音。

(资料来源:上海市杨浦区佳木斯路幼儿园陈佳妮老师)

9. 创造性原则

教师不是课程实施的被动操作者,而是"有创生能力的实践者",故幼儿园课程实施的设计需要凸显创造性原则。创造性原则可引导教师在课程实施中发挥创新精神,不过分拘泥于国家、地方和幼儿园提供的课程方案或教材,创造性地运用周围的环境、材料等。

多年来,幼儿园教师往往习惯于执行现成的教材和教案,"迷信"专家和权威,对自己从事课程研究和开展课程实施的信心明显不足,把自己禁锢在课程忠实执行者的位置上,缺乏创新精神。人是具有创造性的主体,尽管幼儿园课程存在各方提供的课程方案或教材,但教师要知道这些在具体实施时只能是一种参考,而不应是一成不变的教条。因为在课程实施中,每位教师面对的班级幼儿是具有自身的个性特征和兴趣需要的,普适性、标准化的课程计划或教材缺乏针对性,无法很好地做到与不同班级的幼儿相适应,这就需要教师发挥创造性,根据班级幼儿的实际情况和需要将国家、地方和幼儿园提供的课程方案或教材予以调整及改编,生成适合班级的方案或教材。因此,幼儿园课程实施设计的创造性原则让教师认识到课程实施是发挥创造性的过程,而不是被动执行的过程。此外,教师在课程实施中,还要打破运用环境、材料等的固有思维,创造性地进行组合运用。

案例

各班个性化地进入“我是中国人”主题

“我是中国人”是大班的主题,大四班的嘉文开学前去了北京,回来后叙述的游玩经历让大部分孩子都对庄严的天安门和雄伟的长城十分感兴趣。于是大四班“我是中国人”的主题,就从“北京天安门”这条线索开始。

大一班、大二班的孩子们对上海国庆节期间举行的“花车大赛”很感兴趣,这样,他们就从“欢腾的国庆节”进入了“我是中国人”的主题。

大三班、大五班的孩子在大班年级组的“到中国去旅游”的大舞台演出后,从“旅游去”的活动热热闹闹地进入“我是中国人”的主题。

（案例来源:上海市杨浦区本溪路幼儿园应彩云老师）

案例分析:“我是中国人”的主题网络包含“北京天安门”“欢腾的国庆节”“旅游去”等内容,教师在主题活动中,根据各班的实际和幼儿的兴趣点,选择不同的内容进入主题,课程实施中发挥了自身的创造性,最终殊途同归地实现了主题目标。

拓展阅读

火车和飞机的对比

“我们的城市”主题里包含了“各种各样的交通工具”,主要涉及汽车、火车、轮船、飞机等。但因为时间有限,以往开展该活动时,教师对每一种交通工具的介绍都只停留在浅层次。在近期的角色游戏里,教师发现幼儿对交通工具的兴趣从火车转移到了飞机。分析原因可以发现,随着社会的发展、生活水平的提高,汽车对幼儿来说已经不再新鲜,轮船不多见,孩子们经常乘坐的是火车或飞机。而火车在中班的角色游戏中已经被玩"透"了,到了大班,幼儿自然对飞机的兴趣最大。考虑到这种情况,再加上对幼儿角色游戏"飞机场"的观摩,教师对原来的学习活动方案进行了调整,把对多种交通工具的介绍改成对"火车和飞机的对比讨论"。在这个学习活动中,火车是幼儿已知的,飞机是幼儿想知道却一知半解的,所以大部分幼儿都有话可说;又因为去除了汽车和轮船,留给幼儿的讨论时间也很充分,最终使得讨论的氛围非常热烈,这一点也在后续的角色游戏中得以体现。

(资料来源:上海市杨浦区佳木斯路幼儿园陈佳妮老师)

10. 师幼互动原则

微 课
金鱼不见了(大班)(上海市嘉定区安亭幼儿园刘明岩老师)

互动(interaction),"act on each other",即相互影响、相互作用,是人与人之间的心理交互作用或行为的相互影响,是一个人的行为引起另一个人的行为或价值观改变的过程。[1] 互动的实质是两个不同主体间相互的行动、行为。师幼互动,是指教师与幼儿之间相互作用、相互影响的行为和过程。

课程实施的设计应凸显师幼互动原则,它是新课程改革所要求的课程实施的本质——教师与幼儿的交往过程,也是课程实施诸多原则中最关键的一条。该原则可指导教师在课程实施中注重与幼儿之间的相互作用、相互影响,以取得最佳的课程实施效果。

师幼互动作为幼儿园课程实施的基本表现形态,存在于幼儿的一日生活之中,表现在幼儿园课程实施的各个环节,并对幼儿产生着不可估量的重要影响,师幼互动的状况直接决定了课程实施的效果。师幼互动是幼儿园课程目标得以实现的重要保证,是促进幼儿全面发展的关键因素,也是教师内在教育观念、教育能力和外显的教育手段、教育行为相结合的综合表现。[2] 师幼互动原则表明,作为学习者的幼儿与教师同是主体,共同参与课程的实施过程,表现为实施过程中的相互作用,从而有效进行学习与发展。

对于师幼互动原则,可引导教师注意以下一些事项。

第一,注重营造积极的情感氛围。

良好的、有效的师幼互动首先需要积极的情感氛围,即需要一种平等、自由、宽松的心理环境,形成和谐默契的师幼关系。为此,教师在一日生活中要爱护幼儿,尊重幼儿的人格,以亲切和蔼的态度、伙伴的身份和口吻与幼儿进行交往,平等对待每一位幼儿。正如《幼儿园教育指导纲要(试行)》中所提出的教师要"以关怀、接纳、尊重的态度与幼儿交往"。此外,师幼互动更多的是教师和幼儿在心理上的相互作用。一日生活中,教师要保持积极、乐观、愉快

微 课
山坡上的彩虹滑道(大班)(上海市嘉定区安亭幼儿园沈雪佳老师)

---

① 章人英. 社会学词典[M]. 上海:上海辞书出版社,1992:151.

② 卢乐珍. 关于"师幼互动"的认识[J]. 早期教育(幼教·教育教学). 1999(04):28—29.

的情绪状态,走到幼儿身边与他们对视,通过身体靠近、问候、赞扬等方式,让幼儿感受到教师对其的关切与接纳,与幼儿建立情感的联结,呵护幼儿的心灵,养成幼儿正向乐观的情绪。

 案例

下课以后再说吧

中班音乐活动"悄悄话"快要结束了,应该说,这是一次颇为精彩的公开展示活动。任课教师在活动前做了精心的准备,整个教学活动环环相扣、有条不紊,师幼双方互动积极、情感融洽。在活动的最后一个环节,教师对孩子们提出了一个要求。教师说:"小动物们说的悄悄话多好听啊!我们小朋友一定也很想说说悄悄话吧!那么,请你和你的朋友一起,也来说说悄悄话。"话音刚落,孩子们高兴地开始寻找自己的好朋友。这时,一个孩子走到教师的面前说:"老师,我想和你说说悄悄话。"只见这位教师面无表情地说了一句话:"下去,下课以后再说吧。"

案例分析:为了维持公开展示活动的正常秩序,教师浇灭了幼儿向自己表达悄悄话的热情。可见,教师并没有尊重幼儿的人格,营造的情感氛围不够良好。

第二,支持幼儿积极参与活动,自主做出选择和决策。

良好、有效的师幼互动,要求教师坚持儿童立场,尊重和保障幼儿的参与权、选择权和决策权,做幼儿活动的积极支持者。教师应支持幼儿参与各类活动,支持幼儿在活动中自主选择活动材料、同伴和玩法。此外,教师还应支持幼儿参与一日生活中与自己有关的决策,做到"我的活动我做主"。

 案例

一日生活我做主

(1)幼儿园的生活活动安排了值日生,每天由几位值日生自己商量各自负责的内容:有的是午餐值日生,有的是盥洗值日生,有的是浇水值日生等。(2)对于幼儿园一日生活的安排,一般在前一天的离园活动中由幼儿自主讨论第二天的作息安排,让幼儿自主决策明天要做什么;幼儿根据日常作息经验进行安排后,第二天在"我们的安排"展示板上将安排内容展示出来。(3)在饮水墙面上,幼儿画上自己的头像标志,并统计一日喝水的杯数。餐点环节,幼儿自己铺设喜欢的桌布,确定自己进餐的桌子,和自己的朋友一起进餐。(4)班级规则由幼儿自己讨论、记录,最终以自制"班级公约"

图4-7　"我们的安排"展示板

的形式展示出来。

（案例来源：根据上海市静安区芷江中路幼儿园课程实施现场观察撰写）

案例分析： 教师积极支持幼儿在一日生活中发挥自主性，参与和决策各个环节中与自己有关的环境布置、安排、材料等。

拓展阅读

毕业前我们要做的事

进入毕业季，老师引导幼儿打开话匣子："马上就要毕业了，大家有哪些特别想和好朋友一起做的事吗？"孩子们各抒己见，有的说拍集体照吧；有的说一起来一场毕业旅行；有的说我们需要一场毕业典礼；还有的说，互相送礼物吧……孩子们的想法像雨后春笋般涌现。老师积极赞成："行，那我们投票，选出你们特别想要完成的事情，让这个毕业季更有意义。"

通过投票，孩子们根据想做的事情形成了"毕业典礼设计小组""毕业旅行策划小组""绘本剧小组""送给弟弟妹妹的礼物小组"。幼儿筹备了一个多月的时间，充实而有意义地度过了毕业季。

（案例来源：上海市长宁区愚园路第一幼儿园）

第三，认真观察幼儿的行为表现并客观分析。

良好、有效的师幼互动，要求教师是幼儿活动的观察者和分析者，这是教师进行师幼互动的关键。幼儿参与活动时，教师要以观察为主，耐心等待，不急于介入或干扰幼儿的活动。为此，教师首先要树立观察意识，养成观察习惯，认真观察幼儿在各类活动中的行为表现，并对幼儿有意义的典型及偶发行为表现等做必要的记录，为现场的针对性支持和有效的师幼互动提供基础。根据一段时间内对幼儿各类活动中行为表现的持续观察，教师要对幼儿的发展情况和需要做出客观全面的分析，为后续有针对性的支持和有效的师幼互动提供基础。

拓展阅读

对喝鸭血粉丝汤的观察记录与分析

观察记录：下午的点心是鸭血粉丝汤。小北拿好勺子后入座。她将勺子放入汤碗中,眼睛看着汤中的油豆腐和鸭血,把勺子放到油豆腐下面,舀起油豆腐送入嘴中;然后,把勺子放到鸭血下面舀起并送入嘴中;接着,对于短条状的粉丝,也是如此。就这样一勺一勺反复舀鸭血粉丝汤中的油豆腐、鸭血、粉丝送到嘴中。当汤中的鸭血、油豆腐和粉丝全部吃完后,她将勺子放到桌上,双手端起碗将汤喝得一干二净。

　　教师分析:喝鸭血粉丝汤时,小北会将勺子放在食物下方,用舀的动作吃完块状、条状的食物,能把握好使用勺子的力度与方向,说明小北已经能熟练地使用勺子。

（资料来源:上海市闵行区虹桥中心幼儿园顾玥辉老师）

　　第四,真诚倾听幼儿并进行适宜解读。

　　良好、有效的师幼互动,还要求教师是幼儿的真诚倾听者和适宜解读者,这同样是教师进行师幼互动的关键技术。为此,正如瑞吉欧教育体系所提倡的,教师要在课程实施中自始至终、全神贯注地欣赏和聆听。为此,教师要创设条件、提供材料让幼儿进行记录、表达,重视幼儿通过绘画、讲述、摄影等多元方式对自己经历过的游戏、阅读、观察等活动进行自主、个性化的表达表征,能一对一倾听并真实记录幼儿通过各种方式表达的想法。在此基础上,秉持解释学"使隐藏的东西显现"①的理解路向,依据幼儿的认知水平和具体情境进行具有教育学意义的解读与理解,与儿童共视角,为自身设计和实施各类教育活动提供重要的证据支撑,使其更能够贴近和针对幼儿的真实需求和现实水平,支持幼儿持续学习和发展。

 案例

"冰屋"被毁

　　大班幼儿今天遭遇了挫折,建构室中的作品"冰屋"被毁,保育员告知是被路过的托班幼儿弄倒了。孩子们纷纷吐露了心声。

　　"真是一场噩梦啊。""我很难过,比没去游乐场还难过。""我特别伤心,感觉肠子都要断了似的。""虽然我现在有点生气和难过,但是想想弟弟妹妹那么小,他们也不是故意的。""幸好没有砸到他们,要是砸到一定会受伤的,那多疼啊。"

　　教师认真倾听后,感慨道:孩子们那么有爱心,但就是还不知道怎样保护自己的作品。教师立即提出问题:那么,该如何防止"冰屋"倒塌呢? 一个还没完工的建筑工地应该由谁来负责呢?

　　随后的建构活动中,幼儿想办法为自己的作品做好了围栏。

（案例来源:上海市杨浦区佳木斯路幼儿园俞扬老师）

---

① 高敬.学前教育实践应坚守怎样的儿童立场[J].教育发展研究,2020(12):38—45.

案例分析：教师真诚地倾听幼儿对于"冰屋"倒塌的想法，并进行分析解读。其分析解读没有仅仅简单地发出幼儿有爱心的感慨，而是认识到幼儿有保护作品的真实需求，于是顺势引导幼儿进一步思考探索。可见，教师真诚倾听并解读的目的是更好地支持幼儿。

拓展阅读

三个发呆的孩子

午餐后的自由活动时间，三个小朋友坐在圆厅的门口，面朝操场，望着远处发呆，"什么也没有做"。他们三个人安安静静的，几乎没有任何交流互动。

我好奇地在后面默默观察，五分钟后，忍不住走上前轻声问道："你们坐在这儿干什么呢？"

艺扬这才说话："刘老师，你听，树叶被风吹得沙沙响；你看，门口这棵龙爪槐长出了新叶子，小小的，嫩嫩黄黄的多好看。天上刚刚有鸽子飞来飞去，还会来回转圈圈。"

瑶瑶说："马路上的车子好像一只只小昆虫，来来回回地穿过幼儿园的铁栅栏。对面的小店放着音乐，这个音乐，妈妈的手机里也有。"

萌萌说："仔细闻，空气中有叶子和花的味道，真好闻。"

我被这三个孩子的一番话深深吸引。多么像一首纯真的儿童诗啊！简单、纯粹，充满了童趣。

（资料来源：上海市嘉定区安亭幼儿园刘明岩老师）

拓展阅读

倾听了解圆点背后幼儿的想法

教师平时非常强调幼儿的记录。如运动后，会让幼儿在玩过的运动区域图片上贴圆点，做"我的运动记录"，表示对今天运动内容的喜好程度。

但是，一段时间后，教师反思道：圆点能说明什么呢？幼儿只是贴了圆点，但是心里是怎么想的？喜欢或不喜欢运动内容的理由又是什么呢？让幼儿记录的真正作用是要倾听并了解幼儿贴圆点和不贴圆点的原因。

于是，教师有一天询问未在平衡车图片上贴圆点的幼儿："你们为什么不喜欢玩平衡车?"

"因为经常容易摔倒。""因为戴护具太麻烦了。""好朋友不玩,我也不玩。"

教师继续追问,启发幼儿思考:"经常摔倒就不玩了吗?有什么好办法吗?"

"多加一些垫子就不会摔疼了。""注意保护好自己。"……

(案例来源:上海市静安区安庆幼儿园黄小龙老师)

第五,善于发现一日生活中的教育契机,以多种方式与幼儿交往互动。

良好、有效的师幼互动,还要教师善于发现一日生活中的各种偶发教育契机,抓住活动中幼儿感兴趣或有意义的问题和情境,识别幼儿正在发生的有意义的学习,并及时、灵活地给予有效的引导和支持。过程中,教师要能尊重幼儿在探究过程和活动中产生的想法与问题,积极回应并以多种方式和幼儿交往互动。作为现代课程教学改革的方向,"对话"成为幼儿园课程实施所追求的一种状态。在观察解读的基础上,教师可通过材料提供、墙面创设、开放性提问、建议讨论、谈话分享、鼓励、共同活动等多种方式,回应幼儿,与幼儿交往互动,以有效支持和拓展每一个幼儿的游戏和学习;同时,促进生生互动,让每一个幼儿都能积极主动地投入到活动中。

在与幼儿的交往互动中,教师特别要注重幼儿的个体差异,包括由年龄差异、性别差异、文化背景差异、个性差异、发展水平差异等导致的不同行为表现,并据此体现差异化的支持策略。如幼儿对滚筒运动项目有恐惧心理时,可能会有如下表现:有的幼儿是侧着身子在筒上行进,有的幼儿是两脚交替迈动,有的幼儿是两脚挪动。教师要善于观察并给予对应支持。教师更要珍视差异,视差异为一种价值,力求因材施教,打破"齐步走、一刀切"的课程实施方式。

📋 案例

我们快活动活动吧

有一日突然降温,早晨的气温很低。户外运动时间到了,教师把孩子们带到操场上,放起了音乐准备热身。可孩子们被冻得瑟缩着,不愿意动起来。这时教师不经意地走到孩子们中跳了起来,口中喊道:"好冷啊!我们快活动活动吧。一起搓搓手,一二一!一起跳起来,一二一!蹦一蹦!跳一跳!再来跑一圈!……"看到教师活动起来了,孩子们也跟着活动起来,做出各种"怪"模样来,而且特别兴奋。

(案例来源:上海市杨浦区佳木斯路幼儿园彭晓瑾老师)

案例分析:案例中的教师善于观察发现运动环节中存在的偶发的教育契机,通过鼓励示范的方式进行师幼互动,引导幼儿立即活动身体,投入运动中。

案例

多样化材料支持幼儿对蚂蚁的探究

班级里一名幼儿带来了一个蚂蚁工坊,很多幼儿连续观察了几天,产生了如下问题:

蚂蚁的颚和我们的嘴巴一样吗?

蚂蚁的触角有什么用?

蚂蚁喜欢吃什么?

蚂蚁喝水吗?

蚂蚁是怎么挖洞的?

教师观察倾听并记录下幼儿的问题后,进行了客观分析和适宜解读,发现幼儿对蚂蚁产生了认知与探索的需求。他们感兴趣的问题可以分为两类,即蚂蚁的外形特征和生活习性。为此,教师提供了 iPad 等信息化工具,便于幼儿上网查找资料;提供了关于蚂蚁的图书及图片资料;增加了蚂蚁工坊的数量,便于更多的幼儿观察。

有的幼儿从家里带了一些他们认为蚂蚁喜欢吃的食物,如面包、巧克力、米饭、水等,教师将四个实验罐中分别放入面包、巧克力、米饭、水,并将蚂蚁放入实验罐中,幼儿进行持续观察。

幼儿在观察中发现有的蚂蚁长着翅膀,便提出问题:蚂蚁为什么有翅膀? 教师提供相关绘本、图片资料,帮助幼儿了解蚂蚁"飞婚"的习性;提供软管,连接两个蚂蚁工坊,为幼儿提供观察"飞婚"的条件。

(案例来源:上海市嘉定区嘉定新城崇教幼儿园郭佳佳园长)

案例分析:案例中的教师善于观察倾听,分析发现幼儿对蚂蚁的外形特征和进食、挖洞等生活习性感兴趣,便通过提供材料的方式进行师幼互动,支持幼儿对蚂蚁外形特征和生活习性的深入探究。

拓展阅读

满足幼儿"与众不同"的学习需求

某幼儿对班级中开展的很多课程内容不怎么感兴趣,但唯独对"恐龙"的探索没有间断过。教师为满足幼儿"与众不同"的学习需求,提供了与恐龙相关的书籍,与幼儿讨论关于恐龙的事情,帮助幼儿建立不同恐龙的档案,并请其在同伴面前分享探索结果。

(资料来源:上海市嘉定区嘉定新城崇教幼儿园郭佳佳园长)

拓展阅读

小、中、大班如何组织开展餐前广播活动

小班幼儿需要每个菜都介绍吗？是否可以介绍幼儿不常吃的食物,如将前几天吃的三文鱼作为重点,让幼儿看看视频、图片,再用有趣的语言吸引其他幼儿尝试吃;或者介绍班中幼儿不太爱吃的蔬菜等。再如大班在介绍的时候是不是可以让幼儿讨论:如何介绍菜肴可让他人听清楚、很想吃。帮助幼儿梳理介绍的要点,或者提前一天把菜单给幼儿,让幼儿和家长查找相关资料,丰富知识,使幼儿的介绍更有深度。

(资料来源:上海市杨浦区佳木斯路幼儿园)

11. 同步衔接原则

人的教育是一个系统工程,其中家庭教育是一切教育的基础。因为家庭教育是教育人的起点与基点,家庭在儿童成长过程中起着至关重要的作用。此外,幼儿园和家庭有着不同的教养环境,幼儿园教育离不开家庭教育。故幼儿园课程实施的设计应凸显家园同步的特点。另外,幼儿园后接小学教育,幼儿园和小学又是不同的教育机构,入小学后幼儿会产生很多不适应,故幼儿园课程实施的设计也要同步考虑幼小衔接。

家园同步是指课程实施中幼儿园教师应通过多种方式与家庭沟通、合作,对家庭进行科学育儿的指导,从而家园一致地对幼儿进行教育。幼儿各方面的发展都具有不完善和不稳定的特点,而且幼儿的一些行为习惯、生活能力需要家园一致地进行长期而一贯的培养。幼儿园课程实施体现在幼儿身上的预期成果只是短期的,还要在家庭中进一步巩固和加强,才能真正实现能力的提升。正如苏霍姆林斯基所言,"如果没有这种一致性,那么学校的教学和教育的过程就会像纸做的房子一样倒塌下来"①。在幼儿园课程实施的家园同步上,幼儿园教师要做好家长工作,善于通过家园之窗、家园联系册、微信、班级网页、家长会等各种方式与家长沟通交流,对家长进行专业的指导,以取得家长的配合、支持和参与,家园形成教育合力,更好地促进幼儿全面、和谐发展,实现幼儿园课程目标。

拓展阅读

幼儿生活自理能力的家园一致教育

小班孩子刚入园时,我发现他们在生活自理方面的能力较为薄弱,许多家长喜欢

---

① (苏)B. A. 苏霍姆林斯基. 给教师的建议(修订版)(全一册)[M]. 杜殿坤,编译. 北京:教育科学出版社,1984:526.

包办代替,我便重点关注幼儿午餐、盥洗、午睡等生活环节,并开展相应的生活活动,通过故事、儿歌、教师示范、游戏等形式帮助幼儿巩固生活技能。由于幼儿的习惯培养具有长期性的特点,我还会向家长积极宣传培养幼儿自己动手的重要性,并把幼儿园学习的朗朗上口的小儿歌、小技巧告知家长,让家长在家也多给孩子锻炼的机会,和幼儿园保持一致的教育。

(案例来源:上海市浦东新区浦南幼儿园张雨晨老师)

幼小衔接主要针对幼儿园和小学的衔接,意味着幼儿园应当与小学互相衔接配合,共同帮助儿童做好入学准备和适应。《幼儿园教育指导纲要(试行)》指出,幼儿园应与小学相互衔接,共同为幼儿的发展创造良好的条件。教师在课程实施中,应关注幼儿发展的连续性,注重幼儿园和小学的科学衔接,采取多种形式,对幼儿开展丰富、有趣、适宜的入学准备教育,包括贯穿幼儿园阶段的入学准备教育,以及大班下学期专门的幼小衔接活动,以帮助幼儿有针对性地做好身心、生活、社会和学习等多方面的入学准备,使幼儿顺利过渡;教师要充分利用周边小学等各种资源,为幼小衔接活动创造机会,形成幼小双向衔接的机制。

12. 资源开发与利用原则

微 课

交朋友(中班)
(上海市黄浦
区复兴中路
第二幼儿园
蒋玉莲老师)

后现代课程论专家舒伯特(W. Schubert)指出课程不是单数,而是复数①,"curricula"意在指明课程不仅是幼儿园中的教育活动与内容安排,而且包含开发利用园外资源的活动。生活中的资源多种多样,且无处不在,但并非所有的资源都可以成为课程资源。课程设计者与实施者应充分挖掘和使用可利用的园内环境资源、家长资源,园外社区及地区的人力、自然、文化等资源,使之具有能够为课程实施服务的功能,并转化为课程资源。课程资源是幼儿园课程实施的重要条件和基础,其丰富性和适应性程度直接影响着幼儿园课程目标的实现程度,其开发和利用的水平决定着幼儿园课程实施的有效性。另外,随着当今教育数字化的发展趋势,还要充分利用信息技术资源进行幼儿园课程的设计和实施。

因此,幼儿园课程实施的设计要凸显资源开发与利用原则,指导教师在课程实施中,立足于幼儿园、社区和地区的有利条件,发现身边潜在的、可利用的资源,发挥其为幼儿园课程实施服务的教育价值。同时,指导教师利用信息技术资源优化幼儿的学习方式,实现信息技术与幼儿园课程的优化整合,为课程实施提质增效。

课程资源中最为典型的就是作为物质资源的文本教材,因此,幼儿园教师在课程实施的

---

① Schubert W H. Curriculum: perspective, paradigm, and possibility [M]. New York: MacMillan Publishing Co., 1986:8 - 9.

设计中,首先要充分利用好国家、地方提供的教材或教师参考用书,以及幼儿园提供的课程方案,结合本班实际进行适当的改编和创编,使课程更为紧密地与本班幼儿的原有经验及生活实际结合起来。

此外,《幼儿园教育指导纲要(试行)》指出,环境是重要的教育资源,应通过环境的创设和利用,有效地促进幼儿的发展。教师应注重创设适合幼儿发展的、丰富的、互动的、有留白的班级环境,发挥其在学习与发展中的潜在作用。为此,教师既要注重物质环境的创设,让幼儿在潜移默化中建构各种有益的学习经验,养成良好的行为习惯;又要将环境转化为课程资源,为课程实施服务,让幼儿通过与环境、材料的有效互动,在操作探索、表达表现中获得各种有益的学习经验;同时,教师还要善于创设良好的心理环境,注重言传身教,为幼儿树立正确的学习榜样。

拓展阅读

"自然触碰"理念下的园内环境资源

我园在"田野课程"区域的带动下,进一步落实"自然触碰"理念,盘活园内资源,为了孩子的一百种惊奇和探索,不断构建适宜其主动发展的生态系统。在户外环境创设中,从预设的分类视角转向整合的资源视角,呈现最原生态的资源内容,减少对所有区域的预设目标,为此,将曾经功能划分清晰的"五角"——劳作角、探秘角、种植角、艺术角和越野角,优化为"五园"(小小动物园、紫竹园、水果园、蘑菇园、百草园)、"四桥"(铁索桥、石头桥、玻璃桥、木头桥)、"三地"(青草地、泥巴地、沙水地)、"两树"(梧桐树、松树)等原生态的资源内容与活动空间,让"自然触碰"追随儿童的兴趣与视角,在教师放手,见证幼儿持续不断与环境、资源互动的过程中,发现孩子的一百种惊奇和探索。

图4-8 小小动物园   图4-9 石头桥   图4-10 青草地

(资料来源:上海市金山区漕泾幼儿园)

拓展阅读

关于树的园本特色课程

在四川省成都市第三十三幼儿园大门的不远处，伫立着一棵枝繁叶茂的梨树，正是这棵梨树的春夏秋冬，串起了幼儿园一年四季关于树的园本特色课程。

在某一年的开学典礼上，幼儿园为了能让新生减少分离焦虑，好好吃饭和睡觉，举行了一场活动。当时梨树上结了很多梨子，老师就围绕这棵梨树开展了一系列活动：摘梨子、洗梨子、削梨子、榨梨子……一整个上午，孩子们玩得非常开心。基于这个背景，关于梨子的活动就这样延续了下来，后续还由此衍生出了梨子发电、并（串）联发电等活动。

"现如今，这棵梨树已经成为我们园本特色课程重要的资源。"园长说道。春天是万物复苏的季节，老师带着孩子们一起观赏梨花；到了赤日炎炎的夏季，老师则带着孩子们一起观察果实的生长变化；到了收获的秋季，孩子们可以摘果品梨；冬天，光秃秃的树枝也别有一番风味，老师带着孩子们画下来……

"春赏花、夏看果、秋品梨、冬入画"，围绕这棵梨树，幼儿园形成了一系列有特色的活动课程。后来，幼儿园还增加了其他品种的果树，比如柚子树、石榴树、葡萄树……每个季节，每一天，孩子们和这些树的有趣故事都在接二连三地上演。

（案例来源：四川省成都市第三十三幼儿园）

另外，幼儿园直接可取可用的家长资源、附近的社区资源，以及有特色的地区自然环境资源、历史文化资源等，经过有目的的挖掘和利用，都可成为丰富的课程资源。这些资源既可为个性化、因地制宜地实施幼儿园课程及丰富幼儿的体验和经历提供扎实的根基，又可为弘扬我国传统文化、实施立德树人的幼儿园教育发挥重要的价值和作用。

拓展阅读

环境的创设及开发利用

上海市浦东新区锦绣博文幼儿园，园内绿化面积达 3 803 平方米，人均绿化面积13.79 平方米。为开展田园特色教育，幼儿园经过因地制宜的改建，种植了大量的花草、果树，开辟了 100 多平方米的沙水池、泥坑以及种植园地，并适当增加了富有野趣的户外运动设施，使幼儿园户外场地能满足开展课程的即时所需。另外，幼儿园与社区联动,在毗邻幼儿园的浦东图书馆、中国浦东干部学院、锦绣文化公园、世纪公园开展野趣活动,如锦绣文化公园远足活动、世纪公园野外拓展活动等。

(案例来源:上海市浦东新区锦绣博文幼儿园)

拓展阅读

空军爸爸来了——上海市嘉定区嘉定新城实验幼儿园家长课堂

为了搭建更为融洽的家园共育平台,让家长为孩子打开梦想的天窗,充分发挥家长资源的教育价值,更好地促进幼儿身心全面发展,上海市嘉定区嘉定新城实验幼儿园的中班课堂上迎来了一位特殊的"老师"——帅气的空军爸爸。他的到来让整个中班沸腾了,大家用崇拜的眼神注视着他,期待着他带来的精彩活动。

1. 一起走近解放军

"谁在保卫祖国让我们过着幸福的生活?""解放军使用了哪些设备?"……空军爸爸通过一个又一个引人深思的问题,向孩子们讲述了作为一名军人的职责和使命,介绍了军人的生活和学习。通过震撼人心的视频展示了一些战斗机。

"原来我们的空军有那么多种战斗机,战斗机有那么多组成部分,有那么多功能,真是太丰富多彩了!"孩子们被深深地吸引了。

2. 学做小小解放军

解放军的训练过程又是怎么样的呢? 让我们一起来体验一下吧! 在体验站军姿、行军步的过程中,孩子们一个个志气昂扬、精神饱满,学得像模像样,也深切地感受到了解放军的飒爽英姿和严明军纪。

3. 空军知识我来问

"空军除了开战斗机外还有其他任务吗?""空军的战斗机和平时的飞机有什么区别?""想开战斗机,要训练什么项目呢?"……孩子们的各种疑问,在热烈互动中,得到了空军爸爸的一一解答。

经过与空军爸爸的"零距离"对话,孩子们了解了空军爸爸的工作内容,认识到解放军承担着保家卫国的光荣使命,感受到要尊重与爱戴解放军。本次空军爸爸进课堂活动,在孩子们幼小的心灵中埋下了一颗名为"爱"的种子,希望每个小朋友未来都能成长为爱祖国、爱家乡,对社会有所贡献的栋梁之材!

(资料来源:上海市嘉定区嘉定新城实验幼儿园)

拓展阅读

钥匙——利用农村资源优化幼儿园课程实施

对于农村幼儿园课程实施中"在地资源"的利用不充分的问题,我们梳理出了"选钥匙—用钥匙"的操作流程。

第一步:剖析问题"选钥匙"。如瑞安市湖岭镇中心幼儿园的主要问题是:幼儿园地处千年古镇,但古镇资源利用率不高。为此,该园选取了"在地资源表"开展实践。

第二步:围绕要点"用钥匙"。以瑞安市湖岭镇中心幼儿园为例,幼儿园选取了"在地资源表",其步骤为资源的探寻、筛选、利用和重组,要点是填写一张"在地资源表"或画出"在地资源图"。教师通过查阅、走访、询问等方式了解幼儿园周边的自然生态与人文社会资源。他们人手一张表格,走进山间、老街、农户,经过地毯式调查,发掘了几十个"在地资源"。接着,教师发动全园幼儿参与,将幼儿感兴趣的、符合其学习能力的、可以持续探索的、有价值的资源选出来。最后,教师将资源与课程联结,实现课程园本化。如教师带幼儿实地观摩后,发现幼儿对稻田兴趣浓厚,于是充分利用这一资源,与幼儿一起在稻田里捡稻穗、挖番薯,收集稻草进行艺术创作,利用稻草编的草绳进行拔河、跳绳,还策划了"稻草节"活动,开发了"稻遇"班本课程。

教师利用"在地资源表",从看不见资源到将资源与课程进行有机融合,逐渐练就了善于发现资源的慧眼。由此,课程也变得更加丰富,更具地域特色。

(资料来源:陈苗.九把钥匙:优化农村幼儿园课程实施的实践探索[J].早期教育:教育教学,2022(10):16—18.)

为了清晰阐述课程实施的设计原则,以上每一原则下均提供了拓展阅读或案例,以帮助学习者了解设计课程实施原则的核心要义。但是,因属人为的原则分类,拓展阅读或案例中实际上可能涉及多个原则,很难完全一一对应。另外,实际幼儿园课程实施中教师的教育行为是综合的,整合了诸多课程实施原则,体现了课程实施原则的多元性。

案例

点心"套手环"

小班生活活动中的点心环节看上去是简简单单地让孩子吃饼干、喝牛奶,其实不然,要让小班幼儿分清什么时候轮到他吃点心了、自己是否吃过了是需要一段时间的。为了让刚入园的小班孩子能适应幼儿园的生活,我们在点心环节中融入了"套手环"的游戏,并创设了墙面环境:幼儿一来园就选择一种颜色的手环;吃点心时是按手环颜色分组的;当轮到某一种颜色吃点心时,教师会提醒幼儿;吃完点心后,幼儿将手环放回墙面上小动物的肚子里。这样能帮助孩子们分清什么时候轮到自己吃点心,也能帮助教师更好地、更有针对性地对孩子们进行提醒。

（案例来源:上海市徐汇区宛南实验幼儿园李悦老师）

图 4-11　点心"套手环"

案例分析:将点心环节和"套手环"游戏相整合,遵循了课程实施设计的游戏化原则。此外,墙面环境的创设既能让幼儿确认自己是否吃了点心,又便于教师进行个别指导,体现了资源开发与利用原则。

总体而言,以上原则更多的是根据普适性、统一性的要求进行阐述的,不一定完全适合每一所幼儿园,幼儿园在实际工作中应补充与本园情况相符合的、具有特色的原则。

拓展阅读

设计满足需求的园本课程实施原则

托、小班幼儿刚入园时,因为分离焦虑而哭闹不止,午餐期间尤为严重。幼儿园从基于幼儿学习与发展需求的课程理念出发,在课程实施中确立了满足需求的本园课程实施原则。从该原则出发,鼓励教师在托、小班刚入园期间,简化吃饭的程序,以吃饭团为主;同时,让幼儿自选吃饭团的地点,室内、户外均可以,以满足幼儿依恋的情感需要,缓解入园焦虑。

（案例来源:上海市嘉定区嘉定新城实验幼儿园）

（三）幼儿园课程实施的设计要点

园级层面的课程实施一般还会预先设计其要点,以突出操作性和指导性。课程实施要点针对幼儿各活动环节中的具体内容,以教师操作要点或实施建议的形式加以呈现,供教师在每一个活动环节的实施中参考借鉴,以更好地关注幼儿的行为和自身的行为,提高课程实施的质量。

拓展阅读

生活活动教师实施建议

表 4-6 生活活动实施要点

主要生活活动环节		幼儿生活常规	教师实施建议
来园		（1）携带手帕或纸巾，衣着整洁来园。 （2）接受晨检。 （3）将外衣、帽子等放在指定处。 （4）进行简单的劳动，如擦桌椅、浇水等。	（1）主动、亲切地用恰当的称谓与每个幼儿及其家长打招呼。 （2）与家长做好交接手续，对家长关照的特殊事务做必要的记录，以免遗忘。 （3）提醒幼儿洗手（换鞋、换衣服）等。 （4）帮助幼儿找到一项活动，或与幼儿聊聊天，了解他们的情绪和想做的事。 （5）清点人数、做好点名记录。 （6）提醒幼儿进行简单的劳动。
盥洗	洗手	逐渐掌握洗手方法，养成良好洗手习惯。	（1）在照顾幼儿如厕后、准备食物与吃饭之前及时洗手，自己做个好榜样。 （2）站位时应保证每个孩子都在视线范围内。 （3）观察要点： ① 餐前、便后、手脏时主动洗手； ② 排队洗手不拥挤； ③ 自己卷衣袖； ④ 自己擦抹肥皂、冲洗干净； ⑤ 将水甩在水池中； ⑥ 用毛巾擦干手； ⑦ 不玩水，节约用水。
	洗脸	逐渐掌握洗脸方法，养成良好洗脸习惯。	（1）提供的毛巾数量充足，摆放在固定位置。 （2）观察要点： ① 有序拿取毛巾； ② 按照一定步骤洗脸； ③ 擦好脸后毛巾有序摆放； ④ 出汗后、用餐后自主洗脸。

续　表

主要生活活动环节		幼儿生活常规	教师实施建议
	漱口	逐渐掌握漱口方法，养成良好漱口习惯。	（1）设定固定漱口地点，提供必要用具。 （2）观察要点： ① 按要求取放自己的水杯； ② 人多时排队等待，不拥挤； ③ 不仰漱，不咽下漱口水； ④ 餐点后自主漱口。
	大小便	大小便基本自理。	（1）允许幼儿按需要随时大小便。 （2）饭前、外出前、入睡前提醒幼儿如厕。 （3）逐步帮助幼儿养成定时大便的习惯。 （4）引导幼儿学会使用便纸，小便姿势正确。
	餐点	（1）餐前洗手，安静入座。 （2）正确使用餐具。 （3）细嚼慢咽，不挑食，不剩饭菜。 （4）注意"三净"，桌面、地面、身上干净。 （5）餐后擦嘴、漱口。 （6）自己取用点心。	（1）餐前半小时组织安静的活动（如集体阅读、安静游戏、餐前谈话等）。 （2）创设舒适的进餐环境（注意如不同季节进餐地点的选择、氛围的营造等）。 （3）合理组织餐前洗手，避免无效等待。 （4）了解幼儿特殊的用餐需求，提供特殊的餐点（如食物过敏）。 （5）餐后安排好幼儿安静活动，可请能力强的幼儿参与管理，尤其关注进餐过快与过慢的幼儿。 （6）观察要点： ① 使用餐具情况，轻拿轻放餐具。 ② 充分咀嚼，不挑食。 ③ 在一段时间内吃完一份饭菜（点心），碗内不剩饭菜（点心）。 ④ 进餐时保持"三净"——桌面、地面、身上干净。 ⑤ 进餐情况观察（如胃口的剧烈变化），及时发现疾病的预兆。 ⑥ 餐后餐具有序放于固定地方，主动漱口。

主要生活活动环节	幼儿生活常规	教师实施建议
饮水	自己取水杯喝水，养成良好的饮水习惯。	（1）创设便捷的饮水环境（如饮水地点卫生、水杯的摆放便于幼儿取放等）。 （2）帮助幼儿了解不适宜饮水的时候（如剧烈运动后、餐后等）。 （3）建立合理的饮水常规（如排队、不拥挤、倒适量的水、安排自主饮水的时间等）。
睡眠	（1）保持寝室安静，自己在床铺前有序穿脱衣裤、鞋等。 （2）整理好自己的东西，放在固定的位置。 （3）安静入睡，姿势正确，不玩小物件。 （4）学习整理床铺。	（1）睡觉前后"两开两关"，保证寝室良好的通风状态和亮度。 （2）睡前提醒幼儿小便。 （3）睡前组织使幼儿放松的安静活动（如散步，听儿歌、故事、音乐等）。 （4）指导、帮助幼儿有序穿脱衣裤、鞋等，提醒顺序与方法。 （5）观察每个幼儿入睡的状况，保证幼儿不玩弄小物件，不蒙头、口、鼻等，并给予必要的照顾，安抚入睡困难幼儿。 （6）睡觉过程中经常巡视，帮助盖被，纠正不正确的睡姿，避免幼儿因睡姿不对而呼吸困难，给做噩梦的孩子以安慰，使其重新安稳入睡。 （7）要特别注意睡眠中起床如厕幼儿的安全保护。
离园	（1）收拾玩具、整理物品及场地，参与简单的劳动任务（如种植角的清洁等）。 （2）家长来接时，带好自己的玩具、衣帽等，与教师、同伴道别后回家。	（1）与幼儿共同完成离园前的准备，如检查幼儿仪表，提醒并帮助幼儿整理自己的衣物、玩具等。 （2）与幼儿进行简短的谈话交流，稳定幼儿的情绪，并分享当天活动中的快乐并预告第二天的活动。 （3）主动招呼家长，与每位幼儿道别，提醒他们带好自己的物品。

续　表

主要生活活动环节	幼儿生活常规	教师实施建议
		（4）与个别需要沟通的家长有礼貌但简短地交流，或者与他们另外约定交谈的时间，避免疏忽对其他幼儿的监护。 （5）如果在离园时一位教师提前离开，注意做好清点人数和交接班的工作。 （6）幼儿全部离园后，检查活动室是否已经整理完毕，必要时准备好第二天要用的材料。

（资料来源：上海市杨浦区佳木斯路幼儿园）

四、幼儿园课程评价的设计

评价是幼儿园课程改革的"最后一公里"，是摇动课程改革的"尾巴"。在中国式学前教育现代化的建设中，课程评价的现代化对于课程整体的现代化至关重要。课程评价是不可或缺的课程要素，同时，又左右着其他课程要素的价值取向①，引领着幼儿园课程高质量的实践，因此，幼儿园课程评价的设计是幼儿园课程设计的重要构成。幼儿园课程评价的设计主要是对幼儿园课程方案、课程实施及课程实施效果如何进行分析和价值判断的预先规划，以科学有效地诊断和优化幼儿园课程，促进幼儿的全面和谐发展和教师的专业发展。

（一）幼儿园课程评价设计的过程

幼儿园课程评价是指在一定的价值取向引导下，评价者运用多种方法和手段，通过系统地收集和分析幼儿园课程方案、实施过程以及结果等，科学地判断幼儿园课程的价值和效益的活动。幼儿园课程评价的设计，主要涉及国家、地方和园级层面，其设计过程也是一个自上而下、不断细化和具体化的过程。

首先，国家、地方层面制定出幼儿园课程评价开展的总体意见，引领和指导课程评价的

---

① 张斌，虞永平. 守正与创新：指向中国式学前教育现代化的幼儿园课程改革[J]. 学前教育研究，2023（06）：11—19.

总体价值取向、标准、内容、类型、方法等，一般呈现在教育纲要、课程指南等文件中。

其次，园级层面的幼儿园课程评价需要从国家、地方课程评价的总体意见出发，基于园本课程目标、内容组织与开展具体的课程评价，以指导本园教师进行科学有效的班级课程评价工作。园级层面的课程评价内容一般呈现在一所幼儿园的课程实施方案中。

（二）幼儿园课程评价设计的内容

一般而言，国家、地方层面和园级层面的幼儿园课程评价设计，其内容包括课程评价的理念、原则、标准和指标、类型、方法等方面。

1. 幼儿园课程评价的理念

幼儿园课程评价的理念，即幼儿园课程评价追求的价值取向，是幼儿园课程评价工作的核心，也是幼儿园课程评价设计的首要内容。评价要把价值放在第一位。

在课程评价产生之初，评价主要是用于对课程效果的判定。根据泰勒的解释，此时课程评价的对象主要是学生，评价的依据是课程改革前后对学生学习行为的评价，根据学生行为的变化来确定课程改革的成果。泰勒的这一课程评价思想影响和支配了课程评价研究达 30 年之久。从 20 世纪 60 年代开始，由于美国大规模课程改革的推动，课程评价的观念也有了相应的变化。1963 年，美国课程评价专家克龙巴赫（L. J. Cronbach）在《通过评价改进教程》一文中明确提出，课程评价的最大贡献是确定课程需要改进的方面。20 世纪 60 年代中后期出现的许多课程评价模式大都认识到了评价对课程的改进作用。

《幼儿园教育指导纲要（试行）》将教育评价作为与总则、教育内容与要求、组织与实施并列的基本领域进行了专门阐述，提出了将评价的价值定位在发展的功能上。2022 年，我国教育部颁布的《幼儿园保育教育质量评估指南》在"评估的基本原则"部分指出："树立科学评价导向，推动构建科学保育教育体系，整体提升幼儿园办园水平和保育教育质量。""坚持以评促建。充分发挥评估的引导、诊断、改进和激励功能，注重过程性、发展性评估，引导办好每一所幼儿园，促进幼儿园安全优质发展。"故在幼儿园课程评价的设计中，国家、地方和园级层面的评价理念，都要突出以评促建、以评促改的价值取向，以实现课程评价的增值作用和发展性功能。具体而言，这意味着通过国家、地方和园级层面的课程评价，改进优化不同层面的课程，特别是基层幼儿园的课程，以提升课程质量；同时，帮助基层幼儿园教师优化班级课程，即具体教育活动的安排、设计和实施，促进自身的专业水平提高及幼儿的全面和谐发展。

2. 幼儿园课程评价的设计原则

幼儿园课程评价的设计内容，还包括课程评价的原则。根据课程评价的理念，明确课程评价的原则，以指导幼儿园管理者协同教师进行科学、有效的课程评价。设计课程评价原则时，可考虑以下方面。

（1）发展性原则。

幼儿园课程评价不仅仅是为了鉴定幼儿园的办园质量和课程水平,更重要的是以促进发展为终极目的。发展性原则提示幼儿园要充分发挥课程评价的反馈调节功能,通过课程评价建立起自我发展、自我完善的机制,即逐步形成通过课程评价促进幼儿发展、教师专业成长和幼儿园可持续发展的有效机制。为此,幼儿园要建立主动的、积极的、持续不断的常态性内部自我评价机制,对幼儿园课程设计与实施做全程性的理解及掌握,主动发现问题并解决,促进幼儿园课程和幼儿的可持续发展。由于幼儿园教师是课程建设和实施的主体,幼儿园课程评价特别要注重建立教师发展性评价的体系,强调通过课程评价促进教师对自身的教育理念、教育态度、教育行为和教育效果的分析与反思,提升教师的教学能力与水平。教师也要运用幼儿发展评价,特别是过程性评价,对班级课程设计与实施行为进行诊断优化,促进幼儿的全面和谐发展。

拓展阅读

注重锻炼幼儿的手臂力量

结合本园对幼儿18个基本动作发展的观察评价结果,我们首先思考当前幼儿运动技能和运动组织实施中缺少什么。我们发现缺少具有野趣性、挑战性的环境,缺少对幼儿手臂力量、旋转的锻炼。因此,我们增加了富有挑战性、野趣性的大型运动器械;同时,在原有设施设备上增加了锻炼幼儿手臂力量的滑行索道等。

（资料来源:上海市杨浦区佳木斯路幼儿园）

（2）主体多元原则。

评价的主体在社会学理论上是指"参与评价的人员量的多少和面的分布"[①]。从理论上来说,课程评价应该有各种不同类型的人员(如课程专家、管理人员、教师、幼儿以及家长等)的共同参与,特别应注重教师的加入,评价者要遵循评价主体多元的原则。在学前教育现代化背景下,幼儿园课程评价的现代化主要表现为对多元主体评价的重视。幼儿园课程评价的现代化改革要丰富评价主体,优化评价主体结构,建立以教师为核心,幼儿园管理者、幼儿、家长、社会人士等其他利益相关者共同参与的多元化、民主化评价主体群,这里应特别关注幼儿的参与。[②]

（3）自评为主原则。

幼儿园课程评价是评价者与被评价者、教师与幼儿共同建构意义的过程,是一种民主参

---

① 徐红.当前课程评价的误区及社会学分析[J].教育科学研究,2003(07):49—50.

② 张斌,虞永平.守正与创新:指向中国式学前教育现代化的幼儿园课程改革[J].学前教育研究,2023(06):11—19.

与、协商交往的过程。在评价情境中，不论评价者还是被评价者，都是平等的主体。《幼儿园保育教育质量评估指南》在基本原则中指出，要坚持科学评估，完善评估内容，突出评估重点，改进评估方式，切实扭转"重结果轻过程、重硬件轻内涵、重他评轻自评"等倾向。自评为主原则指导幼儿园课程评价充分发挥幼儿园的主体作用，创设幼儿园课程自主发展的空间，调动幼儿园的积极性、主动性和创造性，构建内部的幼儿园课程自我评价机制，增强幼儿园对幼儿园课程进行自我反思、自我发展和自我完善的能力。在此基础上，加强幼儿园内部课程评价与外部课程评价有意义的联结和对话。

此外，教师作为课程情境的"内部人员"，在课程评价中具有主体性，而不是被动的、供"外部人员"评价的对象。自评为主原则提示幼儿园课程评价还要注意发挥幼儿园教师的主体性，让教师运用专业知识审视反思自身和他人的课程实践，发现、分析、研究和解决课程实践中的问题，不断提升课程实践能力。教师自评是一种对课程实施过程进行分析和反思的表现，是教师主体性的反映，因此，幼儿园课程评价应该强调发挥教师的主体性，以教师自评为主，教师自评必须借助反思来完成，反思是自评中核心而又关键的活动①，所有的教师都有责任积极参与针对课程实践进行的持续不断的反思、研讨和评价活动。即使是幼儿园管理者或"外部人员"组织的课程评价活动，也要尊重教师的主体地位，因为任何的外部评价和结果评价所提出的结论、意见及改进措施都要经过教师的理解、同化和接受，才能加以落实。

拓展阅读

幼儿园自我评估的方式

幼儿园积极贯彻落实《幼儿园保育教育质量评估指南》中"注重过程评估、强化自我评估、聚焦班级观察"的要求和精神，制定了教师每月日常保教工作考核方案，考核项目包括生活活动、运动、游戏活动、学习活动、环境创设、案头资料、家长工作、幼儿出勤率以及教研。评估方式包括教师自评和他评，帮助教师更好地自我分析课程实施中的优势与不足等。

（资料来源：上海市浦东新区浦电幼儿园）

（4）过程性原则。

《幼儿园保育教育质量评估指南》在"坚持科学评估"原则中指出，要扭转"重结果轻过程"的倾向。过程性原则指导幼儿园课程评价充分关注幼儿园课程建设和发展的过程，在评

---

① 方勤华. 教师自我评价策略：促进专业发展的角度[J]. 西北师大学报（社会科学版），2009,46(02):99—103.

价类型上要以形成性评价为主。幼儿园要加强对课程实施过程的评价，及时发现问题、解决问题，并与改进措施相衔接，以不断调整和完善原有的课程。

（5）多样性原则。

多样性原则可指导幼儿园课程评价在类型和方法上多样，应将各种类型和方法相互结合使用，多渠道、多途径收集有关幼儿发展状况、教师教育行为及幼儿园课程方案的信息和资料，提高评价结果的科学性。评价中要善于将形成性评价和终结性评价、内部评价和外部评价有机结合，注意发挥质性评价与量化评价各自不同的作用。

拓展阅读

内、外部评价相联系

经济合作与发展组织的报告《强势开端Ⅳ：早期儿童教育与保育质量评估》（*Starting strong IV: monitoring quality in early childhood education and care*）中提到：新西兰非常重视将托育机构质量的内、外部评价相联系，并认为这些程序互为补充、相辅相成，外部评价可以刺激、扩展和验证内部评价的结果，而内部评价可以加深外部评价的范围并提供重要的见解。

（6）全面性原则。

全面性原则可指导幼儿园课程评价根据课程目标，不断改进和完善原有的课程评价体系与指标，重视评价内容的全面性。幼儿园课程评价是一个涉及课程方案、课程实施和课程效果评价的工作，每一方面都不可或缺，特别要注意幼儿发展评价不能代替对课程本身的评价，不能把二者等同起来。

3. 幼儿园课程评价的标准和指标

幼儿园课程评价的开展依据的是评价标准和指标。合理的幼儿园课程评价标准和指标，将直接确保幼儿园课程评价的科学有序。

（1）幼儿园课程评价标准。

幼儿园课程评价标准是指衡量幼儿园课程设计、实施状况和实施效果的标尺。幼儿园课程评价标准可以是用数字呈现的量化标准，但为了突出质性评价在幼儿园课程评价中的重要性，更多地呈现为用文字描述的分档式等级标准，表示评价对象应在各项指标上达到的程度和表现水平。这是目前最广泛使用的幼儿园课程评价标准的形式。

如《上海市幼儿园办园质量评价指南（试行稿）》在保教实施领域将"计划安排"分为水平1、水平3和水平5三个等级，并清晰地描述出每一等级相对应的要求，具体可见表4-7。

表 4-7　"计划安排"子领域水平描述

水平	水平 1	水平 3	水平 5
描述	1.1　有学期计划、周（日）安排、一日作息等保教活动计划 1.2　一日活动安排能体现动静交替、室内与室外相结合的原则 1.3　能根据季节变化及突发事件调整作息安排	1.1　根据幼儿年龄特点，结合园所条件等因素，合理安排活动时段及内容 1.2　一日活动安排能体现均衡性，集体活动与个别活动有机结合 1.3　根据幼儿不同年龄安排餐点、午睡、运动等时间	1.1　能根据班级实际情况调整活动时间和内容 1.2　活动安排有序、从容，能给每个幼儿提供多样化的活动机会和体验 1.3　让幼儿知晓活动安排或提供讨论班级活动安排的机会，能根据幼儿需求适当调整活动时间

（2）幼儿园课程评价指标。

幼儿园课程评价指标是评价标准的具体化，是一种具体的、可测量的、行为化的评价准则，是构成评价维度的具体要素。

设计幼儿园课程评价指标时，可采用因素分解法和内涵分析法。

因素分解法是指抓住幼儿园课程的全部属性，分析与其相关的因素，并将之作为课程评价的一级指标。就幼儿园课程的内涵而言，可涉及课程方案、课程实施和课程效果等主要因素，评价者可以依据这些因素来设计课程评价的一级指标。

内涵分析法是指对分解出的一级指标，从内涵分析入手，抓住事物的本质属性，梳理出一些关键成分，把某一属性和关键成分的外在表现确定为二级指标。由于被评价的事物有多种属性，为了对事物作出科学的评价，须做出深入的分析，抓住它的本质属性，再把反映其本质属性的外在表现确定为可测量的、行为化的指标。例如，幼儿发展评价的一级指标有"幼儿兴趣"，根据兴趣的概念"个体对学习活动的一种积极认识倾向和情绪状态"[①]，可对"幼儿兴趣"进行内涵分析，使对"幼儿兴趣"的评价通过"幼儿参与活动的主动性"和"情绪状态"两个二级指标来进行。

经此分解而成的一级和二级指标，构成了一个系统的幼儿园课程评价指标体系。一般来说，完备的评价指标体系除了由一系列具体指标组成的指标集合外，还包括指标的权重系数。权重系数是反映每一项指标重要程度的数量标志。确定指标的权重时可采用专家咨询的方法，请一些专家或专业人员在其经验基础上为指标评定权重，再经过德尔菲技术处理确定指标的权重系数，最终形成幼儿园课程评价指标体系。

在设计幼儿园课程评价指标时，应遵循以下原则，以保证课程评价指标的科学合理。

---

① 教育大辞典编纂委员会.教育大辞典（第 2 卷）[M].上海：上海教育出版社，1990：59.

第一,幼儿园课程评价指标应当体现幼儿园课程的改革精神和方向。

幼儿园课程改革倡导的新观念和相应的实践做法应能够保证体现在幼儿园课程评价指标中。如新课程改革强调幼儿园教育环境的创设和师幼互动,故幼儿园课程评价指标应涵盖教育环境创设和师幼互动等内容。

第二,幼儿园课程评价指标应当与课程目标保持一致。

目标是评价的根本依据,评价活动的具体实施是围绕目标展开的。幼儿园课程评价主要是考察课程预期目标的实现情况,因此,幼儿园课程评价指标的确立从逻辑上讲也需要根据目标来进行,把目标的维度细化为评价的指标,使评价指标在方向上与幼儿园课程价值取向和课程目标相符合,这样,才能使评价真正检验出课程目标的达成度。

第三,幼儿园课程评价指标应当具有可操作性。

幼儿园课程评价指标应是可测量的,在实施时应是可行的,与评价指标相关的信息可以通过观察、调查、测验等多种方法收集,为此,幼儿园课程评价指标要具有操作性,避免使用概括化、抽象化的条文,使指标过于宏观和笼统,导致无法有效地收集评价信息。只有具体的、明确的、容易操作的指标,才能够使幼儿园课程评价便于实施,保证评价结果的可信程度,区分和鉴别评价对象的目标达成程度。

第四,幼儿园课程评价指标应当具有本质性。

幼儿园课程涉及的内容较多,影响幼儿园课程实施及质量的因素也很多,幼儿园课程评价指标无法做到面面俱到,否则整个体系会过于庞大,既难以区分出各项指标的轻重与关键程度,同时,也会由于评价时间有限,评价过程中人力、物力有限,使评价时工作量过大。为此,幼儿园课程评价指标应抓住具有代表性和典型性的重要内容,突出重点的、反映本质的指标,使其足以体现幼儿园课程评价的基本要求,从而发挥评价指标应有的导向作用。

第五,幼儿园课程评价指标应当体现多元化。

人作为个体性的存在,其个体的自我创造活动在一定程度上造就了其多元性。所以,幼儿园课程评价应打破"一刀切"的评价模式和整齐划一的单维度评价标准,关注个体差异,努力实现评价指标的多元化。幼儿园可根据国家、地方颁布的评价标准和指标进行必要的园本化,体现本园个性化的课程理念和目标。

(3)幼儿园课程评价的指标体系。

评价的指标体系是将各项单独的指标综合起来,形成一个系统化的、相互之间具有密切联系的指标群,是评价时根据评价目标要考虑的全部因素的集合。幼儿园课程评价的指标体系是将幼儿园课程评价的各项指标综合起来,形成一个全面的、系统的和相互联系的指标群。

评价指标是构成评价维度的具体要素,幼儿园课程评价指标包含了课程评价维度的三个基本要素,即课程方案、课程实施过程及课程实施效果。具体设计幼儿园课程评价指标体系时,从幼儿园课程评价对象中选择出具有典型性和全面性的关键要素,构成幼儿园课程评价指标体系的一级指标。然后,从确定的一级指标出发,运用系统的因素分解法和内涵分析法继续进行分解,筛选和罗列出一级指标下的各要素,以此构成二级指标,使评价内容更具体和可操作。如以《上海市幼儿园办园质量评价指南(试行稿)》中"3—6 岁儿童发展行为观察指引"的指标体系为例,首先对幼儿发展的内涵进行透彻理解,系统分析了幼儿发展涉及的内容,运用因素分解法确定了涵盖幼儿发展的关键要素,以此构成了幼儿发展评价指标体系的一级指标,即幼儿发展评价的领域。随后,从一级指标下的幼儿发展评价领域出发,运用内涵分析法和因素分解法进行每一领域内基本元素的分解,构成若干个二级指标,即幼儿发展领域下的子领域。依次类推,继续分解二级指标,使三级指标成为可以观察、能够测量的幼儿行为。以上设计出的上海市幼儿发展评价指标体系见表 4-8。

表 4-8　幼儿发展评价的指标体系

一级指标	二级指标	三级指标
1. 体能与健康	1.1　身心状况	体态、情绪、适应能力
	1.2　动作发展	运动兴趣、粗大动作的平衡能力及其协调灵敏、力量和耐力、手的动作的灵活协调
2. 习惯与自理	2.1　生活习惯和能力	生活自理能力与生活卫生习惯、自我保护能力
	2.2　学习习惯	倾听习惯、爱提问题、做事专注坚持
	2.3　文明习惯	文明的言行举止、行为规范的遵守
3. 自我与社会性	3.1　自我意识	自我接纳,自尊、自信、自主的表现
	3.2　人际交往	与同伴的相处、关心尊重他人
	3.3　社会适应	对群体生活的适应、归属感、对多元文化的感受和体验
4. 语言与交流	4.1　理解与表达	常用语言的倾听理解、语言的交流表达
	4.2　前阅读与前书写	阅读的兴趣与方法、阅读理解能力、书面表达的愿望和技能
5. 探究与认知	5.1　科学探究	喜欢探究、探究的方法、通过探究认识事物与现象
	5.2　数学认知	对数学有用和有趣的感知,对数、量及数量关系的感知,对形状与空间关系的感知
6. 美感与表现	6.1　感受与欣赏	对自然界与生活中美的事物的感受、对多种多样的艺术形式和作品的感受
	6.2　表现与创造	对艺术活动表现的兴趣、艺术表现与创造能力

　　幼儿园课程评价的内容可包括课程方案、课程实施过程及课程实施效果。上文主要介绍了对课程实施效果,即幼儿发展进行评价的指标体系。除此之外,评价者,特别是国家、地方层面的幼儿园课程评价者需要根据以上思路和方法设计出相应的课程方案及课程实施过

程的评价指标体系。

（4）幼儿园课程评价内容与指标。

由幼儿园课程评价的含义可知,幼儿园课程评价内容涉及课程设计、课程实施过程及课程实施效果等三个方面,在不同层面都是如此,具体包括以下内容与指标。

① 幼儿园课程设计的评价内容与指标。

由于国家、地方层面的幼儿园课程设计主要是一种原则性、普适性的规定,故对国家、地方层面的幼儿园课程设计的评价,应更侧重其课程理念、方向及指导性。一般来说,这一层面主要考察课程设计是否依据科学的、先进的课程理论和价值取向;课程设计中的基本要素是否具有内在的逻辑性;课程设计的科学性如何,是否遵循了各年龄段幼儿的发展规律和特点;课程设计的指导性如何,是否指明了各幼儿园课程设计、实施及评价的方向;课程目标是否具有前瞻性及幼儿发展为本的价值取向;课程内容是否整合、均衡、生活化;对课程实施和评价的指导是否明确、清晰等。

相对而言,园级层面的幼儿园课程方案评价指标更侧重其可行性及适切性。具体而言,重点考察幼儿园课程方案是否符合国家、地方的课程理念和价值取向;考察课程方案的基本要素是否齐全,并具有内在的逻辑一致性;考察课程方案的科学性和可行性,即课程设置及活动内容是否能保证幼儿多样化的实践经历,丰富幼儿的体验与经验,各活动的时间比例是否合理并能加以贯彻落实;考察课程方案的指导性如何,是否能明确引领幼儿园教师的课程设计、实施和评价等课程实践活动;考察课程方案的适切性如何,是否符合各年龄阶段幼儿发展的规律和特点;考察课程目标是否能反映国家、地方课程目标的价值取向,并反映幼儿园的实际情况和发展需要;考察课程内容是否体现启蒙性、平衡性、生活性、整合性、基础性等特点;考察课程实施、课程评价的指导是否清晰、具体,是否具有可操作性等;考察课程管理的规划是否能发挥全体教师的积极性,并落实相应的组织和制度等。

② 幼儿园课程实施过程的评价内容与指标。

幼儿园课程实施过程的评价主要针对的对象是课程实施者——幼儿园班级教师。不同层面的幼儿园课程实施过程评价指标均主要考察教师对国家、地方及园级课程的执行情况,评价点关注教师在课程实施方面应具有的高质量的专业水平和科学的保教行为。参考《幼儿园保育教育质量评估指南》,具体评价指标主要涉及以下三方面。

● 活动计划与组织。

活动计划与组织是教师实施课程的前提,是对幼儿园课程方案的具体化和操作化。活动计划与安排主要考察教师是否做到以下内容:认真按照《幼儿园教育指导纲要(试行)》《3—6 岁儿童学习与发展指南》的要求,结合园所、班级实际,每学期、每周制定科学合理的班级保教计划;一日生活安排相对稳定合理,并能根据幼儿的年龄特点、个体差异和活动需要做出灵活调整,但避免活动频繁转换、幼儿消极等待;以游戏为基本活动,确保幼儿每天有充分的自主游戏时间,因地制宜地为幼儿创设游戏环境,提供丰富适宜的游戏材料,支持幼儿的探究、试错、重复等行为,与幼儿一起分享游戏经验;发现和支持幼儿的有意义学习,采用小组或集体的形式讨论幼儿感兴趣的话题,鼓励幼儿表达自己的观点,提出问题,分析并解决问题,拓展提升幼儿日常生活和游戏中的经验;关注幼儿学习与发展的整体性,注重健康、语言、社会、科学、艺术等领域有机整合,促进幼儿智力和非智力因素协调发展,寓教育于生活和游戏中;关注幼儿发展的连续性,注重幼小科学衔接;大班下学期采取多种形式,有针对性地帮助幼儿做好身心、生活、社会和学习等方面的准备,帮助幼儿建立对小学的积极期待和向往,实现顺利过渡。

● 师幼互动。

师幼互动是班级课程实施的重要体现,主要考察教师是否做到以下内容:保持积极乐观愉快的情绪状态,以亲切和蔼、支持性的态度和行为与幼儿互动,平等对待每一名幼儿,使幼儿在一日生活中自信、从容,放心大胆地表达真实情绪和观点;支持幼儿自主选择游戏材料、同伴和玩法,支持幼儿参与一日生活中与自己有关的决策;认真观察幼儿在各类活动中的行为表现并做必要记录,根据一段时间的持续观察,对幼儿的发展情况和需要做出客观全面的分析,提供有针对性的支持;不急于介入或干扰幼儿的活动;重视幼儿通过绘画、讲述等方式对自己进行的游戏、阅读的图画书等表达表征,一对一倾听并真实记录幼儿的想法和体验;善于发现各种偶发的教育契机,抓住活动中幼儿感兴趣或有意义的问题和情境,及时给予有效支持;尊重并回应幼儿的想法与问题,通过开放性提问、推测、讨论等方式,支持和拓展每一个幼儿的学习;理解幼儿在健康、语言、社会、科学、艺术等领域的学习方式,尊重幼儿发展的个体差异,发现每个幼儿的优势和长处,促进幼儿在原有水平上的发展;不片面追求某一领域、某一方面的学习和发展。

● 家园共育。

家园共育是班级课程实施的支持性条件,主要考察教师是否做到以下内容:与家长建立平等互信关系,及时与家长分享幼儿的成长和进步,了解幼儿在家庭中的表现,认真倾听家长的意见建议;为家长提供机会体验幼儿园生活、参与幼儿园管理的平台,引导家长理解教师工作对幼儿成长的价值,尊重教师的专业性,积极参与并支持幼儿园的工作,成为幼儿园的合作伙伴;通过家长会、家长开放日等多种途径,向家长宣传科学育儿理念和知识,为家长提供分享交流育儿经验的机会,帮助家长解决育儿困惑;与家庭、社区密切合作,积极构建协同育人机制,充分利用自然、社会和文化资源,共同创设良好的育人环境。

③ 幼儿园课程实施效果的评价内容与指标。

幼儿园课程实施效果的评价主要针对幼儿园在课程实施后所取得的各种成效,包括经过课程学习后幼儿发展水平的提升、教师课程实施能力的提高和教育行为的变化、幼儿园课程质量水平的提升等。

由于幼儿园课程目标最终指向的是幼儿达到预期的发展状态和水平,因此此方面的评价需要重点从幼儿的发展水平方面得到最直接的信息。高质量幼儿园课程最核心的标志是幼儿的全面和谐发展,因此幼儿园课程实施效果的评价主要指向幼儿发展评价。幼儿发展评价作为幼儿园课程评价的重要内容,是指以促进幼儿发展为目的,依据幼儿学习与发展的目标,运用一定的方法和手段,系统地收集、记录幼儿各方面发展的信息,对幼儿的发展状况进行分析解读、价值判断的活动。

幼儿发展评价指标,主要依据幼儿学习与发展的目标确定,可包括幼儿的体能与健康、习惯与自理、自我与社会性、语言与交流、探究与认知、美感与表现等领域的内容。

● 体能与健康。

幼儿体能和健康领域发展的评价指标主要包括身心状况、动作发展两个子领域的评价指标。其中,身心状况包括健康的体态、安定愉快的情绪、一定的适应能力;动作发展包括对运动的兴趣,平衡能力,动作的协调、灵敏,力量和耐力,手的动作。

● 习惯与自理。

幼儿习惯与自理领域发展的评价指标主要包括生活习惯与能力、学习习惯、文明习惯三个子领域。其中,生活习惯与能力包括基本的生活自理能力、良好的生活与卫生习惯、基本的自我保护能力;学习习惯包括良好的倾听习惯、提问习惯,做事专注、坚持;文明习惯包括文明的言行举止、行为规范的遵守。

● 自我与社会性。

幼儿自我与社会性领域发展的评价指标主要包括自我意识、人际交往、社会适应三个子领域。其中,自我意识包括对自己和他人不同的认识,自我的接纳,自尊、自信、自主的表现;人际交往包括与人交往的意愿和友好性、对他人的关心尊重;社会适应包括对群体生活的兴趣和适应性、归属感、对多元文化的感受和体验。

● 语言与交流。

幼儿语言与交流领域发展的评价指标主要包括理解与表达、前阅读与前书写两个子领域。其中,理解与表达包括对常用语言的理解、语言交流的意愿及清晰性;前阅读与前书写包括听故事、看图书的兴趣,阅读理解能力,书面表达的愿望和技能。

● 探究与认知。

幼儿探究与认知领域发展的评价指标主要包括科学探究、数学认知两个子领域。其中,科学探究包括探究的兴趣、探究周围感兴趣的事物与现象的方法、探究中对事物与现象的认识;数学认知包括对生活中数学的有用和有趣的感知,对数、量及数量关系的感知,对形状与空间关系的感知。

● 美感与表现。

幼儿美感与表现领域发展的评价指标主要包括感受与欣赏、表现与创造两个子领域。其中,感受与欣赏包括对自然界与生活中美的事物的感受、对多种多样的艺术形式和作品的感受;表现与创造包括对艺术活动的表现兴趣、初步的艺术表现与创造能力。

4. 幼儿园课程评价的类型

依据不同的标准,课程评价可以有多种不同的分类。根据评价的作用和性质,幼儿园课程评价可分为形成性评价和终结性评价;根据评价的方法,幼儿园课程评价可分为量化评价和质性评价;根据评价关注的焦点,课程评价可分为内部评价和外部评价。在对幼儿园课程评价类型的设计中,要紧密结合评价理念和原则。

(1)形成性评价为主,终结性评价为辅。

形成性评价(formative evaluation)和终结性评价(summative evaluation)是美国课程专家斯克瑞文(M. Scriven)于1967年在《评价方法论》一文中提出的。[①]

幼儿园课程的形成性评价,又叫过程评价,是指在幼儿园课程设计和实施的过程中,对所表现出的各种课程现象进行的评价,旨在发现有关课程设计与实施的问题并进行及时的调整。幼儿园课程的终结性评价,又叫结果评价,是在课程实施一个阶段之后进行的,旨在了解幼儿园课程总体的水平和质量。课程专家斯泰克(R. E. Stake)曾举了一个厨师品汤的例子,用来形象地说明形成性评价和终结性评价之间的关系。他指出,厨师品尝汤的味道,为的是对汤的味道做出调整,这发生在烹饪的过程中,品汤是为了改善和发展。当客人品汤时,烹饪工作已经结束,品汤发生在这个过程的结尾,人们能做的只有结果评价。[②]

形成性评价是在幼儿园课程设计与实施尚处于发展或完善的过程中进行的,其主要目的在于发现和收集这一过程中的问题与不足,以作为进一步修订和完善课程方案及课程实施方法的依据。从形成性评价所起到的作用来看,其有助于发现问题并及时做出调整。从其特点来看,具有可操作性,便于课程实施者操作。因为在实践中,许多评价内容都需要在过程中持续收集信息和资料;再者,由于时间和精力的限制,幼儿园会将综合的评价内容分解在不同阶段,有侧重地进行各种小规模的、专项的形成性评价。但是,形成性评价更多地采用了动态的、即时的评价方式,所收集的资料可能有限并会因时而变,评价的内容不够整体全面,评价的过程和程序无法做到完全规范,评价的标准也无法完全统一。

终结性评价是在幼儿园课程实施至某学期或学年结束后进行的,其主要目的在于广泛收集有关幼儿园课程活动的信息和资料,对幼儿园课程的设计、实施及效果等做出整体判断,确定课程目标的实现程度,并作为确定幼儿园课程的价值并进一步推广或调整课程计划的依据。终结性评价具有综合性的特点,可以判断幼儿园课程设计与实施的总体成就,其关注点集中在整个幼儿园课程的效能评定方面。终结性评价可确定幼儿园课程目标的实现程度,评价方法较注重对结果的评定,更显性且直接。终结性评价还能在把握目标达成度的同时,便于课程实施者在一定程度上根据幼儿最终的发展状况和水平来调整幼儿园课程内容。然而,终结性评价毕竟过分关注预期的结果,而忽视了计划之外的结果,更忽视了课程实施中的过程因素,如幼儿参与学习活动的兴趣和动机、幼儿实际体验到的课程、师幼互动的过程等。此外,终结性评价作为一种全面性、综合性的评价,在幼儿园实施起来工作量较大,较费时费力,一定程度上也会影响评价结果的客观性。

形成性评价作为一种过程评价,可以在幼儿园课程设计的初始阶段,提供具体而又详细的有关课程活动的各类反馈信息,让课程设计者与实施者随时了解问题之所在;也可以在幼

---

① 转引自:李雁冰.课程评价论[M].上海:上海教育出版社,2002:9.

② 转引自:(美)戴维·米德伍德,尼尔·伯顿.课程管理[M].吕良环,译.杭州:浙江教育出版社,2008:88—89.

儿园课程的实施过程中，对所表现出的有关课程的各种现象，运用观察、访谈、问卷调查、作品分析等多种方法收集信息，可收集的内容包括幼儿对课程内容的兴趣需要和掌握程度、幼儿在课程实施中的表现、课程目标与课程内容的一致性、幼儿对课程的态度等，指导课程设计者和实施者对幼儿园课程进行及时的调整和修改，以更好地适应幼儿及教师的需要。因此，运用形成性评价持续诊断幼儿园课程设计和实施，在使其不断完善这一意义层面上，比运用一次性的终结性评价获得最终的结果更有意义，这种动态持续的评价更能提高幼儿园课程的适应性，促进幼儿有效的学习与发展。幼儿园课程评价要以形成性评价为主，注重课程计划的实施过程，寻求课程设计和实施过程中有意义的变量及影响因素。幼儿园行政人员应加强幼儿园课程评价的过程管理，通过形成性评价，动态把握课程设计的贯彻落实情况，并根据信息对课程及时做出科学合理的调整。

终结性评价作为一种结果评价，在判断幼儿园课程是否具有价值、是否有效起到了促进幼儿发展的作用、是否值得采用和进一步推广时，更具有价值。通过终结性评价，可了解幼儿的整体发展水平与状况，了解幼儿园课程目标的达成度，从而对幼儿园课程设计与实施的总体效果做出结论。

（2）质性评价为主，量化评价为辅。

量化评价（quantitative curriculum evaluation）在 20 世纪 60 年代的课程评价中占主导地位。所谓量化评价，就是力图把复杂的课程现象简化为数量信息，从量的关系上对课程进行判断，从数量的发现与比较中推断某一评价对象的成效。幼儿园课程的量化评价就是指收集有关幼儿园课程设计与实施方面的定量材料，进行科学的分析、比较，并在此基础上做出有关幼儿发展状况、幼儿园课程计划和实施情况等的评价，从而判断幼儿园课程的总体价值。

量化评价的方法论基础是科学实证主义。量化评价的倡导者认为只有量化的数据才是客观可信的，故课程评价多采用实验处理的方式。为了使评价结果更具有信度和效度，必须控制课程以外的各种变量，以免影响实验处理与实验结果之间的关系。而且，评价者必须严格采取中立的态度，防止带有个人偏见的价值观。幼儿园课程的量化评价就是指评价者把注意力集中在所获得的分数上，将对幼儿发展、对幼儿园课程设计和实施情况评价的分数等作为主要证据。幼儿园课程的量化评价逻辑性强，标准化、精确化程度较高，可以客观地实施评定。但幼儿园课程的量化评价忽略了幼儿园课程设计和实施中那些较难用分数测量的重要内容，如教师、幼儿对课程的态度，幼儿活动的兴趣和需要等，从而影响了幼儿园课程评价的信度。

质性评价（qualitative curriculum evaluation）在 20 世纪 70 年代后日益兴盛起来。所谓质性评价，就是力图通过自然的调查，全面充分细致地揭示和描述评价对象的各种特质，以显示意义，促进对评价对象的了解。幼儿园课程的质性评价，就是指评价者利用问卷调查、观察、访谈、作品分析等各种方法，了解课程设计和实施的情况，并利用所获得的资料对课程方案或计划、课程实施及效果进行评价，更多地从参与者的角度来理解和描述幼儿园课程的价值。

质性评价的方法论基础是人文主义（humanistic）或自然主义（naturalistic）。质性评价的倡导者反对把复杂的课程现象简化为单纯的数字,因为社会现象纷繁复杂,各种事物都是相互关联的,不可能把它们彼此割裂开来加以研究。在他们看来,人类的行为表现都是与特定的情境联系在一起的,若要了解它们,就必须将它们置于本来的情境之中。而且,评价者作为一个人,要完全排除个人的主观倾向是不可能的。所以,质性评价的提倡者主张重视评价者与实际情境的交互作用。在幼儿园课程的质性评价中,评价者走出冷冰冰的数字,更多地从课程设计者和实施者的角度来看待课程设计、课程实施过程与课程实施效果。为此,评价者收集的信息和材料大多是定性的,而不是定量的。在针对评价对象的问卷调查、访谈中所获得的材料,在对评价对象课程活动的观察中获得的各种信息等,都可用来作为评价的依据。评价者在对信息的分析中,更多采取对实际情形的文字描述,而不是数据分析。质性评价尊重课程现实,对问题的认识注重真实性和全面性,它最突出的特点就是对人的尊重,从评价对象的角度去解释和理解评价对象及其行为的内容意义。但由于评价者和评价对象都是主体的人,因此评价会受到各种主观因素的干扰,造成评价标准和指标的确立存在一定的困难,使与特定的情境密切相关的质性材料的可靠性成为一个问题,影响了评价的信度;同时,质性材料的收集相对比较困难,也比较费力费时。

由于幼儿园课程评价对象更多涉及的是复杂的人(包括园长、教师及幼儿等)的主体行为,因此,幼儿园课程评价应多采用自然主义的质性评价方法,用访谈、观察、作品分析等方法收集资料,并利用所获得的资料对课程方案、课程实施及效果进行总体的评价。当然,幼儿园课程评价还可结合量化评价进行。当需要对课程设计、实施及效果中的某个细节问题做进一步的深入探究时,评价者往往可采用量化评价。特别是涉及幼儿体能与健康领域的评价时,教师可以采用测试等量化评价的方法。量化评价的恰当使用有助于深入获取和把握幼儿园课程设计、实施方面的问题,为幼儿园课程评价提供更具有说服力的证据。

总之,幼儿园课程评价要以质性评价为主,辅以量化评价,指导评价者审慎地使用量化评价,多使用质性评价,努力将自己当做一名参与者,运用更尊重评价对象的方式去理解和诠释评价结果背后隐藏的丰富的意义,而不是仅满足于告知和给予评价对象一些"冷冰冰"的数据。

(3) 内部评价为主,外部评价为辅。

内部评价(internal evaluation)是指局内人开展的对自身的课程现象和活动的评价,评价由课程实施主体进行。外部评价(external evaluation)则是指局外人开展的针对某一对象的课程现象和活动的评价,评价由课程实施者以外的其他人来进行。

幼儿园课程的内部评价与外部评价是相对而言的,由于此处阐述的主要是针对园级层面的课程评价,因此,内部评价又可以称作幼儿园内部的自我评价,是幼儿园管理者及保教人员自主进行的,以幼儿园课程完善与改进为目的的,对本园课程的评价活动,包括自评与他评。外部评价又可以称作局外人评价,是幼儿园外部的他人作为主体对幼儿园开展的评价,主要有课程专家、幼儿教育行政管理人员、督导人员及其他幼儿教育工作者等评价主体,为的是了解幼儿园课程是否符合国家、地方政策所规定的要求,达到了何种质量水平,是否把握了幼儿园课程的价值。

幼儿园课程的内部评价是由幼儿园自己实施的评价活动,评价者是幼儿园的内部人员,较熟悉幼儿园的课程设计与实施情况,熟悉幼儿园课程发展的组织运作、历程与脉络,评价的操作相对较简便易行,也能够较深入地了解课程设计与实施中的影响因素及复杂性。此外,幼儿园课程的内部评价由于评价动力多源自幼儿园内部的主动性,评价结果也可较及时地转化和运用于对课程方案及其实施的调整。但幼儿园内部的评价者毕竟不是专业的评价者,可能导致评价结果不尽客观;内部评价的他评中,由于评价主体间各种情感因素的影响,评价中的认同成分多于批判成分,评价结果易主观而流于形式。

幼儿园课程的外部评价一般由幼儿园之外的评价专家和行政人员等实施,其专业知识与能力可使评价活动较为严格和公正,评价结果的信度相对较高;由于不熟悉评价对象,其评价不用考虑人情问题,加上"旁观者清"的效应,不易产生偏差,评价结果较客观。但这类评价会使评价对象——幼儿园的管理者、教师和幼儿完全处于被动的地位,幼儿园至多做配合和辅助的工作,无法激发评价对象的内在动机,很少体现出激励和促进发展的功能。

"评价的目的不在于证明,而在于改进。"[①]2020 年,中共中央、国务院印发《深化新时代教育评价改革总体方案》,要求探索增值评价,即评价不应只是满足于发挥鉴定与选拔的功能,更应实现改进和完善的功能。《幼儿园保育教育质量评估指南》指出:坚持以评促建。充分发挥评估的引导、诊断、改进和激励功能,注重过程性、发展性评估,引导办好每一所幼儿园,促进幼儿园安全优质发展。改进和完善应当是课程评价本身所具有的一种功能,意在促进评价对象为实现理想课程愿景而不断优化行动,特别是可对课程设计和实施中所存在的问题进行诊断,为其进一步的改进提供支持,帮助寻求课程"增值"的途径。故在当前强调幼儿园内涵发展、追求幼儿园课程高质量发展的背景下,幼儿园课程的内部评价致力于持续性的课程问题的诊断和改进,相对若干年进行一次的幼儿园分等定级鉴定的外部评价而言,具有更大的意义和作用。为此,幼儿园课程评价要以内部评价为主,外部评价为辅,指导幼儿园要重视课程的内部评价工作,努力建立一种自主评价和促进发展的内部机制。同时,在评价中幼儿园可主动邀请外部人员进行评价技术的专业指导,共同促进幼儿园课程的发展与改进,以弥补幼儿园课程内部评价的局限性,追求幼儿园课程内部评价结果的客观性。

5. 幼儿园课程评价的方法

幼儿园课程评价对象涉及课程方案、课程实施过程及课程实施效果等方面,十分广泛,因此,评价方法也应是多元的。在幼儿园课程评价对象中,对课程实施效果——幼儿发展的评价,涉及的指标内容较多,难度较高,故评价方法最为多样,因此为避免重复阐述,此处主要介绍幼儿发展评价方法的设计,评价者了解后可以在对课程方案及实施的评价中触类旁通、迁移运用。

---

① 瞿葆奎,陈玉琨,赵永年. 教育评价[M]. 北京:人民教育出版社,1988:263.

（1）观察法。

① 观察法的定义。

观察法是指评价者有目的、有计划地通过感官和辅助仪器，对自然状态下幼儿的行为进行考察、记录和分析，以收集评价资料的一种方法。观察法可以观察到幼儿在自然状态下的行为表现，其情境及获得的评价结果相对比较真实。但是，运用观察法收集资料较费时。

② 观察法的种类。

观察法按观察的情境，可分为自然观察法和情境观察法。自然观察法是指在日常生活的正常状态下，评价者有目的、有计划地对幼儿的行为进行直接观察、记录，从而获得幼儿发展评价信息的方法。情境观察法是在教育的实际情境下，按照评价目的控制和改变某些条件，将幼儿置于特定情境中进行观察记录，以收集评价资料的方法。

幼儿发展评价要以自然观察为主，如此可收集大量真实、客观的资料，以获得丰富且可反映幼儿现有发展状况和潜在水平的事实依据。当然，必要时评价者也可以采用情境观察法，对特定情境中的幼儿表现进行观察和评价。

拓展阅读

火灾、地震演习

在《3—6岁儿童学习与发展指南》健康领域中，"生活习惯与生活能力"子领域目标3为"具备基本的安全知识和自我保护能力"。对于中大班幼儿，应"知道一些基本的防灾知识"。据此，幼儿园教师结合每月一次的火灾、地震演习，模拟灾害发生的场景，观察幼儿的自我保护行为表现，分析幼儿在灾害发生时是否具有基本的防灾知识。

按观察有无目的来分类，观察法可分为结构性观察与非结构性观察。结构性观察是有明确观察目的和范围、有详细的观察计划及合理设计的一种可控性观察。结构性观察常用于对评价对象有充分了解的情况下，能帮助评价者获得相对丰富而翔实的材料，便于评价者在对观察资料进行分析和解读的基础上对幼儿发展状况进行判断。非结构性观察是对观察的范围和目的采取灵活弹性的态度，观察内容与观察步骤不预先确定，也没有具体记录要求的一种非控制性观察。由于幼儿的行为表现会有很大的偶发性和动态性，因此，非结构性观察也是评价者须掌握和运用的一种观察方法。为全面收集幼儿发展评价的信息和资料，评价者首先要加强日常生活中对幼儿观察的目的性，因为在一日生活中包含了关于幼儿的大量信息，评价者由于客观条件限制不可能全部观察到，而且也无此必要。由此，对于评价者而言，选择观察内容和范围、确立观察目的是十分重要的。此外，为提高观察的效益，评价者要善于将有目的的结构性观察和随机的非结构性观察相结合。

结构性观察为主、非结构性观察为辅的观察记录表

为加强对幼儿的结构性观察,教师设计了以下观察记录表,明确了观察目的、内容。观察目的为"了解幼儿是否能在较热或较冷天气下坚持户外活动半小时左右",观察内容为"幼儿在较热或较冷天气下户外活动中的表现及持续时间"。带着这样的观察目的和内容,教师观察并记录幼儿的典型表现。同时,当幼儿在户外活动中出现其他领域的偶发或突发表现时,教师在表格中的"其他表现"一栏进行记录。观察记录表的设计以对幼儿的结构性观察为主,同时辅以非结构性观察。

表 4-9 观察记录表

观察日期		观察时间		观察者	
观察对象		观察情境	较冷或较热天气下的户外活动		
观察目的:了解幼儿是否能在较热或较冷天气下坚持户外活动半小时左右					
观察内容:幼儿在较热或较冷天气下户外活动中的表现及持续时间					
观察记录:					
其他表现:					

按观察的时间、事件和行为来分类,可分为时间抽样观察法、事件抽样观察法和行为检核表法。时间抽样观察法是以时间作为选择标准,专门观察和记录在特定时间内所发生的行为,主要记录行为呈现与否、呈现的频率及其持续时间。事件抽样观察法是观察者事先确定观察目的,选择某种或某类事件作为观察的目标,在观察中等待该事件的发生并仔细观察事件全过程再加以记录的方法。行为检核表法是根据评价的需要,将要观察的项目或行为预先列出表格,然后观察个体的实际表现,对这些项目和行为进行检查核对,做有无的标记或评出等级水平的方法。

观察法是评价幼儿发展水平和状况的最常用方法,其类型繁多,在具体使用时可结合评价的目的和指标灵活选用。无论使用何种观察法,评价者都要坚持对幼儿行为的持续性观察,避免偶发因素的影响。一般来说,一项评价指标至少要观察三次后再进行分析判断,如

此可得出客观的评价结论。

③ 观察记录。

为保证评价的科学性,运用观察法时,评价者要辅以适当的记录。记录是对观察过程和观察结果的整理与反思。观察记录主要采用质性的文字描述的方式,在现场观察过程中,为不影响教师带班,但日后还能真实还原幼儿的行为表现,可采用录音、录像、照相等方式。

记录可使用轶事记录法和频率统计法来描述所收集的幼儿表现信息。轶事记录法指在日常生活情境下,根据观察目的和内容,对幼儿自然表露的、具有评价其某方面发展价值的典型行为进行真实记录。该方法简单而方便,以单一事件的简短描述为主,便于评价者随时记录与幼儿发展评价指标相关的信息,较少受外在条件的限制。频率统计法是指当与评价内容和指标相关的幼儿的目标行为出现时就记录,然后统计幼儿该行为出现的频率。频率统计法重在记录幼儿特定行为在一定时间段内增多或减少的现象,根据此行为出现的频率来对幼儿相应的某方面的发展做出评价。

此外,还可以使用检核等级和轶事合一的记录法、连续记录法等。检核等级和轶事合一的记录法,首先将观察内容所指向的行为表现和等级罗列出来,根据幼儿的实际表现确定等级,并辅以案例或照片作为证据。连续记录法是按照时间顺序对幼儿一次活动或一个阶段持续的行为表现进行观察并运用若干个轶事记录描述幼儿的典型表现。如针对幼儿"遇到困难不轻易放弃,能再次尝试,努力无果后再求助"的表现,需要持续的观察和记录,可使用连续记录法。

拓展阅读

观察记录表

表 4-10 轶事记录表

观察日期		观察时间		观察者	
观察对象		观察情境			
观察目的:了解幼儿是否能自己上厕所;在帮助下,是否能穿脱衣服					
观察内容:有便意时幼儿自己上厕所及穿脱衣服的表现					
典型表现记录:					
分析与评价:					

表 4 - 11　频率统计(出勤统计)表

统计对象		统计时间		统计者	
统计目的:了解幼儿在变换新环境时身体状况是否基本正常,较少出现身体不适					
暑假后开学第一个月因病缺勤天数			病因		
寒假后开学第一个月因病缺勤天数			病因		
国定长假后因病缺勤天数			病因		
分析与评价:					

表 4 - 12　检核等级和轶事记录合一的记录表

观察日期		观察时间		观察者	
观察对象		观察情境	运动前、中、后穿脱衣服		
观察目的:了解幼儿是否在帮助下能穿脱衣服					
表现 ＼ 内容		能 ★★★	基本能 ★★	加油 ★	
在帮助下,运动前脱简单的衣服					
在帮助下,运动中脱简单的衣服					
在帮助下,运动后穿简单的衣服					
案例、照片:					

(2)访谈法。

访谈法是指评价者有目的、有计划地与幼儿及其身边的人交谈以收集幼儿发展评价资料的一种方法。这种方法不受书面语言理解能力的限制,且可以深入交谈,较适合幼儿。

评价者在评价时,要在日常生活中多与幼儿交谈,让幼儿表述自己的感受和经验,并注意倾听。评价者还要经常与其身边的人(教师、家长)交谈,以更全面、准确地了解幼儿的发展。

拓展阅读

当陌生人触碰自己身体的敏感部位时

为评价幼儿是否具有基本的自我保护能力,了解当幼儿遭遇相关事件时,是否知道逃避和求助,教师借用绘本《请不要随便摸我》,与幼儿进行怎样处理类似问题的谈话。为此,教师提出问题:身体上的哪些部位是不可以让陌生人触碰的? 当有人这么做时,你应该怎么办? 通过访谈法收集幼儿这方面的行为表现。

(资料来源:上海市徐汇区长桥第三幼儿园张凌老师)

（3）表现评估法。

表现评估法(performance assessment),又叫表现性评价,是为考察"学生运用已有知识解决新颖问题或者完成特定任务而进行的一种系统的评价"①。表现评估法的特点是以真实的问题为起点,对行为的过程和产物进行评价。幼儿发展评价中的表现评估法指在教育活动真实情境中给幼儿安排一定的任务,如唱歌、跳舞、讲故事、念儿歌、画画等,让幼儿完成活动并展现出自身的能力,以此了解幼儿发展水平。表现评估法强调幼儿的能力和水平可直接地通过行为或间接地从作品中观察了解到,故又可以叫作品分析法。

幼儿的有些行为表现只有过程而缺少有形的产物,评价者在现场观察中,可以通过录音、录像等方式记录,再进行后续的分析评价。有些行为有产物和成品,评价者可以结合它们进行评价。

拓展阅读

作品分析法

作品分析法是指教师基于幼儿园课程有目的地收集幼儿表达表现的、与幼儿发展评价内容相关的作品作为评价资料,以获得幼儿相应的表现水平与发展状况的方法。作品可包括幼儿创作的各种绘画、手工类的艺术作品,也可包括幼儿的语言表述、儿歌表演、唱歌、舞蹈律动等,还可包括幼儿科学探索类的作品等。由此,运用作品分析法可获得幼儿在语言、艺术等领域发展的丰富表现,为幼儿上述领域的发展状况提供评价证据。

（4）测试法。

测试法是用一定的测验项目去测试幼儿,根据其结果对幼儿有关方面的发展做出判断的方法。测试法主要用于对幼儿健康水平和运动水平的分析与评价,如评价者可对幼儿进行定期的

---

① Stiggins R J. Two Disciplines of Educational Assessment [J]. Measurement and evalution in conseling and development, 1993(26):93—104.

动作发展水平的测定,了解幼儿动作发展及体质发展的现状与变化趋势。幼儿发展评价中的测试法多是一种非标准化的测验,不宜借助于纸和笔进行,多通过幼儿的行为表现来评定。

拓展阅读

双手抓杠、身体悬空下垂的测试

在中班自主运动中,教师在悬垂区观察并用秒表记录幼儿双手抓杠、身体悬空下垂的时间,分析评价是否达到《3—6岁儿童学习与发展指南》对4—5岁幼儿所描述的"坚持15秒钟左右",并判断其手臂是否具有一定的力量。

（案例来源:上海市黄浦区奥林幼儿园徐珏老师）

（5）问卷调查法。

问卷调查法是指评价者根据评价目的,通过书面形式向幼儿或了解该幼儿的成人提出经过严格设计的问题,从而广泛收集幼儿发展信息、获取幼儿发展评价资料的方法。

评价者可根据评价需要设计问卷,了解幼儿在园内和园外的行为表现、生活经验和学习经验,广泛收集幼儿发展的信息。问卷调查的对象可以是幼儿,由评价者直接询问幼儿,填写问卷;也可以是幼儿的家长或熟悉幼儿的保教人员,由他们填写完成。

（6）档案袋评定法。

档案袋评定法(portfolio assessment)是一种综合性的评价方法,它是指评价者收集包括对幼儿一段时间内的发展进行的观察与记录,幼儿在学习过程中创作的作品与分析,师幼间、同伴间以及幼儿与家长间有价值的交谈记录等档案资料,经过整理后进行评价,以反映幼儿在一段时期内的学习过程与成长轨迹。档案袋评定法是一种特殊的表现性评价,其与一般的表现性评价的区别在于主要是形成性评价,以幼儿园内部人员评价为主,注重幼儿的多次表现;而一般的表现性评价除了以上的特征外,还可使用终结性的外部评价,可以幼儿的某一次表现来进行判断。

从语义分析来看,档案袋的英文是"portfolio",有"代表作选辑"的意思。最初使用这种形式的是画家及摄影家,他们把自己有代表性的作品汇集起来,向预期的委托人展示。将之应用到教育上,也就是汇集学生作品的样本,但目的是展示学生的学习和进步状况。

档案袋评定法作为一种质性评价方法,较适用于形成性评价,可以反映幼儿发展过程中的努力和进步。档案袋的使用,可以将幼儿的各种作品和相关资料收集起来,为评价提供全面、丰富、生动的信息。这样,教师对幼儿发展水平的评价不再只通过一两次测试或访谈就得出结论,而是在回顾一段时期内积累的各种质性资料的基础上做出评价,使终结性评价与形成性评价相结合,保证了评价的准确性。

一般来说,档案袋收集的内容可以参考幼儿发展评价指标,涵盖幼儿的体能与健康、习

惯与自理、自我与社会性、语言与交流、探究与认知、美感与表现等多个发展领域,其具体形式也是丰富多样的,主要有:

① 作品样本。

传统评价往往不考虑幼儿作品样本的收集。而实际上,作品是表现儿童成就与努力过程的最佳方式。幼儿的作品样本既可以是用纸笔呈现的文字、绘画以及家长或教师整理的幼儿讲故事记录等,也可以是其他形式的作品,如活动的照片、录音或录像等。

② 观察记录。

对于比较复杂的行为和情境,评价者必须进行结构性观察,而且要有观察记录,以收集有关幼儿发展的可靠信息。至于观察记录的方式,可以是轶事的文字记录,也可以是填写表格的行为频率统计,条件允许的话还可以用摄像机连续记录。

③ 各种测试和调查的结果。

观察受时间和空间的限制,受到主观因素的干扰,所以还要与一些正式或非正式的测试、访谈、调查问卷等评价手段配合使用。

应该说,档案袋收集的内容十分丰富,只要是与幼儿发展有关的信息,如幼儿的日记、阅读过的图书目录、与他人谈话的录音、自我反省的记录,以及教师为幼儿制定的个别化教育计划、家园联系本等,无论形式如何,都可作为档案袋收集的内容。但必须指出的是,档案袋不是装满各种材料的容器,而是对幼儿作品及相关证据的有系统、有组织的收集。

以上是对幼儿发展水平的评价方法,具体评价时,评价者可根据评价目的和需要,有侧重点地选用或综合采用多种方法收集信息和资料,以全面评价幼儿各方面的发展水平。

对幼儿园课程方案、课程实施过程、课程实施效果的评价,除了使用以上方法外,还可运用查阅资料法。查阅资料时可对课程设计和实施方面的文本材料进行整理与统计,以获得课程方面的评价信息,包括课程方案、课程实施的情况、课程内容与教材的选用等。

💡 思考题

1. 阅读以下幼儿园课程理念案例,思考其反映了课程设计中的哪种取向。

案例1:在田园课程设计中,某幼儿园解读分析了儿童的参与权,认为其包含了八个阶梯,并尝试在田园课程中据此为幼儿提供参与机会。

以下是该幼儿园所分析的第五、第六和第七阶梯。

表 4-13   儿童参与权阶梯举例

儿童参与权阶梯	儿童参与权解读	活动内容举例
第五阶梯	成人策划了有关儿童的事项,但成人向儿童征求意见,并严肃地对待儿童的意见	在大班田园课程"舞龙"中,老师就如何舞龙向孩子征求意见,并基于孩子的意见设计舞龙动作

儿童参与权阶梯	儿童参与权解读	活动内容举例
第六阶梯	成人策划，但与儿童一起做决定	在小班田园课程"吹泡泡"中，孩子自行决定用什么材料来吹泡泡
第七阶梯	儿童策划，儿童决定	在大班田园课程"自行车越野赛"中，幼儿自行决定如何开展活动，设计队名、队标、队服等

案例2：设计弘扬中华传统文化的课程，以培养儿童的社会主义核心价值观。

2. 阅读以下幼儿园目标制定案例，思考反映了课程目标制定的什么原则。

小班：

（1）有独立做事的愿望，学习正确洗手、穿脱衣服、用餐、喝水。

（2）能接受成人的建议和指示，知道遵守集体生活中的基本常规，体验与教师、同伴共处的快乐。

……

中班：

（1）学会正确地刷牙和使用筷子、手帕、毛巾、便纸等，对自己能做的事情表现出自信。

（2）有初步的同情心和责任意识，关注同伴，完成力所能及的任务。

……

大班：

（1）有基本的生活自理能力，养成良好的饮食、睡眠、排泄、盥洗、整理物品等生活习惯，独立自信地做力所能及的事。

（2）体验人与人相互交往、合作的重要性和快乐，尊重他人的需要。形成良好的自我意识、规则意识，学习评价自己和同伴。

……

3. 阅读以下课程内容生成中的两个案例，谈谈自己的看法。

案例1：孩子对某个事物特别感兴趣，我该追随孩子的兴趣，还是选择完成预设的活动呢？生成活动和日常作息存在冲突，我又该如何取舍呢？

案例2：我捕捉到了孩子感兴趣的内容，发起了一场轰轰烈烈的活动。可是没过几天，孩子的兴趣就转移了，我到底该放弃还是帮助他们保持兴趣呢？

4. 阅读以下案例，谈谈在课程实施的设计中可能有哪些原则可以指导教师的实践做法。

案例1：今天你喝水了吗？班级墙面上，每个孩子头像前都有一个杯子，喝一次水就在杯子里放一根吸管。运动中，孩子骑车会在场地内随处停靠，于是我在合适的区域设置了停车场标识。

案例2：在一次午餐中,小一班很多孩子都不愿意吃萝卜,老师为了让孩子们不挑食,开展了"说说萝卜的好处"绘本阅读活动。在阅读过程中,孩子们对于萝卜长在地底下产生了兴趣。当时正值萝卜成熟的季节,老师和孩子们走进果蔬合作社,在农田里拔萝卜,每一个孩子都在地里拔得不亦乐乎。孩子们看到萝卜的叶子是在地面上的,而白白的果实埋在土里;也明白拔的时候不能光拔叶子,得握住稍稍"露头"的萝卜拔……

5. 阅读以下案例,运用课程实施的设计原则来谈谈自己的看法。

在大班的主题"我自己"的设计中,教师设计了以下活动。

偏向艺术领域的活动:音乐活动——小木偶的舞蹈;美术活动——班级塑像。偏向数学领域的活动:量量影子有多长。偏向科学领域的活动:我们的牙齿;表情变变变。偏向语言领域的活动:影子的谜语。

6. 谈谈幼儿园课程评价的设计中可有哪些原则。

第五章　幼儿园课程实施

　　制定好幼儿园课程目标,选择和组织好幼儿园课程内容,考虑好课程实施和课程评价后,幼儿园课程设计的工作便完成了,课程方案也应运而生。随后进行的环节就是课程方案的执行,即按照所设计的课程方案进行面对幼儿的实质性的课程实施。

第一节　幼儿园课程实施的含义与作用

一、幼儿园课程实施的含义

　　课程实施作为一种重要的课程活动,在课程实践中起着重要的作用。任何一个课程方案都要经过设计、实施和评价等过程,其中实施是不可缺少的,也是决定教育质量的关键。

　　幼儿园课程实施(curriculum implementation)是将幼儿园课程方案付诸实践的具体过程,它是实现预期的幼儿园课程目标的基本途径,是幼儿园课程编制过程中的核心环节和实质性阶段。

　　幼儿园课程方案与课程实施之间的关系是理想与现实、预期结果与实现结果过程的关系,课程实施关注的焦点是课程方案落实过程中课程实践实际发生的变化以及影响变化的因素。根据课程的层次,幼儿园课程实施也可以呈现出不同的层次:从国家到地方,从地方到幼儿园,从幼儿园到班级。但幼儿园课程实施主要发生在课程实践及改革的第一线——班级层面,它是通过教师专门组织的教学活动、游戏、日常生活与常规性活动、学习环境和家园合作等途径来加以实现的。

二、幼儿园课程实施的作用

　　在幼儿园课程目标的确定、课程内容的选择和组织,以及之后的课程实施、课程评价等环节中,只有课程实施真正地、直接地与幼儿发生实际的接触,对幼儿产生实际的影响。因此,幼儿园课程实施是幼儿园课程编制与发展的实质性环节,是幼儿园课程价值和目标实现的主要承担者,其质量直接影响幼儿园教育的效果和课程的质量。

第二节　幼儿园课程实施的取向

课程实施的取向集中表现在对课程方案与具体课程实施之关系的不同认识上。根据美国课程专家新德尔（J. Snyder）、波林（F. Bolin）和扎姆沃特（K. Zumwalt）的归纳，课程实施有三个基本取向，即"忠实取向""相互适应取向""课程创生取向"[①]。班级层面的幼儿园课程实施，主要涉及的是教师的课程实践，由于教师用自己的观点和认识来理解课程方案，在课程实施过程中就有不同的实施取向。幼儿园课程实施取向也主要表现为以上三个基本取向。

一、幼儿园课程实施的忠实取向

幼儿园课程实施的忠实取向（fidelity orientation）认为，课程实施过程即是忠实地执行课程方案的过程。不管课程方案由谁制定，其探究的基本问题都是考量课程实施实现预定课程方案的程度以及确定影响实现程度的基本因素。衡量幼儿园课程实施成功与否的基本标准就是课程实施过程实现预先制定的课程方案的程度。

课程实施的忠实取向很显然能保证幼儿园课程实施中的有序性和计划性，也在一定程度上保证了幼儿园课程实施的有效性，保证了幼儿园课程方案的贯彻落实。但是，忠实取向视野中的幼儿园课程目标、课程内容与教材是由课程专家或行政人员设计、选择并提供的，教师对课程的创造和选择没有真正的主动权和发言权。相应地，幼儿园课程实施被视为一种线性的程序化过程：课程专家和行政人员在园外制定课程计划，教师在园内严格地执行课程方案，在这种割裂地分头开展的情形下，教师往往缺少课程实施的主动性和创造性，只是他人课程计划的忠实执行者。同时，也使教师的教学与幼儿生动的经验、生活和实践相脱节。

在20世纪我国实施分科课程时，幼儿园课程实施便表现为一种忠实取向。当时的幼儿园课程价值取向表现为追求幼儿学科知识和技能的掌握，这一知识本位的课程价值观影响着幼儿园课程的定义观，认为课程即学科知识，课程实施就是让幼儿系统地掌握学科知识和技能的活动。由此，教师被要求忠实地按照课程专家或行政人员提供的课程方案开展教学，以帮助幼儿最终掌握系统化的学科知识。

二、幼儿园课程实施的相互适应取向

幼儿园课程实施的相互适应取向（mutual adaptation orientation）认为，课程实施是课程方案与班级实践情境在课程目标、内容与结构、组织模式等方面相互调整、改变和协调的过程。如果说忠实取向视野中的课程是由课程专家和行政人员在园外创造的话，相互适应取

---

① 转引自：张华. 课程与教学论［M］. 上海：上海教育出版社，2000：336.

向则认为,幼儿园课程的来源是广泛的,包括社会、知识和幼儿等方面,课程专家和行政人员所设计的课程内容固然重要,实践者(教师)基于教育情境所开发与创造的课程内容和经验也同样不可忽视。由此,由课程专家和行政人员设计的课程,在实施过程中必须由班级教师基于教育情境不断调整,以求在相互适应中得以更好地执行。

幼儿园课程实施的相互适应取向把课程实施过程视为一个复杂的、非线性的和不可预知的过程,课程实施过程中所发生的一切,不论是否与预期目标一致,都是影响课程实施过程的重要因素,因此,课程实施绝不是一个预期目标和方案的线性演绎过程。可见,相互适应取向较好地还原了对幼儿园课程实施动态复杂性的本质特点的认识。受该取向的影响,为了使课程专家和行政人员观念层面的课程方案适合每一个具体实践情境下课程实施的真正需要,幼儿园教师会基于班级实际情况对课程方案进行改造,使之具有可行性并与本班级的实际情况相适应。这种积极而有针对性的调整,恰恰是课程实施取得成功的基本保证,教师在课程实施中也有了一定的话语权和主动权。当然,相互适应取向在实践中的落实受到教师的主体积极性的影响,如在长期使用统一的课程教材后,幼儿园教师产生了依赖教材的心理定式,在课程实施中形成了较大的惰性,主动性、积极性总体表现不高,会造成相互适应取向的推行在幼儿园课程实施中受到一定的阻力。

在新课程改革中,伴随着人们对"幼儿园课程即教育活动""幼儿园课程即学习经验"的新认识,以幼儿为本位的课程价值观得到了普遍的认可和接受。由此,幼儿园课程实施的过程被认为是课程设计者与实施者之间相互适应的过程,即课程实施是幼儿园教师根据具体情况对课程方案在课程要素等方面做出调整和改变,以使课程适应班级幼儿实际发展的过程。

三、幼儿园课程实施的创生取向

幼儿园课程实施的创生取向(curriculum enactment orientation,又称课程创生观)是课程实施中的新生取向。这种取向认为,真正对幼儿发展有价值的幼儿园课程是教师、幼儿与教育情境互动而共同创造的经验,课程实施本质上是在具体教育情境中创生(enact)新的学习经验的过程,既有的课程方案只是教师在创生过程中进行选择决策时借助的工具而已。

幼儿园课程实施的创生取向消除了忠实取向下课程实施的技术化、程序化的特性,认为课程是教师与幼儿互动创造的,并且是在实际教育情境中教师与幼儿真正感受和体验到的学习经验,因此,课程实施不再是教师根据课程专家和行政人员预设的课程方案"按图索骥"的过程,也不是稍作调整使之适应实际教育情境的过程,而是一个真正的、实质性的创造过程。该取向还认为,成功的课程实施和方案执行需要参与者及执行者的主体性,由此,教师便成为幼儿园课程的开发者而不是被动的实施者。

当前,在 21 世纪的幼儿园课程改革进程中,幼儿园课程管理由集中性和统一性逐步走向民主性和自主性,幼儿园课程方案越来越表现出多元化的倾向。国家没有直接提供各幼儿园统一的课程方案,而是将课程决策权交给地方和幼儿园。就地方层面来看,各地组织课程专家设计了地区统一的幼儿园课程方案,多以课程指南等指导文件、教师参考用书等课程资源的形式提供给幼儿园参考,而不是通过课程标准和统编教材硬性规定课程实施的内容与要求,意在将更多的课程实施自主权交给幼儿园。就园级层面看,园长基于幼儿园自身的特点对地方的课程方案调适后提供给教师适合本园的总体课程方案,鼓励教师基于班级情况对园方课程方案进一步进行班本化调整而不是被动执行,因为班级中遇到的情况越具体,课程实施越充满着不确定性,就越需要对预先的课程方案进行创生。幼儿园课程实施的创生取向,积极提倡教师在课程实施过程中立足于班级实际教育情境和幼儿兴趣需要、基于师幼互动进行课程的创造和生成,形成班本课程。可见,创生取向赋予教师全新的课程角色,要求教师由被动的忠实课程执行者变为主动的课程实施者、开发者和反思建构者。但是,这一取向把教师在幼儿园课程实施中的作用提高到前所未有的高度,要求教师具备较强的课程设计能力、分析判断能力、反思能力和创造能力,不仅要善于对课程专家和行政人员开发的课程做出正确的判断、选择和解释,更要真正成为课程实施和开发的主体,善于根据具体情境创生课程。不可否认其对幼儿园教师要求较高,甚至有过于理想化的色彩,因为并不是所有的教师都具备课程创生取向所要求的专业水平。

　　总之,幼儿园课程实施的取向有以上三种,从忠实取向到相互适应取向,再到创生取向,遵循的是幼儿园课程实施从"技术理性"到"实践理性"再到"批判理性"的发展方向。

第三节　幼儿园课程实施的影响因素

　　幼儿园课程实施的主阵地在幼儿园,执行主角是幼儿园教师。从每一所幼儿园的课程方案到班级教师的课程实施,是从文本到实践,把"写"的内容在教师的心里转化为教育行为,但现实中这两者之间仍存在不小的距离。这是因为幼儿园课程实施不只是教师简单执行课程方案的过程,更是一个动态的过程,遇到的情况具体复杂。幼儿园课程论中对课程实施的研究,不只是探讨课程方案的落实程度,更要关注其影响因素,而影响幼儿园课程实施的因素是错综复杂的。

一、来自国家、地方层面的影响因素

　　这一因素主要涉及国家、地方的课程方案及课程资源等。

　　成功的课程实施来自科学的切实可行的课程方案,国家、地方层面的幼儿园课程方案制定的特点会影响方案的落实程度,进而影响幼儿园课程实施的效果。如果课程方案制定得合理、清晰、科学、先进、可行性强,其落实程度就高,对幼儿园课程实施可起正向的推动作用;反之,则对幼儿园课程实施起阻碍作用。具体而言,国家、地方设计的课程方案的理念、目标、结构和手段在实施层面适合课程实施地区幼儿园的实际,是幼儿园经过努力可以达成的;方案要素总体逻辑清晰,表述明晰而不笼统含糊;方案设计中依据科学、先进的课程理论,理念有时代性、目标完善、内容整合;方案对幼儿园及教师在课程实践方面的指导性强,容易操作和实施,那么,这样的课程方案就更容易被课程实施者理解、接受和推广,能有效地提高幼儿园课程实施的质量。如 21 世纪的幼儿园课程理念越来越倾向儿童本位的价值取向,"幼儿为本"的理念在国家、地方教育纲要和课程方案中经常被提及,但如何理解"幼儿为本"的核心思想,如何确立起与之相对应的课程目标和课程内容,并在课程实施中提出相应的操作要求,这都需要在方案中进行逻辑一致的描述,并具体、清晰地指导幼儿园及教师将之反映在课程实施层面,使幼儿园教师的课程实施行为与"幼儿为本"的课程理念相呼应。

此外,国家、地方提供给各园的课程资源也是影响方案落实程度及幼儿园课程实施的重要因素。如果国家、地方层面提供的课程资源丰富、合理,特别是课程内容的直接来源——教材文本资料信息充足、适宜,教材配套资源足够,就能为幼儿园课程实施奠定有利的条件和基础,也有助于课程方案的有效落实和幼儿园课程的科学实施。

二、园级层面的影响因素

幼儿园是课程实施的主要场所,任何课程理论与方案都需要经过幼儿园及教师的充分理解和转化才能被合理运用于教育实践中,体现其理论与实践价值。由此,影响幼儿园课程实施的来自园级层面的因素更显重要,主要包括园长和教师两方面,他们的观念、职责和行为等直接决定着国家、地方课程方案在幼儿园的落实程度和幼儿园课程实施的效果。

(一) 园长的影响因素

园长是幼儿园的核心人物,是幼儿园课程实施的领导者,在幼儿园课程实施中起决定性的作用。园长的观念、课程管理与领导的行为和能力等,对一所幼儿园课程的实施无疑起着重要的引领作用,对课程实施质量有着重要的促进作用。

1. 园长的课程理解与决策

如果园长对国家教育纲要及地方课程方案精神的理解正确而深刻,并能根据本园实际进行决策,对本园课程持有先进适宜的理念和合理清晰的价值观,就能科学有效地引领幼儿园课程实施的方向。

2. 园长的课程规划与设计

如果园长在课程的管理与领导中,能够根据国家教育纲要和地方课程方案的精神,并结合幼儿园实际的课程理念和价值取向,合理规划与设计本园具体实施的课程方案,就能保证幼儿园课程实施的质量。

3. 园长的课程与教学指导

如果园长能提供课程与教学设计的方法及指导思想,使教师明确教学过程中内在的价值标准及总体要求,并能够经常进班级听课,及时指导教师的课程教学,鼓励教师对课程实践的反思批判和发挥创造,则将较好地促进幼儿园课程实施的质量提升。

4. 园长的课程管理和领导

如果园长能在课程实施中加强课程管理,发挥课程领导力,有效制定和改进各项规章制度与措施,加强园本教研,持续监控检查课程质量和诊断课程实施中的各类问题,并对课程方案进行持续的调整与改进,加强对教师的培训;能整合资源,提供教师课程实施中物质、人力方面的支持等,这些都将直接提升幼儿园课程的实施水平,提高幼儿园课程的质量。

(二) 教师的影响因素

一套正式课程或是学校的非正式课程,无论经过多么精心的设计,都必须经由教师的规划、安排和运作[1],因此,关注教师的影响因素是近来课程实施研究的一个新的发展趋势。教师是幼儿园的主体,是在幼儿园课程实施中起关键作用的因素,是幼儿园课程实施成功与否的决定性因素。教师主体作用的充分发挥,能够使幼儿园课程实施方案通过其课程实施与教学而实现"增值",而不是呈现简单的"输入—产出"的等量关系。具体来说,教师的教育观念、教育行为、课程意识、课程理解、课程执行等,将直接影响幼儿园课程实施的质量。

1. 教师的教育观念

幼儿园课程实施是教师的教育观念转化为教育实践的过程。教师的教育观念是教师对教育现象和教育问题的主体认识,以及由此而产生的某种行为意向,它是课程实施的灵魂。如果教师有着正确的教育观,坚守儿童立场,将儿童视为活动的主体而非被动接受者,将直接促进其形成良好的专业素质与教育行为,从而在深层次上影响着幼儿园课程实施的质量。如运动时间结束了,但是幼儿对与同伴合作一起玩的运动材料仍然感兴趣,那么教师是调整作息延长运动时间以满足幼儿合作的需求,还是打断幼儿开展后续的活动?幼儿午睡是否都要逼迫其睡熟、不能睁眼?这背后均反映了教师的教育观念。

 案例

原来的集体学习活动内容不可改变

在一次运动中,教师提出了"站定不能走"的运动游戏规则,但是,到底是在任何位置随意站定了不能走,还是需要在指定的位置站定不能走,幼儿没有搞明白。接下来的集体学习活动时间,搭班教师提议带班教师将活动内容顺势调整为对"站定不能走"的运动规则的学习讨论。带班教师认为不能调整,自己预设的集体学习活动内容是一定要完成的,"站定不能走"的运动游戏规则可放在离园活动时再来讨论。然而,从离园活动的讨论来看,由于距离上午的运动游戏已过去相当长的时间,讨论效果不佳。

(案例来源:上海市松江区大学城幼儿园唐晓晴老师)

---

[1] 高新建. 课程管理[M]. 台北:师大书苑有限公司,2000:1.

案例分析：以上案例反映了教师的教育观念是以教师为本，而非幼儿为本。课程实施中没有坚守儿童立场，而是坚守自身预设的一日生活安排，坚持既定的活动内容，认为其不可改变。

2. 教师的教育行为

教师的教育行为指教师在实际教育教学中所表现出来的各种外显的行为，是教师教育方法、措施与手段的总和。教育行为直接建立在教育观念的基础上，对幼儿园课程实施质量也有十分重要的影响。如果教师将幼儿视为活动的主体、一日生活和学习的主人，就能放手和信任幼儿，发挥幼儿的主动性和积极性，让幼儿在活动中获得充分的体验。同时，如果教师在行为上善于通过各种手段与幼儿进行有效师幼互动以满足幼儿的学习需求，引导幼儿主动探索思考、发现解决问题，支持幼儿有意义的学习，及时梳理提升幼儿的经验，就能有效促进幼儿的发展。

案例

问题互动墙

幼儿在学习中会产生很多问题，并且有表达与互动的愿望。一个个问题的解决过程实质上就是幼儿自主学习的过程，因此我们创设了问题互动墙，尊重幼儿的提问，满足了幼儿表达问题的需求，又使幼儿之间可以相互提问与回答，有效推动了幼儿的互动学习。在"有趣的根"的活动中，幼儿参观了小菜园，在种植活动中对各种植物的根进行了探索，并产生了"植物的根都一样吗""根都能吃吗""根有什么用""根为什么往下长"等问题（见图5-1），教师以思维导图的方式，指导幼儿将感兴趣的问题记录下来。幼儿在开展对"植物的根"的探索学习过程中，带着自己的经验就问题与同伴及时互动（见图5-2），不断拓展思维导图，丰富关于根的经验。

 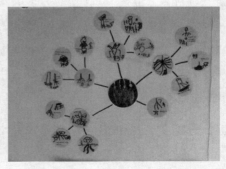

图5-1　我们找到的根　　　　　图5-2　问题思维导图

（案例来源：上海市嘉定区嘉定新城崇教幼儿园郭佳佳园长）

案例分析：从以上教师的教育行为中,可以发现教师让幼儿做学习的主人,发挥幼儿的主体性,并通过问题互动墙的创设,指导幼儿以思维导图的方式将感兴趣的问题记录下来,让幼儿在与同伴互动的过程中解决问题、建构经验。

3. 教师的课程意识

教师的课程意识也会影响幼儿园课程实施的质量。课程意识是指教师在考虑教育教学问题时对于课程意义的敏感性和自觉性程度。[①] 幼儿园教师的课程意识具体是指幼儿园教师在课程设计与实施中对课程地位和作用的信念,是教师自觉落实幼儿园课程实施方案并调整创生课程,完善改进课程,进行有效课程实施的内驱力。课程意识对于促进幼儿园教师参与课程实施,实现幼儿园课程效能、达成幼儿园课程改革目标等,起到了积极的作用,是影响幼儿园课程实施质量的重要因素之一。实践中,还存在幼儿园教师对幼儿园的课程实施方案主动关心程度不够,只是关注自己的每日活动计划和实施,明显缺乏课程意识。

幼儿园教师课程意识的构成,主要包括在课程设计和实施中表现出的敏感意识、主体意识、平衡意识、资源意识、改善意识和权利意识等,这些意识很大程度上影响和决定着幼儿园课程设计与实施的质量。

敏感意识是教师日常教育教学活动中对课程的敏感性,它意味着幼儿园教师把在园一日生活中影响幼儿学习与发展的经验皆看成是课程,做到课程内容与幼儿生活相联系,注重源于幼儿的兴趣的课程生成。

案例

自然角活动内容

教师创设自然角活动,让幼儿分别在水、沙、土中种植土豆,对三种环境中的土豆生长情况进行比较。为此,教师建议幼儿每日观察,并对比式地记录土豆在不同环境中的生长情况,便于幼儿发现植物与其生长环境的关系的结论。种子发芽后,教师提供记录本,让幼儿追踪记录种子生长过程中的不同阶段,便于幼儿完整地了解种子发芽的过程,发现植物生长的规律。

案例分析：以上自然角活动内容体现出课程内容设计与幼儿生活联系的紧密性,反映了教师较强的课程敏感意识。

[①] 吴刚平. 教学改革需要强化课程意识[J]. 教育发展研究,2002,22(07):37—40.

主体意识意味着"教师即课程"[1]，教师是课程的创造者、课程实施的主体。课程方案提供了教师开发制定班级课程方案的模板，但实践中"执行缺口"（implementation gap）经常出现，这主要是受教师主体意识的影响。如果教师认为课程方案只是课程专家和行政人员制定的，自己只是被动的执行者，那么教师就会被课程方案所控制，按固定的方案来实施课程，缺乏课程主体意识，只能在课程方案背后亦步亦趋，对幼儿园课程实施持忠实取向。因此，园长要增强教师参与课程实施的主动性，激发师幼共同创生课程的积极性，同时鼓励教师参与幼儿园的课程管理，参与幼儿园课程决策的过程。

拓展阅读

师幼共同创生课程

鸡年到了，中班的孩子对"鸡"产生了兴趣，尤其对"什么样的蛋才能孵出小鸡"这个问题特别关心，孩子们和老师约定了通过实验共同寻找答案。孩子们和老师从各种途径了解如何孵小鸡，进行了一些知识储备；老师还翻阅了课程指南等各种学习资料，了解中班儿童饲养动物的经验水平和发展要求，以对接儿童经验；同时，老师分析了孵化小鸡究竟能给儿童带来怎样的发展价值，思考了课程定位。老师制定了一份课程方案，帮助自己把握进程、落实内容，同时还不忘跟随幼儿生发的各种表现和关注点，不断进行内容调整，拓展新的课程内容。从一开始的孵蛋到养小鸡，再到为小鸡打造新家，给小鸡选择食物，给小鸡起名字，当然也包括意外情况下面对小鸡的死亡。课程的内容变得越来越丰富了。

（资料来源：上海市嘉定区嘉定新城崇教幼儿园郭佳佳园长）

平衡意识意味着教师提供给幼儿丰富的、多领域的基本经验时，能根据幼儿身心特点做到各领域或各类型课程内容比例的适宜，使课程结构保持一种相对和谐的平衡状态。

资源意识集中表现在教师对待教材的态度与处理教材的方式上，指教师"用教材教"而不是"教教材"的自觉性，同时，还能够开发和利用身边的各种教育资源，为课程实施服务。

拓展阅读

盥洗室中的问题墙

围绕孩子在盥洗室中发生的故事，教师在观察、倾听、思考之后进行跟进调整，以

---

[1] 钟启泉. 中国课程改革：挑战与反思[J]. 比较教育研究，2005，26（12）：18—23.

创设盥洗室问题墙的举措引发孩子关注盥洗过程中的问题,使问题源于孩子又回归孩子,增强了标识对幼儿生活发展的价值,提升了孩子的自主管理意识和能力。

（资料来源：上海市徐汇区宛南实验幼儿园李悦老师）

改善意识表现为教师对课程的信念,即认为幼儿园课程的发展没有终点,总是处在一个持续改善的过程中,课程"没有最好,只有更好"。为此,教师要不断加强自我评价,了解课程实施情况,并不断促进课程的改进。

权利意识指教师对于自身所拥有的课程权益的觉察和发现,具体指教师了解在幼儿园课程实践中自身所拥有的课程决策参与权、课程设计权、课程实施权、课程开发权、课程评价权和课程研究权等。

拓展阅读

为什么教师在课程评价中那么重要

因为教师才是课程实践的主体,评价作为幼儿园活动的重要一环,自然需要教师参与。教师作为负责任的教育者,必须完整地经历课程或活动的全过程。当教师可以参与对课程的评价时,就能更有底气地坚持自己的课程实践,提升自己对课程的参与度、责任感和主动性。所以别害怕,也别犹豫,教师要将班级课程评价的主动权握在自己手里,主动承担起评价的责任,自觉地关注班级的课程品质,做自己班级课程质量的自信评价者。

4. 教师的课程理解

教师的课程理解就是对国家、地方和园级层面课程的认识与内化,它是影响幼儿园课程实施的重要因素之一。因为各层面提供的幼儿园课程方案的落实,在实践中都需要结合教师个人的思维过程的再加工,从而内化为其个性化的对课程方案的看法,而教师的个人背景、教育经验、兴趣特长不同,对同一个课程方案各课程要素的理解就有差异性,从而会使课程实施产生不同的效应。

一般而言,如果教师对本园课程实施方案的精神和课程要素有正确、深刻的理解,就会将其融入和体现于班级课程的设计中;如果教师对方案中课程实施的设计,包括课程实施原则和各类活动实施要点有正确的理解,就能更好地将这些内容体现在活动的组织中,课程实施就具有一定的质量。

案例

对散文《一棵小桃树》的理解和设计

一棵小桃树，第一次开花。在春风里，她快乐地跳起了桃花舞。

春天要走了，花谢了，花瓣落了一地。小桃树哭了，她舍不得她的花瓣儿离去。

一棵小桃树，枝头长满了碧绿的叶子。在夏天的风里，她喜欢跳绿叶舞。

秋天来了，树叶落了，小桃树哭了。她舍不得她的叶子离去。

一个个春天过去了，一个个夏天过去了，小桃树渐渐长大了。

当又一个秋天来到的时候，小桃树发现自己的枝头结出了一个个的果子。小桃树又哭了，这一回她流的是快乐的眼泪。

小桃树眺望着远方，等待着果园里的哥哥姐姐来采摘。

小桃树迎来了她生命中第一个重要的日子，她终于结桃子了。

对于以上《一棵小桃树》的散文，某幼儿园的两位教师分别设计了：(1)科学领域活动，帮助幼儿获得小桃树一年四季生长变化的经验；(2)健康领域活动，了解小桃树生长中的心情变化，学习小桃树的乐观情绪。

（案例来源：上海市杨浦区佳木斯路幼儿园）

案例分析：对于同一篇散文，两位教师分别设计了不同领域的活动。这说明两位教师对散文内容和其教育价值的理解有着个体差异。

5. 教师的课程执行

课程执行是指教师依据课程标准，结合学校内外部条件，有效实现课程目标的行为过程。[①] 幼儿园教师的课程执行是指教师结合幼儿园和班级实际情况及幼儿的兴趣需要，将课程方案贯彻落实并有效实现幼儿园课程目标的行为。课程执行是教师课程实施行为的集中体现，是影响幼儿园课程实施质量的重要因素之一。"课程存在于真实世界里，它必然不能被束缚在理想的环境中，所有的理论即使是最好的理论也必然会忽略在情境下的某些方面和事实"[②]，而且，情境越具体，越充满着不确定性，这就需要教师具备相应的课程执行能力。

就教师的课程执行而言，主要涉及教师课程驾驭和课程创生的行为。课程驾驭是教师在幼儿园课程实施中有效灵活组织教育活动的行为，它是决定教师课程执行水平高低的关键。设计得再完美的课程方案，由于幼儿园课程实施过程中充满着挑战，都会有很多无法预料的不确定因素，这就需要教师在对课程认识和理解，以及对幼儿分析和研究的基础上，通

① 陈萍. 课程执行力：教师专业能力的理性诉求[J]. 中国教育学刊，2013(12)：82—85.

② (美)乔治·J. 波斯纳. 课程分析(第三版)[M]. 仇光鹏，韩苗苗，张现荣，译. 上海：华东师范大学出版社，2007：288.

过有效的师幼互动驾驭整个课程运作过程,完成预设的课程方案,实现预设的课程目标。课程创生是教师在课程实施中不断地通过师幼互动对预设课程进行灵活动态调整和创造性处理,并基于幼儿学习和发展目标创设问题情境、生成课程促进幼儿有意义学习的行为,它是教师课程执行的灵魂。麦克尼尔曾说:"关于课程,有两个世界。一个是言辞世界,另一个是课程世界。"言辞世界里包括政府首脑、专家、学者等,他们对教师该做什么均持有统一意见。而课程世界里,教师和学生在课程经验里追求属于他们的目标。当这两个世界发生冲突时,教师承担起了"调节者"和"平衡者"的角色,从课程的沉默的实施者向课程的创生者转变。① 由此,课程创生是幼儿园教师课程执行中的重要行为表现。

 案例

根须都是往下长的吗

在"有趣的根"的活动中,幼儿产生了"根都一样吗"的问题,教师根据班级幼儿的共性需求,提供了根须实验材料,将洋葱、土豆、红薯分别种在透明的水管中,便于幼儿观察根须的变化及不同植物的根须形状。在一段时间的观察后,孩子们发现根须都是往下长的,但是,班上的洋洋却提出了疑问:种植容器都是垂直于地面放的,那根须的生长方向是否与种植容器的摆放方式有关呢? 如果种植容器横过来与地面平行放置,植物的根须会往两边长还是往下长呢? 教师没有马上否定洋洋的想法,而是指导他根据自己的想法重新种植,并为他单独设立了一块实验记录版面。最后,洋洋通过一段时间的观察,发现植物的根须一直往下长,并不受种植容器摆放方式的影响。

(案例来源:上海市嘉定区嘉定新城崇教幼儿园郭佳佳园长)

案例分析:对于洋洋提出的"根须的生长方向是否与种植容器的摆放方式有关"的问题,教师顺势而为,鼓励幼儿进行个体观察和自主学习,让幼儿建构起"根须都是往下长的"这一科学经验,体现了教师较好的课程驾驭行为,反映了较高的课程执行能力。

三、外部环境中的影响因素

课程方案的顺利实施和目标的有效达成还需要得到各方力量的支持。即幼儿园课程实施质量除了受到来自国家、地方幼儿园课程方案及课程资源的影响,受到来自幼儿园园长及教师的影响外,还受到外部环境的影响,包括上级教育行政部门的重视引导和监控评价、社

---

① (美)约翰·D. 麦克尼尔. 课程:教师的创新(第 3 版)[M]. 徐斌艳,陈家刚,主译. 北京:教育科学出版社,2008:47.

区的支持及家长的协助等。

在我国，上级教育行政部门在课程的实施及推广中起着监督引导的作用，要及时传达课程改革的精神、指示，对园级层面的课程实施情况进行定期的检查、监督，这将持续改善幼儿园课程的实施质量，有效推进幼儿园课程的实施工作。此外，上级教育行政部门也负有鼓励和促进幼儿园有序实施课程的责任。在幼儿园课程实施中，如果上级教育行政部门能够高度重视，并为课程实施创造宽松、自主、信任的环境，同时提供相关课程实施的园长及教师的专业培训和交流机会等，会大大提升园级层面课程实施的有效性。其次，幼儿园课程实施中如果有社区的支持，特别是能充分地开发和利用社区资源，同时得到广大家长的理解、参与和协助，对于幼儿园课程的质量提升会起到重要的促进作用。

综上，幼儿园课程实施的影响因素见图 5-3。影响幼儿园课程实施的因素很多，只有把这些因素协调起来，才有可能提高幼儿园课程实施的质量。

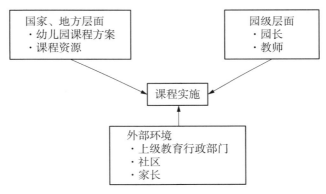

图 5-3 幼儿园课程实施的影响因素

💡 **思考题**

1. 幼儿园课程实施的作用是什么？
2. 影响幼儿园课程实施的因素有哪些？分别是什么？
3. 联系实际探讨幼儿园教师课程意识的构成内容。
4. 谈谈教师的课程执行包括哪些行为。

第六章 幼儿园课程评价

评价是评定价值的简称,从本质上讲,评价是一种价值判断的活动,是对客体满足主体需要程度的判断。它主要以事实为依据,收集各方面资料进行整理分析,进而做出价值判断。

第一节 幼儿园课程评价的含义与作用

一、幼儿园课程评价的含义

幼儿园课程评价是指运用多种方法和手段,系统地收集和分析有关幼儿园课程方案、课程实施过程以及结果等方面的信息与资料,以科学地判断幼儿园课程的价值和效益的课程活动。简单地说,幼儿园课程评价就是探讨幼儿园课程的设计是否科学合理,还需要怎样的改进;课程实施是否符合课程目标和遵循幼儿发展的规律及特点;课程实施是否获得了预期的效果;等等。

幼儿园课程评价是课程实践的重要环节之一,可以在课程系统中的任何一个层面上实施。

二、幼儿园课程评价的作用

幼儿园课程评价的作用越来越受到不同层面幼儿园课程设计与实施者的认可和重视。

首先,幼儿园课程评价最主要的作用是诊断与修订,即通过评价,可了解不同层面制定的幼儿园课程方案是否完善,发现现有课程的问题与不足,找出背后的原因和影响因素,对课程评价的结果做出解释和提出修订的建议。因此,课程评价可以为国家、地方及幼儿园管理者调整、改进原有课程提供依据,可不断完善原有的幼儿园课程。经过课程评价后,各层面的课程主体还可以在改革原有课程的基础上进行新一轮幼儿园课程的建设或开发。

拓展阅读

通过课程评价完善游戏课程结构

　　园长通过日常调研和幼儿发展评价,发现课程内容中音乐活动量少,幼儿的一日生活中歌声少;幼儿节奏与动作协调性的发展不够完善;幼儿园下午的幼儿户外活动不保证,几乎名存实亡。园长在思考了这些问题后,关注到本园游戏课程结构中缺少了户外活动和音乐活动体系,于是在游戏课程方案中融入"音乐十五分"的课程体系,补充音乐活动课程内容"音乐十五分"。同时,园长引领教师进一步思考:有了音乐活动内容,幼儿乐不乐?如何让幼儿玩起来、乐起来?探究音乐活动的游戏性:选择幼儿喜爱的素材,增加游戏交流元素,提供自主表达空间,鼓励幼儿自由装扮,促进"音乐十五分"向"快乐十五分"迈进,优化完善了原有的游戏课程结构。

（案例来源:上海市静安区南西幼儿园）

　　对于幼儿园教师而言,通过幼儿园课程评价,可以了解课程设计与实施的问题,反思自身的教育理念和行为并不断优化完善。同时,也可以了解幼儿的发展状况和需要,不断支持幼儿进步和成长。

　　幼儿园课程评价还具有了解课程目标达成程度的作用。一项课程方案在实施后究竟取得了哪些成效,可以通过评价全面衡量,做出判断。这种判断是对效果的全面把握,包括对那些预设目标之外的效果的把握。[①] 因此,通过幼儿园课程评价可判断和把握不同层面制定的幼儿园课程方案实施后所取得的全面成效,包括课程计划与实施、幼儿发展水平、教师发展水平和幼儿园办园质量水平等预期及非预期方面,进而全面了解课程目标的达成程度。

　　此外,幼儿园课程评价还具有鉴定课程的功能。通过评价,可以对各种课程方案进行判断,比较其在课程目标、课程内容与组织、课程实施及实际效果等方面的优劣,从整体上判断其价值,进而做出适当的选择和决策。因此,幼儿园课程评价还能帮助不同层面的课程管理者对各类课程方案进行鉴定,对课程的性质、特点、适用范围等做出价值判断,然后决定是否推广该课程,从而便于不同层面的行政人员对幼儿园课程进行有效的决策。

　　另外,幼儿园课程评价还具有管理与改革课程的功能。通过课程评价,能确定国家、地方或园级层面宏观的、总体的课程目标是否符合幼儿的最近发展区和时代对幼儿发展方面的特定要求,确定课程内容是否有科学性,明确课程指导思想和课程教材文本在幼儿园课程实施中存在的问题及须改进的方面,从而在更宏观的层面,如国家、地方层面上,为整体的幼

---

① 李雁冰.课程评价论[M].上海:上海教育出版社,2002:7—8.

儿园课程管理与改革提供客观的依据。

第二节　幼儿园课程评价的主体和实施

评价者在课程评价的实际运行中要遵循评价主体多元的原则。建立以教师为核心,园长、幼儿、家长、社会人士等利益相关者共同参与的民主化评价主体群,同时,让课程评价过程成为"各方共同参与、相互支持与合作的过程"。

一、幼儿园课程评价的主体

1. 幼儿园课程评价的内部主体

幼儿园课程评价的内部主体,最主要的是教师。为此,教师要坚持以常态化的自评为主,养成自我反思的习惯,通过持续的、深度的自我反思来不断改善班级课程设计与实施,促进幼儿的全面和谐发展。

幼儿园课程评价的内部主体,还包括园长、幼儿和家长等。在自评中,教师可以纳入家长和幼儿主体参与的评价,让自评更加科学、完善。此外,园长等管理者、其他班级的教师作为互评者参与评价,与班级教师共同交流诊断、建构意义,以进一步补充班级教师的自评结果,并达成对课程质量意义的共识。同时,也可以通过全体教师的集体反思,每位教师在参与诊断分析的过程中映照自身的班级课程设计与实施的问题及不足,自觉优化自身的教育行为。园长则可通过参与全体教师的课程评价自评和互评过程,诊断反思园级层面整体课程的问题和不足并进行优化。如此,以教师为核心,其他利益相关者参与,建立起幼儿园内部常态化的课程自我评价机制,促进幼儿园课程质量的持续提升和幼儿的持续发展。

2. 幼儿园课程评价的外部主体

外部课程专家、行政人员等,作为幼儿园课程评价的外部主体,专业性较强,则可以补充、验证幼儿园内部课程评价的结果,在与内部课程评价主体进行交流、对话、建构意义的过程中,促进幼儿园课程评价内部主体认可接纳课程评价结果,并转化为幼儿园自主的课程改进行动。

二、幼儿园课程评价的实施

幼儿园课程评价的实施是有目的、有计划开展的活动。黄政杰提出课程评价过程一般包括八大步骤:确定评价目的;根据评价问题,确定所需资料;进行相关文献的探讨;制定评价计划;依照计划收集所需资料;整理、分析并解释资料;完成评价报告,推广、回馈;实施评价的评价。①

根据黄政杰提出的课程评价过程，一个完整的幼儿园课程评价实施过程应遵循以下必要程序。

1. 制定课程评价方案

评价方案是整个评价过程的蓝图，要从事一项课程评价，首先应致力于评价方案的设计。幼儿园课程评价方案是课程评价实施的先决条件。幼儿园课程评价方案是指依据一定的评价目的，根据课程设计、实施和评价的一般规律，对课程评价的内容、范围、方法、手段和程序等加以规定的文本。不同层面制定的幼儿园课程评价方案均可包括以下主要内容。

（1）课程评价目的。

课程评价的目的，是在对评价的指导思想、被评价对象的特征和开展评价的主客观条件等进行深入细致分析的基础上提出的。评价目的直接影响课程评价方案的设计，是整个评价过程的指南。每一项具体的课程评价均可能有不同的目的，幼儿园课程评价方案中应对评价目的加以简要、清晰的阐明，使幼儿园课程方案的设计者在思想上更加明确，同时也为幼儿园课程评价的操作者提供确切的方向和准绳。幼儿园课程评价的目的从总体来看，是促进幼儿园、教师及幼儿的发展。

（2）课程评价对象。

确定评价对象，也是设计评价方案的前期设计工作中的重要内容。不同的课程评价目的使课程评价所指向的范围不同，导致评价对象不同，制定的评价标准与指标、选用的评价方法也会随之发生变化。因此，幼儿园课程评价方案还需要幼儿园课程评价者根据评价的目的，明确课程评价指向的对象，决定课程评价的焦点是整个幼儿园课程实施方案，还是教师的课程实施过程，或是幼儿园课程的实施效果。

（3）课程评价标准与指标。

幼儿园课程评价方案中最关键的工作就是评价标准与指标的制定。评价标准与指标是评价方案的核心部分。幼儿园课程评价方案中的课程评价标准与指标可以根据课程评价对象，参考幼儿园课程实施方案中课程评价部分的设计内容，明确幼儿园课程评价评什么、内涵要点是什么、如何分析判断，从而保证得到科学、客观的评价结果。

（4）课程评价类型与方法。

幼儿园课程评价方案还需要根据评价目的、评价对象，结合评价标准与指标，明确指出评价时需要收集的信息和资料，以确定课程评价的类型，包括是采用形成性评价还是终结性评价、质性评价还是量化评价、外部评价还是内部评价等。同时，根据评价类型进一步明确所运用的评价的具体方法，以帮助评价者全方位、多途径，并有针对性地收集评价资料。课

---

① 黄政杰. 课程评鉴［M］. 台北：师大书苑有限公司，1990：267.

程评价的类型与方法可以参考本书第四章中幼儿园课程评价的设计的内容。

2. 确定课程评价者

根据幼儿园课程评价方案中制定的评价目的、对象与类型方法,来确定实施课程评价的人员。《幼儿园保育教育质量评估指南》强调以幼儿园自评为主,故评价者主要包括内部评价者,以班级教师为主要评价者,协同班级家长、幼儿及园长共同参与,同时,明确各评价者的分工和进度。此外,也可以结合评价目的,适当考虑外部课程评价者的参与,通过外部评价的导向作用,不断完善幼儿园自身的课程评价。

3. 依照评价方案收集信息

课程评价者根据事先制定的课程评价方案有目的、有系统地运用多种评价方法和途径,借助有效的评价工具,全方位地收集不同评价对象所需的各种资料和信息。班级层面的教师自评主要以教师自我反思的形式协同班级家长、幼儿的反馈来收集信息,互评主要以基于班级观察的交流对话或书面评语的形式收集信息。

4. 整理、分析及解释信息

课程评价者在收集信息后,要对所收集到的资料和信息进行梳理、汇总。班级层面教师的自评在吸纳班级家长、幼儿,以及园长和其他教师互评信息的基础上进行自我分析和解释;园级层面的自我评估则要善于吸纳全体班级教师、家委会、课程专家等的信息,运用恰当的分析技术,对汇总好的多元途径收集的材料进行理解和解释,从而初步获得园级层面课程评价的结果。

5. 完成并反馈课程评价结果

对于内部评价,在园本教研活动中,教研组长可以将班级层面的评价结果以口头或书面的形式反馈给班级教师,并对教师的课程实践提出优化的建设性意见;园长可以将园级层面的评价结果以口头或书面的形式反馈给全体保教人员,并引领教师集体反思,共同对课程实施方案的优化提出建议。对于外部评价,则要根据课程评价的目的,将初步得到的评价结果,以评价报告的形式及时反馈给评价对象,并对幼儿园的课程实践提出建设性的意见。课程评价结果要以详细的原始资料作为支撑依据,要体现出通过评价促进幼儿园教师的发展及幼儿园保教质量提高的作用。

6. 对课程评价的再评价

幼儿园课程评价的最后一个程序是对所实施和完成的课程评价全过程进行鉴定与判断,并根据反馈做出适当的调整与改动,即进行课程评价的元评价。对幼儿园课程评价的再评价内容主要包括课程评价理念是否具有清晰性和适切性;课程评价内容是否具有适宜性和可行性;收集和分析加工的信息是否具有可靠性、客观性、代表性和概括性;评价报告的传递是否具有及时性和指导性等。

💡 **思考题**

1. 幼儿园课程评价的含义和作用是什么？
2. 幼儿园课程评价的实际主体有哪些？
3. 幼儿园课程评价的实施过程一般是怎样的？

第七章　幼儿园课程管理与领导

　　幼儿园课程管理是实现课程目标的重要保障，为此，世界各国都相继加强了对幼儿园课程管理的重视。幼儿园课程管理既能从全局上控制不同层面课程系统的整体运行，又能在细节上调节好自身的运行，实现课程系统的优化。幼儿园课程领导是近年来幼儿园课程研究领域的新热点，它是应我国三级课程管理体制而产生的议题，是实现幼儿园课程目标和愿景、促进幼儿园课程不断发展的重要影响因素。

第一节　幼儿园课程管理

一、幼儿园课程管理的含义

　　课程管理即对课程的管理，是以课程实践为对象的管理活动。课程管理是在一定的社会条件下，有领导、有组织地协调人、物与课程之间的关系，指挥课程建设与课程实施，使之达到预定目标的过程。① 课程管理是教育管理的重要内容，近几十年来，随着幼儿园课程研究的不断加强及幼儿园课程改革的不断深入，幼儿园课程管理作为教育管理的一个分支，逐步被纳入幼儿园课程的研究范畴中。

　　幼儿园课程管理是有关部门和人员对幼儿园课程的各个运行环节采取指导、决策、监督、协调等措施，从而有效实现幼儿园课程目标的活动。在内容构成上，幼儿园课程管理包括对幼儿园课程设计系统（即生成系统）、课程实施系统和评价系统的管理。

　　就幼儿园课程管理的层次而言，从教育管理学的角度来看，教育管理可分为教育行政管理和学校教育管理，按照这一思路，幼儿园课程管理涉及不同的层次，可相应地分为国家、地方层面的课程行政管理和园级层面的课程管理。

---

① 廖哲勋.课程学[M].武汉：华中师范大学出版社，1991：328.

二、幼儿园课程管理的作用

幼儿园课程的运行离不开管理,幼儿园课程管理从功能上而言,是一项非常有意义的课程活动。

课程系统是一个包含多方面的完整系统,它是由课程设计(课程生成)、课程实施和课程评价等环节组成的相互联系、相互作用的复合体。因此,课程管理系统就其组成而言,具体包括"课程生成系统管理、课程实施系统管理以及建立在前两者基础上的课程评价系统管理"①。由此,通过幼儿园课程管理可加速幼儿园科学管理课程的进程,进而最终帮助完善幼儿园课程管理的整体系统。

此外,在幼儿园课程管理中,国家、地方或园级等层面的管理者运用一定的方式和手段介入及监督指导幼儿园课程的设计、实施、评价,并在此过程中将影响课程的众多因素组织、协调起来,从而可以保证幼儿园课程的有序开展和有效运行。

幼儿园课程管理系统涉及对课程生成系统、课程实施系统及课程评价系统的监督、指导活动,通过管理职能的发挥,可直接提高幼儿园的课程设计、实施和评价的水平,增强幼儿园课程的适应性,提升幼儿园课程的质量,同时也能促进课程实施者——幼儿园教师的专业发展。

最后,幼儿园课程管理还可提升各层面课程管理者的水平。课程管理可提高国家、地方及园级层面管理者的课程管理水平,通过管理反哺并促进管理者熟悉及掌握课程理论,了解课程设计、课程实施、课程评价及课程管理的原则和方法,提高运用课程理论来分析、监督和指导幼儿园课程问题的能力。

三、幼儿园课程行政管理的体制

国家、地方层面的课程管理活动,是上级行政人员对下级基层学校的课程管理,是一种上位的、具有权力行使特点的课程行政管理。课程的行政管理建立在一定的体制基础上。

(一) 幼儿园课程行政管理体制的分类

课程行政管理体制往往与一个国家的政治管理体制相对应,也与该国家的教育行政体制密切相关。根据地方和国家教育部门在课程权力上的划分,可将课程行政管理体制分为中央集权制(centralism)和地方分权制(regionalism)。

中央集权制的课程行政管理体制下,由国家制定和颁布全国统一的课程标准、计划、指南和教材等。国家通过掌握管理课程的权力,以统一的课程标准保证教育质量和课程质量;能适当兼顾全国各地区的均衡发展,实现相对的教育公平;便于国家对各地区的教育进行管理,也便于实施一些重大的课程改革措施并提高课程改革的效率。但是,由国家统一管理课程,可导致课程不适应各地区在经济、文化等方面的差异;同时,权力相对集中在国家层面,

---

① 唐德海.大学课程管理的理论与方法研究[M].北京:中国科学技术出版社,2002:34.

不利于调动地方和学校的积极性,也不利于教育民主化和科学化进程的推进。

地方分权制的课程行政管理体制下,国家不统一颁布课程标准、计划、指南和教材等,课程权力下移到地方,各地区有更多的自主决策权来确定课程的政策和特征。充分考虑到地区之间经济、文化等方面的差异,使课程的性质特征与地方的实际情况及发展需要紧密联系,较好地体现了教育的服务功能;使课程管理权力得以下放,可充分调动地方和学校的积极性与主动性,体现了教育的民主性;同时,使各地区立足于现实发展需要,有利于促进地区整体课程系统的高效运行。但是,由于没有国家统一的相对规范的课程标准、计划、指南和教材等,很难保证教育质量和课程质量,从而可能影响国家整体的教育质量;同时,将管理权力交给地方,不利于国家准确把握整体课程系统的运行信息,不利于国家对课程的统一控制和管理,也会影响国家某一些重大课程改革的顺利推进。

我国的幼儿园课程行政管理曾长期受到苏联的影响,在很长一段时期内采取中央集权制。特别是在 20 世纪 50 年代到 80 年代期间,幼儿园课程方案、标准和教材等均由国家的规程、教育教学纲要等文件加以规定。这种幼儿园课程行政管理体制在新中国刚成立的一段时间内,曾起到过一定的积极作用,有利于国家幼儿教育的恢复、发展,幼儿园课程体系的构建和落实。

(二) 幼儿园课程行政管理体制的转变

自 20 世纪 90 年代后,我国的幼儿园课程行政管理体制逐渐发生了变化,这种转变受到世界课程行政管理体制改革及我国基础教育课程行政管理体制改革的影响。

自 20 世纪七八十年代以来,世界各国在集权与分权之间寻找适合本国国情的制衡点,行政主体多元化的均权成为许多国家课程行政管理制度改革的取向。[①] 同时,随着我国改革开放政策和基础教育课程改革的不断深入,人本主义管理理论不断受到重视,我国课程行政管理体制在中央集权和地方分权之间寻找到一种结合点,表现出一种去集权化的现象,出现了课程权力逐级下放的趋势,将部分课程决策权由国家下移到地方和学校一级,实行国家、地方和学校三级课程行政管理体制,使课程管理体现出更加民主化的特点,地方及学校自身的课程管理权限不断扩大。如 2001 年教育部印发的《基础教育课程改革纲要(试行)》指出:为保障和促进课程对不同地区、学校、学生的适应性,实行国家、地方和学校三级课程管理。

三级课程管理是一种新的课程行政管理体制,国家、地方和学校成为不同层面的课程管理主体,分别享有一定的课程管理权限。一般而言,国家教育行政部门总体规划基础教育课程,制定基础教育课程管理政策,确定课程门类和课时等。地方教育行政部门依据国家课程管理政策和本地区实际情况,制定本地区实施国家课程的计划,规划地方课程并组织实施。学校在执行国家课程和地方课程的同时,视当地社会、经济发展的情况,结合学校的传统和优势、学生的兴趣和需要,开发或选用本校的课程。三级课程管理的行政体制下,各层面具体的课程权责分配可见表 7-1。

---

① 全国十二所重点师范大学,钟启泉.课程论[M].北京:教育科学出版社,2007:242.

表7-1　国家、地方、学校三级课程权责分配框架①

管理主体	国家一级	地方一级	学校一级
权责内容	• 制定课程计划和国家课程标准 • 制定教材编写方案、审查和选用的政策，并组织审定基于课程标准编写的教材 • 制定地方和学校的课程管理指南 • 负责审议地方课程的开发方案 • 监督国家有关课程政策的执行 • 确定基础教育课程的评价制度，并组织全国性水平测验 • 根据教育改革和发展需要，修订课程文件	• 制定本地课程计划实施方案 • 组织审议学习课程方案，指导学校具体实施国家/地方课程、选用教材及开发课程 • 开发地方课程 • 为学校课程实施与开发提供服务，帮助学校解决教育中的问题 • 对本地区课程实施、评价与考试等情况进行监控 • 整合社会的各种资源，引发社会各种力量参与课程开发与管理 • 加强教材、教辅用书及其他教学材料的使用管理 • 组织教师培训	• 制定学校课程方案 • 选用经审查通过的教材 • 开发校本课程 • 对课程计划实施、教学、教材、评价与考试、课程资源开发与利用等方面进行自我监控 • 建立教师、学生、家长及社区代表参与学校课程管理的机制 • 组织校本培训，建立以校为本的教研制度 • 为教师教学、学生学习等提供服务

由此，幼儿园课程行政管理体制受到了基础教育的直接影响，国家、地方和幼儿园均拥有课程管理的权力。

同时，幼儿园课程行政管理体制的转变还受到当下幼儿园课程价值取向的影响。"课程的价值取向决定了课程管理的样式"②，秉持知识本位的课程价值取向，在课程行政管理体制上，国家和地方会注重制定课程方案或计划、课程指南，并统一组织专家开发课程；秉持儿童本位的课程价值取向，在课程行政管理体制上，会强调权力下放，国家和地方将更多的课程决策权给予幼儿园，国家、地方通过出台相关的课程文件在宏观层面上进行指导和监督。

总之，目前我国的幼儿园课程行政管理体制受三级课程行政管理体制的影响，受偏向儿童本位课程价值取向的影响，倡导自上而下、自下而上相结合的幼儿园课程管理模式。具体来看，国家根据幼儿园教育目的制定《幼儿园教育指导纲要（试行）》《3—6岁儿童学习与发展指南》等文件，对幼儿园课程的目标、内容、活动组织和评价等提出总体要求。但考虑到各地

① 教育部基础教育司，师范教育司. 新课程的领导、组织与推进[M]. 北京：高等教育出版社，2004：27.
② 朱家雄. 幼儿园课程管理转型过程中存在问题辨析[J]. 幼儿教育，2002(11)：4—5.

区差异,不制定统一的课程和教材。地方则根据国家文件的精神,结合本地区的经济、文化等情况及地区发展需要,制定具体的指导意见,开发与地方特色相适应的课程与教材并对幼儿实施教学。幼儿园根据国家有关课程的指导思想及地方课程教材的文本,结合幼儿园自身的特点和幼儿的需要,确定和构建自己的课程,或者对地方课程进行基于本园的实施,或者进行基于本园的课程开发。

在三级课程行政管理体制的影响下,地方、幼儿园和教师拥有了一定的课程管理权和空间,调动了各层面课程管理者的积极性和创造性,保障了幼儿园课程的科学规范,也极大地增强了课程对不同地区(包括区域)、幼儿园和幼儿的适应性。同时,幼儿园课程管理活动由园长开展,教师甚至幼儿共同参与,使园级层面的课程实施不仅只是忠实执行国家、地方课程方案的过程,更是一个相互适应和创生的过程。在以往的幼儿园课程管理中,教师始终被视为被动的课程执行者,习惯于机械地执行课程文件和方案,接受各层面管理人员的监督指导,教师自身参与课程管理的积极性不够。实际上,园级层面的课程管理不同于一般的行政管理,其管理主体是教师,教师参与课程决策和开发的热情与能力,决定了一所幼儿园课程管理的质量,因此,管理中特别要注意激发教师的主体意识,提高教师的专业自主能力。

四、幼儿园课程管理的内容

不同层面的幼儿园课程管理,其管理内容总体都围绕幼儿园课程设计、课程实施与课程评价,涉及幼儿园课程管理的生成系统、实施系统和评价系统。但是,在执行管理的过程中,不同层面课程管理的具体内容的侧重点还是有所差异的,因此这里将分开进行阐述。如此,可保证各层面课程管理人员各司其职,履行好相应的课程管理任务,促进基层幼儿园课程的有序、高效运行。

(一)国家、地方层面课程管理的内容

国家、地方层面的幼儿园课程管理主要是一种上级对下级的行政管理,其内容主要包括在国家、地方的层面上来制定和颁布有关幼儿园课程的各项政策,如教育纲要、课程指南等,以总体规划与设计幼儿园课程,架构课程体系框架,开发地方教材,规定幼儿园课程实施及评价的相应要求。此外,国家、地方层面的课程管理的内容重在制定和颁布有关幼儿园课程管理的政策,以文件的形式对幼儿园课程管理的主要内容做出相关的规定,表述对幼儿园课程与教材的管理政策,以指导和规范幼儿园课程的质量;确定幼儿园课程行政管理体制,明确课程管理模式;制定幼儿园课程设计、实施与评价等的制度。

这两个层面的课程行政管理相比园级层面的课程管理而言,其管理的内容更宏观和上位,起到决策和确定方向的作用,对幼儿园课程的目标、课程内容与结构、课程评价等进行价值理念的指导和引领。其课程管理主要体现为课程决策权、课程计划制定权、教材审查权、课程评价权等。

（二）园级层面课程管理的内容

在三级课程行政管理体制下,在赋予幼儿园课程权力的同时,如何能够更好地进行课程开发和建设课程,如何更好地加强自身的课程管理、促进课程目标的实现,成为当下课程改革中幼儿园重要的议题。由此,对园级层面的课程管理需要更予以重视,使之与国家和地方的课程管理互补、协调,同时又发挥出各自不同的课程管理职能和作用,促进幼儿园自身的课程建设的科学性和规范性。幼儿园是国家、地方课程实施的场所,理应是课程管理的重要阵地,园长作为幼儿园全面工作的组织者、领导者、参与者,是幼儿园课程管理的核心人物,其课程管理观念和行为更是直接决定了幼儿园课程的质量。在幼儿园课程管理中,管理者要明确课程管理目标在于提高课程实践活动的效率,促进幼儿园课程目标的实现,同时,为幼儿园塑造起符合本园实际的课程文化及课程愿景。园长还要明确课程管理的根本任务在于保证国家、地方课程基于本园的有效实施和园本课程的开发,以满足幼儿园的特点和幼儿的兴趣需要;其基本任务主要表现为贯彻国家、地方层面的课程政策和精神,建立专门的课程管理机构,如课程发展小组,全面开展幼儿园内部的课程决策、指导、监督、规范和协调等活动,保障幼儿园课程的有序实施。课程管理机构的设立与发展应该形成一股合力,确保课程资源的配置、课程的计划与实施、责任和权利的分配协调一致;确保能开展从课程设计、实施到最后评价的全程管理,使课程管理趋向规范化,逐步走向正轨。

园级层面的课程管理主要围绕课程的生成系统、实施系统和评价系统而开展全程管理,具体包括明确课程设计、课程实施和课程评价的管理职责与课程制度。

1. 幼儿园课程管理职责

就幼儿园课程设计的管理职责而言,可包括制定幼儿园总体课程实施方案;沟通与协调各年龄阶段课程方案,保证年龄阶段之间的衔接和连续性。监督指导教师既做好班级课程及活动的平衡,也兼顾不同的课程领域设计课程,并做到班级层面与园级层面的课程相互呼应和协调;指导教师根据不断变化的教育情境和幼儿的兴趣需要,对班级学期课程计划进行更新和调整,并进一步基于班级实际制定月计划及周计划;必要时还可以结合各类教育资源进行适当的课程开发。

就幼儿园课程实施的管理职责而言,主要包括对园内外各类课程资源整合的管理,包括家长资源、社区资源及教材文本资源等;对课程实施过程的常规检查和专业指导,包括一日生活制度的执行、班级教育环境创设与材料提供、各类教育活动的组织实施、家长工作等方面的检查和指导。

就幼儿园课程评价的管理职责而言,主要包括对国家、地方课程评价理念和措施基于本园的贯彻落实,建构适合本园实际的课程评价标准及指标体系,对教师日常保教计划及活动实施的监督和评价,对幼儿园课程质量的总体评价等。

2. 幼儿园课程制度

课程制度是学校共同遵守的,以落实课程计划和课程方案,促进学校课程实施与课程开发、课程管理与课程评价有效性的一系列规程和行为准则,是学校课程自主更新的机制。① 幼儿园课程制度一方面必须有"道",要有基本的价值取向,即对国家育人目标和"以幼儿发展为本"课程理念的认同与强化;另一方面要对保教人员在课程中的主体地位给予认可,即不强调制度完全的约束性和强制性,而是强调制度的人文关怀和温暖,引入了更多激励、引领、支持的成分,体现对教师课程实践过程的伴随与支撑。同时,应通过让教师主动参与制定规则和标准来产生制度,以推动其对制度的认可和遵守。如上海市宝山区红星幼儿园为深化"情感课程"实践,建立了课程主体全纳的多维对话制度。

就幼儿园课程管理中建立的课程制度而言,包括为进行课程全程管理而制定的各类健全的课程制度,如一日生活常规管理制度、课程开发审议制度、教师课程计划制定及检查制度、材料开发走班制度、观察倾听制度、案例分享制度、活力教研制度、对话交流共享制度、课程资源库管理制度、教学活动评价制度、教师班级课程质量监控和评价制度、教师课程反思制度、园领导听评课制度、课程质量监控分析制度、公共活动室管理制度、教研组管理制度、教研组长例会制度、教研组集体备课制度、园本培训制度等。课程制度以清晰规范的规定性文件来指导幼儿园课程设计、实施与评价工作,保证幼儿园课程生成、实施和评价系统在幼儿园的正常运行。幼儿园的课程制度一方面要对课程设计、课程实施和课程评价诸方面有明确的指导和要求,同时注重激发课程主体的主动性和创造性,支持教师自主感知、实践和思考;另一方面也要有利于协调课程系统中各要素之间的关系,充分发挥它们各自的功能。园长要善于将建立的课程各项制度不断明晰化、具体化和功能化,形成相互关联与补充的课程制度群,在此基础上形成协调的幼儿园课程管理机制,保障幼儿园课程系统有序有效运作,助推幼儿园共同的课程理念和目标的实现。

拓展阅读

为具体的课程实践匹配多项课程制度

上海市普陀区豪园幼儿园在开发与利用品性养成教育课程资源的过程中,形成了资源的"开发、运行、联动"三大机制以及若干具体的制度,从而更好地凸显了新的课程理念下课程资源应具有的"流动性、差异性、开放性、关联性"等特征。上海市虹口区西街幼儿园基于"醇美课程"目标实现的需求,提出了培育"醇美教师"的理念,形成了"以书雅言、以艺雅观、以传雅量、以研雅趣"的既相互独立、具体指向明确,又整体关联的"醇美教师"队伍培育系列制度。

（资料来源:蔡志刚.课程领导视角下的幼儿园课程制度优化与创新[J].上海托幼,2021(10):13—14.）

---

① 郭元祥.学校课程制度及其生成[J].教育研究,2007,28(02):77—82.

幼儿园课程制度的构建并非一劳永逸,而是需要随着课程的发展,持续地进行优化和变革,在"打破"与"重构"的过程中不断生长。如上海市浦东新区蒲公英幼儿园为了探索幼儿科学启蒙教育的新模式,基于教师的学习需求,衍生出一套有效的"走班教研"制度,并不断地优化。

五、幼儿园课程管理的职能

课程管理的职能是课程管理系统所具有的职责和功能,课程管理职能的发挥,直接决定了课程运行的效果,决定了课程目标达成的程度。这里的课程管理职能主要针对的是园级层面的幼儿园课程管理,该层面的管理职能往往更全面。

(一)决策职能

决策是一种做权威性的决定的活动,是任何一个组织的管理者的中心活动,也是管理的一个重要职能。按人们认识活动的形式,决策可以分为经验决策和科学决策两种类型。经验决策更多是依靠管理者个人的经历和体验进行决策,科学决策则是指管理者能够按照决策的科学理论和健全的科学程序,运用现代科学的方法进行决策。幼儿园课程管理更多应指向和追求一种更高层次的科学决策的职能。

幼儿园课程管理的决策职能的发挥范围可包括课程理念和目标的决策、课程结构与内容的决策、课程安排的决策、课程实施的决策及课程评价的决策。课程管理的决策职能是幼儿园课程管理的核心和前提,该管理职能的充分发挥可使幼儿园课程具有科学的导向性和规范性。

(二)计划职能

计划职能是指管理者统筹规划并制定课程设计、实施和评价等活动。幼儿园课程管理需要发挥出计划的职能,以引导各方人员有意识地、有目的地决定行为的方向和过程,避免盲目性和随意性,保证各层面的幼儿园课程管理活动沿着既定的课程目标前进。同时,计划职能也能够使各层面的幼儿园课程管理者将注意力集中于课程目标的实现上,提高幼儿园课程管理的效率。

(三)组织职能

幼儿园课程管理的组织职能是指课程管理者按照课程组织的特点和原则,通过组织设计,构建有效的组织结构,明确组织的责任和权限,合理配置各种课程资源并使之有效运行,以实现幼儿园课程目标。幼儿园课程管理的组织职能内容具体包括设计幼儿园课程组织的结构,配备相应的组织人员,明确各自的职责分工,提供条件保障、监督和指导组织的运行,营造组织文化等。

为提高课程的组织职能,幼儿园课程管理者要善于优化课程管理者的队伍结构,加强对园内各级管理人员的管理知识和技能的培训。同时，管理者还要发挥课程实施的主体——教师在课程管理中的能动作用，吸收教师群体参与幼儿园课程管理，真正实现课程管理的"赋权增能"。

（四）控制职能

幼儿园课程管理的控制职能是指课程管理者以课程目标为中心，随时检测课程方案的运行情况，在发现偏差时及时予以纠正。通过控制职能的发挥，管理者可以对幼儿园课程方案的执行、幼儿园课程实施的情况进行监督和检查，以及时发现问题，并加以分析、改进和调整。当然，当前的三级课程行政管理体制对行使传统的课程管理控制职能提出了一定的挑战，控制职能发挥过度，会影响教师课程实施中主动性的发挥。为真正保证幼儿园课程的灵活性和多样性，更好地发挥课程实现目标的中介作用，园级层面的课程管理者必须不断健全幼儿园内部的课程管理体制，协调好幼儿园各级管理部门之间的关系，充分调动教师、保育人员、后勤人员、幼儿，甚至是课程专家等参与课程管理的积极性与自觉性。同时，管理者还要遵循以人为本的理念实施民主管理，采取刚柔相济、宽严结合的方式来发挥控制职能。

（五）保障职能

幼儿园课程管理的保障职能是指课程管理者立足于园内外的各种资源，为课程实践活动提供各种必要条件，以保证幼儿园课程系统按照预期目标有序运行。管理者通过发挥恰当有效的保障职能，可为幼儿园教师创设有利于课程实施的条件，同时，可为教师提供各种培训、指导和经费，以促进幼儿园课程的顺利实施和持续发展。

在发挥保障职能时，幼儿园课程管理者要减少自上而下的行政命令的随意性，增强自身为教师课程实施提供支持的意识和能力。要在充分发挥既有的课程管理组织、控制等职能的基础上，广泛使用各种技术管理手段，注重数字课程资源库的建设，加强对教师的支持服务和指导培训，构建起全新的、现代化的幼儿园课程管理体系。

第二节　幼儿园课程领导

一、幼儿园课程领导的含义

"课程领导"（curriculum leadership）一词是在幼儿园课程管理的范畴内，但又意欲革新和超越"课程管理"的最新的课程术语。课程领导是在我国三级课程行政管理体制下的热点话题，也是幼儿园课程研究的新领域。

（一）课程领导与课程管理的辨析

领导是管理的一个职能，组织中的领导行为属于管理活动的范畴。课程领导是在课程管理的范畴下提出的，但其内涵又有别于课程管理。"领导"一词，意为带领和引导组织成员去实现组织目标，是激发能帮助组织达到目标的人的自信心并给予他们支持的过程。领导活动的主要特征是带领、引领，是领导者有意识地对被领导者施加影响的过程。

管理与领导二者有许多类似的地方，比如都涉及对需要做的事情做出决定，创建人际关系网络，并尽力确保工作得以完成。但是在主要职能和形式上，二者有着明显的差异（见表7-2）。

表7-2 管理和领导的区别①

项目	管理	领导
区别	提供秩序和一致性	产生变化和运动
	制定计划，进行预算	建立愿景，制定策略
	组织，人事管理	联合员工，进行交流
	控制，解决问题	鼓励，鼓舞士气

由表7-2可知，管理注重的是稳定的秩序和组织并维持各项工作的日常运行；而领导则关注的是组织的创新，敢于打破秩序，通过变革实现愿景。管理注重的是组织中的具体活动和问题，为的是实现既有目标；领导关注的是组织的战略性问题，包括把握学校的办学理念、办学特色，为的是促进学校的可持续发展。总之，"管理者是做事正确的人，而领导者是做正确事情的人"②。

根据以上差异，我们对幼儿园课程管理和课程领导进行了比较分析，详见表7-3。

表7-3 幼儿园课程领导与课程管理之比较分析

项目	幼儿园课程领导	幼儿园课程管理
权力主体	权力分享，主体多元化	集权式，主体集中于高层
权力实施	依靠人格魅力和专业权威	依靠法定权力和行政权威
运行形态	平等、互助、协商式	科层、命令、权威式
决策及推行	决策民主化，自下而上、自上而下相结合地推行	决策集中化，自上而下地推行

① （美）约翰·科特.变革的力量——领导与管理的差异[M].方云军,张小强,译.北京:华夏出版社,1997:6.
② （美）罗伯特·G.欧文斯.教育组织行为学(第7版)[M].窦卫霖,温建平,王越,译.上海:华东师范大学出版社,2001:328.

续　表

项目	幼儿园课程领导	幼儿园课程管理	
教师观	教师具有主动性和创造性，教师团队是最有效的课程资源	教师是课程的被动执行者，缺少决策水平和能力	
职能	重引导激励，追求决策创新	重监管控制，追求制度有序	
动力	内部驱动力	外部驱动力	

（二）幼儿园课程领导的含义

如前所述,幼儿园课程管理除了国家、地方的行政管理外,最应和最宜注重的是园级层面的课程管理活动,如此才能通过管理促进幼儿园课程系统的有序运作,保证幼儿园课程目标的实现和课程质量的提升。同样,幼儿园课程领导主要是课程改革进程中针对被赋予一定课程权力的园级层面的课程领导活动而提出的新型课程管理要求。因此,这里的幼儿园课程领导概念更多是针对园级层面的课程领导而言的。

我们认为,幼儿园课程领导是指园长及全体课程实践人员协同努力,对幼儿园课程系统发挥正确合理的作用,促进本园课程持续发展的活动。即在课程理念和目标、课程内容选择和组织、课程实施、课程评价和课程管理等方面共同发挥引导和统领作用,实现预期课程建设和课程目标,追求高质量课程的活动。

二、幼儿园课程领导的必要性

幼儿园课程领导的提出,是幼儿园新课程改革进入深化阶段的必然产物。新课程改革汲取了世界课程改革中涌现的后现代主义哲学思想。后现代主义哲学思想强调去中心化、分权化和多样化,课程领导提倡的权力分享、决策民主化、协商式课程运行、专业权威等,正是该哲学思想的具体体现,突出了幼儿园、社会、教师、幼儿、家长等与课程相关的组织和人员的自主性及主体地位。

此外,幼儿园课程领导,更是在三级课程行政管理体制下对幼儿园课程管理的超越。三级课程行政管理体制的运行,为幼儿园课程适应地方经济、文化发展的特殊性,满足幼儿个性化发展的需要,以及体现办园的独特性等方面,创造了良好的条件和平台。但同样也对一所幼儿园囿于传统的课程管理活动提出了挑战,需要幼儿园能够在被赋权的同时,用好权力来科学高效地建设园本课程,促进幼儿园及幼儿的可持续发展。具体而言,它要求幼儿园树立课程领导的意识,对课程的设计、实施、评价与发展等发挥正确的决策、引领和促进作用。因为尽管国家或地方集中专家资源提供的正式课程可做到十分完善和规范,但一个无法回避的事实是,现实中的各幼儿园之间始终存在着明显的差异,包括地区差异(城市、乡村、郊区之间的差异),幼儿经验、态度、兴趣和需要等方面的差异,物质资源的差异(硬件设施、设备之间的差异），人力资源的差异（教师的专业水平、专业态度、年龄、学历等方面的差异）等，从而无法适应"同质化"的课程。面对幼儿园的"教育生态条件"存在巨大差异的客观事实，需要幼儿园课程管理者超越实施层面的课程管理，而在愿景目标层面上发挥领导的作用，使愿景成为团队自觉内在的动力驱动，从而引领幼儿园课程实践。

另外，幼儿园课程领导也是三级课程行政管理体制下课程领导者课程管理与领导方式应有革新的现实需要。它要求课程领导者超越传统领导概念赋予领导者的"发号施令"的角色和责任，实现课程管理与领导方式的民主化和科学性。课程领导的理念意在改变行政和管理是由学校的上级和外部提供驱动力的观念，实行一种新的管理观念，它必须理解为不是在"控制"他人，而是在"引导"他人做出高层次的判断与自我管理。① 因此，课程领导意欲摆脱传统课程管理中具有官僚主义色彩的整齐划一的外在"监察""控制"，摆脱自上而下驱使的被动局面。幼儿园课程领导的提出，旨在强调幼儿园自律、自主驱动的组织行为，以激发幼儿园课程民主决策的热情和内在动力。

最后，幼儿园课程领导也是三级课程行政管理体制下加强幼儿园课程科学建设的应有之义。在幼儿园课程的科学建设中，课程领导自然需要在课程管理的基础上"浮出"水面，以在新时代下引领幼儿园课程的建设，追求幼儿园课程建设的效能和课程质量，促进幼儿园教师的专业发展和幼儿的全面发展。

三、幼儿园课程领导的内容

从对课程领导与课程管理的辨析可知，幼儿园课程领导绝不单纯是个人的领导行为，它需要由园长和教师共同承担，依赖团队形成的合力通过权力分享、创新开拓，来共同发挥领导职责，推动幼儿园课程的发展。虽然我们强调团队的课程领导，然而，从社会学的角色理论视野出发，团队成员一定是以不同的角色出现的，是一个角色集。"角色"作为一个社会学名词，是"个人在特定的社会环境中的相应的社会身份和社会地位，及其按照一定的社会期望，运用一定权力来履行相应社会职责的行为"②，任何一种角色都与一系列的行为模式相关，一定的角色必有与特定身份相对应的一套权利义务的规范。因此，幼儿园课程领导团队中园长和教师不同的角色决定了其课程领导的相应行为模式，这些不同的课程领导行为模式构成了团队课程领导的基础。幼儿园课程领导的重点是园长课程领导的行为模式和权责的发挥，该角色定位期望园长是实施幼儿园课程领导、保证幼儿园课程质量的关键，只有加强对园长课程领导角色和行为的研究，才能通过园长进一步促进教师课程领导角色的唤醒和回归，引发教师的课程领导行为。因此，以下所述的幼儿园课程领导是指向园级层面的课程领导，其核心是发挥园长的课程领导作用。

---

① 钟启泉.从"课程管理"到"课程领导"[J].全球教育展望，2002，31(12)：24—28.
② 李铮，姚本先.心理学新论[M].北京：高等教育出版社，2001：57.

(一)构建幼儿园课程理念、愿景和目标

幼儿园课程理念、愿景的形成及确定,是园长课程领导活动的核心。

课程理念是在课程建设中所秉持的教育思想,是课程观念和价值取向的复合体。幼儿园课程愿景,是有关幼儿园课程全局性、长远性和根本性的重大规划,是幼儿园课程未来发展的方向,是对幼儿园课程总体框架的描述。一个科学而适宜的课程理念、愿景的确定,将对幼儿园的课程发展产生重大而深远的影响。为此,园长要遵循国家及地方政策要求、办园理念和相关理论,要科学和客观地分析幼儿园的课程实施背景和条件,为课程愿景和理念的形成提供基础;要能与教师共同构建幼儿园课程愿景和理念,推动幼儿园课程的持续发展。

理念是思想的抽象凝练,愿景是长远的规划,需要将其转化为近期和中期的课程目标才能保证实现。为此,园长在课程理念、愿景的基础上,需要带领教师一起制定与课程理念、愿景相一致的课程总目标和不同阶段的课程目标,引领幼儿园课程建设的方向。

(二)组织和运作幼儿园课程发展团队

新时期下课程领导的提出,要求园长在课程管理中实施权力分享。为此,园长可组织教师建立一个课程发展团队,赋予团队中的教师课程决策权,在权力分享中使教师能够履行职责,参与幼儿园课程建设,发挥主动性,共同推进幼儿园课程的进一步发展。同时,园长还要能够通过各种方式来促进幼儿园发展团队的运作,充分发挥出课程团队的功能。具体方式包括吸引教师共同参与编制幼儿园课程实施方案,把课程愿景、理念和目标变成具体的、可行的课程计划,为幼儿园课程建设和教师课程实施提供支持;定期举行课程发展团队的会议,促进教师间的交流和讨论,解决教师课程设计、实施和评价中的问题,并定期优化课程实施方案;引领教师根据本班幼儿特点和需要开发及实施班本课程;促进幼儿园形成民主合作与持续改进的课程文化。

(三)监控幼儿园课程实施的过程质量

幼儿园课程实施过程的领导很显然是园长课程领导的重心。课程实施的过程质量,决定了幼儿园精心预设的课程实施方案是否得到良好的实施,也决定了教师专业发展的进程。为此,园长要加强对教师课程实施过程质量的监控。监控,意味着监督和控制,在课程实施过程中,园长要能够建立课程实施的监控制度并有序运行,以检查了解教师课程实施的各项情况。

监控是为了指导,帮助教师加强幼儿园课程设计的连续性和整合性,促进幼儿学习经验的衔接和相互联系;审议教师对班级教育活动内容的选择,确保课程内容与班级幼儿的适应性;评估教师的课程实施过程是否科学合理,是否符合预设的班级课程目标和幼儿园课程目标,是否凸显幼儿的主体性;强化对教师课程与教学的指导,及时发现和帮助教师解决在课程实施过程中遇到的问题及困难。

（四）提升教师的课程专业水平

园长的课程领导内容必不可少地还包括提升幼儿园教师的课程专业水平。为此，园长首先要给教师课程实施的自主权和决策权，促进教师发挥创造性，形成为教师"赋能放权"的开放型课程管理样态；帮助不同层次的教师规划自身的专业发展，根据教师需要提供外出参观及观摩的机会，激励教师参加园内外的各类培训和继续教育。园长还要鼓励教师加强自身的专业学习，在园内自发或正式形成各类课程研究的团体，在学习及研究的进程中不断丰富和充实有关幼儿园课程的专业知识和技能。此外，园长还要为教师提供审议幼儿园课程的机会，指导教师通过审议来发现幼儿园课程和教学的问题，并提出改进方法；定期在幼儿园举行课程和教学的研讨会，通过阶段性的专业研讨来促进教师的专业发展。

（五）利用和整合课程资源

园长的课程领导还要在常规课程管理资源保障的基础上，注重对园内外各种课程资源的利用和整合。园长要善于从园内外主动发现各类能发挥教育价值的"无门槛"的资源，建立起系统的、为本园课程实施服务的幼儿园课程资源库及使用制度等，来支持和满足教师的教学需要，保证幼儿的户外两小时活动，提供幼儿有益的社会实践活动，丰富幼儿的成长体验和经历。此外，园长还要专门建立完善的幼儿园和家长、社区之间交流与合作的渠道，为教师的课程和教学提供坚实的保障。

（六）评价幼儿园课程实施效果

园长的课程领导内容包括了对幼儿园课程实施最终效果的评价。幼儿园课程实施效果的评价是对幼儿园课程价值进行科学全面判断的活动，为保证评价的客观公正，园长要能带领教师共同讨论和确定幼儿园课程实施效果评价的项目与标准；开展幼儿园课程质量的内部评价，及时诊断幼儿园课程问题、了解幼儿园课程价值；定期了解本园幼儿在各方面学习与发展中的状况；能够根据课程诊断和评价的结果，和教师共同改进原有的幼儿园课程实施方案，持续优化以促进幼儿全面和谐发展。

思考题

1. 幼儿园课程管理的含义和作用是什么？
2. 园级层面幼儿园课程管理的内容有哪些？
3. 幼儿园课程管理的职能是什么？
4. 幼儿园课程领导的含义是什么？
5. 简述幼儿园课程管理的必要性。
6. 园长的幼儿园课程领导内容有哪些？

第八章　幼儿园课程改革

　　任何事物都是发展变化的,课程不会也不应该是万古不变的、僵化的,课程有必要而且必须要随着时代、社会的发展而不断进行改革。由于课程是教育的核心元素,没有课程改革,教育改革就缺少立足点与突破点。每一次教育改革往往都以课程改革为突破口,世界各国的课程改革已成为教育改革的主旋律。

　　同时,课程改革亦成为促进一个国家课程发展变化的动力机制,课程发展的整个历史过程,往往与课程改革的进程相随相伴。同样,幼儿园课程发展至今,也是建立在课程持续改革的基础之上的。幼儿园课程改革已成为幼儿园课程研究的重要议题。

第一节　幼儿园课程改革的含义

一、课程改革的含义

　　课程改革与教育改革有着密切的联系,但也有区别。教育改革是指"改革教育方针和制度或革除陈旧的教育内容、方法的一种社会活动",课程改革是指"按照某种观点对课程和教材进行改造,是课程变革的一种形式,包括课程观念的变革和课程开发体制的变革,是一项有目的、有计划的行动,以一定的理论为基础"[①]。教育改革包含了课程改革,教育改革往往是以课程改革为突破口和核心的。因为就内部构成来看,课程改革的内容,如课程价值观念、课程目标、课程内容与组织方式、课程评价等方面,都是教育改革的根本目标和核心问题。就内在性质来看,教育改革的深入,从体制和观念层面,到内容、方法、方式、评价等操作层面,都涉及课程改革。教育体制、思想观念等教育改革成果,需要通过课程改革落实到学生培养上。所以,课程改革是教育改革的实践状态,教育改革的成果要靠课程改革来实现。没有课程改革,就没有真正的教育改革。

---

① 顾明远.教育大辞典(增订合编本)[M].上海:上海教育出版社;上海:上海科技教育出版社,1998:745,895.

就课程改革而言,理论基础是课程改革的逻辑前提,理论帮助确定改革的指导思想、价值取向以及指导改革方案的制定等。课程改革带来的是课程的指导思想、课程的诸要素所发生的整体或局部的变化。当然,不是所有的变化都可以称为课程改革,只有那些比较巨大的或根本性的变革,才称得上是课程改革。

课程改革是一个继承和发展的过程,不是一个突变式的"革命",不是一个从"全旧"到"全新"的彻底更替的过程,不是全面否定、全盘创新,不能把课程改革理解成与"潮流"一致,看作是与传统的决裂。

二、幼儿园课程改革的含义

幼儿园课程改革是指在一定的理论基础上,在特定目标的引领下,对幼儿园课程进行有目的、有计划变革的系统工程,涉及幼儿园课程理念与目标、幼儿园课程观和教材观、教师观、幼儿园课程结构与内容、幼儿园课程管理制度和幼儿园课程评价等方面的变革。

幼儿园课程改革是在一定的课程理论基础上进行的,并表现出一定的课程价值取向,遵循明确的改革目标,以此来开展系统的变革。没有理论基础、价值取向、清晰目标的幼儿园课程改革,注定是很难成功的。幼儿园课程改革一般涉及国家和地方层面,这里主要探讨国家层面的幼儿园课程改革。我国幼儿园课程改革的历史,与一些教育思潮和课程理论密切相关,它们奠定了我国幼儿园课程改革的理论基础,明确了幼儿园课程改革的价值取向和目标。同时,我国幼儿园课程改革的历程,也是与我国社会的自身政治和文化背景密切相连的,使每一次的课程改革都从当时的社会发展需要和背景条件出发,具有一定的价值和贡献,同时也存在特定时代所无法克服的自身局限。

第二节　幼儿园课程改革的历程与展望

"以史为鉴,可以知兴替",回顾历史,可以让我们更清楚地认识到幼儿园课程已走过的改革历程,并结合幼儿园课程改革的经验教训,反思幼儿园课程改革的发展趋势和走向。清朝光绪二十九年(1903 年),在湖北武昌诞生了我国第一个官办学前教育机构——湖北武昌蒙养院,正式开启了我国幼儿公共教育的历史先河。随后,课程也在幼儿教育进程中得到了研究和重视。至今,幼儿教育已有一百多年的历史,幼儿园课程改革成为其发展的核心和主线,幼儿教育发展史始终伴随着幼儿园课程改革史。

一、幼儿园课程改革的历程

就我国幼儿园课程改革的历程来看,大致可以划分为以下三个阶段。

1. 20 世纪二三十年代的幼儿园课程改革

我国的幼儿园课程改革最早始于 20 世纪二三十年代。

从课程改革的背景来看，从 20 世纪 20 年代开始，随着新文化运动的开展，民主、科学思想广泛传播，蒙台梭利、福禄贝尔及杜威等人的先进教育思想传入我国，掀起了幼儿园课程改革运动。特别是杜威的实用主义教育思想对我国教育的影响日益深刻。在杜威看来，教育的本质可用三句话来概括："教育即生长，教育即生活，教育即经验的改组或改造。"①其中，"经验"是杜威教育理论中最基本、最核心的概念，杜威格外看重"经验"的价值与作用。杜威主张必须以儿童本身的能力和主动精神为课程的基本素材与出发点，强调通过活动获得直接经验，把"从做中学"看作全部教学和课程理论的基本原则，并贯穿于课程和教学的各个领域。杜威的实用主义教育思想是这一阶段改革最重要的理论基础。

这一阶段的幼儿园课程改革实践，主要是以陈鹤琴、陶行知、张雪门、张宗麟等为代表的老一辈学前教育家针对当时我国幼儿园教育照搬国外（主要是西方）教育，不适合中国国情，幼儿园课程外国化、宗教化及非科学化的弊端，提出了幼儿园课程本土化、科学化的改革目标。他们依据杜威的课程理论，经过长期的亲身实验，结合我国的幼儿园实际，对本土化、科学化的幼儿园课程模式进行了探索。如陈鹤琴在南京鼓楼幼稚园探索"五指活动"课程模式，陶行知在南京燕子矶幼稚园实践"生活教育"课程模式，张雪门则是在北京孔德幼稚园（现北京东华门幼儿园）开展"行为课程"模式。这些课程改革实践在当时创造了辉煌成绩，也开创了幼儿园课程中国化、科学化的改革道路，形成了本土化的幼儿园课程理论及模式。1932 年颁布的《幼稚园课程标准》作为我国的第一个幼儿园课程标准，更是在吸收、借鉴西方教育思想的基础上，结合课程模式的实验而建立的带有我国特色的课程标准，可以说是本土化探索的结晶，其颁布使我国幼儿园课程摆脱了近三十年的混乱局面。从以上具体的幼儿园改革举措来看，主要采取的是"自下而上"的课程实施策略，同时也兼顾了"自上而下"的策略，通过国家课程标准来指导当时的幼儿园课程实践。

这场改革的主要价值首先在于改变了以往幼儿园中儿童"读死书、死读书"的现象，课程实施中确立了儿童的主体性，重视了儿童的中心地位和直接经验；认识到幼儿园课程内容应来源于儿童的生活，课程应包括儿童在幼儿园的一切活动；提出了幼儿园课程的编制应依据儿童的心理水平，注重课程的整合性原则，以单元为中心来编制课程。总体而言，这一时期的幼儿园课程改革开启了幼儿园课程中国化、科学化的道路，结合当时的社会背景条件和课程发展需要来看，具有较高的改革价值，对以后的幼儿园课程改革产生了深远的影响。如 20 世纪 80 年代开始的幼儿园课程改革，在很大程度上受到了这一时期幼儿园课程改革的影响，借鉴了其中的一些课程理念和实践做法。

---

① 赵祥麟，王承绪. 杜威教育论著选［M］. 上海：华东师范大学出版社，1981：87.

2. 新中国成立至 20 世纪 80 年代的幼儿园课程改革

新中国成立后,国家专门在中央教育部下设置了幼儿教育处这一管理机构来领导幼儿教育事业,同时,将学前教育第一次正式纳入新中国的学制,规定实施学前教育的机构为"幼儿园"。从当时的课程改革背景来看,在 1949 年至 1951 年上半年,幼儿园课程既采用之前托幼组织的课程经验,又吸收了陈鹤琴"活教育"的思想,主要是受陈鹤琴等人的单元中心制整合课程的影响,沿袭了此前的幼儿园课程设置。在 1951 年之后,随着当时的社会情况变化,幼儿园课程也进行了较大的改革。这场改革开启了对杜威实用主义教育理论和儿童中心主义的批判,并由此导致对二三十年代的幼儿园课程理论及课程模式的全盘否定。1952 年起,全国范围内逐渐掀起了学习苏联幼儿教育经验和课程思想的热潮,包括翻译苏联的相关幼儿教育书籍,聘请苏联幼儿教育专家来讲学和指导等。

苏联在幼儿教育中强调系统知识、儿童全面发展、游戏和作业、教养员主导作用,这些都对我国幼儿教育的变革产生了重要影响。[①] 这场改革以促进儿童的全面发展作为幼儿教育改革的指导思想,幼儿教育的目的在于使幼儿能有初步的体、智、德、美四育的全面发展。此外,维果茨基的关于"学前儿童的学习是按照教师的大纲变成儿童自己的大纲"的思想及"最近发展区"理论,强调"教学要走在发展的前面",强调教学及教师对儿童发展的主导作用,为我国五六十年代幼儿园教学纲要的制定及分科教学的幼儿园课程实践提供了依据,也直接影响了其后的幼儿园课程发展。总体而言,20 世纪五六十年代开始的我国第二次重大的幼儿园课程改革,以苏联的教学理论,特别是维果茨基的"最近发展区"理论为改革的重要理论基础。

从具体的改革举措来看,这场改革采取的是典型的"自上而下"的课程政策及课程实施策略,直接由教育部发起并推行。1952 年,经由苏联专家指导而制定的《幼儿园暂行规程(草案)》与《幼儿园暂行教学纲要(草案)》明确了学前教育的目的性、计划性,确立了幼儿园实行学科课程和系统分科教学的思想。《幼儿园暂行规程(草案)》以苏联幼儿教育理论与实践为模板,引入了"作业",强调对幼儿进行系统的教学,因为"各项作业的总任务,是在有目的、有系统、有组织地对幼儿顺次传达知识"。1956 年 11 月,教育部颁布的《关于幼儿园幼儿的作息制度和各项活动的规定》中提出"作业是幼儿园教师根据各科大纲有计划、有系统地,并由浅入深地选定内容,在同一时间内对全班幼儿进行的教学和复习"。从中可以看出,幼儿园的集体教学活动即作业。《幼儿园暂行规程(草案)》将幼儿园课程分为六项教养活动项目,也就是六门科目,即体育、语言、认识环境、图画手工、音乐和计算,对幼儿进行分科教学。《幼儿园暂行教学纲要(草案)》也相应地包括了以上六门科目的纲要。各科纲要非常系统,突出教学,都包括目标、教材大纲、教学要点和设备要点四个方面的内容,对幼儿园各科课程做了具体的规定,强调幼儿园各科教学的计划性、系统性、逻辑性与科学性。1956

① 虞永平,张帅. 从模仿借鉴到规范创新——新中国成立 70 年来幼儿园课程的发展[J]. 教育科学文摘,2019,38(04):51.

年,《幼儿园教育工作指南》颁布,更加具体明确地阐释了幼儿教育理论与实践工作的要点,以指导幼儿园的教学工作。该文件将幼儿园课程分为了体育、游戏、认识环境和发展语言、计算、音乐、美术六方面。各科分别进行,通过游戏和作业来实现幼儿园全部的教育任务。

1960 年以后,教育界展开了对苏联修正主义的批判,幼儿教育工作者开始了本土化幼儿园课程的实践探索,编订了一系列幼儿园分科教材。这一时期,我国的幼儿园课程具有了统一的教学标准和教学大纲,初步形成了系统的幼儿园教育教学目标与内容体系,确立了学科课程和分科教学的模式,促进了幼儿园课程的规范化发展。

20 世纪 60 年代中期,因"文化大革命"的影响,幼儿园的各项工作陷入了混乱状态,不少幼儿园被迫停办、撤销,各级幼儿教育领导机构也被取消或削弱。此时的幼儿园课程总体处于无序状态,原有的分科课程体系遭到了严重的破坏。

随着 1978 年党的十一届三中全会的召开,各项工作逐步走上正轨,我国幼儿教育事业也开始进入新的发展阶段。改革开放初期,为了尽快恢复幼儿园的正常教育教学秩序,原有的分科课程进行了进一步的学科化和正规化。1979 年,教育部颁布了《城市幼儿园工作条例(试行草案)》,指出幼儿园必须贯彻保教结合的原则,并规定了幼儿园教育应包含体育锻炼、游戏和作业、思想品德教育等几个方面。1981 年,教育部颁布了《幼儿园教育纲要(试行草案)》。《幼儿园教育纲要(试行草案)》规定幼儿园课程的内容为生活卫生习惯、体育活动、思想品德、语言、常识、计算、音乐、美术等八个方面。与 20 世纪 50 年代的《幼儿园暂行规程(草案)》及《幼儿园暂行教学纲要(草案)》相比,这一文件将"教学"改为"教育",将"作业"改为"上课",将幼儿园教育内容在六科的基础上,增加了生活卫生习惯、思想品德两方面,拓展了幼儿园课程的内容,并强调通过游戏、上课、观察、劳动、娱乐、日常生活等各种活动完成教育任务。但幼儿园的教育教学继续采用分科教育模式,课程仍然是分科体系,主要设为语言、计算、常识、音乐、美术、体育六科,而且还规定了六科每周的上课节数,而没有对新增加的生活卫生习惯和思想品德该如何落实进行详细说明。根据《幼儿园教育纲要(试行草案)》,1982 年教育部委托上海市教育局幼儿园教材编写组及有关专业人员编写幼儿园教材,包括体育、语言、常识、美术、计算、游戏、音乐七门教材(教师试用本)共九册,即在六科基础上增加了一门游戏。同年 12 月,教育部召开 20 个省、自治区、直辖市的幼儿教育专业人员会议,对上述统编教材进行审议。该套统编教材经教育部初等教育司修改,于 1983 年春季由人民教育出版社出版发行,并由上海教育出版社出版了配套挂图,供全国幼儿园使用。这是新中国成立以来第一套全国统编幼儿园教材。

可以看到,在这一时期的幼儿园课程改革中,几乎抛弃了陈鹤琴等人创建的以儿童为主体的、整合性的课程理论和模式,全面系统地学习了苏联的教育思想,进行了幼儿园分科课程的实践。这场改革的直接结果是使新中国初步确立起幼儿园课程的框架和内容体系,在全国统一实行分科教学的模式。这种系统的学科课程体系教育目标明确,教育内容系统,强调儿童的智力发展与学科知识的逻辑性,在一定程度上可为幼儿升入小学做好知识技能的准备。同时,学科课程使教师在教育实践过程中容易操作,符合了当时幼儿教育资源缺乏、幼儿教育师资力量不足的社会现实。总之,这场课程改革对于恢复正常的幼儿教育秩序,尽快建立适合我国幼儿教育资源条件的课程体系是很有价值的,也奠定了新中国幼儿园课程的基础,使幼儿园课程基本适应了当时的社会主义经济建设的需要与形势的发展。然而,任何改革都是一把"双刃剑",这场改革形成和发展起来的学科课程对我国幼儿园课程的影响是根深蒂固的,自此之后,我国幼儿教育普遍沿袭学科课程体系,采用分科教学的方式,强调儿童对学科逻辑知识的掌握。甚至迄今为止,这种学科课程体系对幼儿园课程仍有影响,许多非公办教育体制的民办幼儿园仍然采用学科课程体系,幼儿园课程的小学化倾向十分明显。

3. 20 世纪 80 年代至今的幼儿园课程改革

20 世纪 80 年代末开始的这场课程改革的背景,主要是在幼儿教育实践中,我国幼儿教育工作者发现学科课程的弊端日益突出,包括重幼儿知识传授、轻幼儿能力培养,重集体教学、轻游戏活动,六大科目的知识相互割裂,过分强调教师的主体作用,忽视儿童的兴趣需要及儿童的实践活动和直接经验,课程组织实施单调划一,幼儿教育的"小学化"倾向明显等。学科课程因此受到了尖锐的批评。"危机引发了改革"[①],新一轮的幼儿园课程改革迫在眉睫、势在必行。

从这场改革的理论基础来看,由于我国改革开放政策的实施,一些新的儿童心理发展理论、教育理论和课程逐渐被引入我国,对我国原有的幼儿园学科课程造成了极大的冲击。与此同时,我国幼儿教育工作者对外来经验的借鉴已经远远超越了照搬迁移的层次,认识到教育文化的引进与外来理论的输入是我国幼儿教育发展的必要途径,但这种引进应该要经过本土化的过程,要联系我国的社会文化背景加以借鉴运用;也认识到借鉴外来理论应该是多元而非一元的,要综合各种教育理念的精华并在幼儿园课程实践中尝试运用。与此同时,在借鉴的基础上,我国的幼儿教育工作者也开始对之前的幼儿园课程改革进行反思,重新认识、学习和评价我国近现代教育家,如陈鹤琴、张雪门、陶行知等人的幼儿园课程思想和课程模式,特别是陈鹤琴的幼儿教育思想和课程模式再次受到重视。在综合借鉴以上丰富多元的理论的基础上,我国幼儿教育工作者着手开展新一轮的幼儿园课程改革,以下简称"新课程改革"。这场改革可分为以下三个阶段。

(1) 20 世纪 80 年代至 2001 年。

从新课程改革的举措来看,这场改革采取的首先是"自下而上"、由地方到国家的策略,表现为地方上的一些理论工作者和实践工作者通过合作,自发开展突破分科课程的开拓性改革实验,尝试幼儿园课程的综合化。如南京师范大学和南京市实验幼儿园率先开展了对"幼儿园综合教育结构"的探讨,北京市崇文区第二幼儿园开展了以常识教育为核心的综合教育课程探讨,上海市长宁实验幼儿园开展了"幼儿园综合性主题教育"实验,南京市鼓楼幼

---

① 钟启泉. 中国课程改革:挑战与反思[J]. 比较教育研究,2005,26(12):18—23.

儿园开展了"活动教育课程"的实验,武汉、天津、重庆等地也开展了综合教育实验。另外,南京师范大学教育科学研究所还进行了"农村学前一年综合教育课程"的实验等。[①] 这些各地自发的课程改革实验冲破了传统分科课程的模式,在系统论思想的指导下,将各科教学内容、各种教育方式,围绕主题、单元等有机地结合起来,强调课程的整体性及幼儿在课程中的主体性。除此之外,各地还进行了诸如游戏课程、情感课程、领域课程、生存课程等多种课程模式的实验,旨在解决分科课程的一系列弊端。

在各地幼儿教育工作者自发开展课程综合化实验的基础上,国家主导和着手推动了"自上而下"的幼儿园课程改革。其重要举措之一是 1989 年国家教委颁布了纲领性文件——《幼儿园工作规程(试行)》;1996 年,国家教委修订该文件并颁布《幼儿园工作规程》。《幼儿园工作规程》的颁布响应了邓小平 1983 年在北京景山学校提出的"教育要面向现代化、面向世界、面向未来"的思想,提出了该思想指导下的幼儿教育做到"三个面向"应有的精神、理念和实践。具体而言,与传统的学科课程的思想和实践相比,《幼儿园工作规程》的改革理念主要体现在以下几个方面:强调注重幼儿的实践活动,为幼儿提供主动活动的机会;强调注重培养幼儿良好的个性品质,提倡教育要注意根据幼儿的个体差异;强调游戏为基本活动,寓教育于幼儿园各项活动中;强调幼儿园体、智、德、美的教育要"互相渗透、有机结合",合理地综合组织各方面的教育内容;强调幼儿园教育活动的过程。

《幼儿园工作规程》确立了改变学科课程模式的幼儿园课程改革目标,转变了幼儿教育工作者在长期学科课程体系下固守的"教师中心、知识中心、上课中心"的课程理念和课程实践,带来了根本性的课程实践变革。其中,最明显之处在于幼儿园课程引进了皮亚杰的"主动活动"的课程观,主张教师的主要任务是为幼儿提供能主动参与的活动环境,让幼儿通过与环境中人、材料等进行互动来建构知识。教师要善于创设促进幼儿建构知识、促进发展的支持性的教育环境,设置各种活动区角,让儿童通过与环境的相互作用(即主动活动)来获得发展。教师在课程实施中重视儿童的经验,注重让儿童在熟悉的环境中利用自己的原有经验去进一步理解和建构知识,从而帮助儿童不断地组织与提升经验。

这一阶段改革的重要举措之二是教育部于 2001 年颁布了《幼儿园教育指导纲要(试行)》。2001 年,教育部为转变应试教育、实施素质教育,颁布了《基础教育课程改革纲要(试行)》,提出了具体的基础教育新课程改革的目标。与此同时,教育部也同步颁布了《幼儿园教育指导纲要(试行)》,明确指出城乡各类幼儿园都应从实际出发,因地制宜地实施素质教育,为幼儿一生的发展打好基础。《幼儿园教育指导纲要(试行)》是对八九十年代幼儿园课程改革经验的总结,也是对《幼儿园工作规程》中"幼儿园教育"的直接细化和具体化,成为指导新时期幼儿园课程改革的纲领性文件,以引领各地开展幼儿园课程改革,提高幼儿园教育质量。

具体而言,《幼儿园教育指导纲要(试行)》针对《幼儿园工作规程》落实中的一些主要问

---

① 王春燕. 百年中国幼儿园课程改革的回顾与反思[J]. 幼儿教育,2004(05):6—7.

题,进行了更为深入和针对性的指导。如幼儿教育工作者对幼儿的主动活动内涵的理解仅仅局限为幼儿外在形式的"满堂动",而并未看到幼儿内在的心理结构的变化;幼儿园课程综合牵强附会,一度成为学科知识的一种"大拼盘",而非有机的渗透和融合;游戏活动的地位未在实践中得到认可和尊重,游戏活动时间常被侵占,还不时被异化为教学,"小学化"倾向依然严重等。由此,《幼儿园教育指导纲要(试行)》进一步明确规定:应通过环境的创设和利用,有效地促进幼儿的发展;幼儿园的教育内容是全面的、启蒙性的,可以相对划分为健康、语言、社会、科学、艺术等五个领域;各领域的内容相互渗透;幼儿园教育应尊重幼儿的人格和权利;以游戏为基本活动;等等。

《幼儿园教育指导纲要(试行)》由总则、教育内容与要求、组织与实施、教育评价四部分组成。在教育内容与要求部分指出"幼儿园的教育内容是全面的、启蒙性的","从不同的角度促进幼儿情感、态度、能力、知识、技能等方面的发展","要避免仅仅重视表现技能或艺术活动的结果,而忽视幼儿在活动过程中的情感体验和态度的倾向"。在教育评价部分,《幼儿园教育指导纲要(试行)》再次强调"尤其要避免只重知识和技能,忽略情感、社会性和实际能力的倾向"。此外,教育活动内容的选择要"贴近幼儿的生活","选择幼儿感兴趣的事物和问题",强调幼儿园课程的预设和生成的结合等,都体现了"幼儿发展为本"的思想,帮助幼儿教育工作者转变"知识为本"的幼儿园课程价值取向。

(2) 2002 年至 2020 年。

但凡改革都并非一帆风顺,势必会遇到一些瓶颈。《幼儿园教育指导纲要(试行)》颁布后,由于各地幼儿园教师的专业素质与水平的差异,影响了其深入彻底的贯彻落实,也影响了实施的有效性,特别是在实践中如何能够真正做到尊重幼儿身心发展的规律和学习特点,促进每个幼儿的全面发展,教师遇到了很多困惑,先进的"幼儿发展为本"的课程改革理念与教师课程实践之间产生了明显的落差和背离。

该阶段教育部实施了新课程改革的又一项重大举措,于 2012 年 10 月颁布了《3—6 岁儿童学习与发展指南》。《3—6 岁儿童学习与发展指南》分析了改革进程中瓶颈问题的产生和课程理念与实践之间的落差,主要将其归因于幼儿园教师对幼儿发展内涵的理解还不够深入,对幼儿发展水平的把握尚不够准确,即教师在课程实践中缺乏幼儿发展方面的专业知识及专业能力。为此,《3—6 岁儿童学习与发展指南》颁布的直接宗旨是:"以为幼儿后继学习和终身发展奠定良好素质基础为目标,以促进幼儿体、智、德、美各方面的协调发展为核心,通过提出 3—6 岁各年龄段儿童学习与发展的目标和相应的教育建议,帮助幼儿园教师和家长了解 3—6 岁幼儿学习与发展的基本规律和特点,建立对幼儿发展的合理期望,实施科学的保育和教育,让幼儿度过快乐而有意义的童年。"《3—6 岁儿童学习与发展指南》作为引导我国 3—6 岁儿童学习与发展方向的指导性文件,在我国幼儿教育领域具有里程碑式的意义,成为幼儿园新课程改革进一步深化的重要依据,园级层面的幼儿园课程目标制定、课程内容的选择与组织、课程的实施、课程评价及课程管理等,都可以从《3—6 岁儿童学习与发展指南》中有关幼儿学习与发展的领域目标及教育建议中找到相应的参考,从而使幼儿教育更加科学与合理。当然,课程始终是教育运行的载体,幼儿教育的科学合理需要各地根据《3—6 岁儿童学习与发展指南》的精神结合地区特点进行地方层面的课程设计、实施和评价,鼓励地方在实施《3—6 岁儿童学习与发展指南》中结合本地区的实际情况,自主地进行基于本园的园级层面的课程设计、实施及评价,通过适宜本园幼儿的课程架构和运行来实现《3—6 岁儿童学习与发展指南》所提出的幼儿学习与发展的目标。因为新课程改革要求的不是教条地遵循《3—6 岁儿童学习与发展指南》,毕竟其本身只是幼儿学习与发展的参考,而非严格的、统一的课程标准。

此外,《3—6 岁儿童学习与发展指南》的颁布还具有诸多深远的作用:更好地落实《儿童权利公约》,推进学前教育公平;促进《幼儿园教育指导纲要(试行)》的深入贯彻,进一步提高幼儿园教育质量;帮助幼儿园教师发展专业素质,提高其促进幼儿学习与发展的专业能力;提高家长的教育能力和家庭教育质量;引导全社会正确认识幼儿的学习与发展。

2016 年,教育部再次修订《幼儿园工作规程》并颁布实施。《幼儿园工作规程》在总则部分第二条把原来的幼儿园"是基础教育的有机组成部分"改为"是基础教育的重要组成部分",这表明国家把发展学前教育摆在了更加重要的位置,进一步提升了幼儿园教育在基础教育中的地位。从第五章"幼儿园的教育"的修订内容来看,原第二十二条的"注重幼儿的实践活动"改为第二十六条"注重幼儿的直接感知、实际操作和亲身体验"。第二十八条增加"教育活动的过程应注重支持幼儿的主动探索、操作实践、合作交流和表达表现,不应片面追求活动结果"。原第二十五条"应充分尊重幼儿选择游戏的意愿,鼓励幼儿制作玩具,根据幼儿的实际经验和兴趣,在游戏过程中给予适当指导,保持愉快的情绪,促进幼儿能力和个性的全面发展"改为第二十九条"幼儿园应当根据幼儿的年龄特点指导游戏,鼓励和支持幼儿根据自身兴趣、需要和经验水平,自主选择游戏内容、游戏材料和伙伴,使幼儿在游戏过程中获得积极的情绪情感,促进幼儿能力和个性的全面发展"。第三十条增加:"幼儿园应当将环境作为重要的教育资源,合理利用室内外环境,创设开放的、多样的区域活动空间,提供适合幼儿年龄特点的丰富的玩具、操作材料和幼儿读物,支持幼儿自主选择和主动学习,激发幼儿学习的兴趣与探究的愿望。幼儿园应当营造尊重、接纳和关爱的氛围,建立良好的同伴和师生关系。幼儿园应当充分利用家庭和社区的有利条件,丰富和拓展幼儿园的教育资源。"第三十二条增加:"幼儿园应当充分尊重幼儿的个体差异,根据幼儿不同的心理发展水平,研究有效的活动形式和方法,注重培养幼儿良好的个性心理品质。"第三十三条关于幼小衔接增加:"幼儿园不得提前教授小学教育内容,不得开展任何违背幼儿身心发展规律的活动。"《幼儿园工作规程》的更新,进一步促进了幼儿教育工作者对幼儿教育和课程实践的重视,进一步要求教师在幼儿园课程改革中重视教育过程,尊重幼儿身心发展规律和个体差异,深刻认识幼儿直接感知、实际操作和亲身体验的学习方式,以及对幼儿园内外环境教育资源的充分开发和利用。

此外,面对新世纪教育改革与发展的历史重任,为促进教育事业科学发展,2010 年《国家中长期教育改革和发展规划纲要(2010—2020 年)》发布,把提高质量作为教育改革发展的核心任务,要求树立科学的质量观,把促进人的全面发展、适应社会需要作为衡量教育质量的根本标准。这意味着我国的教育改革从外延式发展,即以资源扩展来满足不断提升的基础教育普及水平,走向内涵式发展,即通过基础教育课程的不断改革来推动素质教育发展。为贯彻落实党的十七届五中全会、全国教育工作会议精神和《国家中长期教育改革和发展规划纲要(2010—2020年)》,积极发展学前教育,着力解决存在的"入园难"问题,满足适龄儿童入园需求,促进学前教育事业科学发展,2010年国家还专门针对学前教育事业的发展发布了《国务院关于当前发展学前教育的若干意见》,指出:"遵循幼儿身心发展规律,面向全体幼儿,关注个体差异,坚持以游戏为基本活动,保教结合,寓教于乐,促进幼儿健康成长。"以上两大政策文件聚焦教育改革,关注学前教育,对提升幼儿园课程质量、促进幼儿健康成长产生了重大的影响作用。

然而,一些幼儿园,特别是乡村和民办幼儿园,在课程实践中还存在违背幼儿身心发展规律和认知特点,提前教授小学内容,强化知识技能训练,"小学化"倾向比较严重的问题,为此,2018年教育部办公厅发布《教育部办公厅关于开展幼儿园"小学化"专项治理工作的通知》,要求幼儿园遵循幼儿年龄特点和身心发展规律,建立完善科学保教的长效机制。通过自查摸排、全面整改和专项督查,促进幼儿园树立科学保教观念,落实以游戏为基本活动,坚决纠正"小学化"倾向,切实提高幼儿园科学保教水平,促进幼儿身心健康发展。治理任务包括:①严禁教授小学课程内容。②纠正"小学化"教育方式。③整治"小学化"教育环境。④解决教师资质能力不合格问题。⑤小学坚持零起点教学。该文件对幼儿园课程内容和实施的科学适宜性具有重要的推动作用。

(3)2021年至今。

我国的幼儿园课程改革在提高质量的进程中不断迈进。然而,幼儿园课程作为一个生态系统,离不开与小学课程的衔接和配合,在改革的进程中,这一根本性问题始终没有得到足够的重视和充分的解决。为创设良好的教育生态,推进幼儿园与小学科学有效衔接,2021年《教育部关于大力推进幼儿园与小学科学衔接的指导意见》颁布。《教育部关于大力推进幼儿园与小学科学衔接的指导意见》要求:"落实立德树人根本任务,遵循儿童身心发展规律和教育规律,深化基础教育课程改革,建立幼儿园与小学科学衔接的长效机制,全面提高教育质量,促进儿童德智体美劳全面发展和身心健康成长。"主要目标为:"全面推进幼儿园和小学实施入学准备和入学适应教育,减缓衔接坡度,帮助儿童顺利实现从幼儿园到小学的过渡。幼儿园和小学教师及家长的教育观念与教育行为明显转变,幼小协同的有效机制基本建立,科学衔接的教育生态基本形成。"

此外,由于教育评价是教育改革的"最后一公里",教育评价又事关教育发展方向,为充分发挥教育评价的指挥棒作用,2020年,中共中央、国务院印发了《深化新时代教育评价改革总体方案》,提出"系统推进教育评价改革,发展素质教育"的要求,并提出"坚持科学有效,改进结果评价,强化过程评价,探索增值评价,健全综合评价,充分利用信息技术,提高教育评价的科学性、专业性、客观性"。为了完善幼儿园评价,建立健全教育评价制度,促进学前教育高质量发展,依据《关于学前教育深化改革规范发展的若干意见》和《深化新时代教育评价改革总体方案》,教育部于 2022 年发布《幼儿园保育教育质量评估指南》。该文件的指导思想为:"以习近平新时代中国特色社会主义思想为指导,全面贯彻党的教育方针,落实立德树人根本任务,遵循幼儿发展规律和教育规律,完善以促进幼儿身心健康发展为导向的学前教育质量评估体系,切实扭转不科学的评估导向,强化评估结果运用,推动树立科学保育教育理念,全面提高幼儿园保育教育水平,为培养德智体美劳全面发展的社会主义建设者和接班人奠定坚实基础。"评估的基本原则包括坚持正确方向、坚持儿童为本、坚持科学评估、坚持以评促建。评估的方式为注重过程评估,强化自我评估,聚焦班级观察。该文件通过对以上内容的规定,引领各地幼儿园科学开展课程建设,推动幼儿园课程高质量发展。

国家层面的幼儿园课程改革至今,已取得了很大的成效,幼儿园课程价值取向始终以幼儿为中心,以儿童为本位,确立了幼儿发展为本、幼儿发展优先的理念。具体而言,幼儿生命健康全面发展的重要性和成长规律不断被强调,幼儿作为独立个体的需要和个性特点不断得到认识与尊重,幼儿的基本权利和发展权益日益受到重视与有效保障。此外,幼儿学习环境的创设和对幼儿发展的支持作用得到了极大的重视。幼儿园关注环境作为一种隐性资源和课程的教育功能,注重物质环境和心理氛围的营造,将环境资源的开发和利用从室内拓展至室外、园外。同时,基本落实"以游戏为基本活动",保证幼儿的自主游戏,特别是户外自主游戏,把游戏的理念、精神渗透到幼儿的一日生活中,有效促进幼儿的发展。

在国家课程改革的引领下,各地立足地区实际和课程发展需要,开展地方层面的课程改革,通过一系列的改革举措和持续的改革进程,促进本地区教师树立科学的课程理念,不断加强幼儿园课程建设,推动幼儿园课程高质量发展。

二、幼儿园课程改革的反思与展望

我国幼儿园课程改革在不同的阶段都推进着幼儿教育改革的科学发展。当今站在新时期新阶段,未来的幼儿园课程改革仍有值得反思的内容,反思是为了在原有的改革成果基础上取得更大的进展。

儿童中心 ←→ 知识中心
过程 ←→ 结果
开放 ←→ 封闭
探究 ←→ 传授
综合 ←→ 分科
儿童立场 ←→ 教师立场

图 8-1 幼儿园课程中的两难问题

在对幼儿园课程改革历程的梳理中,我们发现,幼儿园课程在理论与实践层面确实需要处理一些两难问题,课程本身承受着两难的压力,如"儿童中心"和"知识中心"、过程和结果、开放和封闭、探究和传授、综合和分科、儿童立场和教师立场等(见图 8-1)。但是,如果用"非此即彼"的二元对立思想处理这些两难问题,改革成效并不会长久。

未来的幼儿园课程改革仍需要我们应对这些两难问题,迎接更大的挑战,为此,我们进行以下展望。

第一是课程改革的指导思想要立足于尊重学前儿童发展的特点。现在的课程改革依然存在着课程理论、模式和术语"丰富"之余,又显得有些杂乱和复杂,让教师感到无所适从的问题。改进措施有:保持前期积淀总结的学前教育规律和原理的相对稳定,在此基础上进行创新,保证课程改革的连贯性和纵深性;充分认识到幼儿发展的独特性,不盲目跟风中小学的理论术语和实践模式,从幼儿的特点出发,建构合乎幼儿心理发展水平和能力的理论概念和话语体系。

第二是课程改革的策略要关注源自课程实施层面由"矫枉过正"而引发的问题。"每一次课程改革无不内在地蕴藏着某种合理性取向"①,需要在定位价值取向的基础上调和并解决好两难问题,不宜用两歧的思维极端化地处理问题,避免从一个极端到另一个极端,尽量减缓课程中的"钟摆现象",处理好"儿童中心"与"教师中心"的动态平衡关系。当前,要避免儿童立场被披上过于浪漫主义的教育色彩而不见教师立场:教师应注意摒弃浮夸的、乌托邦式的儿童观和浪漫主义的自然教育色彩,不过分迷信幼儿与生俱来的自然成熟和发展的状态及力量。防止儿童视角陷入形式主义的泥潭:教师可以借鉴儿童社会学研究中的一种倾听儿童声音的马赛克方法——使用多种方法倾听幼儿的声音,如通过幼儿绘画、摄影、制作图书、日记、投票等;教师对幼儿进行"教育学理解",教师要在恰当的时机用各种方式与幼儿互动,去研究幼儿的表达,从而真正懂得幼儿的需要和想法。实践中存在的问题是教师多采用二元论的逻辑与方法,将儿童中心极端化,完全按照幼儿的即时需要、兴趣和动机来安排课程与活动,迎合、迁就幼儿当下的快乐、爱好和经历。解决措施有:教师要考虑幼儿的全面和谐发展,除了幼儿自主潜能的生长发挥,还需要文化、道德的浸润及发展目标的引领;教师在鼓励幼儿发挥自主性、再现幼儿天性和特质的基础上,要有目的地引领、支持和指导幼儿,在必要时对幼儿自然状态下的行为,施以教育行为。

第三是在坚持以游戏为基本活动的基础上,有机整合并利用多样化的学习方式。教师要坚持以游戏为基本活动,在自主游戏活动中实现幼儿多种经验的建构,特别是直接经验的建构,促进幼儿相关能力的发展。教师要善于将游戏和有目的的教学法相结合,构建游戏学习、操作建构学习、探究学习、小组合作学习和适当的引导接受学习等相结合的多元学习方式。

总之,幼儿园课程改革本身作为一种非常复杂的社会人文现象和社会实践活动,受到的影响因素多,不仅涉及技术问题,而且涉及政治、文化、观念等方面的问题。课程改革不是一蹴而就的,正如富兰所说,"变革是一个旅程,而不是一张蓝图"②,我们需要不断总结历次幼儿园课程改革的经验教训,不断促进幼儿园新课程改革的深入。《中华人民共和国国民经济和社会发展第十四个五年规划和 2035 年远景目标纲要》第一次明确提出要把"建设高质量教育体系"作为教育事业的整体发展目标。党的二十大报告提出,坚持以人民为中心发展教

---

① 刘生全. 课程改革的合理性取向分析[J]. 教育研究,2008,29(04):63—68.

② Fullan M. Change forces: probing the depths of educational reform [M]. London and New York: the Falmer Press, 1993:65.

育,加快建设高质量教育体系,发展素质教育,促进教育公平。学前教育是高质量教育体系中最基础的和起始的环节,在高质量教育体系的建设中,不能缺席,不能掉队,要充分发挥奠基性和持续性的作用。为此,幼儿园课程改革将围绕高质量这一核心需要不断深入开展,引领幼儿园课程理论与实践持续开拓创新。

第三节　幼儿园课程建设与课程领导力

在幼儿园课程改革中,课程决策权已下放到幼儿园,园级层面的课程建设成为高质量幼儿园课程建设的重要内容,与此同时,课程领导力的发挥成为幼儿园课程建设中的重要使命。

一、幼儿园课程建设的含义

建设是工程、建筑行业的术语,含有设计新建或改建、扩建的意思。课程建设这一系统工程包括课程设计、课程评价和课程管理三大子项目。[①] 在课程权力分享的体制下,园级层面的幼儿园课程建设还不仅仅限于课程的设计或准设计,更重要的是进行课程规划,对本园课程做更全面和系统的部署,并处理好国家、地方课程的执行与园本特色课程的开发之间的关系,而评价、管理旨在对建设的课程不断完善,完善又建立在课程实施的基础之上。

因此,从以上的认识出发,我们认为幼儿园课程建设主要是有关幼儿园课程规划和完善的问题,主要指向园级层面的课程。具体是指幼儿园以促进幼儿全面和谐发展为根本目标,依据国家、地方教育的课程文件精神,结合幼儿园实际,对幼儿园课程进行规划与完善的过程,是使课程适应幼儿园实际并不断得以发展的长期而系统的工程。

幼儿园课程建设工程是一个多维立体的构成。从横向来看,包括园级课程生成系统、实施系统、评价系统的规划与完善;从纵向来看,包括园级层面课程的建设和班级层面课程的建设,故是一个复杂的系统工程。

二、幼儿园课程建设的缘由

1. 一种课程决策的权力

《基础教育课程改革纲要(试行)》提出,实行国家、地方、学校三级课程管理,增强课程对地方、学校及学生的适应性。因此,学校也有了部分课程决策的权力,"学校在执行国家课程和地方课程的同时,应视当地社会、经济发展的具体情况,结合本校的传统和优势、学生的兴趣和需要,开发或选用适合本校的课程"。同时,随着教育民主化的不断推进,民主的课程管

---

① 钟启泉. 现代课程论[M]. 上海:上海教育出版社,1989:2.

理也要求学校具有课程权力。相应地,幼儿园课程从注重课程的标准化和统一性转化为注重幼儿园课程的多元化和自主性,幼儿园被给予一定的课程决策的权力,拥有课程建设的权力。

2. 一份办幼儿园的责任

办一所学校就必须建设学校自己的课程,这是学校教育与家庭教育、社会教育、自我教育的区别所在。就三级课程管理的政策而言,学校课程建设是学校教育的一种责任。[①] 幼儿园也被赋予开展课程建设的使命,特别是在高质量的学前教育体系和高质量幼儿园建设的大背景下,面对没有统一课程且地方普适性课程无法诠释每所幼儿园的独特性的情况,幼儿园有责任开展高质量的课程建设。

3. 一项承载诸多意义的工作

《中国教育现代化 2035》提出"发展中国特色世界先进水平的优质教育",指出"加强课程教材体系建设,科学规划大中小学课程"。幼儿园课程建设作为一个系统和长期的工程,是发展优质教育、提升教育质量的重要环节,直接决定了幼儿园课程质量及育人价值目标实现的程度,因为课程是影响幼儿园教育质量的关键因素,只有适宜的课程才能保证幼儿园教育质量。[②]

此外,幼儿园课程建设能提高课程的"生态"适应性。通过幼儿园课程建设,促进幼儿园结合本园实际情况和幼儿的发展需要,合理规划、构建与本园相适宜的课程,可更好地与幼儿园实际情况相适应,与幼儿的兴趣和需要相适应,从而提高课程的"生态"适应性。

另外,幼儿园课程建设也是实现幼儿园教育目标和打造办园特色的必由之路。课程是教育目标实现的重要手段,幼儿园通过课程建设,实现教育目标,并在此过程中不断彰显自身的办园特色和理念。

三、幼儿园课程建设中的课程领导力

从以上缘由来看,幼儿园课程建设已成为课程改革赋予幼儿园的一大使命。那么,幼儿园如何才能更科学、合理地进行课程建设呢?

有课程专家认为,"在课程管理日益民主的时代,开发和实施课程中的领导力通常被认为是影响教育质量的关键因素之一"。根据澳大利亚课程专家马什(C. Marsh)教授的观点,"课程领导从其发生领域的角度进行考察,发生在教育系统的所有领域,包括政府、媒体,但特别集中在学校层面"[③],幼儿园课程领导力,特别是园级层面的课程领导力,成为课程改革

① 崔允漷. 学校课程建设:为何与何为[J]. 中国民族教育,2016(07):8—10.

② 杨文. 世界发达国家保障学前教育发展质量的主要经验及其启示[J]. 学前教育研究,2014(08):52—54.

③ Marsh C J, Willis G. Curiculum: alternative approaches, ongoing issues [M]. 2nd ed. Upper Saddle River: Prentice Hall, 1999:22.

深入推进阶段幼儿园建设中应予以关注的焦点。

虽然"早期教育领域中的领导力过去一直是而且将来依然会被作为全球早期教育工作者的一个重要专业议题"①,但幼儿园课程领导力实际上是在近几年幼儿园课程改革的深化阶段才开始受到关注的。在课程决策的权力被分享的过程中,如何能够规范和保证教育质量的问题,对幼儿园的课程领导力提出了一定的要求。换言之,幼儿园课程领导力直接决定着幼儿园课程建设中课程的品质及教育质量。在幼儿园肩负课程建设使命的当下,幼儿园要重视对课程领导力的认识、研究和实践,充分发挥课程领导的作用,提升自身的课程领导力,这无疑也是提高幼儿园课程建设的能力的有效途径。

幼儿园课程建设是一项庞大的、系统的工程。从建设过程来看,课程建设一般要经历课程计划、课程实施、课程评价和管理这几个阶段,对应这些建设内容和过程,就需要体现相应的不同向度的课程领导力,真正做到通过提升课程领导力来促进幼儿园课程建设。

(一) 幼儿园课程领导力的含义

力是指力量,也指能力。美国著名课程专家古德莱德指出,课程作为一个研究领域,应关注实质性的、政治和社会性的、技术和专业性的三类课程现象。② 幼儿园课程领导力聚焦的就是一种技术和专业性的课程现象,呼应课程民主管理政策下对幼儿园保教质量的要求,是课程领导者在幼儿园课程建设中体现出的有关技术和专业性的综合能力。"综合"意味着课程领导力是丰富多元的,由多种向度的能力所构成;"能力"意味着课程领导力作为一种专业素质及其作用力,直接决定着幼儿园课程建设的水平和幼儿园课程品质及教育质量。

"领导"一词是与领导者相生相伴的,"课程领导力"也一直是学校课程领导者能力的集中体现。但自 20 世纪 90 年代中期以后,以布鲁贝科(Brubaker)、格莱桑(Glatthorn)、汉德森(Henderson)和豪森(Hawtorne)等人为代表的流派,提出课程领导中的民主与革新主题,强调课程领导不单纯是个人领导,而是一个领导共同体,共同订立愿景、相互合作、平等参与、民主决策,以实现对课程的领导。③ 在我国,随着民主与革新的趋势,课程领导本身也将被重新概念化为一种合作探究、发现的过程,课程领导力是校长与其追随者相互作用的合力,是校长与其追随者为实现共同的课程愿景而迸发的一种思想与行为的能力④,是在平等的基础上,共同体成员民主协商,共同决策,各展所长,各自承担自己的责任,正所谓"课程领导,人人有责"。由此,课程领导力由个力走向合力,成为学校领导共同体在课程实施中体现的领导行为能力。

---

① (美)Jillian Rodd. 早期教育中的领导力(第三版)[M]. 郭良菁,刘蓉慧,庄淑幸,译. 上海:华东师范大学出版社,2007:2.

② 转引自:江山野. 课程[M].北京:教育科学出版社,1991:61.

③ 郑东辉. 试论课程领导的发展[J].外国教育研究,2005,32(09):50—54.

④ 孙向阳. 校长课程领导力:从"个力"走向"合力"[J].教育学术月刊,2007(11):104—106.

结合本书第七章对课程领导的阐述,我们认为,幼儿园课程领导力是指园长及全体课程实践人员相互协同为提高幼儿园课程质量、促进幼儿园课程发展,在课程建设中所具备的专业能力以及影响力。它是园长和教师作为不同层面的课程领导者在课程建设方面因相互作用而体现出的综合能力,集中体现在幼儿园园长及教师在课程建设中的思想、行为和专业影响力等方面。

目前对幼儿园课程领导力的研究也同样强调以园长为核心、教师为基础的共同体的课程领导力。但由于在共同体中承担课程责任的差异,园长和教师被赋予不同的课程权力,预期的课程领导行为也就表现出差异性。幼儿园课程建设中的课程领导力的具体内容,对园长和教师而言是不相同的,因为园长和教师不同的角色身份决定了对其课程领导能力理应有不同的行为期望、行为模式,正是这些差异构成了团队课程领导力发挥的前提。幼儿园课程领导共同体的核心是园长,该角色定位期望园长是实施幼儿园课程领导、保证幼儿园课程和教育质量的关键,只有加强园长的课程领导力,才能经由园长的引领进一步唤醒教师课程领导角色、体现领导力。此外,教师是幼儿园课程实施的主体,教师课程领导力的发挥对幼儿园课程质量的整体提升和持续发展有着举足轻重的作用,因此,对教师课程领导力的研究也是幼儿园课程领导力研究的重要内容。

由此,我们将对幼儿园课程建设中的园长及教师的课程领导力分开进行阐述。

(二)幼儿园课程建设中园长的课程领导力构成

陶行知先生曾说过,校长是一所学校的灵魂,要想评价一所学校,先要评价它的校长。在课程建设中,园长作为幼儿园的核心人物,除了要发挥传统的课程管理职能外,更需要承担课程领导的职责,具备必需的课程领导力。提出"课程领导"的理念,意在改变行政和管理是从学校的上级和外部提供驱动力的观念,而实行一种新的管理观念,提倡权力下放,改变课程管理的科层结构。为此,幼儿园课程建设首先要探讨和提升在课程决策过程中园长的课程领导职责。园长在幼儿园课程建设中,要超越管理者的身份,培养和练就必需的课程领导专业能力和影响力。

我们认为园长课程领导力的内涵可由以下内容构成,以反映一园之长的多重课程领导行为与职责,体现课程管理者在课程建设中的专业能力和影响力。

1. 课程价值力

课程领导首先表现为课程价值的领导,价值领导是课程领导者思想力的重要体现,是园长领导力的锚点和核心。课程价值力是园长对本园课程价值取向进行适宜判断和有效引导的能力,体现为课程价值的决断力和引导力。

人的社会活动由两种精神力量所引导,一种是事实认识,一种是价值观念。[①] 园长在课程领导中,对本园课程的本质、属性、功能和作用等,自然会形成一定的认识,进而在此基

① 兰久富.社会转型时期的价值观念[M].北京:北京师范大学出版社,1999:98.

础上形成一定的课程价值观。课程价值观是人们对课程功能及课程意义的根本观点和基本看法,在课程价值观的基础上,可促进形成相应的课程价值取向,表现为或追求课程的社会价值,或追求课程的学术价值,或追求课程的人本主义价值。课程价值取向是幼儿园课程建设的核心,课程价值取向不同,设计和实施的课程也就有很大的差别。幼儿园课程从文本到现实,课程建设从无序到科学,实际上就是园长适宜定位和引领推广幼儿园课程价值取向的过程。通过这一过程,幼儿园课程的理念、目标、内容、实施及评价等以价值取向为核心统整为一个协调的课程整体,使幼儿园课程建设方向正确、课程领导有效。因此,园长作为幼儿园的领导,其课程领导力的首要内涵表现为根据国家、地方的课程政策与文件精神,确定本园适宜的课程价值取向,成为一名具有课程价值决断力的领导者。康德在《论教育学》一书中指出,人的尊严、人的幸福、人的发展,才是教育终极性的价值目标。总体而言,儿童本位是幼儿园课程的价值取向,儿童发展是幼儿园课程建设的起点和归宿。

在对本园课程价值进行适宜定位的基础上,园长还要具有一定的课程价值力。即园长善于以确定的课程价值取向来领导幼儿园课程的实际运作,引领教师根据儿童本位的价值取向对幼儿园课程实践进行深刻理解、反思和践行,必要时对幼儿园课程或进行适当的辩护,或根据教师的实践进行必要的调整,使幼儿园始终坚守科学的课程价值取向,并以此为核心引领本园课程发展和实施的方向。课程价值力还意味着园长要能够发挥专业影响力,指导教师认同和内化本园的课程价值取向,自发形成内在的幼儿园课程价值追求动力,使课程实施主体——教师的课程理念和价值观与幼儿园的整体课程价值取向保持协调一致,从而形成课程领导共同体效应,有效实现幼儿园课程目标。

当然,园长的课程价值力并非空穴来风,会受到诸多因素的影响,包括园长本人的专业素养、爱好和经验等。如果园长有一定的课程理解能力,能够分析解读国家、地方的政策文本,达到对课程政策和精神的深入把握,就能对幼儿园课程价值取向做出科学合理的判断和决策,确立起与时代相适宜的幼儿园课程价值观和课程价值取向。

此外,园长的课程价值力还会受到个人背景和经验等的影响。由此,为提高园长的课程价值力,除了需要园长具备对课程政策进行分析、理解、判断等专业素养外,还需要克服一些个人主观因素的影响。

2. 课程规划力

课程规划是学校课程实施的蓝图,经由科学的课程规划而建构课程体系是提高课程质量和人才培养质量的前提。幼儿园在课程建设中除了对国家、地方课程的贯彻落实外,还会基于独特的生态环境和办园特色,结合本园的课程资源优势及师资水平优势,开发一些反映本园特点的园本课程。为此,园长的课程领导力中需要包含较强的课程规划力,以处理好国家或地方提供的普适性课程和园本课程之间的关系。园长需要承担起课程"总设计师"的角色,对幼儿园课程进行总体规划,将幼儿园课程价值取向转化为幼儿园课程各要素,编制和形成指导幼儿园课程设计与实施的一份适宜、完整、可操作的总体方案。

因此,课程规划的产物就是幼儿园课程实施方案。课程规划不仅仅是园长对国家、地方课程方案的园本化和具体化,更是园长高瞻远瞩、整体统筹,对幼儿园的课程进行基于本园实际的设计。

我们认为,园长的课程规划力由以下几方面内容构成。

（1）课程实施情境把握力。

课程规划要立足于本园课程实施的实际。园长课程规划力的基础是对课程实施情境的把握,对幼儿园课程全面规划的首要步骤是评估和分析幼儿园课程实施的背景与条件。因为每所幼儿园都有自己独特的课程实施的"生态条件",为做好本园科学合理的规划,首先需要进行幼儿园课程实施情境分析,即课程实施背景和条件分析。幼儿园课程实施背景和条件涉及的范围十分广泛,在分析时,园长要善于厘清与幼儿园课程活动直接相关的影响因素,切忌"眉毛胡子一把抓",导致背景和条件分析过于宽泛。一般而言,影响幼儿园课程实施的直接因素,可包括本园硬件设施设备（园情）、保教人员（队伍情）、幼儿（生情）、家长（家长情）、社区（社区情）、课程管理（管理情）、课程基础和发展（课程情）等,分析时重点围绕以上因素进行优势、问题或挑战的评估与分析,特别是对问题或挑战的分析,要考虑本园课程要素编制中需要应对的策略,即对策。

表8-1 幼儿园课程实施的背景与条件分析要素表

内容	优势	问题或挑战	对策
园情			
队伍情			
生情			
家长情			
社区情			
管理情			
课程情			

同时,为准确把握本园的"生态条件",园长要善于超越感性经验,配合采用问卷调查法、访谈法等,从经验型分析走向科学实证分析。课程实施背景与条件的分析,可为园长的课程规划奠定扎实的基础,提高课程方案的适宜性。

此外,当分析发现幼儿园课程实施背景与条件发生新的、较大的改变时,幼儿园园长需要带领教师进行新一轮的课程规划,修订、优化原有的课程实施方案。

拓展阅读

课程实施方案急需由 2.0 版向 3.0 版"优化升级"

自 2011 年办园以来,我园的课程实施方案已经经历了两次修订和调整,现行的课程实施方案是 2015 年制定的 2.0 版本。

随着理念的更新和实践的推进,我园的课程内容不断丰富——对沙水游戏的研究一直在进行且逐渐形成特色;远足活动开展有序并形成常态化;大带小活动从最初的尝试到如今渗透在整个课程体系之中……这些内容在课程实践中日益凸显其活力,但却没有很好地体现在课程实施方案当中。

在课程管理方面,2.0 版的方案划定了以"园级决策层—教研组执行层—班级实施层"为基础的课程实施流程,无法体现教师的主体性。我们需要通过调整制度来激发教师的课程主体意识,激励每一位教师成为有能力的课程领导者。

由此可见,现有的课程实施方案已经难以满足实践中出现的新要求和新挑战,课程实施方案急需由 2.0 版向 3.0 版"优化升级"。

(资料来源:上海市长宁区新实验幼儿园)

(2) 课程理念及课程愿景塑造力。

园长课程规划力还表现在基于课程实施情境分析,结合本园的办园理念和课程价值取向,带领全体教师共同构建幼儿园科学的课程理念。

所谓课程理念是指幼儿园课程共同体在审慎思考和课程实践的基础上,结合本园的办园理念和课程价值取向,在课程建设中所秉持的教育思想,是价值取向和课程思想观念的复合体。课程理念是课程规划中课程实施方案各要素的中心,是园长课程规划力的重要体现。为此,园长要带领全体教师从本园的办园理念和课程价值取向出发,紧密联系本园的课程基础,认真思考和确立本园课程建设中遵循的课程理念。如深圳市教育幼儿园确立了"循道返本"的课程理念:遵循儿童发展规律,坚持回归儿童本质。

当然,园长的课程规划力还可表现在基于课程实施情境分析,带领全体教师共同构建和塑造幼儿园课程愿景。所谓愿景(vision),就是通过创造和沟通形成某种期望,并使在组织中工作的人对此形成共识,在人类组织中,愿景是最有力的、最具激励性的因素,它可以把不同的人联结在一起。[①] 园长要能和教师在本园课程价值取向的指引下,依据幼儿园的课程实施背景和条件,对幼儿园课程未来发展方向和景象进行塑造,以此构建幼儿园课程愿景,描

---

① Bennis W. Transformation power and leadership [M]//Sergivanni T. Leadership and organizational culture. Urbana: University of Illinois Press, 1984:78.

述出所期望的理想中的幼儿园课程样貌。幼儿园课程愿景是有关幼儿园课程全局性、长远性和根本性的重大规划,是对幼儿园课程未来发展方向和景象的一种期望。园长要能分析幼儿园的课程实施背景和条件,为课程愿景的形成提供基础;要能与教师依据本园课程价值取向共同构建幼儿园课程愿景;激励教师将课程愿景作为执着追求,并时时处处以愿景为努力方向,将之转化体现在日常的课程实施中,促进幼儿园课程的持续发展和愿景的有效实现。

拓展阅读

"思优"课程愿景

结合幼儿园立足于"关注和引导幼儿需要,开发潜能,注重和谐,为幼儿的后继学习与终身发展奠定早期素质基础"的办园宗旨,本园课程为满足儿童发展需要,科学有序实施教育,使"思优"课程符合幼儿身心发展水平,并使他们在幼儿园生活、活动中体验快乐,在快乐中获得有益于身心发展的早期经验。

(资料来源:上海市黄浦区思南路幼儿园)

(3) 课程要素编制力。

课程规划要凸显课程布局。因此,园长的课程规划力还表现为在本园课程价值取向和理念、课程实施背景和条件的基础上,对本园课程目标,课程结构、内容与安排,课程实施,课程评价,课程管理和保障等要素做出统筹设计,从而体现为课程要素编制力。

① 课程目标。

课程目标可明确幼儿园课程实施的方向和预期结果,也是将幼儿园课程理念和课程愿景在课程实践中的具体化,落实在课程实施层面的重要中介,因此,课程目标的制定是编制幼儿园课程实施方案的第一个要素。

园长要根据国家和地方课程政策,结合幼儿园课程理念或课程愿景,制定出符合本园实际的课程总目标,勾勒描述本园课程设计和实施后幼儿身心发展水平的预期结果。为此,园长首先要准确分析和理解国家及地方课程文件中关于课程总目标的核心思想,把握课程总目标的精神。同时,在制定目标时,更要注意考虑和紧密结合本幼儿园的课程理念或课程愿景,在描述幼儿园课程总目标的内容时,将课程理念或课程愿景的核心思想反映在课程总目标中,并具体描述出幼儿最终的发展状态和水平。课程目标与课程理念、课程愿景等概念之间具有密切的相关性,彼此之间有内在的逻辑关系:课程理念是在课程建设中所秉持的教育思想,是课程思想观念和价值取向的复合体;课程愿景是在课程理念所定位的课程价值取向的基础上,对本园课程未来发展方向和景象的一种期望;课程目标是课程愿景的具体化,作为工作导向能够把愿景变得更具体实在。三者之间的关系见表 8 - 2。

表 8-2　课程理念、课程愿景及课程目标之间的关系

要素	课程理念	课程愿景	课程目标
含义	在课程建设中所秉持的教育思想,是课程思想观念和价值取向的复合体	在课程理念所定位的课程价值取向的基础上,对本园课程未来发展方向和景象的一种期望	课程愿景的具体化,作为工作导向能够把愿景变得更具体实在

拓展阅读

"野孩子"到底长什么样

幼儿园确立了"成就都市中的野孩子"的课程理念,但实践了一段时间以后又发现了新问题:理念和实践之间有断层。课程理念中的"野孩子"只是一个抽象的概念,没有具体的描述。教师在设计具体的田园实践活动时,总感觉与培养目标若即若离,"野孩子"到底长什么样?专家建议以终为始,通过拟定"野孩子"的表现性评价指标,反推课程理念和课程目标。于是园长带领教师开展研讨,经历了几次的实践与修订,最终梳理出了"野孩子"的表现性评价指标。孩子具有"旺盛的探索劲、持久的坚持力、独特的表达心和生命的感恩情"这四种品质。这是对"野孩子"形象的具体化,有力地支撑了教师在实践中做出教育选择。这样经过反复的推敲而确定的田园课程理念和目标,终于从墙上走进了教师心里。

(资料来源:上海市浦东新区锦绣博文幼儿园)

制定了课程总目标后,园长须将其进一步分解,制定出课程具体目标和阶段目标。一般来说,在课程目标体系中,国家、地方幼儿园课程总目标属于宏观层面的目标,幼儿园制定的课程总目标属于中观层面的目标,其表述还是较为笼统、抽象的,需要层层落实为反映幼儿发展的各领域和各年龄阶段课程实施的具体要求,即课程总目标需要进行一定的具体化和细化的工作,在这一过程中形成课程具体目标和阶段目标。由此,课程总目标的转化和分解工作是必要的,课程实施方案编制中课程具体目标与阶段目标的制定也是必不可少的。但在分解中,园长要明确课程具体目标和阶段目标形成的依据是上位的课程总目标,课程具体目标和阶段目标的产生源于对课程总目标的分解与细化,由笼统到具体的转化过程要具有内在逻辑性,即制定的课程具体目标和阶段目标,在性质上要与总目标相吻合,在价值追求上应与幼儿园课程总目标的价值取向保持充分的一致性。这样,才能使这三者之间相互呼应,在方向和内容上保持一致,确保课程总目标的精神得到落实,并指导教师的课程实施不

偏离预设的目标。

在进行课程目标的制定时,园长要注意准确把握课程目标的内涵,即幼儿园课程力图使幼儿身心发展达到的预期结果。如某园课程目标为:通过课程实施,使幼儿成为健康活泼、思维敏锐、勇于创新的现代幼儿。只有明确了课程目标的内涵和性质,才会制定出清晰的、指向幼儿发展的课程目标,才能有效地引导幼儿园课程及课程实施遵循促进幼儿发展方面的既定方向,也才能有效地引导教师做出正确的和科学的教育行为,以最终实现课程促进幼儿和谐发展方面的价值。为此,园长在课程目标的制定过程中,需要区分几种含义相近、易混淆的目标,包括办园目标(幼儿园发展目标)、幼儿园培养目标、教师发展目标、幼儿园课程目标等,以进行准确和清晰的表述(见表8-3)。

表8-3 幼儿园课程目标及相关概念的区分

要素	办园目标 (幼儿园发展目标)	幼儿园培养目标	教师发展目标	幼儿园课程目标
含义	在办园理念指导下,一定阶段内幼儿园发展的预期状态和幼儿园未来要达到的质量水平	通过幼儿园教育最终培养幼儿达到的身心发展水平方面的具体规格和标准	通过幼儿园课程实施可促进教师专业发展的预期结果	幼儿园课程力图使幼儿身心发展所要达到的预期结果

② 课程结构、内容与安排。

制定了课程目标后,园长要进行课程设置,架构能实现课程目标的课程体系,选择、组织课程内容,并着手进行课程安排。

● 课程结构。

课程结构是指课程体系中各部分内容的组织和配合问题。幼儿园课程结构是指幼儿园在国家、地方课程方案的指导下,根据自身的课程理念和课程目标,整合幼儿园资源优势,将课程组织在一起所构建的一套适合本园实际的、有机统一的、均衡的、富有特色的课程体系。根据课程的组合方式,可形成横向(宏观、中观、微观)结构、纵向结构。

幼儿园课程的横向结构可分为宏观结构、中观结构和微观结构三大层次。宏观结构主要涉及课程的整体结构,包括课程的类别划分及其相互关系,即根据课程目标,应设置哪些类别的课程,这些课程之间的相互关系如何,如何相互结合以达到功能互补、整体优化课程的效应。宏观结构一般在国家、地方的教育纲要及课程指南中有所涉及。中观结构主要涉及课程类型结构,包括课程类别下课程类型的划分及其相互关系。微观结构主要涉及不同类型课程下的活动内容及其相互关系。在设计园级层面的幼儿园课程结构时,要参照国家、地方对幼儿园课程结构的指导意见,结合幼儿园自身特点进行架构。

一般来说,幼儿园课程结构的设计要做到以下几方面。

第一,多元适宜。多元,意味着课程横向结构保证幼儿多样化的经历,丰富幼儿的体验。适宜,意味着特色课程与共同性课程及四类活动(或五大领域活动)、高结构课程与低结构课程相对平衡,彼此之间要保持一种适宜的比例,使各种课程体系之间以更为协调的方式综合作用,构成一个和谐的课程结构整体。因为要能成为一种结构的话,必定要考虑结构中各组成部分之间的组合关系,园长要兼顾各类课程在课程体系中的重要性,按促进幼儿全面和谐发展的理念来考虑各部分内容在课程总量中的比例,使其相对合理。

第二,清晰有序。清晰,意味着横向结构,包括宏观、中观、微观结构,体系划分相对清晰,各层面的活动之间没有简单堆砌,都有自身的功能定位,彼此之间是一种互补关系;课程横向结构可用图谱进行可视化、细化呈现。有序意味着课程的纵向结构在不同年龄阶段有序安排和衔接,形成一个连续体,使幼儿的学习经验具有一定的衔接性。

第三,目标导向性。课程结构是对课程目标的具体反映,课程目标决定了课程的结构,目标中对幼儿发展的预期结果必须转化为课程结构才能得以体现,有什么样的课程目标便有什么样的课程结构。因此,在进行幼儿园课程结构设计时,要考虑其与课程目标的一致性程度,考虑形成的课程体系对幼儿园课程目标实现的支持程度和承载程度。为此,具体设计幼儿园课程结构时,园长要从课程目标出发,横向思考幼儿园课程的各类别和具体教育活动,确定它们在目标实现中的不同功能、定位与内涵,使之互补协调,更好地为幼儿园课程目标的实现而服务。同时,在纵向设计上,也要思考它们在各年龄阶段上与课程阶段目标的对应性,使各年龄阶段课程内容承担各阶段课程目标实现的重任。

● 课程内容。

课程内容是幼儿园课程目标实现的载体,是保证课程实施的基本材料,是提供给幼儿的有益学习经验。园长要从本园的课程结构出发,根据国家、地方的要求,围绕本园课程目标和课程结构来选择组织各类活动的学习经验。课程内容的设计是一项专业性很强的工作,园长要善于熟悉内化国家、地方的课程内容,以地方提供的教材为依据,结合本园实际,清晰描述每一类活动提供给不同年龄阶段幼儿的基本经验,给予教师选择和组织活动内容的方向与参考。

● 课程安排。

课程安排是对本园课程设置和内容在不同年龄阶段和不同时间单元(一般为周、日)的具体部署,包括途径、时长、时间段、场地等。园长应根据课程结构,结合本园的条件进行科学合理的安排,将活动安排常规制度化并赋予一定的弹性,特别是一日生活作息安排,应把以往条块分割的一日安排融合成更为宽松的大板块时间。如此,可鼓励教师在实际课程实施中根据幼儿的现实需要和兴趣对活动安排,特别是一日生活安排进行灵活的调整。

幼儿园一日生活作息安排

表 8-4 幼儿园一日生活作息安排

大班作息		中班作息		小班作息		托班作息	
8:00 — 9:15	运动（8:50 广播操）生活活动	8:00 — 9:15	运动（8:50 广播操）生活活动	8:00 — 9:10	来园 游戏活动 生活活动	8:30 — 9:00	来园 游戏活动 生活活动
9:15 — 9:45	学习活动（周三、周四分组）	9:15 — 9:45	学习活动（周三、周四分组）生活活动	9:10 — 9:45	运动 生活活动	9:00 — 9:30	户外活动 生活活动
9:45 — 10:45	游戏活动 生活活动	9:45 — 10:45	游戏活动 生活活动	9:45 — 10:20	学习活动 生活活动	9:30 — 9:50	分组活动
10:45 — 11:00	生活活动	10:45 — 11:00	生活活动	10:20 — 11:00	游戏活动 生活活动	9:50 — 10:30	户外活动 生活活动
11:00 — 12:00	午餐 户外散步	11:00 — 12:00	午餐 户外散步	11:00 — 12:00	午餐 户外散步	10:30 — 10:45	自由活动
12:00 — 14:45	午睡（14:15 起床）生活活动	12:00 — 14:50	午睡（14:15 起床）生活活动	12:00 — 14:50	午睡（14:20 起床）生活活动	10:45 — 15:00	生活活动（含盥洗、午餐、散步、午睡、整理、点心等）
14:45 — 15:30	个别化学习活动 或活动室活动	14:50 — 15:20	户外活动	14:50 — 15:20	个别化学习活动 或活动室活动	15:00 — 15:30	户外活动 生活活动
15:30 — 16:10	户外活动	15:20 — 16:00	个别化学习活动 或活动室活动	15:20 — 15:45	户外活动	15:30 起	离园
16:10 起	离园	16:00 起	离园	15:45 起	离园		

（资料来源：上海市杨浦区许昌路幼儿园）

③ 课程实施。

幼儿园课程实施离不开教师主体,但在此之前,园长作为课程领导者,需要规划好本园课程实施的原则、方法和措施,使之成为全体教师保教实践的依据,指导每一位教师的教育实践不偏离课程目标。为做到整体落实课程,园长对课程实施的规划首先以原则的形式规定本园教师课程组织与开展的总体要求,提供行动方向和大体路径。除此之外,园长宜提供切实可行的操作指引,满足教师操作上的行为需求。因为教师是课程实施的主体,对课程实施的要求只有以教师操作性行为的要求来表述,才能促进教师将规范性要求更好地转化为自身的教育行为,提高教师的课程执行力和课程实施质量。一般而言,幼儿园的课程范围十分广泛,涉及幼儿保育和教育的各个方面,故课程实施的操作提示要做到全面而细致,才具有指导教师课程实施的意义。另外,园长还要规定课程实施方法与课程目标、课程内容之间的匹配度,提高课程实施的质量。如幼儿园课程理念突出基于幼儿的学习与发展需求,课程实施操作提示可指导教师更多地观察了解幼儿并创设条件满足幼儿的各类需求。

拓展阅读

运动操作提示

表 8-5 运动操作提示

内容	操 作 提 示
(1) 热身操(10分钟) (2) 师幼共同创设运动场地(5分钟) (3) 幼儿创新玩法分享(5—10分钟) (4) 自主分散运动(30—35分钟) (5) 教师组织幼儿整理器材(5分钟)	(1) 关注幼儿的运动强度和密度、运动兴趣、情绪等,进行小组式的针对性指导 (2) 注意幼儿间的个体差异,对运动能力强和弱的幼儿适当调整内容,使幼儿在其运动最近发展区得到发展 (3) 在运动挑战场地做好防护措施(铺垫子等),必须有1位教师重点指导 (4) 持续关注运动能力偏弱的幼儿的运动情况 (5) 教师在动作指导中要进行动作示范,让幼儿掌握动作要领和玩法 (6) 关注幼儿运动中的生活自理能力、自我保护意识、动作创造能力、自主整理能力等

(资料来源:上海市杨浦区佳木斯路幼儿园)

④ 课程评价。

课程评价是了解幼儿园课程的适宜性、有效性,调整和改进课程和教育实践,促进幼儿发展和提高保教质量的必要手段。对课程评价的规划,主要是为了解幼儿园课程的价值和质量,这也是园长课程规划力的重要体现。因此,园长要以《幼儿园保育教育质量评估指南》《幼儿园教育指导纲要(试行)》等政策文件中对课程评价的要求来指导幼儿园课程评价工作的有序落实。规划前,园长要正确和深入理解幼儿园课程评价的价值与目的,加强幼儿园课程质量的自我评估和教师对班级课程质量的自我评估,发挥出课程评价的发展性和增值性功能,切勿关注结果大于关注"发展",将评价等同于考核。同时,园长要善于规划本园课程评价的具体实施方案,包括评价原则、标准和指标、类型和方法、主体、时间安排、频率等,避免评价方案过于空泛,特别是对教师的自评要更多渗透在规划中并加以落实。

⑤ 课程管理和保障。

最后,园长的课程规划力还包括对幼儿园课程管理和保障的能力。园长要明确课程管理和保障的目的是使课程按照既定的课程目标有序运作,为课程实施提供全方位服务和支持。为此,园长要围绕本园整体课程系统的运作,明晰课程管理的具体组成,包括对课程的生成系统、实施系统和评价系统的管理与保障,对以上课程系统的全面规划管理,即明确其组织、内容、措施、资源和制度等,可使不同管理主体都能够明确在课程管理中的职责和任务,协同园长开展课程系统的全程管理,发挥出课程管理的各项职能。同时,课程管理规划应多体现民主管理的思想,采用伙伴模式,拓展民主决策的范围,把家长和社区的支持纳入到课程建设中。

幼儿园课程规划没有最好,只有更好,需要根据不断变化的教育环境和教师课程实施情况进行更新与调整,园长要领导全体成员在不同层面收集信息,共同改进和完善方案。如此循环往复,幼儿园课程不断得到发展,课程质量不断得到提升,幼儿园课程建设水平不断呈现新的高度。

3. 课程实施指导与监控力

课程实施是将课程方案付诸实践的过程,园长是领导课程方案贯彻落实的核心人物,需要具备相应的领导力。幼儿园教育最核心和实质性的环节就是课程实施,所有的教育改革必须落实到班级课堂上,园长的课程领导力也集中体现在班级课程实施的领导范畴中。

首先,园长要具备较高的对课程实施的指导力。教师是实施课程、提高教育质量的关键,园长的课程领导力,从实践层面来看,表现为园长对教师课程实施的指导和引领,唯有通过此举,才能真正实现幼儿园课程建设的目标。在教师的课程实施环节,园长要能够建立和健全幼儿园的课程发展组织,指导每一位参与者明确课程实施中自己的任务与职责,同时,通过组织运作,促进课程实施方案的有序和有效落实。园长在课程实施中,还要善于赋权增能,引发教师的内在动机,将课程改革理念转化为教师自觉自律的课程执行行为,将课程价值取向转化为教师在课程实施中遵循的基本原则。同时,园长在课程实施中,要能够指导教师基于班级的教育"生态条件"因班而宜地进行班本化的课程设计和实践,促进教师树立儿童立场,加强对幼儿的观察分析和师幼互动,提升课程整合的意识和能力,并解答教师课程实施中的各种疑难问题。

其次,园长还要具备较高的对课程实施的监控力。

　　监控是一项根据预设目标,在定期的、持续的和系统的检查过程中,有计划地收集信息,以采取加强课程建设必要行动的常规工作。监控不同于评价,它以目标为依据有计划地进行,追求从一个点到另一个点的进步,试图回答"我们正在接近目的地吗""我们正在做我们承诺做的事情吗"等问题;而评价则是有关"我们到达目的地了吗""我们正在做的事有价值吗"等问题,监控资料常常成为评价证据的一部分。[①] 在教师实施课程、开展教育活动的过程中,园长要能够不间断地以课程目标为核心,组织和开展相关活动,检查监督教师的课程实施在哪些方面实现了预期的目标,哪些方面还需要改进等。为此,园长要能够建立起本园课程实施的监控系统,以确保及时诊断发现幼儿园课程实施中的问题并着力解决,促进课程质量的提升。就监控的职责而言,每一位教师在监控过程中都应发挥作用,承担着把监控过程纳入一定的运行轨道的职责,发挥着自我监控的作用;园长的职责是保证监控的运行,而不是亲力亲为地参与各个环节;明确监控的策略,确定汇报制度的及时到位,让各层面的管理人员和教师共同参与监控检查的全过程。就监控的内容而言,可将常规监控和重点监控相结合,特别是应重点监控课程实施中影响目标达成的内容,如监控教师保教计划的设计、教育活动的实施,监控一个阶段后班级课程实施质量的提升情况。就监控的方法而言,园长要指导各层面监控人员运用多种方法收集资料,包括观察教育活动、查阅档案文件、分析幼儿行为表现资料、访谈幼儿家长等,同时,指导监控人员对收集到的信息进行汇总分析,并及时将监控结果传递给相关人员,以提供建设性意见。就监控的机制而言,园长要建立适宜的各级监控制度,激励教师理解课程监控任务,自觉配合执行园方对课程实施的监控。

　　总之,监控有助于园长了解评价幼儿园的课程质量,发现课程实施的进展及不足之处,显示幼儿园及教师需要在哪些方面进一步改进课程实施工作等,具有对课程实施的诊断、监督和改进的作用。因此,园长的课程领导还要善于发挥课程实施中的监控力,使监控成为持续不断改进课程良性循环中的一个组成部分,提高教师课程实施的质量。

4. 课程资源整合力

　　课程资源是幼儿园课程实施的支持性条件,是进入幼儿园课程系统,有助于幼儿园课程目标实现的各种有利因素。从教育生态学理论出发,幼儿园作为社会大系统中的一个微观子系统环境,高质量的课程实施,仅靠幼儿园孤军奋战、闭门运作是很难达成的。幼儿园课程实施除了需要幼儿园自身的资源条件外,离不开对自然资源的利用和来自社会各界的支持,特别是离不开家长和社区资源的参与。为此,园长作为课程领导者,应当具有对课程资源的整合力,能够让幼儿园由封闭走向开放,敞开大门与外界建立紧密的联系,从多种渠道获得幼儿园课程实施和研究的力量与条件,协调整合外界各种教育资源并充分利用,特别是家长和"家门口"三公里的教育资源,保障幼儿园课程实施的有效进行,促进幼儿园课程的发展。当然,课程资源的协调整合和利用,需要园长本人善于发现、沟通和交际,与家长、社区

[①] (美)戴维·米德伍德,尼尔·伯顿. 课程管理[M]. 吕良环,译. 杭州:浙江教育出版社,2008:103.

中的各类公众群体之间建立起互惠互利的关系,采用走出去、请进来等多种形式为幼儿园课程实施提供坚实的保障。

此外,园长的课程资源整合力除了自身协调整合和利用各种园内外资源外,还表现在鼓励课程实施的主体——教师,使其具有寻找课程资源的自主意识,结合日常的教育教学需要积极主动地开发利用各方资源,将幼儿园、家庭、社区等多股力量中的各类资源融为一体,发挥出整体教育效应,为班级课程实施提供充分的保障。

5. 课程评价力

在课程发展过程中,必须重视课程的设计、实施与评价,而课程评价,主要依靠课程领导者来执行。[①] 为科学高效完成课程评价工作,作为课程领导者的园长,必须掌握较为扎实的课程评价专门知识,具有相当的课程评价力,以便公正、有序地引领幼儿园课程评价工作,充分发挥出课程评价的发展性和增值性功能。

为了了解本园课程的价值,确认课程实施效果及改进方向,调整课程规划的方案,园长必须在课程实施过程中或课程实施一个阶段后,根据课程评价规划的要求,对本园课程实施方案、教师的课程设计与实施、幼儿的学习与发展结果等进行自我评价,以使课程持续改进。为此,园长要带领团队建构本园的课程评价标准与指标,制定课程评价方案,并注重常态化及终结性的课程评价制度的建立,将评价视为全体成员共同承担的一项活动,进行幼儿园课程计划、课程实施过程及课程效果的评价。结合当前课程评价"主体"取向的趋势,园长尤其要能够确立一种激励教师"自评为主"的幼儿园课程评价机制,引导教师自主自觉的个体反思和集体反思行为,而不是将评价作为额外或需要应付的任务。

6. 课程师资力

幼儿园园长的课程领导力还表现为课程师资力,着重本园教师课程专业能力的培养,以在幼儿园课程建设中持续促进教师的专业成长与发展,使教师的专业发展与幼儿园课程建设始终相依相伴。

在课程实施进程中,园长需要结合教师的专业背景,规划教师的专业发展,支持与引导教师参与幼儿园课程改革相关的在职培训,增进教师在课程设计、实施与评价等方面的知识和能力。同时,园长更要鼓励教师立足于班级,进行课程教学问题的行动研究或课程实验,通过研究提升教师的课程实施水平,促进教师的专业发展。园长还要促进教师的专业发展由"他主"向"自主"转化,为本园教师的专业自主发展提供良好的制度和资源保障,增强教师的专业自信,使教师内在的实践经验、研究能力和创造潜能等得到充分发挥,同步提高其专业水平和能力。最后,更重要的是,为了促进本园课程的长远发展和有效收获,园长还必须发挥自身的专业影响力,在日常课程实施中有目的地培养教师群体的课程领导意识和课程

---

① Bradley L H. Curriculum leadership and development handbook [M]. Upper Saddle River: Prentice Hall, 1985: 58—59.

领导能力,形成一种课程领导由不同个力走向合力的综合效应。

7. 课程文化力

现代课程领导所代表的理念,是基于道德权威的革新的领导,即一种负有责任感和义务感的,共享价值观、信念、承诺和理想的共同体领导。强调道德领导,不仅注重效果、效率和绩效等技术性的概念,更强调重塑学校组织和文化之相互支持、合作、探究。只有以这种道德意义为基础,才能使领导者获得真正意义上的权威。① 课程实施不仅是将事先规划的课程方案付诸实践的传递过程,更是课程实施者之间的协商对话,是将课程理念和价值取向转化为行动的过程。这一转化过程需要园长具备课程文化力,实施权力分享,合理赋予教师参与课程领导的权利。

为此,作为领导者的园长,要善于创设民主、开放、合作、自由的幼儿园文化情境和氛围,赋权教师,发挥教师的主动性。建构一种扁平化的幼儿园课程组织结构,保持园长与教师、教师与教师之间持续性的课程对话、分享及反思,促进课程团队日常的专业研讨和研究,鼓励教师参与课程决策、规划及改革,落实教师的课程决策权。

 案例

由“要我写游戏故事”到“我要写游戏故事”的转变

上海市静安区南西幼儿园 30 多年来坚持研究游戏课程,认为教师实施游戏课程的核心能力是解读幼儿的游戏行为,每位教师都要会写游戏故事,并对教师进行了专题培训。某一个学期,幼儿园收到了教师撰写的游戏故事上千篇,数量基本达标,质量却不甚理想。园长思考后发现,教师不愿意总结,只愿意实践,其根本原因是他们不明确为什么写,认为这项工作是没有意义的负担。其次,在教师观察分析水平不高的情况下,一刀切的工作任务使教师处于被动的状态,低水平地应付任务。园长反思后认为:应该允许教师在自己的水平上发展。之后,幼儿园建立了还原事件、讲故事、写故事三种游戏故事类型,同时取消了对写作数量的规定。对于幼儿园新的工作安排,22%的教师选择还原事件;57%的教师选择讲故事,即在教研中说故事,尝试分享和分析;21%的教师选择了要求更高的写故事。同时,教研组全员每月都开展游戏故事研讨,邀请专家和教师一起通过观看视频、解说照片的方式讲幼儿的游戏故事,分析游戏行为中蕴含的幼儿学习与发展。然后鼓励教师自觉提交游戏故事,不再强行规定。一段时间以后,教师的游戏故事中对幼儿的分析在参照《3—6 岁儿童学习与发展指南》的基础上,从个人经验主义逐步过渡到了客观有依据的分析。又过了一段时间,当教师可再次选择写哪种类型的游戏故事时,有一半的教师选择了写故事,人数明显增多。究

---

① 于泽元. 课程变革与学校课程领导[M]. 重庆:重庆大学出版社,2006:144.

其原因,一方面是教师观察分析幼儿的专业能力提高了,因此不觉得写故事很难。另一方面,一部分教师把游戏故事作为班级孩子个性化成长档案的一部分,受到了家长的欢迎和肯定。可以看到,幼儿园在撰写游戏故事上的减负增效使教师有所转变,明确了游戏故事为孩子而写,为教师的专业精进而写,为家长看到孩子的发展潜能而写。

(案例来源:上海市静安区南西幼儿园)

案例分析: 营造课程文化是幼儿园课程领导力的核心。案例中的园长通过反思,为教师创造了民主、自由的空间,破除一刀切的指令,使教师从被动转向主动。同时,赋权教师,允许有个体差异的教师用自己的节奏进行幼儿观察分析的探索和反思,促进了教师的专业自主发展。

为充分发挥课程文化力,园长要适时引入审议文化,以走向开放的课程领导共同体。解决实践性问题的方法既不是演绎的,也不是归纳的,而是审议的:不是选择正确的方案,而是选择最好的方案,因为不存在正确的方案。[①] 审议(deliberation)是"不同成员从不同视野提出对问题的看法和解决问题的可能方案,经过充分会话而达成共识"[②],以做出选择并解决课程问题的过程。课程审议处理的是具体的教育个案,其目的并非形成共识或结论,而是针对特定的教育实践情境对不同的现象进行权衡以做出行动的决策,实施的是一种实践的逻辑过程。课程审议是一种集体审议,要求吸纳园长、教师、家长等多方代表参加,参与者通过相互交流启发,共同做出行动的抉择。课程审议反映了课程管理的民主思想,"课程决策过程实际上是一种自下而上的民主决策过程,其显著作用见诸教师的研究者运动和走向实践的运动之中"[③],这对调动教师直接参与具体教育情境的主体积极性具有关键意义。

以上,园长课程领导力内涵的七方面构成借鉴了萨乔万尼(T. J. Sergiovanni)对校长课程领导力的分类[④],可进一步分为象征领导(价值领导)、技术领导(课程规划、课程评价)、教育领导(课程实施指导与监控、课程资源整合)、师资领导和文化领导等五个向度。园长课程领导力内涵的具体内容可详见图8-2。

以上是园长课程领导力中的专业能力。除此之外,园长课程领导力中的专业影响力,则是园长运用自身的专业能力,与教师、家长、社区人士、专家等进行相互作用,发挥影响并协同他人共同参与幼儿园课程建设、持续优化幼儿园课程实施方案和课程实施质量的力量。

---

① Henderson J G, Kesson K R. Understanding democratic curriculum leadership [M]. New York: Teachers College Press, 1999:35.

② 张华. 道德的课程改革与民主的课程领导[J]. 全球教育展望,2006,35(04):7—12.

③ 单丁. 课程流派研究[M]. 济南:山东教育出版社,1998:241—242.

④ Sergiovanni T J. The Principal ship: a reflective practice perspective [M]. Boston: Allyn and Bacon, 1987:76.

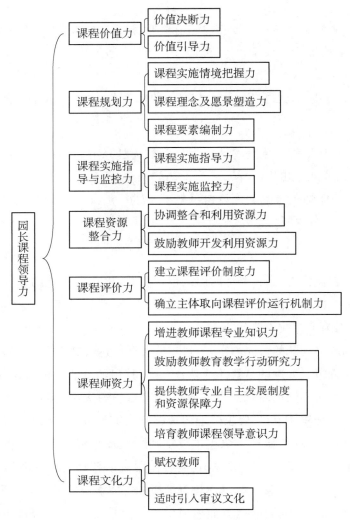

图 8-2   园长课程领导力内容构成

具体内容包括园长要在课程运作的全程唤醒教师的课程领导意识;给予教师明确的课程发展方向,激励和支持教师主动落实课程理念、追求课程愿景和目标;智慧地引发教师根据课程理念和目标主动实践、解决课程问题的意愿;激发教师自主自觉反思和优化教育行为与班级课程的内在动力;提升教师的课程领导力和专业水平;等等。

 案例

怎样将一日生活实施过程与课程愿景建立关系

有一次,上海市静安区南阳实验幼儿园中班组的老师们在讨论家长体验日活动方案,有老师提出可以借鉴往年的活动方案。

这时李园长就问老师们："我们开展这次活动的目的是什么？"

老师们回答："让家长了解我们的课程理念和办园特色。"

李园长接着问："那你们想让家长在活动中体验或者看见什么呢？"

有的老师说："让家长看到孩子是如何经历自己的学习过程的。"

有的说："让家长看到孩子的学习品质和个性特点。"

还有的说："让家长看到孩子是怎么面对和解决问题的。"

李园长肯定了老师们的回答，并继续追问："那今年的活动方案和以往的可以有哪些不同呢？怎样才能让家长在活动中感受到我们的课程理念'让每一个孩子经历自己的学习过程'呢？"

老师们陷入了思考……

（案例来源：上海市静安区南阳实验幼儿园）

案例分析：案例中，李园长扮演了提问者的角色，通过一个又一个的提问，发挥课程领导力中的专业影响力，帮助教师将准备开展的家长体验日活动与幼儿园课程愿景之间建立起关联，让本园课程理念得以落地。

（三）幼儿园课程建设中教师课程领导力的构成

课程领导并不是校长孤军奋战，校长需要课程领导的同行者，校长要提倡权力共享与民主参与，培养领导型教师。没有教师的领导，学校变革和改进是无法完成的[1]，而且，从课程领导的内涵来看，多数学者都认为教师是课程领导中的关键主体，突出了教师课程领导的责任和重要性。如兰姆博特（L. Lambert）认为，"领导"是一个团体，而非个别的领导者（如校长），且组织内的每一个成员都应具有成为领导者的潜能和权利[2]；埃里奥特（R. Elliott）等视教师为课程领导者，并将课程领导视为中介行动（mediated action），以作为改进教与学的方法[3]。由此可见，课程领导力其实是一种分布式领导，每一位教师都应该承担课程领导的责任。[4] 随着课程领导研究的深入，美国学者亨德森（Henderson）和霍索恩（Hawthorne）在批判科学管理思想影响下的课程管理过程时，一反常规，直接提出"革新的课程领导"，用以区

① Mayo E K. Teacher leadership: the master teacher model [J]. Management in education, 2002,16(03):29—33.

② Lambert L. Building leadership capacity in schools [M]. Alexandria: Association for Supervision and Curriculum Development, 1998:59.

③ Elliott R, Brooker R, Macpherson I. Curriculum leadership as mediated action [J]. Teachers and teaching: theory and practice, 1999,5(02):171—185.

④ Wallac J D, Nesbit C R, Miller A C S. Six leadership models for professional development in science and mathematics [J]. Journal of science teacher education, 1999,10(04):247—268.

别传统的自上而下的管理。他们主张课程领导是一个合作的过程,是由学生、教师、家长、行政人员以及社区领导者组成的改革小组,他们共同探讨解决改革中的问题,教师是其中的主要力量。至此,教师的课程领导开始受到重视。[①]

教师在幼儿园课程变革及课程实施过程中扮演着重要的角色,提出幼儿园课程领导为的是让更多一线教师真正参与课程的领导。崇尚和强调共同体的幼儿园课程领导力,认为领导力不再是园长的专利,呼唤教师的课程领导力成为应有之举。探讨教师的课程领导力旨在明确划分园长与教师的课程领导权限,明确各自的职责,理顺两者的关系,真正实现赋权承责。只有如此,才能保证教师真正意识到自己的领导力。教师作为课程实施的主体,其课程领导力是教师以促进幼儿和谐全面发展为目的,在幼儿园课程实践中表现出的对幼儿园课程系统的理解力、课程决策设计力、课程执行力、课程合作分享力及课程评价与反思力等。

1. 课程理解力

杜威说过:"在教育上,理论与实践的差距总是那么大,以至看起来是不相关的事情。"[②]这既是在提醒我们,课程理论容易和实践脱节,也是在告诫我们,深入理解课程理论的真正内涵,对实践具有重要的意义。而且,随着后现代主义课程研究范式由"课程开发范式"转向"课程理解范式",课程理解成为影响课程实践的重要因素。课程理解是对课程现象、课程"文本"、课程事件之意义的解读过程,其着眼点不在于课程开发的具体程序,而在于对种种课程与课程事件的历史、现状、未来之意义的理解。实施者由于视域、情境的不同,必然要对课程文本进行再解释。再现设计者的原意不仅是不可能的,也是不必要的。[③] 不论教师是自己设计课程还是运用国家、地方现有的课程材料,总是要依靠自己的价值观念和知识经验对课程进行理解与内化,这是一种现实存在的"运作的课程","是教师根据自己的知识、信念和态度,对课程进行了解释"[④],然后才有后续课程实施的环节。因此,教师的课程领导力首先表现为课程理解力,它要求教师不把课程视为预先规划好的"处方"(prescription),而是发挥主体性,深刻理解和内化课程设计背后所反映的理念、精神,并赋予课程与课程实施新的意义。

比如,上海市浦东新区锦绣博文幼儿园的课程理念是"成就都市中的野孩子"。假如教师刚刚加入这所幼儿园,不妨问一问身边的同事,或者翻阅幼儿园的课程实施方案,为什么幼儿园会提出这样的课程价值取向呢? 为什么要在上海这个大都市培养"野孩子"? 什么样的孩子是"野孩子"呢? 这样主动去思考这些问题,就能增强对幼儿园课程理念的清晰和准

---

① 王嘉毅,赵明仁,吕国光. 透过行动研究培养课程领导能力——在西北贫困地区农村学校的探索[J]. 教育科学研究,2005(05):32—36.

② 赵祥麟,王承绪. 杜威教育名篇[M]. 北京:教育科学出版社,2006:51.

③ 李子建,尹弘飚. 后现代视野中的课程实施[J]. 华东师范大学学报(教育科学版),2003,21(01):21—23.

④ Posner G J. Analyzing the curriculum [M]. New York: McGraw-Hill Inc., 1992:12.

确的理解,也是提高教师自身课程理解力的方法。

2. 课程决策设计力

所谓课程决策,是指在课程发展过程中对教育目的与手段进行判断和选择,从而决定学生学习怎样的课程的过程,这一"做决定"的过程是课程权力的集中体现。[①] 对幼儿园教师而言,课程决策设计力是教师结合幼儿年龄,决定和计划班级课程的能力。该能力表现为通过课程决策,将幼儿园课程实施方案中规划的课程阶段目标转化为幼儿日常各类活动的学习与发展的目标,并依次拟定与幼儿园总体课程结构相协调的班级课程计划及各类教育活动计划,以明确为幼儿提供的每日、每周、每月及每学期或学年的具体教育活动内容和安排。具有一定课程决策设计力的教师,其决策后所制定的课程计划要注重教育活动内容选择和安排中的目标达成性、基础性、生活性、整合性、均衡性、适宜性、生成性等特点。

拓展阅读

我的班级计划和幼儿园的课程目标挂钩了吗

上海市浦东新区锦绣博文幼儿园课程目标中的"野孩子"是指具有"旺盛的探索劲、持久的坚持力、独特的表达心和生命的感恩情"这四种品质的孩子。幼儿园教师在制定班级计划时,除了参考《3—6岁儿童学习与发展指南》等文件外,还要结合自己班级孩子的发展现状,把这四个特质体现出来。比如,教师要去审视孩子们在这些方面已有的发展表现和水平,还要注意在制定计划的过程中,结合幼儿的一日生活内容,主动地采取措施,创造各种机会和条件,让幼儿获得相关方面的锻炼和发展。

---

3. 课程执行力

园长是课程总设计师,课程方案执行的大任则落在课程实施主体——教师身上,课程规划得再好,没有合格的、称职的教师来落实,也不能发挥其应有的作用。此外,单凭教师对课程的理解还不够,由知化为行的过程是极其繁难的,因为幼儿园具体的教育情境是十分复杂的,课程实施会有很多无法预料的不确定因素,体现出非线性、动态性的特点,这对教师提出了很大的挑战。因此,课程执行力是课程领导力必不可少的组成部分。

课程执行力是指教师结合幼儿园和班级实际情况及幼儿的兴趣需要,将课程方案贯彻落实并有效实现幼儿园课程理念和目标、提升班级课程质量的行为能力。在具体执行课程时,方案自然要融入教师的教育情境中,使之与幼儿、环境相互作用,这就要求教师将各层面提供的,特别是幼儿园提供的课程方案及教材文本作为一种参照体系,而并非绝对依据和标

---

① 丁念金.论教师的课程决策意识[J].课程·教材·教法,2006,26(03):87—91.

准版本,克服对方案及教材的盲目崇拜和依赖,不简单模仿,不追求教条,不按部就班,而是充分发挥自身的主体创造性超越方案,善于结合具体情境、根据班级实际对班级课程灵活进行"二次开发"。即教师对方案或教材进行再选择、再调整、再创新和再决策,使课程适合幼儿的兴趣、能力、需要和个性等,从而使课程体现出更好的适应性。与此同时,课程实施中,教师要不断抓住幼儿的兴趣,提出适宜的问题,锻炼幼儿解决问题的能力,激发深度学习;树立儿童立场,给予幼儿参与和决策的空间,允许幼儿自主选择活动内容和材料、把控活动节奏;过程中信任孩子、欣赏孩子,接纳幼儿活动中的个体差异,通过师幼互动促进幼儿在原有水平上的发展;根据幼儿的活动状态,灵活调整各类活动的安排,提供幼儿宽松的、充足的活动时间,满足幼儿操作、思考、探索、创造和讨论等的需要。

此外,教师的课程执行力还需要教师具有课程的自主意识,结合本园的课程价值观及课程愿景,结合社区、家庭、幼儿园及班级的资源,将其合理整合,创造性地开发课程,具备一定的课程开发意识和能力。

4. 课程合作分享力

安迪·哈格里夫斯(A. Hargreaves)曾指出,整个世界的大多数教师仍然是站在被隔绝的、孤立的教室里独自地教,分隔的教室把教师彼此也分割开来,以致教师很少看见和理解他们的同事所做的事情。[①] 班级以单个教师授课为主,很少有多位教师合作授课的现象,教室成为教师处理学校课程事务的私人空间,一位教师很难介入到另一位教师的课堂中。

殊不知,教师课程领导力不是个力而是合力,教师在课程实施中的创新动力源于教师群体,每位教师都是一个独立的个体,都有自己独特的实践智慧,但通过与其他教师的合作、对话和交流,可促进班级课程方案及实施的不断优化。因此,教师在幼儿园课程实施中,要本着开放的精神,重视与其他教师的合作、对话,并在这一过程中善于分享课程实施的感悟与经验。教师在日常工作中要与同事关系密切融洽,只有良好的人际关系、和谐的氛围才能促进相互的合作,组成学习共同体,凝聚分享的文化,使教师获得更多的资源,形成课程实施的良性循环。为此,课程合作分享力是教师课程领导力中不容忽视的内容之一。

拓展阅读

在合作的过程中我们需要既了解自己,又尊重他人

作为教育者,我们依旧需要深入地去了解自己。主要是了解自己的成长和生活经历带给自己的价值观,自己和幼儿相处时的习惯、特点与趋势。这样的分析,能够

---

① Hargreaves A, Fullan M G. Understanding teacher development [M]. London: Cassell Villiers Houses, 1993: 46.

有效地让自己了解作为教育者的优势和缺陷,有助于更好地承担教育者的角色。

了解自己代表成功了一半,我们还需要了解班级里和自己合作的其他成人,比如我们的搭班教师,让课程设计与实施从"单打独斗"升级为"团结合作"。我们需要了解搭班教师的教学特点、性格特点、行为特点……不要想着控制和改变他,而应当尊重他并尝试调控彼此的关系。

特级教师应彩云说:"我一直很'顺着'搭班教师,如果产生分歧,我不会强求。如果对方对了,那不是很好吗?如果对方不对,他迟早会在我的行动和实践中认可我的……我希望能让来到我身边的人都有所收获。"

所以和搭班教师的关系应当是健康、积极、和谐、信任的。始于了解自己,成于尊重他人,朝着"双赢"的方向去发展,实现共同成长才是良好的合作关系。

拓展阅读

孩子心目中的阳光儿童形象

上海市浦东新区冰厂田幼儿园提出培育阳光儿童,这是幼儿园的课程目标,也反映了园长和老师对孩子发展的期待。可是,什么是阳光儿童呢?怎么做才能让孩子们理解并感受到老师的期待呢?

上海市浦东新区冰厂田幼儿园的老师是这样做的:他们和孩子们聊"什么是阳光儿童",了解孩子们心目中的阳光儿童的形象。比如,有的孩子说,阳光儿童是爱笑的,有的孩子说阳光儿童是爱帮助人的。所以,老师就用孩子的口吻来拟定阳光儿童宣言,比如:"我受到过很多人的帮助,我也愿意尽我所能帮助别人。""我能表达我自己的想法,我也能耐心倾听别人的想法。"这样的过程让孩子们和老师共同勾勒出阳光儿童的形象,也让孩子们理解了老师对他们的期望。

(资料来源:上海市浦东新区冰厂田幼儿园)

拓展阅读

让家长成为"同盟军"

当教师与家长在育儿理念上不一致时,特级教师应彩云是怎样处理的呢?应老师曾在家长会上向家长介绍"让孩子多接触和玩一些音乐游戏",但有一些家长表达了不同的意见。有的家长说,我们的孩子将来不搞音乐也不做音乐家,学不学音乐没多大关系。

　　应老师是这样回应的:"我们都不是搞音乐的,但我们在什么时候会情不自禁歌唱? 当我们恐惧时,比如一个人走夜路,可能会唱歌为自己壮胆;当我们惊喜时,会情不自禁用吟唱来表达自己的欣喜……音乐,能够让我们在幸福的时候飞扬,在痛苦的时候释放。所以,我们要为孩子的将来积累感受和表达幸福的能力。"说到这里,所有的家长都由衷地点头。应老师以尊重为前提、以幼儿的未来发展为指向,向家长表达自己的教育理念,家长就比较容易接纳教师的观点。

5. 课程评价与反思力

　　课程评价与反思力构成了幼儿园教师课程领导力的最后一个组成部分。教师的课程实施立足于班级层面,其课程评价与反思力也主要指向班级课程。教师需要按照幼儿园课程评价的规划,积极主动投身幼儿园的课程评价活动中,借助集体反思对本园教师设计的课程方案、课程实施过程及幼儿的学习发展情况进行持续的过程评价及一个阶段的终结性评价,通过教师间的互相评价帮助本园教师发现问题、及时修正设计与实施,为后续高质量的课程设计与实施奠定基础。

　　此外,教师还要对自身的课程实践开展积极主动、持续的自我评价,即反思。反思是教师课程领导的重要职责,是对实践行动的缘由、价值和成效的深层批判反省,反映出教师课程行为的自觉程度。通过日常反思,教师可以慎思班级课程设计及实施的优缺点,以便及时改正和调节。反思是知识、技能、经验、认识经过自我加工以及自我意识的调控,从而达到自我提升的过程。反思的本质是自我体悟、自我判断、自我认同,最后达到自我认识、自我超越和自我发展。因而,通过反思、研究、改进、再反思、再研究、再改进,可促进教师不断更新观念,改善教学行为,提升课程专业素养和课程领导力,实现专业发展。

　　以上是教师课程领导力中的专业能力。除此之外,教师课程领导力中的专业影响力,则是运用专业能力与其他教师、家长、班级幼儿等进行相互作用,并共同开展班级课程建设、持续优化班级课程设计和实施质量的力量。

　　以上总体的幼儿园课程领导力可见图8-3。

　　幼儿园课程建设是一个不断地规划、实施并改进优化课程的过程,其最终目的是提升幼儿园教育质量、促进幼儿和谐全面发展。在三级课程管理体制下,幼儿园的课程决策权有了很大的空间,而幼儿园课程建设的能力及教育质量的水平,与包括园长和教师在内的课程建设主体的课程领导力是密不可分的。提倡和培养课程共同体中园长和教师的课程领导力,可由个力走向合力,充分发挥出团队革新的课程领导力,赋予幼儿园课程建设以源源不断的活力。

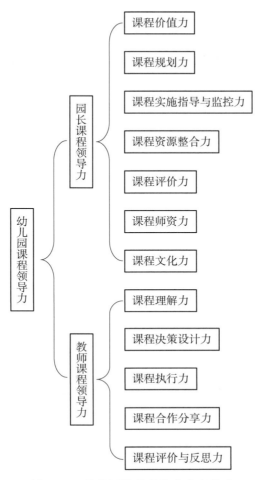

图 8 - 3 幼儿园课程领导力内容构成

💡 **思考题**

1. 幼儿园课程改革的含义是什么?

2. 我国幼儿园课程改革的历程是怎样的? 每一阶段的改革举措有哪些?

3. 对我国幼儿园课程改革可进行怎样的反思与展望?

4. 什么叫幼儿园课程建设?

5. 简述进行幼儿园课程建设的缘由。

6. 怎样认识幼儿园课程建设中幼儿园课程领导力的含义?

7. 幼儿园课程建设中园长的课程领导力的构成是怎样的?

8. 简述你对教师课程领导力构成中印象最深刻的专业能力的认识。

第九章　幼儿园课程模式与早期教育方案

　　学前教育因其非义务性和相对独立于社会竞争，使幼儿园课程较中小学更具有灵活性和多样性。从国内和国外学前教育领域来看，曾经出现了较有影响的和颇具特色的幼儿园课程模式与早期教育方案，并在国内外的早期教育课程实践中得到了不同程度的推广和实施。众多幼儿园课程模式和早期教育方案的出现，使学前教育理论与实践的发展呈现出一派欣欣向荣的景象，也成为幼儿园课程论的重要研究领域之一。

第一节　课程模式概述

一、课程模式的含义

　　我国学者认为，课程模式即在课程发展中根据某种思想或理论，选择和组织教学内容、教学方法、教学管理手段以及制定教学评价原则时形成的一种形式系统。[①] 西方早期教育专家认为，课程模式就是对在早期教育机构的实践中可以被复制或仿效的方案的典型性描述。作为一种可参考的模式，它提供了课程决策的框架，包括有关教育事项、管理政策、课程内容、教学方法和评价等在内的决策。[②] 如美国早期教育课程模式研究的代表人物——埃利斯·伊文思(E. Evans)认为，课程模式是对宏大的教育方案中基本哲学要素、管理要素与教学要素的理想性概括，它包含了内部连贯一致的陈述。[③] 可见，在西方，幼儿园课程模式常被称为早期教育方案。

[①] 顾明远. 教育大辞典(增订合编本)[M]. 上海：上海教育出版社；上海：上海科技教育出版社,1998:898.

[②] Goffin S G, Wilson C. Curriculum models and early childhood education [M]. Upper Saddle River: Prentice Hall, 2000:1.

[③] Evans E D. Curriculum models [M]//Spodek B. Handbook of research in early childhood education. London: MacMillan Publisher Ltd., 1982:107.

课程模式就是典型的、以简约的方式表达的课程范式，它建立在一定的理论基础上，可以在实践中被仿效。从结构上来说，课程模式具有一定的系统性，由一些必备的基本要素组成，而且，从逻辑上来说，课程模式的指导思想或理论与其基本要素之间有着密切的联系。

二、课程模式的基本要素

从结构上来说，构成课程模式的基本要素有以下内容。

1. 主题

每一种课程模式都有其鲜明的个性，这突出体现在模式主题上。每一种课程模式都是由一定的课程理念、课程思想支配和决定的，这种课程理念或思想就是课程模式的主题。课程模式的主题在一定程度上也决定了课程模式的名称。

一种课程模式是否成熟，关键看其主题是否独特、鲜明，有代表性和针对性，是否能满足特定教育环境的需要。课程模式的主题筛选、确定和完善的过程，就是课程模式成熟的过程。这也表明，主题是课程模式的核心内容。

2. 结构设定

每种课程模式都需要根据主题设定课程目标、课程结构与内容、课程实施与评价等基本要素。如果说主题是课程模式的核心，那么，课程目标、课程结构与内容、课程实施与评价等则是课程模式的主要成分。课程目标是基础，它直接根据课程模式主题的要求，规定课程结构与内容、实施与评价的方向。因此，在课程模式的各构成要素中，目标是由主题转向课程内容与结构的中介。

3. 支持系统与适用环境

各种课程模式都具有各自的特点，其建构和实施都应有相对应的独特的支持系统。例如在师资水平与素质、硬件设备与其他物质条件，甚至在幼儿园的管理体制等方面，都有实施和运用的一些特殊的要求。

除支持系统外，课程模式与社会文化背景之间的联系也极为密切。每一个课程模式都产生于特定的时代和社会政治、经济脉络之中，都从特定的历史条件和社会文化背景出发，实施运用中也受到社会历史文化与生态条件的限制。因此，一种课程模式往往适用于某种特定的教育环境，适用环境是课程模式的必要构成因素，没有一种"放之四海而皆准"的、适用于每一个国家和地区的课程模式。

三、课程模式的建构方式

建构课程模式主要有两种不同的方式：归纳式和演绎式。

归纳式是建构者对丰富的课程实践进行整理、总结，梳理出具有共性的有效经验，从而提出带有鲜明个性的模式主题和课程结构的生成方式。演绎式与归纳式相反，教育专家根据某种理论并结合某类教育环境,首先提出明确的课程主张,然后确定主题,设计与编制课程,最后形成课程模式。

虽然课程模式的建构从理论上可以分为归纳式和演绎式,但在现实的课程实践中,一种课程模式的建构和发展,往往需要同时运用这两种方式。

一种课程模式的建构,可概括为如图9-1所示的多重闭合回路。

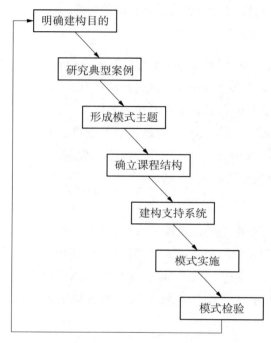

图9-1 课程模式建构图

第二节 我国幼儿园的课程模式

我国的一些教育家和学前教育专家曾经对幼儿园课程有所论述和实践,先后建立起了符合当时中国国情的幼儿园课程模式。从模式的建构方式而言,主要以演绎式为主,同时,也结合各自的课程实验运用了归纳式的建构方式,使课程模式不断丰富和发展。

一、陶行知的"生活教育"课程

陶行知(1891—1946)是我国五四运动后最著名的教育家之一,毛泽东同志称赞他为"伟大的人民教育家"。他在长期的教育实践中,提倡平民教育、乡村教育。他是乡村幼稚园教育的开拓者、实验者,推广了乡村幼稚园,发起了幼稚园教育平民化的运动。20世纪二三十年代,陶行知先生曾针对当时学前教育中存在的"外国病""花钱病""富贵病"的问题,提出要发展"中国的""省钱的""平民的"的学前教育。他创办了我国第一个乡村幼稚园——燕子矶幼稚园,并相继创办了和平门幼稚园、迈皋桥幼稚园、新安幼稚园和上海劳工幼儿团;撰写了《创造乡村幼稚园宣言书》《幼稚园之新大陆》《如何使幼稚园教育普及》等著作。

除了平民教育、乡村教育,陶行知还创造了很有特色的以生活教育为主题的课程模式,并在幼稚园进行了实验。

(一)陶行知的"生活教育"课程理念

陶行知师从杜威,在杜威教育思想的基础上,结合中国的国情提出了"生活教育"的理论,创立了"生活教育"幼稚园课程模式。该模式产生于当时的社会背景和历史条件中,因为当时的教育面向的是以课本教材为核心的现状,是一种被称为"老八股""洋八股"的脱离生活的"死教育"。在陶行知先生看来,教育应该和生活是同一过程,教育只有通过生活才能成为真正的教育,教育要与生活相联系,以生活为逻辑的起点和归宿。人们所过的生活及生活所必需的一切东西,便是教育的内容。他主张的"生活教育"是给生活以教育,用生活来教育,为生活的向前、向上发展而教育。

陶行知的"生活教育"课程模式是建立在其"生活教育"理论上的。"生活教育"理论的基本内容主要是"生活即教育""社会即学校""教学做合一"三个方面,其中,"生活即教育"是陶行知"生活教育"理论的核心。陶行知认为,幼稚园生活教育要做到以下三点:其一,生活是教育的大课堂。幼稚园课程要引领儿童走进大自然和火热的社会,在生活实践中学习。其二,生活提供了丰富的教育资源。以往把书本、课程、教材当做世界,现在要把世界当做课程、教材。其三,生活中的人们应该是老师,向生活学习,包含着向生活中的人们学习。

可见,陶行知所说的幼稚园教育是有前提的,这个前提就是"生活",不和实际生活相结合的教育就不能算做真正的教育。

(二)陶行知"生活教育"课程的基本要素

1. 课程目标

陶行知指出,要为生活向上或向前的需要接受教育,希望教育要"教人做主人,做自己的主人,做国家的主人,做世界的主人",这是"生活教育"的课程目标。具体而言,陶行知的"生活教育"课程目标首先是培养儿童的生活力;其次,还注重培养儿童手脑相结合的创造能力,培养儿童多方面的素质。

2. 课程内容

"生活教育"课程内容以生活为中心,来源于生活,来源于幼稚园周围的人、事、物,包括人类生活的全部,即全部的生活就是课程内容。陶行知主张对自然现象、社会现象、儿童故事、儿童歌谣、儿童游戏加以收集,作为教育幼儿的教材内容。他认为凡是儿童感兴趣的生活中的事物均为"生活教育"的材料。如石头、泥沙、松针、棉花、松果等自然物,纸袋、木头、贝壳、旧邮票等废弃物,红豆、番薯、玉蜀黍等土产,这些都是幼稚园课程的好素材。

　　"生活教育"课程内容的结构以年、月、周、日为时间单位,可分为全年、每月、每周、每日四种。全年纲要又称为"幼儿生活历",其中包括节令、气候、动物、植物、农事、风俗、卫生、童玩等八项;每月纲要依据全年纲要、各幼稚园的需要来设定幼儿学习重点;每周活动要将每项活动进行的步骤加以分析,并对活动词源、上周活动情况加以修正;每日活动要根据全年纲要、每月纲要、每周活动来设定,同时,也要考虑幼儿的兴趣及具体的学习情况。

　　3. 课程实施

　　"生活教育"课程实施强调以"教学做合一"的方式进行。"教学做合一"是对传统教育的教育教学方法的根本否定,是"生活教育"的课程实施方法。"教学做合一"是一个统一的整体,"教的法子要根据学的法子;学的法子要根据做的法子,事怎么做,就怎么学,就怎么教"。其中,"做"是三者的中心,"在做上教的是先生,在做上学的是学生,从先生对学生的关系说,做便是教;从学生对先生的关系说,做便是学。先生拿做来教,乃是真教;学生拿做来学,乃是实学。不在做上用功夫,教不成教,学不成学"①。

　　"生活教育"课程实施中,陶行知强调儿童的主体地位,提出六大解放,即解放儿童的头脑,使他们可以想;解放儿童的眼睛,使他们可以看;解放儿童的嘴巴,使他们可以谈;解放儿童的双手,使他们可以玩、可以干;解放儿童的时间,使他们的生命不会被稻草塞满;解放儿童的空间,使他们的歌声可以在宇宙中飘荡。可见,"生活教育"课程实施具有很大的开放性,给予儿童自由的时间和空间。

　　（三）对陶行知"生活教育"课程的评析

　　陶行知重视幼儿教育,反对当时传统的旧教育,提出的"生活教育"课程深刻揭示了教育的本质和职能,要求儿童教育工作者了解生活,了解儿童的生活现状,了解生活发展的趋势,生活对人的要求的变化,做到将课程与生活紧密相连。同时,"生活教育"课程充分利用生活中的素材做课程实施的材料;重视实践,提出"行是知之始,知是行之成"的口号。这些理念和做法对幼儿园课程实践产生了较大的影响。

　　总之,陶行知的"生活教育"课程既反映了世界现代教育发展的趋向,又充分体现了中国本民族的特色。这一注重生活的课程思想对现在的幼儿园课程实践也是有现实意义的。

二、陈鹤琴的"五指活动"课程

　　陈鹤琴（1892—1982）是我国近现代教育史上著名的儿童心理学家和儿童教育家,是五四运动以后,中国学前教育研究和实验的典范,是开创我国现代儿童心理和幼儿教育科学研究工作的代表人物。

---

① 中央教育科学研究所. 陶行知教育文选[M]. 北京:教育科学出版社,1981:95.

陈鹤琴先生 1914—1919 年在美国哥伦比亚大学师范学院攻读教育和心理学,其间深受以杜威为代表的西方实用主义哲学和进步主义教育理论的影响。回国后,陈鹤琴结合中国的国情,对杜威的教育理论进行了改造,开始了对中国化新幼儿教育的实验探索。他先以长子陈一鸣为对象,对其发展进行了详细的观察与研究,做了缜密的文字与摄影记录,时间长达 808 天,其研究心得主要反映在他的早期著作《儿童心理之研究》和《家庭教育》两书中。这项研究积累了大量的第一手材料,为他后来提出"活教育"的教育思想和原则提供了丰富的素材。为了能够更好地对儿童心理、教育进行长期的观察、实验和研究,1923 年春天,陈鹤琴提出设立幼稚园的主张,得到他任教的东南大学教育科的支持。同年秋天,他创办了南京鼓楼幼稚园,担任园长。鼓楼幼稚园成为陈鹤琴实验"中国化、科学化"幼儿教育的基地,是中国最早的幼儿教育实验中心。

南京鼓楼幼稚园创立不久,陈鹤琴和他的同事们就感到,"课程是最大的问题"[1]。陈鹤琴说:"我国兴办幼稚园年数也不少了,但是没有一个课程,也没有一些教材,所有的幼稚园不是直接抄福禄贝尔,就是直接抄蒙台梭利,不肯自己加以变化,……福、蒙诸氏的方法,在当时当地有他们的特殊地位,相当价值,我们现在是中国的幼稚园,似乎不便来抄用。"[2]在他看来,抄袭外国课程是与中国现有国情格格不入的;而创设本土化幼儿园课程,那就得依靠实验精神。在这样的背景下,陈鹤琴以南京鼓楼幼稚园为基地,在张宗麟等人的协助下,结合中国国情,从课程着手,亲自主持幼稚园课程的实验改革和研究工作,探索幼儿教育改革和课程改革之路,并建构了"五指活动"课程模式。该课程模式也是使用从一定的理论出发的演绎式和从实践经验出发的归纳式相结合的建构方式。

(一) 陈鹤琴的"五指活动"课程理念

陈鹤琴的"五指活动"课程总体建立在其"活教育"的思想理论上,同时也建立在陈鹤琴对幼稚园教育和幼稚园课程现状及发展的了解与分析上。

"活教育"思想是陈鹤琴在 1939 年为《小学教师》撰写的发刊词中,针对"死教育"的弊端,提出"教活书,活教书,教书活;读活书,活读书,读书活"的主张(即"活教育"),并经过 7 年的教学实践建立的一个教育理论体系。这个理论体系包括目的论、课程论和方法论,以及 17 条教学原则和 13 条训育原则等。[3]

陈鹤琴认为,传统教育中人们的观念被书本严重地束缚住了,大家把书本当成了唯一的教育材料,把"读书"和"教书"当成了学校教育的全部内容,形成了学校教育读死书、死读书的现象。面对如此现状,陈鹤琴提出"活教育"思想,主张重视生活和儿童中心地位是课程的两个基本原则。

---

① 北京市教育科学研究所.陈鹤琴教育文集(下卷)[M].北京:北京出版社,1985:37.
② 北京市教育科学研究所.陈鹤琴全集(第二卷)[M].南京:江苏教育出版社,1989:6.
③ 北京市教育科学研究所.陈鹤琴全集(第二卷)[M].南京:江苏教育出版社,1989:295.

　　重视生活原则,是指幼稚园的课程不能脱离当时当地儿童在整体上表现出的生活和经验特征,认为要用适应目前生活需要的方法,去达到将来生活中必会出现的事情,因此,其"活教育"的课程把大自然、大社会作为出发点,让儿童直接面对它们去学习。重视儿童中心地位的原则就是认为课程应从儿童自身出发,以儿童为中心,做到一切课程都是儿童自己的,是儿童自发的活动,不应该成为教师、父母或社会上其他需要的装饰品。

　　此外,陈鹤琴针对当时幼稚园课程存在的弊病,提出了中国幼稚园发展的 15 条主张,系统阐述了他关于幼稚园教育,特别是幼稚园课程的观点。他的 15 条主张是:

　　(1) 幼稚园是要适合国情的;

　　(2) 儿童教育是幼稚园与家庭共同的责任;

　　(3) 凡儿童能够学的而又应当学的,我们都应当教他;

　　(4) 幼稚园的课程可以自然社会为中心;

　　(5) 幼稚园的课程需预先拟定,但临时可以变更;

　　(6) 幼稚园第一要注意的是儿童的健康;

　　(7) 幼稚园要使儿童养成良好习惯;

　　(8) 幼稚园应当特别注重音乐;

　　(9) 幼稚园应当有充分而适当的设备;

　　(10) 幼稚园应当采用游戏式的教学去教导儿童;

　　(11) 幼稚园的户外活动要多;

　　(12) 幼稚园应当采用小团体的教学法;

　　(13) 幼稚园的教师应当是儿童的朋友;

　　(14) 幼稚园的教师应当有充分的训练;

　　(15) 幼稚园应当有种种标准,可以随时考查儿童的成绩。

　　陈鹤琴在幼稚园教育 15 条主张的基础上,又发表了《幼稚园的课程》一文,提出了适合我国国情的幼稚园课程编制应遵循的十大原则。这十大原则是:①

　　(1) 课程的民族性:课程应是民族的,不是欧美的;

　　(2) 课程的科学性:课程应是科学的,不是封建迷信的;

　　(3) 课程的大众性:课程应是大众的,不是资产阶级的;

　　(4) 课程的儿童性:课程应是儿童化的,不是成人化的;

　　(5) 课程的连续发展性:课程应是连续发展的,而不是孤立的;

　　(6) 课程的现实性:课程应符合实际需要,而不能脱离现实;

　　(7) 课程的适合性:课程应适合儿童身心发展,促进儿童健康;

　　(8) 课程的教育性:课程应培养儿童五爱、国民公德和团结、勇敢等优良品质;

　　(9) 课程的陶冶性:课程应陶冶儿童性情,培养儿童情感;

---

① 北京市教育科学研究所.陈鹤琴全集(第二卷)[M].南京:江苏教育出版社,1989:74.

（10）课程的言语性：课程应培养儿童的说话技能，以表达自己的情感和思想。

（二）陈鹤琴"五指活动"课程的基本要素

1. 课程目标

陈鹤琴主持南京鼓楼幼稚园课程实验之初，就针对幼稚园一味抄袭外国的现实，将其缺乏具体的课程目标作为当时中国幼稚园的四大弊病之一提了出来。他说："我们办幼稚园究竟为了什么？我们教养儿童究竟要教到什么地步？什么技能、什么习惯是儿童应该养成的？什么知识、什么做人态度是儿童应当学得的？"①为此，陈鹤琴提出了幼稚园课程的目标。

陈鹤琴认为学前教育的目标首先就是做人，强调做人教育。其"五指活动"课程的目标是让幼儿学会"做人，做中国人，做现代中国人"，并提出了"做现代中国人"的基本条件。

第一，要具备健全的身体。包括训练儿童养成各种达成强健体格的习惯，培养儿童一定程度的运动技能。他认为一个人身体的好坏，对于他的道德、学问及从事的事业有很大影响，因此，具有健全的身体十分重要。

第二，要有建设的能力。他认为过去的教育和课程培养人不重视建设的能力，现在要把它培养起来，以便适应国家建设的需要。

第三，要有创造的能力。他一向认为儿童本来就有很强的创造能力，只要启发诱导、加强训练，创造能力是可以培养的。

第四，要有合作的态度。他认为中国人在团体活动中，常缺乏合作的态度，所以对于小朋友，从小就要训练他们能够合作团结，使他们做新中国的主人翁。

第五，要有服务的精神。陈鹤琴认为儿童应该知道帮助别人，知道为大众服务，并具备服务的精神。

这五个条件突出了"做现代中国人"所必备的良好素质及其肩负的历史责任和使命，也体现了"五指活动"课程目标以儿童的全面发展为目的。

2. 课程内容

陈鹤琴的"五指活动"课程以大自然、大社会为中心来选择和组织课程内容。

陈鹤琴指出，小孩子能够学的与应该学的东西，本来是很多的，但是我们不能就这样无限制无系统地去教他。必定要有一种组织，在相当范围内，使其成为一个系统并使各科目之间互相连接起来、发生关系。他主张把幼稚园的课程打成一片，成为有系统的组织。但这种有系统的组织以什么为中心呢？他认为这当然要根据儿童的环境。儿童的环境包括自然环境（动植物与自然现象）和社会环境（与个人、家庭、集社等的交往），自然和社会这两种环境是儿童每天都会接触到的，应该成为幼稚园课程的中心，"大自然""大社会"，都是活教材。"书本上的知识是间接的、死的，大自然、大社会才是我们活的书，直接的书。"

---

① 北京市教育科学研究所. 陈鹤琴全集（第二卷）[M]. 南京：江苏教育出版社，1989：4.

从大自然、大社会这两个中心出发,陈鹤琴构建了他的"五指活动"课程内容。

(1)健康活动:包括饮食、睡眠、早操、游戏、户外活动、散步、健康检查、排泄与清洁习惯的指导及安全教育等。

(2)社会活动:包括朝夕会、周会、纪念会、集会、每天的谈话讨论、政治常识、升降旗等。

(3)科学活动:包括自然观察与研究、种植、饲养、计数、填气候图、认识环境等。

(4)艺术活动:包括音乐活动(唱歌、节奏、表演、音乐欣赏等)、工作活动(沙箱、装排、图画、泥工等)。

(5)语文活动:包括听说故事、歌谣、谜语、笑话、图画书等。

陈鹤琴将这五个方面内容形象地称为"五指活动",虽然五种活动是分离的,但它们就像人的五个手指一样,共同构成了具有整体功能的手掌,因此,"五指活动"的内容是互相联系的、整体的,而不是分裂的。正如陈鹤琴所言,"五指是活的,可以伸缩,互相联系","课程是整个的,连贯的,依据儿童的身心发展,五指活动在儿童生活中结成一个教育的网,有组织有系统,合理地编织在儿童的生活上"。①

"五指活动"课程对五种幼稚园课程内容的强调各有侧重。陈鹤琴认为,幼稚园首先要注意的是儿童的健康,注意儿童的健康是为儿童和国家的将来着想,有强身、强种、强国的意义。为了培养儿童健壮的身体,幼稚园应十分注意培养儿童良好的行为习惯。陈鹤琴认为:"人类的动作十分之八九是习惯,而这种习惯又大部分是在幼年养成的;所以幼年时代,应特别注意习惯的养成。"②习惯,包括个人的和社会性的。个人习惯方面的目标包括"乐于到幼稚园来""听见铃声就去上课""不容易哭""喜欢唱歌""喜欢听音乐"等内容,社会性习惯方面的目标包括"每天第一次见到熟人能招呼""爱爸爸、妈妈,听爸爸、妈妈的话,帮助做家事""爱教师、听教师的话,帮助教师做事""不和人相骂相打""至少有一个极要好的朋友"等内容。陈鹤琴还指出,幼稚园应特别注意音乐,因为儿童是喜欢音乐的,到三四岁的时候,儿童唱歌的能力发展得特别快,对音乐的兴趣也特别浓厚。为了满足儿童的音乐兴趣和发展他们的音乐能力,应特别注意音乐的教学。音乐还可以陶冶人的性格和感情,唤起人们团结爱国和奋发进取的精神。此外,陈鹤琴认为,语言是人际沟通的工具,也是儿童学习的工具,所以也应给予重视。

陈鹤琴认为,儿童的生活是整个的,所以取材于儿童生活的课程内容也必定是整个的、互相连接的,不能四分五裂。幼儿园课程内容的组织要以自然和社会为中心,可以从自然环境和社会环境这两类环境中选取儿童感兴趣且适合学习的物和事作为主题,组织融合儿童的科学、社会、语文、艺术、健康活动,陈鹤琴将这种方法称为"整个教学法"。"整个教学法"是针对分科教学的弊端提出的,陈鹤琴不主张幼儿分科教学,分科教学只能够照顾一门学科的系统性,不能达到各学科之间的联系,也不能照顾儿童的生活和心理。他认为:"通常在中

---

① 北京市教育科学研究所.陈鹤琴全集(第二卷)[M].南京:江苏教育出版社,1989:613.

② 北京市教育科学研究所.陈鹤琴全集(第二卷)[M].南京:江苏教育出版社,1989:117.

小学里,课程是分割的,各科各自独立,不相联系,而幼稚园里面则不然,课程是整个的,连贯的。""我们不能把幼稚园里的课程像大学的课程那样独立,什么音乐是音乐,故事是故事的,相互间不发生影响。我们应当把幼儿园的各科功课打成一片,把儿童所应该学的整个地、有系统地去教儿童学。"①他提倡的"整个教学法",就是把儿童所应该学的东西整个地、有系统地去呈现给儿童,让儿童去学习研究。

为此,陈鹤琴采用"中心制"课程(也称单元课程)的设计方法,"自然、社会"是幼儿园课程内容的基本来源,也是单元课程的组织中心。在陈鹤琴看来,"四季变换的动植物,阴晴雨雷的自然现象",以及各种节气、纪念日都是单元课程的好材料。单元课程"按时令季节从儿童生活其中的自然和社会中选择诸如纪念日、节日、生日等中心主题去组织课程,规定几天或一周为一个活动单元;并强调围绕这一课程中心主题把常识、故事、音乐、游戏、图画、读法等各项活动组成有机整体,进行综合教育"②。

3. 课程实施

陈鹤琴的"五指活动"课程实施强调"做中教、做中学,做中求进步",并以游戏法、小组教学法为课程实施的方法。

课程实施中,陈鹤琴把儿童看成是教育的主体,为此,他特别强调儿童的"做",指出"做"是学习探索世界的方式,可通过"做"养成坚毅的品质、形成动手的兴趣,提出了"做中学,做中教,做中求进步"的课程实施方法。陈鹤琴认为,"做"这个原则,是教学的基本原则,一切的学习,不论是肌肉的、感觉的,还是神经的,都要靠做,所以"凡是儿童自己能够做的,就应该让儿童自己做";"你要儿童怎样做,就应当教儿童怎样学"。③ 陈鹤琴的"五指活动"课程实施强调"做",除了为确立儿童在教学活动中的主体地位外,还为的是强调儿童的直接经验。

陈鹤琴深受五四运动以来科学与民主精神的陶冶,他认为儿童不是成人的缩影,而是有其独特的生理、心理特点,主张教师应尊重儿童,做儿童的朋友,同游同乐,去玩去教。陈鹤琴认为,喜好游戏是儿童心理的突出特点,也是儿童的本性。所以他说:"儿童既然有这种强烈的本性,我们就可以利用这个动机去教导他。"④他认为,幼儿是以游戏的方法来生活的,幼儿还不能把学习和游戏严格分开,对幼儿来说,游戏就是工作,工作就是游戏。在游戏中,儿童能充分锻炼身体,展开丰富的想象,缓解紧张的情绪,体验活动的愉悦。所以游戏方法是符合幼儿年龄特点的最有效的课程实施方法,在游戏中,儿童学得快,学得好,印象深刻,会有事半功倍的效果。"游戏的直接用处虽只是寻求快乐,然而间接的用处则甚大,因为它可以发展儿童的身心,敏捷儿童的感觉,于儿童的生活有莫大之助益……"⑤所以,陈鹤琴在南

---

① 北京市教育科学研究所.陈鹤琴全集(第二卷)[M].南京:江苏教育出版社,1989:84.

② 北京市教育科学研究所.陈鹤琴全集(第二卷)[M].南京:江苏教育出版社,1989:45.

③ 北京市教育科学研究所.陈鹤琴全集(第二卷)[M].南京:江苏教育出版社,1989:613.

④ 北京市教育科学研究所.陈鹤琴教育文集(下卷)[M].北京:北京出版社,1985:25.

⑤ 北京市教育科学研究所.陈鹤琴教育文集(下卷)[M].北京:北京出版社,1985:17.

京鼓楼幼稚园实验,提出"教学游戏化"的教育策略,认为幼稚园的课程都应该游戏化,教育者不要随意终止儿童的游戏,要给儿童提供游戏的机会,指导儿童的游戏。

另外,针对当时幼儿园单一的集体教学,陈鹤琴提出了采用小团体教学(即分组教学)的方法。他认为由于儿童的年龄不齐、智力不同、兴趣不一,应当特别对待,分组施教,这种分组学习、共同探究的小团体教学可以使儿童互相学习、互相帮助、互相激励,使处于不同发展水平的儿童都能有所长进,更好地做到因材施教。

另外,陈鹤琴还具体指出了"五指活动"教学过程的四个步骤:实验观察—阅读参考—发表创作—批评研讨,课程实施中教师的责任是引发、供给、指导、欣赏。[①] 同时也指出了"五指活动"课程实施过程中应注意的问题:幼儿园课程实施计划性与弹性化的统一。陈鹤琴指出教师应拟定要做的活动,计划活动内容分几个步骤教学,但教师不要强求预先的计划,而是要顺应儿童的兴趣,根据课程实施过程中的具体情况灵活地对计划加以调整和变化。每学期应该有一个总设计以确定本学期应该注意的目标,每星期又有一个预定的课程表拟定这一星期里教导的中心。但是此项课程预定表并不是固定不变的,对于"儿童或社会上发生的临时的事情",教师就可以采用为课程内容,可以把一切预先所定的暂时搁置,重新再来做一番筹备的工作。

4. 课程评价

幼稚园课程的评价问题一直是近代学前课程改革的突出问题。陈鹤琴在主持南京鼓楼幼稚园课程实验的最初阶段就指出了当时中国幼稚园缺乏具体的课程评价目标和标准。陈鹤琴指出"一个学校办得好不好自然要看它是否达到了既定的具体目标"[②],因此,"幼稚园应当有种种标准可以随时考查儿童的成绩"[③]。"幼稚生应当在幼稚园里养成什么样的德行、什么样的习惯、什么样的技能?得到什么样的知识?"[④]这些都应当有所规定。其中,他更加强调对幼儿习惯技能情况的评价。

1925年,陈鹤琴与张宗麟根据南京鼓楼幼稚园的实际教学情况编制了《幼稚生应有的习惯和技能表》,将儿童的应有习惯和技能作为学前课程评价标准,并且要求幼稚园要结合儿童心理和认识上的特点,运用形象、生动、直观的方法定期对儿童进行检查与监督。为此,他为南京鼓楼幼稚园制定了习惯图表。具体用法为:表面三个空格是粘"习惯图"的,教师要儿童养成什么习惯,就画什么图,在"习惯图"下面注明"习惯名称"及从某月某日到某月某日。在"姓名"项下注明儿童的姓名,若某个习惯已养成,教师就在某个习惯项下的小空格内打一个"√"号,对于未养成的习惯打一个"×"号。一个学期后,教师应把已经养成和未养成的习惯分别总结一下,以便报告家庭,并要求家长联络配合,共同承担起教育儿童的神圣

---

① 唐淑,钟昭华.中国学前教育史[M].北京:人民教育出版社,1993:278.

② 北京市教育科学研究所.陈鹤琴教育文集(下卷)[M].北京:北京出版社,1985:4.

③ 北京市教育科学研究所.陈鹤琴教育文集(下卷)[M].北京:北京出版社,1985:20.

④ 北京市教育科学研究所.陈鹤琴教育文集(下卷)[M].北京:北京出版社,1985:19.

使命。

"五指活动"课程评价还指向课程本身,即课程是否满足了儿童的需要,是否符合儿童的兴趣,是否使儿童获得有益的经验,是否达到既定的目标等。陈鹤琴指出,儿童由于认知水平的局限,不能完整地、直接地、全面地表达出对课程的感受,因此课程评价者必须从儿童外在的行为表现来评价课程的实施效果。

(三)对陈鹤琴"五指活动"课程的评析

陈鹤琴受美国以杜威为代表的实用主义教育理论的影响,结合国内的幼稚园教育进行了本土化的课程改革实验,提出了"活教育"的思想,并创编了"五指活动"的幼稚园课程模式,构建出一整套比较适合中国儿童身心发展及国情的幼儿园课程理论与实践,为中国幼儿教育做出了划时代的贡献。"五指活动"课程既有扎实的理论基础,又有丰富的实践经验,对当时的幼稚园课程理论与实践产生了深远的影响,主导了我国20世纪20年代到40年代的幼儿教育,使当时的幼稚园课程逐步趋向中国化和科学化。因为传统幼儿教育的课程,教育内容仅仅只是一些单调的、零星的知识、技能,而陈鹤琴提出的"五指活动"课程则是一个系统的、整体的课程体系,课程内容以生活为基点,以活动为中心,突出整合性;课程组织实施方法改变了成人化的倾向,突出儿童的主体地位和直接经验,重视游戏的作用,符合幼儿的身心特点和发展规律,并做到计划性与灵活性的统一;注重对幼儿习惯技能的评价等。这些在当今的幼儿园课程实践中都值得借鉴和运用。

"五指活动"的幼稚园课程模式不仅对20世纪二三十年代的幼稚园课程改革做出了重要的贡献,而且对20世纪80年代以后的幼儿教育和幼儿园课程改革有很强的指导意义,至今对幼儿园课程仍产生着重要的影响。

三、张雪门的"行为课程"

张雪门(1891—1973)是我国现代著名的幼儿教育家。20世纪二三十年代,他主要在北京、天津等地区从事幼儿教育活动,影响遍及我国北方各省。在当时的幼儿教育界,他和陈鹤琴一起被称为"南陈北张"。1918年,他在浙江创办了星荫幼稚园。1930年,他在北平主办香山慈幼院的幼稚师范学校和幼稚园。抗战胜利后,他受聘到台湾,主持台北育幼院工作。他翻译了《福禄贝尔母亲游戏辑要》和《蒙台梭利及其教育》等著作,撰写了《幼稚教育概论》《幼稚教育新论》《增订幼稚园行为课程》《中国幼稚园课程研究》等专著。张雪门在中国近现代学前教育史上具有重要的地位和影响,尤其是在幼儿园课程方面有自己独特的见解,建构了以"行为课程"为主题的课程模式,为探索改革和发展我国幼儿教育的道路留下了宝贵的精神财富与学术著作。

(一)张雪门的"行为课程"理念

张雪门研究我国的幼儿教育,是从幼稚园的课程入手的。20世纪50年代后,张雪门以

"行为课程"来概括自己幼稚园课程的基本理论。实用主义教育思想是张雪门行为课程一个很重要的思想来源,具体而言,张雪门将杜威的"教育即生长、教育即经验的改造、教育即生活"作为"行为课程"的指导思想。此外,张雪门的"行为课程"理念还直接受到陶行知"生活教育"思想的影响。他对"行为课程"的定义就是:"生活就是教育,五六岁的孩子们在幼稚园生活的实践就是行为课程。这份课程,完全根据生活,它从生活而来,从生活而开展,也从生活而结束,不像一般的完全限于教材的活动。"①

所谓"行为",即是"行动""活动""做"的意思,旨在强调幼儿必须通过行为来学习,在"做中学"。他认为行为课程首先注意的是儿童的实际行为,"举凡扫地、抹桌、养鸡、养蚕、种植花草蔬果等,只要幼儿能自己做的,都应该给幼儿机会去做。唯有从行动中所得的认识,才是真实的知识;从行动中所发生的困难,才是真实的问题;从行动中所获得的胜利,才是真实的制驭环境的能力"②。游戏、故事、唱歌等教材,虽然也可以表演,然而代表不了实际行为。幼儿只有通过这种实际行为,才能与环境接触,从而产生直接经验,这种经验也可以说是人生的基本经验。张雪门认为,所谓行为并不是简单的外部动作或运动,而是要做到劳力和劳心的结合。他要求在充分让儿童活动的同时,也要注意在儿童活动中尽量融入智能和感情的因素。

张雪门一生非常重视幼稚园课程的研究,他认为幼稚园课程应紧密联系幼儿的生活经验这个中心,在具体编制幼稚园课程时,应遵循一些基本原则。

1. 整体性原则

幼儿的生活经验是一个整体,幼儿心目中并没有学科分类的观念,一切引起幼儿注意的事物,幼儿都把它们作为自己的生活看待。所以,幼稚园的课程不能像小学甚至大学那样分成语文、数学、地理、生物等学科,各门学科各有各的时间,各有各的统整;而应打破学科的界限,让各种科目都变成幼儿整体生活的一面,构成一种有意义的整个活动,完整表现幼儿的生活。

2. 偏重直接经验的原则

经验可分为直接经验和间接经验两种。张雪门认为,直接经验就是儿童和环境直接接触而生的经验,"儿童自己直接的生活,发现学习的动机,是非凡的自然。其学习也是,不论尝试,不论直接参与,不论模仿,都有切实的内容"③。幼稚园要偏重直接经验,让儿童通过亲身活动来获得经验,直接经验对儿童具有更大的发展价值。因为间接知识的传授一般要借助文字和语言,幼儿一般不具备文字能力,也不具备成熟的语言能力,因此不可能接受大量的间接经验。更重要的是,直接经验是间接经验的基础,幼儿阶段掌握丰富、正确、切实的直

① 戴自俺. 张雪门幼儿教育文集[M]. 北京:北京少年儿童出版社,1994:1088.

② 戴自俺. 张雪门幼儿教育文集[M]. 北京:北京少年儿童出版社,1994:1088.

③ 戴自俺. 张雪门幼儿教育文集[M]. 北京:北京少年儿童出版社,1994:388.

接经验,也是突破间接经验、进一步扩充儿童生活学习范围的前提。

3. 偏重个体发展的原则

教育在促进个体身心健康发展的同时,也要培养教育者成为符合特定社会要求,具备特定社会观念的一分子。张雪门称前者为个体的需要,后者为社会的需要,但他认为在幼稚园阶段教育要偏重个体身心发展的目标。他强调在幼稚园时期,教育和课程满足个体需要,实甚于社会的需求。

(二)张雪门"行为课程"的基本要素

1. 课程目标

张雪门在谈到幼稚园"行为课程"目标时强调经验的价值。"幼稚园的课程是什么? 就是给三足岁到六足岁的孩子所能够做而且喜欢做的经验的预备"[①],因此,张雪门认为,幼稚园课程目标就在于:

(1) 满足幼儿身心发展的需要。从科学的儿童观出发,张雪门认为儿童的身心发展是有特别的规律的,教育必须从儿童的能力、兴趣和身心发展水平出发,才有可能促进儿童的发展。

(2) 养成"扩充经验"的方法与习惯。根据杜威"教育就是经验的改造或改组"的观点,张雪门主张着重培养儿童掌握改造旧经验、扩充新经验的方法,"幼稚园课程的目的,在于联络孩子们的旧观念,以引起其新观念,更谋其旧经验的打破,新经验的建设"[②],而不是像传统教育,总是急于塞进去很多新经验,那样只能适得其反。

(3) 培养生活的能力与意识。课程要致力于"增进他们生活的改造,养成他们对环境支配选择的力量"[③],而不再是培养手无缚鸡之力的一介书生。

2. 课程内容

"行为课程"思想的来源是生活教育,因此,张雪门认为幼稚园课程的内容也要从生活中选择,他将"行为课程"的内容表述为来源于儿童生活的"教材"。他指出:"教材……其唯一的目的,为充实幼儿的生活,绝非灌注他们的熟料。"[④]他认为:"幼稚园教材是一般在幼稚园的时候儿童生活的经验。"

"行为课程"的内容虽然表述为教材,但"行为课程"的教材来源于儿童的生活,范围广泛。只要符合课程目标,并且能引起儿童生活的经验,都可以作为教材使用。

"行为课程"教材的目的是充实儿童的生活,而儿童的生活经验主要从两部分获得,一是

---

① 戴自俺. 张雪门幼儿教育文集[M]. 北京:北京少年儿童出版社,1994:34.

② 戴自俺. 张雪门幼儿教育文集[M]. 北京:北京少年儿童出版社,1994:25.

③ 戴自俺. 张雪门幼儿教育文集[M]. 北京:北京少年儿童出版社,1994:1088.

④ 戴自俺. 张雪门幼儿教育文集[M]. 北京:北京少年儿童出版社,1994:395.

从本身个体发展而得,二是和自然环境相接触而得,从社会环境交际而得,所以教材主要来源于儿童本身和与其接触的环境。具体包括:(1)儿童本身即儿童个体的生活,指儿童自发的诸般活动,即儿童自身发展中主动进行的一些活动。(2)儿童接触的环境即儿童的生活,指儿童周边的自然环境和社会环境。儿童周围的自然环境是儿童生活中一切有关自然界的事物与知识,如植物、动物、旅行,与各种自然现象有关的活动等;儿童的社会环境,即与儿童现在生活与未来生活有关的社会生活知识,如家庭、邻里、邻近的地方、各种职业活动等。只有把社会的生活和个体的生活联系起来,儿童的生活才能充实,教材的目的也才能实现。

课程活动确定后,选择和编写教材内容就成为非常关键的要素。他认为真正适合儿童发展的教材内容应符合以下四个条件:

(1)必须适合现实社会生活的需要;

(2)必须适合社会普遍生活的标准;

(3)必须适合儿童目前生长阶段的需要;

(4)必须适合儿童目前的学习能力。

以上四种标准不是各自分裂的,而是互相联系的。为幼儿选择教材内容时,应进行全面的考虑。

具体的"行为课程"内容包括以下方面:

(1)幼儿的游戏活动:感官游戏、竞争游戏、社交游戏、猜测游戏、表演游戏等;

(2)自然活动:饲养小动物、种植植物、观察自然现象、旅游参观、科学小实验等;

(3)社会活动:有关家庭的认识活动、参观附近的社会场所和设施、了解各种职业的活动、了解其他社会团体的活动、节日和纪念活动等;

(4)工作和美术活动:参加家庭与学校的工作、模拟成人的职业工作、模仿成人家庭的工作、美术工艺活动等;

(5)言语文学活动:非正式社交的谈话、特殊谈话、有组织的团体谈话和活动、述说故事和歌谣、文字阅读等;

(6)音乐活动:听音乐、辨音、拟音、唱歌、演奏简单的乐器、跳舞等;

(7)常识活动:关于衣、食、住、行方面的生活活动,关于家庭、邻里、工厂、商店、公共机关和社会团体方面的认识活动,关于节日和纪念日的活动,以及其他自然方面的活动。

虽然"行为课程"包括手工、美术、言语、常识、音乐、游戏和算术等,但张雪门反对把教材当做科目,认为手工、语言、文学、音乐、算术只是教材的种类,是成人为研究的便利而人为划分的,它们只是儿童的反应动作在幼稚园课程上的名称。

3. 课程实施

从对儿童发展特点的研究出发,张雪门提出了以儿童行动为中心的课程实施体系,这个体系包括儿童在生活中的行动、突出儿童行动整体性的单元教学组织形式。

张雪门认为,儿童的心理特点决定了儿童在这一时期以获得直接经验为主,而直接经验是个体与环境直接接触而生的经验,儿童也只有亲自去行动、去做,才能和环境真正接触。所以,"行为课程"实施以行为为中心,强调的是让儿童通过行为进行学习,即在"做中学"。课程实施的关键是儿童有没有发展、儿童做了什么以及有什么反应,课程实施聚焦在儿童的行为之上。即使教师明明知道儿童这样做会出错,也先不要告诉他们,而是让他们自己找出错误的原因,然后让他们自己改进,让儿童通过行为来获得直接经验,完成教材要实现的课程目标。

但儿童在课程实施中的"做"不是无意识、盲目地做,而是要在教师的指导下有计划地进行,这样才能使儿童的行为更有目的性,使儿童在活动中真正受益,才能真正促进儿童的发展。为此,在课程实施中,张雪门要求教师一定要注意儿童的实际行为,要常常运用自然和社会的环境,以唤起儿童生活的需要,扩充儿童生活的经验,培养儿童生活的能力。在课程进行过程中,教师要随时巡视指导,不重讲解,而着重指导儿童行为的实践,使儿童在活动中养成基本习惯。

为了保证课程实施中儿童行为的有效价值,张雪门"行为课程"的实施采用整体性原则,采取单元教学的方法,彻底打破各学科的界限。教师在各科教材中选择与学习单元有关的材料加以运用,配合儿童实际行为的发展,使各科教材自然融会在儿童生活中。

在课程实施中,张雪门还强调预设与灵活性的结合。每月每周应该有预定的课程,但张雪门并不反对课程教学计划的灵活变动。他说:"况且预定的课程,又不是绝对的不能变动的要求。教师对于实际的偶发事项,随时变化,随时活用,以适应儿童的需要,满足儿童的兴趣,实在比死板地照着所定的大纲去教授好得多了。"①

4. 课程评价

"行为课程"的评价主要表现为教师对儿童行为的记录,要求教师每天利用个案记录的形式,把儿童重要的动作记录下来,一方面作为将来的参考,并可使教师察觉自己成功或失败的地方。另一方面,也表现为对儿童行为经验的评估。即每一个大单元活动结束之后,教师应该做儿童经验的估计,也就是把预定要达成的行为和儿童的实际行为做一比较,看是否达到预定的目标,这才是从行为中所获得的真实的成绩。

(三) 对张雪门"行为课程"的评析

张雪门依据杜威的实用主义教育理论和陶行知的"生活教育"思想,立足于国情,亲身实践,探索了幼稚园课程本土化的实验,创编了幼稚园"行为课程"。"行为课程"不仅具有扎实的理论基础,而且还有具体的实施措施,对当时的幼稚园课程改革做出了重大的贡献,走出了一条幼稚园课程本土化的改革之路。

"行为课程"强调培养儿童的生活能力与意识,注重课程的生活化;以行为为中心,强调让儿童在亲身的行动和活动中获得直接经验;要求幼稚园课程根据儿童的能力、兴趣和需要

---

① 戴自俺.张雪门幼儿教育文集[M].北京:北京少年儿童出版社,1994:130—131.

组织教学;主张课程的整合,采用单元教学的方法,打破学科的界限;注重课程实施的预设和灵活性的结合等。这些思想和做法对 20 世纪三四十年代乃至现在的幼儿园课程改革,都有重大的借鉴意义。

第三节　国外幼儿园的课程模式与早期教育方案

在早期教育课程理论与实践的发展过程中,国外也曾出现了许多课程模式和方案,对当地及其他国家和地区的学前教育产生了深刻的影响。国外比较有代表性的幼儿园课程模式和早期教育方案主要集中地产生于西方。因此,本章主要介绍以下几种西方的幼儿园课程模式和早期教育方案。

一、斑克街早期教育方案

斑克街早期教育方案(the Bank Street Approach),又可称为银行街或河滨街教育方案。

斑克街早期教育方案可追溯到 1916 年,当时,露茜·米切尔(L. S. Mitchell)在亲戚的支援下,成立了教育实验局(Bereau of Educational Experiments,简称 BEE),后来在它的基础上成立了斑克街教育学院(Bank Street College of Education)。1919 年,由约翰逊(H. Johnson)成立了斑克街儿童学校(Bank Street for Children),该学校成为了斑克街教育学院的实验学校。1928 年,拜伯(B. Biber)加入斑克街早期教育方案理论与实践的研究。1965 年,美国推行"开端计划"(Head Start),帮助低社会经济背景家庭的儿童或文化不利的儿童学习。于是,斑克街早期教育方案最初从私立学校开始,以中等或具有专业背景家庭的儿童为对象,逐步拓展到处境不利家庭的儿童,其内容也从 20 世纪 30 年代到 60 年代只强调儿童自我与情绪的发展,逐步拓展至开始帮助处境不利家庭的儿童发展语言与认知能力。1971 年,斑克街早期教育方案被命名为"发展—互动模式"(the Developmental-Interaction Approach)。直至今日,斑克街早期教育方案仍是美国学前教育领域中重要的课程模式之一。

(一) 斑克街早期教育方案的理论基础

斑克街早期教育方案的理念主要来源于三个方面。

其一是弗洛伊德和其女儿(A. Freud)及其追随者埃里克森的心理动力学理论。心理动力学理论强调情绪、动机以及自主性的发展,认为教育就是要提供给儿童一个可以激发其内在发展动力的环境。

其二是皮亚杰和温拿(H. Werner)等儿童认知发展心理学家的理论。认知发展阶段理论关注儿童认知发展的领域,认为儿童的认知发展具有阶段性,分为四个不同的阶段。

其三是杜威的进步主义教育理论。杜威认为,教育对于民主社会发展十分重要,他建议学校的学习应以有意义的方式与儿童的生活相联结。

受以上理念的影响,斑克街早期教育方案的特点是注重"发展—互动"。发展强调的是儿童对世界变化与成长的理解和反应,是儿童每日生活经验持续积累的结果。"互动"强调两方面的互动,一是儿童和周围环境的互动,包括与其他儿童、成人和物质环境的交互作用;二是儿童认知和情感两个发展领域之间的交互作用,强调思维和情感不是相互独立而是相互联系、相互作用的两个领域。米切尔指出,发展—互动模式的一个基本原则就是认知的发展不能与个性和社会性的发展相割裂。由此可见,斑克街早期教育方案强调儿童学习和发展的社会背景,并强调学习的互动本质。

斑克街早期教育方案将儿童的发展归为六条原则:[①]

(1)发展是由简单到复杂、由单一到多元或综合的变化过程。

(2)早期获得的经验不会消失,而会被整合到以后的系统中去。

(3)发展过程中包括了稳定性和不稳定性。教育者的任务是要在帮助儿童强化新的理解和提供有益于发展的挑战之间取得平衡。

(4)随着儿童年龄的增长,其与外界环境互动的动机越来越强烈,儿童主动探索世界的方式也越来越多。儿童这种主动与外界接触的动力是与生俱来的。

(5)儿童的自我感觉是建立在与他人和与物体交互作用所获取的经验基础上的,而知识是在交互作用过程中经由反复感知和自我检查而形成的。

(6)冲突对于发展来说是必需的,包括自我的冲突和与他人产生的冲突。冲突的解决方式受社会文化和儿童身边重要人物的影响。

(二)斑克街早期教育方案的基本要素

1. 课程目标

斑克街早期教育方案希望培养"完整的儿童",它把儿童看成一个有智力、有情感的社会人。斑克街早期教育方案有五条较为宽泛的课程目标:[②]

第一,提升能力。在发展—互动模式中,"能力"的含义既包含了客观的知识技能,同时也包含了主观的内涵,如自尊、自信、自我效能感、卓越的表现、表达能力、沟通能力等。

第二,独特个性。强调儿童对自己独特性的了解,对自己在生活中所扮演的不同角色的知觉与分辨,同时根据对自己能力的认识及他人对自己的印象建立自我价值感。

第三,实现社会化。学会自我控制以保证课堂中的社会秩序,处理好自己与他人的关系,调整自己的行为,使其形成一种内化的规则。

---

① Goffin S G, Wilson C. Curriculum models and early childhood education [M]. Upper Saddle River: Prentice Hall, 2000:86.

② 简楚瑛. 学前教育课程模式[M]. 上海:华东师范大学出版社,2005:62.

第四，培养创造力。创造力表现在表达、情感、构想、逻辑、直觉等方面。创造力的表达形式很多，包括律动、绘画、雕塑、旋律、数学与科学的构想等。

第五，具有整合能力。包括儿童对内心世界与外在世界的整合、思想与情感的整合，以及对以上目标中提到的各种能力的整合等。

斑克街早期教育方案还将上述宽泛的课程目标细化为八条具体的目标，并提出建设性的活动，以协助目标的达成。

2. 课程内容

在斑克街早期教育方案中，课程以综合的方式整合经验，以帮助儿童获得和加深对世界的认识与理解。他们认为，对儿童而言，最有意义的经验是那些相互联系的，而不是相互割裂的经验。

由于斑克街早期教育方案强调社会性的发展，课程内容就以"社会学习"为核心，以"社会学习"的问题为综合性课程的主题。学习内容主要包括：（1）人类与周围的自然环境；（2）人与家庭、社区以及更广阔的外在世界的关系；（3）代际之间的联系与沟通；（4）通过神话、宗教、科学、艺术来了解生命的意义；（5）受某种价值观支配的个体和集体的行为；（6）将变化视为生活的常态；（7）学会如何解决问题。[①] 斑克街早期教育方案以上面的内容为主题，以综合的方式整合美术、音乐、数学、科学、阅读、书写等各种不同的经验，并促进儿童社会性、情感和认知等方面的共同发展。

斑克街早期教育方案鼓励教师自主地去选择和组织教学内容，但提出了一些教育内容选择的原则，如教师在设计课程时要从幼儿的生活环境和兴趣点出发；将幼儿的经验与类似的主题联结，以帮助幼儿理解；提供的活动能让幼儿将对周围环境的兴趣与想法表达出来并加以完善；安排戏剧式的游戏促进幼儿各方面的发展；课程内容应反映两个主要的主题，一是方法，一是起源的问题；学习经验的顺序应该是从开放性和探索性的活动进入到较有结构性的活动；课程的组织要有弹性，让幼儿在已建立好的课程架构中做选择。

3. 课程实施

斑克街早期教育方案的课程设计和实施的工具是课程轮（curriculum wheel），轮的中央是主题，轮辐间的空间是活动区或团体活动的内容，见图9-2。

具体的斑克街早期教育方案的课程实施常被分为七个步骤：选择主题；确定目标；教师学习与主题有关的内容并收集资料；开展活动；家庭参与；高潮活动；观察和评价。

图9-2　斑克街早期教育方案
的课程轮

---

① Parker R E K. The preschool in action: exploring early childhood programs [M]. Boston: Allyn & Bacon, 1972:432.

　　斑克街早期教育方案的课程实施注重环境的创设。"通常人们称斑克街早期教育方案就是开放教育,这种模式的基本思想就是只要为儿童提供一个良好的成长环境,他们就能选择适宜的活动并从中不断学习。"①为此,在斑克街早期教育方案课程实施中,首先强调教室空间的规划,空间的安排兼顾个人活动与团体活动的需求,整个环境所提供的就是一个快乐的、学习的、开放性的社会环境。典型的斑克街早期教育方案的教室是界限清楚、功能分明的角落式的规划。教师将教室布置成不同的学习区角,如数学、自然、艺术、戏剧游戏和音乐等,让幼儿有接触各种不同活动的可能性,有选择活动的机会。这些区角除了有丰富的材料和经验外,还与集体中幼儿的年龄和兴趣有关,从而可以鼓励他们整合意义的关系。斑克街早期教育方案还强调在环境创设中,提供给幼儿的材料应是能让幼儿自发探索、实验和表征的素材,如积木、黏土、水、沙、颜料等非结构性材料,是能让幼儿自由运用的最佳材料,而且材料放置在开放式的架子上,幼儿可以自由取用。

　　斑克街早期教育方案课程实施的时间安排,在符合教育目标和课程目标的基本前提下,教师有自己变化的空间。为了让幼儿形成一种有秩序的感觉,学校每天作息的安排有一定的顺序。

　　斑克街早期教育方案课程实施强调幼儿的主动学习,认为适当的学习就是主动地学习,为此,教师要做到:先赋予幼儿提问、探索与计划的角色;教师随时运用适当的机会,鼓励幼儿用心观察,在不同的经验与转换经验过程中做比较;幼儿在教室里获得的不同经验,正是提升语言发展与思考过程的主要素材,教师要常运用幼儿的亲身经验,去澄清其认知的意义;不论学习内容是什么,接触、探索、观察与通过口语及非口语的表达等要素,一定要包括在学习的历程中。

　　斑克街早期教育方案的课程实施强调灵活性,指出教师应将事先设计好的教学计划与幼儿引出的相关活动交互运用。

　　斑克街早期教育方案强调教师在幼儿认知发展和社会情绪发展方面所扮演的角色,教师的作用体现为促进幼儿的认知和社会情绪方面的发展。

　　斑克街早期教育方案的课程实施除了依靠学校,还依靠与家庭的共同工作。该方案认为,学校应该是一个充满活力的社区,它作为社会的一部分要与社会密切相连,而不是孤立为一个专门读书的场所。这就意味着儿童的家庭以及其他社区机构也应分担学校的责任。斑克街早期教育方案与家庭共同工作的形式,包括教师深入家庭和家长参与教育机构工作等,斑克街家庭中心(the Bank Street Family Center)就是其中的一种形式。斑克街家庭中心邀请和鼓励家庭成员在一日中的任何时间内访问和参与该中心的活动,并创造欢迎的、家庭式的环境和气氛,保证儿童和成人感到舒适。在进入该中心的最初几个星期,儿童只是自由地探索和游戏,为的是使儿童感到安全、受到尊重和得到照顾,并在家庭与教师之间建立

---

① (美)Hilda L. Jackman. 早期教育课程——架起儿童通往世界的桥梁[M]. 杨巍,等译. 北京:中国轻工业出版社,2002:22.

起相互信任的伙伴关系。交流、支持和合作是保持这种关系的关键,家长每天都能收到描述自己孩子日常生活和活动的记录,每个月都能看到介绍该中心运行情况的相关信息。

4. 课程评价

斑克街早期教育方案强调真实性评价。教师要收集儿童的各种作品及对儿童的观察记录等资料。有意义的资料包括:教师对儿童理解方式的观察(如阅读、数学、操作材料、与他人互动);儿童活动的档案袋(如艺术、写作、计算、建构等作品);对年龄稍大的儿童,教师收集设计的检测儿童学习质量和技巧的资料(如航海日志、实验报告、编列目录、单元学习结束的作业)。这些资料可用来说明儿童成长、学习的情形,以及了解儿童的特点、需要、兴趣与长处。分析和总结数据也给教师提供了和家长沟通的基本材料及下一步计划课程的基础。因此,斑克街早期教育方案中评价、学习和课程是整合的,这也是杜威进步主义教育实验的科学方法。

(三) 对斑克街早期教育方案的评析

斑克街早期教育方案对当时美国的学前教育领域课程实践产生了较大的影响。其发展—互动模式,首先强调课程目标是促进幼儿的全面发展,培养"整个儿童",特别强调儿童认知和情绪的密切关系。其课程实施注重为儿童提供一个良好的、安全的成长环境,使他们能选择适宜的活动并从中主动学习,与环境有效互动;课程组织富有一定的弹性和开放性;幼儿园重视与家长的共同工作,努力与家长建立起相互信任的伙伴关系。课程内容以有关社会问题的主题为核心来综合各领域知识,使幼儿获得整合的经验等。以上这些思想和做法对当前我国的幼儿园课程改革和实践仍有着重大的借鉴意义。

然而,斑克街早期教育方案关注儿童情绪和心理的健康发展,强调情绪在认知发展中的重要作用,该方案的课程效果与那些强调认知发展或学业技能获得的课程所集中形成的短期效果相比,往往是处于劣势的。此外,该方案的课程对教师的要求相对较高,开放性、低结构的课程组织形式要求教师灵活地应对各种复杂而不确定的问题。

二、蒙台梭利教学法

蒙台梭利(1870—1952)是意大利著名的儿童教育家,是意大利儿童早期教育的领导者,也是闻名世界的学前教育家。蒙台梭利是意大利第一位获得医学博士学位的女性,她对教育的兴趣始于 1896 年。当时担任助理医师的蒙台梭利,访视罗马各个精神病院,寻找智力障碍儿童进行治疗。随后,蒙台梭利将接触与关心的对象转移到普通孩子身上。1907 年 1 月,蒙台梭利在罗马创办了第一所幼儿学校——"儿童之家"(the Children's House),将她的教育理论与方法应用在孩子身上,为那些低收入家庭的 4 到 7 岁的儿童提供服务,得到了全球的瞩目。蒙台梭利注重运用生理学、心理学的知识,以及系统观察法和实验法等科学研究方法。1909 年,蒙台梭利出版了著作《蒙台梭利教学法》(the Montessori Method),创立了以感官为基础的幼儿园课程模式。该课程模式是在蒙台梭利为满足意大利贫困儿童的教育需要而提出的观点、材料和方法的基础上发展而成的。蒙台梭利由于其教育理论及"儿童之家"的实践,成为自福禄贝尔时代以来影响最大的幼儿教育家,被称为"幼儿园的改革家"。

(一)蒙台梭利教学法的理论基础

对于儿童的发展,蒙台梭利强调儿童具有一种强烈的、天赋的内在生命潜力,这是一种"难以捉摸的东西",像"生殖细胞"一样规定着个体发展的准则。[①] 随着个体的发展,这种生命潜力就渐渐呈现出来,即儿童的生命力是促进儿童发展的根本原因。生命力是由遗传得来的,那么遗传就是儿童发展的第一因素。蒙台梭利认为儿童的成长过程有一个自然程序表,儿童期的发展约到 18 岁结束,可分为 0—6 岁、6—12 岁、12—18 岁三个阶段,每一阶段都有不同的生命特征。因此,教育要顺应儿童生命发展的历程,循着儿童内在的生命法则进行,否则,儿童的生命力就会被扭曲。

对于儿童的学习动力,蒙台梭利认为儿童学习的欲望来自其内在生命的冲动。当儿童反复做一个动作时,儿童即与事物产生生命上的交流活动,其智力活动方式也不断地发生变化。当反复做动作的结果令儿童满意时,儿童内心会有成就感、满足感,这种感觉会促使他不断地探索,不断地产生自发性的学习行为。

蒙台梭利还认为,儿童对于环境刺激有一定的敏感期,它是各年龄阶段体现出的重要特征或心理倾向。这种敏感期与生长现象密切相关,并和一定的年龄相适应。根据长期的观察和研究,蒙台梭利提出了一些心理现象的敏感期,认为儿童期的第一阶段是语言、秩序、感官和良好行为等重要机能发展的敏感期。她要求在敏感期内对儿童进行教育、引导和帮助,从而促进儿童心理的正常发展,避免延误时机带来的心理发展障碍。蒙台梭利认为,从出生到 5 岁,正是各种感官生长发育的重要时期,是儿童感觉发展的敏感期,这时候,儿童开始建立并完善各种感觉功能,因此,感官教育在蒙台梭利课程中占有突出的地位。她还认为儿童的精神与环境的交流是通过感觉进行的,因此,文化与知识的传递,是要通过感官——视觉、听觉、嗅觉、味觉、触觉等来进行。幼儿正是通过这些感官去接触世界、了解世界、学习各种各样的事物的,感官无疑是非常重要的"传递知识的工具"。如果能把握机会对幼儿进行感官教育,将在无形中为儿童未来的发展和学习奠定良好的基础。

蒙台梭利教学法还建立在其"自由观"的理念上。蒙台梭利强调儿童应有权利选择自己要做什么和决定自己的工作要做到什么程度。她认为要建立一种合乎科学的教育,其基本原则是使儿童获得自由,使儿童的天性得以自然地表现,使儿童根据内在推动力的直接指引而行动。儿童具有天赋的潜能,处在不断成长和发展的状态中,教育的基本任务是使每个儿童的潜能在适宜的环境中得到自由的发展。但在蒙台梭利看来,尽管学校给儿童自由,但并不意味着放任和自由主义,或在任何事情上都可以随心所欲,学校应制定儿童行为的规则。

---

① 熊焰.蒙台梭利论幼儿独立性与自主性的培养[J].教育评论,1995(05):48—49.

因此,蒙台梭利所主张的自由是有限制的自由,"小孩会在许多的诱因中做选择,但他只应该选择他知道的事情。……小孩的选择在我们呈现给他的选择之间做选择,才是真正的选择"①。根据蒙台梭利的观点,只有在自由的氛围中,才可能有真正的纪律。当儿童能够从事满足其内部需要的工作时,儿童会自发地集中注意力去做,延长注意的时间,自我约束开始得到发展,儿童内心会渐渐形成纪律,因此,没有自由就没有纪律,同时,自由的品质也依赖自我约束的内在发展。

另外,蒙台梭利认为儿童发展是在活动中实现的,自发的活动(spontaneous activity)在3—6岁儿童的心理发展中有着极其重要的意义。② 她利用"儿童之家"温馨、自由的教育环境和丰富多彩的操作教具材料,对儿童进行动作、感官和语言教育等,以促进儿童的自发活动。

(二) 蒙台梭利教学法的基本要素

1. 课程目标

蒙台梭利强调教育的基本目标就是促进儿童的发现和自由,"儿童生命"是蒙台梭利教学法的出发点和归宿。她认为教育的目的在于发现和顺从儿童的"生命法则",帮助儿童逐渐展开其内在的潜力,使儿童的内在生命力表现出来。"因此,教育要做的第一件事就是发现儿童的真实天性,然后支持他们正常的发展。"

同时,蒙台梭利认为发展的目的是成长,儿童不断地、努力地创造"未来的他"——成人,而教育的终极目的是为儿童进入世界做准备,为此,教育应培养儿童成为身心均衡发展的人,形成完美的人格。她认为不能在儿童毫无准备的情况下,把学校门敞开,让儿童进入外面的世界,因为外面的世界既复杂又具危险性。可见,蒙台梭利教学法的课程目标既强调符合儿童发展的天性,也强调为未来世界做准备。

2. 课程内容

蒙台梭利教学法的课程内容以感官教育为核心,继而发展出系统的读写、算术和文化等内容。蒙台梭利强调儿童适应环境必须以感官为基础,课程内容的结构包括日常生活教育、感官教育和基本知识技能的教育,尤其注重感官教育。蒙台梭利的教具(Didatic Material)有很多,主要可以分成三类:日常生活训练的教具、感官教具和学术性教具(主要是读、写、算之类)。这些教具从简单到复杂,从具体到抽象,为儿童的各种感官发展提供训练,同时也为儿童提供了在活动中进行自我教育的机会。此外,蒙台梭利的课程内容还包括音乐、美术等。

蒙台梭利认为儿童自出生开始,有一个明显的对事物秩序的敏感期,并在2到4岁达到顶峰。在这一阶段,儿童喜欢生活环境中每样事物都放在固定之处,或在固定的地方找东

---

① 转引自:简楚瑛. 学前教育课程模式[M]. 上海:华东师范大学出版社,2005:14.

② Goffin S G, Wilson C. Curriculum models and early childhood education [M]. Upper Saddle River: Prentice Hall, 2000:51.

西。所以蒙台梭利教具的特色之一就是相当有秩序感,教室的规划也很有条理,旨在通过有秩序的教具和教学管理来协助儿童的学习。蒙台梭利认为提供有秩序感的教具就是在协助儿童顺利地发展其对秩序感的要求,并建立有秩序的知识。

蒙台梭利教学法的课程内容具体包括以下方面。

（1）日常生活教育。

日常生活教育的目的是通过对生活中熟悉事物及动作的操作练习,学习实际生活中自我服务的技能（self-helped skill）,培养儿童的独立自主的能力与精神,同时通过不断的练习,促进儿童意志力、理解力、专注力、协调力以及良好生活习惯的养成,为未来的学习做准备。

日常生活教育包括基本动作、社交行为、照料环境行为和自我照顾行为四类训练。

第一类:基本动作的训练。

包括:行走、有节奏的运动、跑步和跳跃练习。动作训练有助于儿童的发育和健康,有助于儿童动作的灵活和协调,也有助于儿童意志的锻炼和合作精神的培养。蒙台梭利设计了专门的器具,如攀登架、绳梯、跳板、摇椅等,用作对儿童进行动作训练,发展儿童的节奏感。

第二类:社交行为的训练。

包括:不给别人增添困扰、能站在他人立场思考等行为,如打招呼、致谢、道歉等礼貌行为,物品的收受、用餐的礼仪、应对的方法等行为。

第三类:照料环境行为的训练。

指对人类以外的生物、非生物的关心和照料,如:卷小地毯、扫地、擦地板、摆餐桌、端盘子、开关门窗、整理房间、园艺活动、整理花草、浇水、照顾动植物、手工制作等行为。

第四类:自我照顾行为的训练。

指独立自主所必须学的行为,包括:穿脱衣服、盥洗、刷牙、洗脸、擤鼻涕、梳头、洗手帕、穿脱鞋、剪指甲的方法等。

（2）感官教育。

感官教育（sensory education）是蒙台梭利课程内容的主要部分,因为蒙台梭利坚信"感官的训练和加强能扩大儿童的知觉领域,并为儿童进一步的智力发展提供一个更加坚实的基础"[①]。蒙台梭利认为,3—6岁是各种与智力发展有密切关系的感觉逐渐发展的时期,在此阶段,幼儿所具有的内在生命力必须受到外界环境的刺激才能得到充分的发挥。教育就是要从外界提供各种刺激物,以使儿童与生俱来的各种感受能力得到充分的发展。

蒙台梭利认为通过感官教育可达到两个基本目的:从生物学角度而言,感官教育的目的是通过视觉、听觉、触觉、味觉、嗅觉等的训练来帮助儿童获得知识经验,让儿童在考察、辨别、比较和判断的过程中促进感觉机能的发展和提高自己的能力。从社会学的观点来看,蒙台梭利认为儿童为了适应实际生活和未来的时代,必须对环境有敏锐的观察力,必须养成观察时所必需的能力与方法,感觉教育即在于训练每个儿童成为一个观察家。

---

① Montessori M. The discovery of the child [M]. Notre Dame: Fides, 1948:319.

蒙台梭利对感官教育的教具顺序进行了精心的组织,按照从简单到复杂来发展。她将感官训练分成三种基本的认知类型:A. 同一性的认识(recognition of identities);B. 对比性的认识(recognition of contrasts);C. 类似性的辨别(discrimination of similar)。教具的呈现也是依 A→B→C 的顺序实施的。蒙台梭利将 A 项说成是配对(pairing,简称 P),B 项说成是序列(grading,简称 G),C 项说成是分类(sorting,简称 S)。教具也依这种认知过程的难易程度而产生 P→G→S 的呈现顺序。感官训练从一种直接、具体的经验逐步发展为有关概念或特性的相对抽象的意识。例如,操作几何体初期是帮助儿童了解几何形状,操作时,儿童将蓝色旋钮式的三角形嵌入相应的插口里(类似一个简单的旋钮拼图)。教师可以在恰当的时候向儿童介绍三角形这个名称。在以后的活动中,儿童最终能认识画在卡片上的蓝色三角形,同时又将发现周围其他的三角形("我看到你衬衫上有一个三角形")。这时,三角形的经验已经内化了,三角形的特征和有关知识已经达到概念的层次。

具体感官教育的内容系由视觉、触觉、听觉、味觉和嗅觉五种感官教育所组成,教具有很多种,每一种教具都突出了一个具体的概念或感觉属性。各感官教育的具体目标与教具名称介绍如下。①

第一种:视觉训练。

目标:培养儿童辨别物体大小、颜色、形状的视觉能力,使其掌握大小、颜色、长短、形状等抽象概念。

教具:颜色盒、立体嵌板、几何体、粉红塔、色棒、棕色棱柱、图形卡等。

第二种:触觉训练。

目标:培养儿童各种触觉,有辨别物体光滑程度(滑度触觉)、辨别物体冷热程度(温度触觉)、辨别物体轻重程度(重量觉)的训练,以及辨别物体大小、长短、厚薄和形状(实体觉)的训练等。

教具:触觉板、布盒(装有绒布、缎布和羊毛布等)、温度筒和重量板等。

第三种:听觉训练。

目标:培养儿童对声音的强弱、高低、种类(乐音的音色)的辨别能力,了解音乐的抽象概念。

教具:声音的种类有无数种,难以制作特别的教具,可依据实际生活中听到的声音或各种乐音进行分辨练习,另外有发音盒、音感铃、乐谱板和音符板等。

第四种:味觉教育。

目标:训练儿童用舌头感觉和辨别不同味道的能力,形成对味觉的抽象概念。

教具:主要是味觉瓶。

第五种:嗅觉教育。

目标:用鼻子感觉嗅觉,形成对嗅觉的抽象概念。

---

① Montessori M. Dr. Montessori's handbook [M]. New York: Robert Bentley Inc., 1914:18—21.

教具:主要是嗅觉瓶。

（3）基本知识技能的教育。

基本知识技能的教育包括算术、语言和文化教育。

蒙台梭利算术教育的目的是让儿童系统地学习、了解逻辑性的数量概念,奠定未来学习的基础;语言教育和文化教育是为培养儿童对整体文化的吸收、学习以及形成完整人格所需的判断力、理解力、推理力、想象力等。

① 算术教育。

蒙台梭利算术教育的教具及使用各教具的目的主要如下。

第一类:理解 10 以内的量与数,认识数量与数字。

教具:数棒、砂数字板、数棒与数字板、纺锤棒与纺锤棒箱、0 的游戏、数字与筹码、基本计算练习使用的数棒。

第二类:认识十进位的基本结构。

教具:金色串珠、数字卡片、量(串珠)与数字卡片。

第三类:认识十进位的加减乘除概念。

教具:串珠、数字卡片、练习加减乘除法使用的串珠。

第四类:加强加减乘除的练习。

教具:"点的游戏"练习纸、邮票游戏、彩色串珠棒、金色串珠棒。

第五类:认识连续数。

教具:塞根板(Ⅰ)、塞根板(Ⅱ)、数字的消除(练习纸)、100 数字排列板、数字的填空(练习纸)、100 串珠链(短链)、100 串珠链(长链)。

第六类:导入初步的平方、立方。

教具:正方形彩色串珠、立方体彩色串珠。

第七类:加强练习基本四则运算。

教具:几何卡片、几何卡片订正表。

② 语言教育。

语言教育是高层次、复杂的,其最终目的与算术教育一样,是培养儿童专注力、学习态度、观察力以及完整人格的养成。蒙台梭利赞同许多当代整体语言理论的看法,认为口语和书面语是发展自我表达手段的必然结果,因此,她把语言教育分为两部分:语言的感受力和读写能力的教育。课程顺序依照语言能力的发展顺序,以"听—说—写—读"来编排。在"听"与"说"方面,最主要包括用耳朵听懂语言的意义和用口说出想要表达的意思,充实口语经验,同时重视口语的表达及理解。"写"的方面要先从书写预备练习开始:儿童用手触摸贴在石板上的、用砂纸剪成的字母的轮廓,在儿童摆弄字母时教师读出字母的发音,儿童的视觉和触觉与字母发生了联系,逐渐地在头脑中形成了字母的概念,然后才能进入书写练习。"读"的方面则包括阅读练习及语文常识。

语言教育的内容及教具主要如下。

听、说的教育包括：

● 口语经验的充实：分类卡游戏，包括名称卡片、押韵的词或图片、故事接龙卡片、组字图片、同音字组卡片、字图匹配卡片；语言游戏，包括听写游戏、命令游戏（用图片和单词卡片发出指令）和语法游戏。

● 口语表达及理解力的发展：说故事、背诵诗歌故事等活动。

写的教育包括：

● 书写的预备：注音符号、砂纸字母、金属镶嵌板、印刷字母板、活动字母箱等。

● 书写练习：黑板、纸本。

读的教育包括：

● 阅读练习。

● 语言常识游戏。

③ 文化教育。

文化教育包含的内容有历史、地理、动物学、植物学、地球天文学等方面的基础知识，具体内容因各地环境文化的不同而有差异。文化教育的目的在于培养儿童观察、探究、辨别、分类、归纳的兴趣，使其增长才艺，拓展知识面，从而激发起儿童热爱生命、热爱生活、追求健康美好的人生观，为将来从事喜爱的专业或学科打下有益的基础。

上述这些课程内容呈现给儿童时有先后顺序。幼儿刚入园时，从实施日常生活教育开始，然后逐渐进入感官教育，以感官训练为核心，进而到语言教育和算术教育，再到文化教育。蒙台梭利把日常生活教育放在感官教育之前，为的是培养儿童自主、独立的能力与人格，而这些对儿童后续的和未来的学习都有深刻的影响。

此外，蒙台梭利教学法的课程内容还包括音乐和美术。教室中提供了大量可供自我表达的艺术媒介，如油画、泥塑、拼贴画材料、多种绘画材料和颜料、造型纸等。教师还通过一些音乐活动，如韵律活动（根据不同的韵律做动作）、听经典的和其他类型的音乐、合唱、练习演奏简单乐器等，帮助儿童感知音乐的基本成分，运用它们来表达情感，并对儿童进行基本的音乐训练。

3. 课程实施

蒙台梭利教学法十分重视环境，认为环境对儿童的发展起着举足轻重的作用。根据蒙台梭利的教育理念，幼儿阶段是大量吸取外界信息的时期，因此成人就需提供给儿童"有准备的环境"（the prepared environment），帮助儿童走向独立自主。所谓"有准备的环境"就是儿童成长所需的要素能随着其敏感期的出现而出现，从而促进儿童的学习和发展的环境，它包括生理的和心理的两方面。

蒙台梭利认为，教师在准备环境时有几个规则可依循：一是环境能让儿童自由充分发挥其内在的生命力。环境尊重每一个儿童的兴趣、能力、节奏、步调与需求。二是安全且丰富的环境。环境不仅满足儿童生理的需求（如食物、活动空间等），是有序的、适合儿童身高的、美观悦目的以及视觉上和谐的，同时也是丰富的、可以刺激儿童潜能发挥的，能满足儿童智力、道德、精神与社会等各方面发展的需要。三是自由的环境。环境要提供给儿童不断动手操作的场所与用具，使儿童持续地去做收集、分解、移动、转换等有助于智力发展的富有意义和价值的活动。四是要有限制的环境。蒙台梭利强调的自由是有限制的自由，因此提供的环境要能让儿童去做对的事，而不只是做想做的事。五是有秩序的环境。儿童对秩序的敏感期在 2 到 4 岁，此时环境中呈现的秩序有助于儿童的学习以及对未来的准备。六是环境要与整体社会文化有关联、连贯，目的是让儿童做好进入社会的准备。

蒙台梭利教学法的实施不采用固定的班级制度，在她的"儿童之家"里，只采用大体的分组，让儿童自由选择学具，参与自己喜欢的活动。一旦辅导员（教师）将教具介绍给儿童，无论何时、无论多长时间，儿童都可以自由使用这些材料，不会受到他人的干扰。

蒙台梭利教学法实施方法的核心是借助具有教育性、感知性和概念性的教具，儿童的活动主要是通过教具来进行的。教具在蒙台梭利教学法中的地位是一种"辅助儿童生长发展的媒介"，其主要意义在于借助外在刺激物激发儿童内在的生命力。这些材料都具有自我纠正性，如果儿童在使用过程中出现错误，无须成人的指点，他们自己就可以发现错误。

蒙台梭利认为，课程实施中教师的作用是指导一个有生命的个体发挥其全部的能力和不断地创造自己，因此，教师本身就须是一个充满爱心、自由、有纪律、内心充实的生命。教师最需要的条件是精神涵养，是内心的态度。教师必须借助外力去了解自己的缺点，不断地自我成长、自我纠正，以使自己准备好，成为可以帮助儿童成长的环境中的一部分。

就教师具体的作用，蒙台梭利认为，活动前，教师是环境的精心准备者和提供者。教师应提供给儿童一个符合其发展规律和能促进其成长的"有准备的"环境，根据儿童的身心特点提供活动材料和课程。活动中，教师的作用首先在于观察。教师的工作不是要去人为地教给儿童他们所缺少的东西，而是要成为每位儿童发展的仔细观察者，因为教学的进度、教师的指导以及儿童的评价等问题，均以教师敏锐的观察力为基础。教师观察时应注意设定明确的观察目标，列举观察项目，决定观察时间，根据观察项目做摘要或备忘录式的客观性记录，并在与其他观察者比较后进行综合性的判断。此外，活动中教师还以辅导者的角色出现。教师一般不干涉儿童，以激发其潜能，帮助儿童实现自我教育。教师在观察到儿童的需要后给予适时的介入，采用间接指导的方式，通过示范提供儿童操作教具的适切技巧。最后，教师还是监督者。在"儿童之家"里，教师的不干涉并不是不负责任、放纵儿童，相反却是极为认真负责的，教师必须监督班上活动的情形，防止及辅导可能发生的意外或粗鲁的行为，进行"班级管理"的工作，要求儿童严守秩序，学会自治与负责任，从而为儿童维持一个井然有序的学习环境。

4. 课程评价

蒙台梭利教学法的课程评价，是以教具为中心在教师和儿童之间展开的。教师可以从教具的系统性、儿童错误的订正、儿童正确的模仿等入手，进行自我的教学评价。对儿童的评价，则依据教师每日具有明确观察目的的日常观察记录及对这些客观记录的比较分析和判断，一一针对儿童进行评价。

（三）对蒙台梭利教学法的评析

蒙台梭利教学法既有较高的历史意义，同时，也有很大的现实意义。蒙台梭利的教育观点以医学、生理学和心理学为基础，并在实际工作中得到论证，具有一定的科学性和说服力。蒙台梭利发展了一整套注重感官训练的、具有自我校正作用的系列教具来支持和促进儿童的学习与发展，这对幼儿教育是一大杰出的贡献。蒙台梭利教学法的课程内容重视儿童感官训练，符合心理学研究的成果和儿童发展的特点。她还强调儿童的成长是一个自然展开的过程，课程实施重视自由教育，尊重每一个个体内在的潜力，以此来促进儿童的自我发展；强调创设符合儿童天性的、丰富安全的、有秩序的、自由而有限制的"有准备"的环境；注重对儿童学习的观察和记录，特别是注重有明确目的的结构性观察记录，反对教师过多的干涉；采用不固定的班级制度，开展混龄教育……这些观点和做法直到今天对幼儿教育和幼儿园课程实践都有着重要的影响作用，因此，蒙台梭利教学法作为一种实践性和操作性较强的课程模式，目前仍在不断地发展与扩大中。

但是，在蒙台梭利教学法作为一种课程模式，突出操作性和实践性强的同时，我们也应该看到由于受到时代的局限，蒙台梭利为儿童设计和提供的教具过于程序化，结构化程度过高，其使用方法固定、呆板、机械，使儿童囿于个体枯燥的操作练习和训练，限制了其自由创造和社会交往。此外，蒙台梭利教学法是从课程设计而言的，较忽视儿童的实际生活经验，过多重视儿童读、写、算等方面的知识教育，忽略了游戏对儿童的教育价值，未看到游戏对儿童的情感、创造性和社会交往技能发展的作用。

三、高瞻课程(the High/Scope Curriculum)

20 世纪 60 年代初，美国密西根州伊普西兰蒂公立学校(Ypsilanti Public School)负责特别事务的大卫·韦卡特(D. P. Weikart)在州政府的财政支持下，为该公立学校系统中的佩里学前学校(Perry Preschool)设计了一套认知导向的学前课程——高瞻佩里学前方案(High/Scope Perry Preschool Project)，即为后来著名的高瞻课程。高瞻课程主要用来帮助贫困儿童做好入学准备，减少他们在学业中的失败。这也是美国自 1965 年实施"开端计划"后，第一批专门针对贫困儿童而开发的"补偿教育"课程方案之一，引起了人们的广泛关注。

高瞻课程，又叫高宽课程、海伊斯科普课程，高瞻课程创始人韦卡特曾提出，"High"表示他们的抱负，"Scope"形容他们希望实现目标的胸怀。[①] 该课程模式在 1962 年被提出后，经历了一个不断变化和调整的阶段。

最初，高瞻课程以皮亚杰的认知发展阶段理论为基础。韦卡特等人在最初进行课程实

---

① 转引自：Rush K K, Kruse T S. Head Start preschool programs: building a High/Scope program ［M］. Ypsilanti: High/Scope Press, 2008:4.

验探索时,将为儿童做好学业准备视为最重要的课程目标,课程内容就是那些被认为对儿童在入学准备方面很有作用的读、写、算等知识和技能,课程实施过程主要表现为教师与儿童之间说教式的互动。这样的课程组织形式反映出了课程设计者对"幼儿园课程应该怎样做好入学准备"这一问题持有相当传统的看法,而并没有更好的、更新颖的解决问题的方式。1963 年,皮亚杰关于认知发展阶段研究的著作被翻译介绍到美国,深深吸引了韦卡特和佩里学前学校的教师,他们尝试着根据皮亚杰的认知发展阶段理论来开发设计课程。在这一理论的影响下,佩里学前学校的课程由强调知识灌输和学业技能训练转变为重视儿童的认知发展,希望教育能够加速儿童的认知发展,促使儿童的思维从一个阶段更快地过渡到另一个阶段。韦卡特等人将皮亚杰的研究结果直接作为课程目标的来源,并根据日内瓦研究的主题划分了课程目标的四个方面:分类、排序、时间关系和空间关系。教师尝试着将皮亚杰的经典实验任务作为主要的教学内容引入课堂之中,训练儿童的逻辑思维,使儿童掌握一些所谓的"皮亚杰式技能"(Piagetian Skill),具体说来主要包括能够对物体进行分类、给不同大小的物体排序、说出内外远近等关系以及给事物进行时间上的排序等。这一时期课程设计者关注的主要是认知发展阶段理论中对儿童认知发展阶段的划分和对结构的描述,课程实施者没有给儿童提供时间和自由,教师仍把儿童作为教学的接受终端,用直接教学的手段教皮亚杰课程,虽然不是试图加速儿童的发展,但仍注重加强对正规学校教育所需的特定技能的培养。可以说,这时高瞻课程研究者对认知发展阶段理论的理解还是流于表面、比较肤浅的,并没有深刻认识到皮亚杰理论的核心与精髓。因此,20 世纪 60 年代的认知导向课程明显带有认知技能训练的倾向。

随后,高瞻课程以建构主义认知发展阶段理论为基础。1970 年,韦卡特离开了伊普西兰蒂公立学校,组织成立了高瞻教育研究基金会(High/Scope Education Research Foundation),其目标是希望促进所有儿童的学习和发展,继续研究和探索幼儿园课程模式。此时,韦卡特等人设计的认知导向课程开始被称为"高瞻课程"。20 世纪 70 年代中后期,高瞻课程开始吸收皮亚杰认知发展阶段理论中的建构主义思想,领悟了皮亚杰所指出的认知发展是主体与客观环境不断相互作用的结果,知识的获得要依靠个体的积极主动建构,或将新信息同化到自己原有的认知结构之中,或改变自己的认知结构来顺应新的信息,正是在这种不断同化与顺应的过程中,儿童实现了认知的发展。于是,韦卡特等人不再生搬硬套皮亚杰的认知发展阶段理论,而是将其建构主义认知发展观应用到课程设计之中。于是,20 世纪 70 年代后的高瞻课程在认知发展的关键经验(key experience)中增加了"主动学习"(active learning)一项。1995 年,高瞻教育研究基金会出版了《教育幼儿:为幼儿园和儿童保育中心提供主动学习经验》(*Educating young children: active learning practices for preschool and child care programs*),进一步将"主动学习"作为课程设计的核心,愈加看重儿童的"主体性"与"主动性",认为儿童作为知识的建构者,需要主动操作材料,积极与他人和环境互动,建构新的认知。

（一）高瞻课程的理论基础

高瞻课程的理论基础主要是皮亚杰的认知发展阶段理论。

在《发生认识论原理》一书中，皮亚杰介绍了认知发展阶段理论，提出了儿童认知发展要经历的四个阶段。此外，还提出了相互作用论和建构论。相互作用论认为，知识不是外界客体的简单摹本，也不是主体内部预先形成的结构的展开，而是由主体与外部世界不断相互作用而逐步建构的结构。建构论认为认识是一种主动积极的建构活动，发展不是由内部成熟或外部教学支配的，而是一个积极的建构过程。儿童不只是受教于成人，还自己独立进行学习，儿童是主动的学习者。由此，儿童是学习的主体，儿童知识的获得过程是儿童与环境中的人和事物相互作用的结果，是儿童积极参与活动、不断建构认知结构的过程。

皮亚杰对儿童思维和行为逻辑方面的发展最感兴趣。他认为，儿童在没有正式教学的情况下也能理解逻辑原理，但这种逻辑原理的理解不是与生俱来的。逻辑数理知识是一种最难以教会的知识，需要儿童通过具体的行动和经验加以建构。儿童的逻辑能力是根据一定的规律来发展的，成人的干预、说教的方法等并不能有效地促进这种发展的进程。因为儿童是自己建构对现实世界的理解的，主动学习是认知重新建构并获得发展的必要条件。简言之，学前儿童通过自发的活动来学习概念，主动学习作为一种指导的核心，充分地反映了对儿童学习活动和自我体验的尊重以及对儿童认知发展规律的尊重，即知识是儿童通过与物体的作用，与人、思想、事件等的互动而循序渐进地建构起的一种新的认识，没有别的人或方法可以帮助儿童建构经验，儿童必须自己完成这个过程。只有把学习看成是一种在儿童自发的身体活动和思维活动之间建立联系的过程，儿童的兴趣和能力才能得到最有力的支持。

因此，高瞻课程强调运用有意义的经验帮助儿童建构自己的知识，主张各年龄阶段儿童的学习都是主动学习，强调儿童在对周围人、物体、事件、思想的主动体验中获得最佳的学习。

从以上理论出发，高瞻课程的开发遵循三个准则：一是必须用教与学的相关理论指导课程的开发进程；二是课程的理论与实践必须通过为儿童提供主动学习的机会，来支持每个儿童发展自己的能力；三是教师、研究者和管理者必须在课程开发的许多方面进行合作，以确保理论与实践都得到考虑。① 从某种程度而言，在该课程模式的建构初期，演绎大大胜过归纳，后期的调整则以归纳的方式为主。

（二）高瞻课程的基本要素

1. 课程目标

高瞻课程的目标随着课程发展的不同阶段而不断发展和调整。虽然到了 1995 年，主动

---

① Wortham S C. Early childhood curriculum: developmental bases for learning and teaching [M]. Upper Saddle River: Prentice Hall, 2000:64.

学习成为其课程教学设计的核心,但其课程目标总体是认知方面的,与正式学校教育的目标相互联系,即以培养儿童上小学所应具备的认知能力为其主要的教育目标。1995 年后,目标主要是促进儿童认知发展的关键经验,但也考虑了儿童社会性和情感的发展。自此,高瞻课程目标从儿童发展的全面性方面加以制定。

2008 年出版的《在开端计划学前方案中建构高瞻课程》(*Head start preschool programs: building a High/Scope Program*)一书中,将高瞻课程的目标确定为促进儿童全面发展,具体目标包括以下方面:

(1) 通过与人、物体、事件、思想的主动互动进行学习。

(2) 独立、有责任感和自信——为学校和今后生活做准备。

(3) 学习计划自己的活动、实施活动并与他人交流所做和所学到的内容。①

2. 课程内容

高瞻课程内容是由能够促进儿童认知发展的关键经验所决定的,关键经验也提供了教师思考课程的一种辅助方式。

所谓关键经验,是韦卡特等人根据皮亚杰的建构理论和其所论述的学前儿童最为重要的认知特征而提出来的,"关键"指这些知识经验对于儿童来说是基础的,是其发展必不可少的。最初,高瞻课程的关键经验被分为主动学习、语言、经验和表征、分类、排序、数概念、空间关系、时间关系等八大领域,关键经验在以上领域中又进一步被划分为不同类别的学习经验②,这八大领域共包含了 49 条具体的关键经验。20 世纪 80 年代中后期,主动学习成为指导所有关键经验的核心原则,无论是一日的活动安排,还是教师与家长的合作、与孩子的互动、对学习环境的创设等,都必须围绕主动学习这一核心原则进行。主动学习的关键经验具体包括运用所有的感官主动地探索,通过直接经验发现事物之间的关系,操作、转换和组合各种材料,选择材料活动和目的,掌握使用工具和设备的技能,进行大肌肉活动及自己的事自己做。

1995 年,为了反映高瞻课程对儿童社会学习的逐渐强调和对儿童文字发展的新兴趣,关键经验后又被分成了 10 个种类,主要包括创造性的表征、语言和文字、社会关系、运动、音乐、分类、排序、数、空间、时间,共 58 条关键经验。关键经验之间有着密切的联系,而不是孤立的。

这些关键经验可被教师作为安排和解释课程的一种组织化的工具,组成了促进儿童发展的课程内容,也是教师指导儿童活动以及评价儿童发展的框架。对教师而言,它是一种"指示物",指明应努力促进儿童获得的学习经验,教师往往会借助关键经验的清单来判断他所设计的活动是否能促进儿童的认知发展。由此,关键经验为教师观察支持儿童学习、计划

① Rush K K, Kruse T S. Head Start preschool programs: building a High/Scope program [M]. Ypsilanti: High/Scope Press, 2008:7.

② Goffin S G, Wilson C. Curriculum models and early childhood education [M]. Upper Saddle River: Prentice Hall, 2000:157.

儿童活动、评价早期教育实践的有效性提供了指南。包括关键经验的活动不是相互排斥的，任何一个单独的活动都可以包含几种关键经验。

在《在开端计划学前方案中建构高瞻课程》一书中，高瞻课程将关键经验改为学前学校关键发展指标(preschool key developmental indicators,简称KDIs)，指明提供儿童学习的内容。高瞻课程内容由此分为八大主要领域：学习方式，社会和情感发展，身体发展和健康，语言、读写与交流，数学，创造性艺术，科学和技术，社会学习。以上每个领域又进一步分为具体的发展指标，共58条关键发展指标。[①] 如今，这58条关键发展指标又在原有的基础上有了进一步的调整，具体如下。

表9-1　高瞻课程的关键发展指标

领域	关键发展指标
学习方式（approaches to learn）	（1）主动性：在探索世界时表现出主动性 （2）规划：制定计划并完成意图 （3）参与性：专注于感兴趣的活动 （4）问题解决：在游戏中解决遇到的问题 （5）资源的使用：收集信息并形成对世界的想法 （6）反思性：对自己进行反思
社会和情感发展（social and emotional development）	（7）自我认同：有积极的自我认同感 （8）能力感：感到自己是有能力的 （9）情感：识别、命名及调节自己的情绪 （10）移情：表现出对他人的移情 （11）共享：参与班级团体 （12）建构关系：建立与同伴及成人间的关系 （13）合作游戏：参与合作性游戏 （14）道德发展：发展一种内在的是非感 （15）冲突的解决：能够处理社会性冲突
身体发展和健康（physical development and health）	（16）大肌肉动作技能：展示大肌肉的力量、灵活性、平衡性以及速度 （17）小肌肉动作技能：展示小肌肉的灵活性和手眼协调能力 （18）身体意识：了解自己的身体以及能在空间中驾驭它们 （19）个体照料：独立完成个人日常生活照料工作 （20）健康行为：参与健康实践活动

---

① Rush K K, Kruse T S. Head Start preschool programs: building a High/Scope program [M]. Ypsilanti: High/Scope Press, 2008:5 - 6.

续　表

领域	关键发展指标
语言、读写与交流（language, literacy and communication）	（21）理解：理解语言 （22）表达：运用语言表达自己 （23）词汇：理解和使用不同的单词与短语 （24）语音意识：识别口语中不同的声音 （25）字母知识：识别字母的名字和发音 （26）阅读：从阅读中获得乐趣及信息 （27）印刷概念：表现出有关周围环境印刷体的知识 （28）书本知识：展示有关书的知识 （29）书写：因为不同的目的进行书写 （30）英语语言学习：儿童能够使用英语或本国语言（包括肢体语言）
数学（mathematics）	（31）数字词汇和符号：儿童能识别与使用数字词汇和符号 （32）计数：能点数物体 （33）部分—整体关系：组合或拆分物体的数量 （34）形状：识别、命名和描述形状 （35）空间意识：认识到人与物体之间的空间关系 （36）测量：通过测量来描述、比较以及排列物体 （37）单位：理解和使用单位概念 （38）模式：识别、描述、复制、完成以及创建模式 （39）数据分析：使用量的信息来得出结论、做出决策和解决问题
创造性艺术（creative arts）	（40）艺术：通过二维和三维艺术来表达与呈现所观察、思考、想象以及感受到的事物 （41）音乐：通过音乐来表达与呈现所观察、思考、想象以及感受到的事物 （42）运动：通过运动来表达与呈现观察、思考、想象以及感受到的事物 （43）假装游戏：通过假装游戏来表达与呈现观察、思考、想象以及感受到的事物 （44）艺术欣赏：欣赏创造性艺术作品
科学和技术（science and technology）	（45）观察：观察环境中的材料和进程 （46）分类：将材料、行为、人和事进行分类 （47）试验：通过尝试来检验自己的想法 （48）预测：预测所期望的结果是否会发生 （49）得出结论：根据自己的经验和观察得出结论

续　表

领域	关键发展指标
	（50）交流想法：交流关于事物的特征和如何作用的想法 （51）自然和物理世界：收集关于自然和物理世界的知识 （52）工具和技术：探索和使用工具和技术
社会学习（social study）	（53）多样性：理解人们有不同的特点、兴趣和能力 （54）社区角色：认识到社区里的人有不同的角色和功能 （55）决策：能参与教室决策 （56）地理：识别和解释环境的特点与位置 （57）历史：理解过去、现在和未来 （58）生态：理解保护环境的重要性

3. 课程实施

环境在高瞻课程实施中占了重要的地位。高瞻课程的实施注重空间环境的创设，要求空间环境有吸引力，软硬度、色彩、光线、舒适感等物理因素都应综合考虑。同时，空间环境的规划要符合大活动、午餐、午睡等不同时段的需要。

高瞻课程强调提供给儿童的环境是能引发儿童主动学习的环境，强调环境里的学习材料要让儿童有选择的机会，因此，"兴趣区"的安排就成为其学习环境的特色之一。课程实施以各个"兴趣区"或"活动区"为中介开展活动，教师有意识地将儿童发展的关键经验及指标物转化为活动材料和活动情境，促进儿童在活动区中充分地与材料、环境、他人互动以获得学习与发展。高瞻课程实施者认为活动区的区分要鲜明，能鼓励儿童参与不同类型的游戏。活动区的创设要有弹性，能随着儿童兴趣的转变而变动，同时要注意根据不同活动区的特点来加以创设。具体活动的内容包括角色游戏、沙水游戏、语言艺术活动、数学活动（如数数和分类），以及身体活动（包括建构、攀爬和舞蹈）。在每个活动区，材料都是有序开放的，儿童可以很容易地拿出来，也能独立地将它们放回去。活动区的材料须具有多样性且数量要充足，此外，材料还要具有操作性，让儿童通过对材料的实际操作进行学习。总之，在这种环境中，儿童能主动学习，自然而然地集中精力与材料互动。

高瞻课程并没有固定的教学大纲，却有一个程序化的活动流程来引领儿童主动学习。高瞻课程认为，一个始终如一的常规是非常重要的，每日的常规活动也会支持儿童的主动学习。所以，教师计划一日生活时要保持日程的稳定性和一致性，使儿童能够了解即将发生的事情，从而使儿童感到能控制每天所发生的事情。高瞻课程将一日生活大致分成如下几个时段。

（1）计划—做—回忆（plan-do-review，简称 PDR）时间。

高瞻课程实施的核心、每日常规活动的主要形式是计划—做—回忆时间，即在教师的协助下，儿童制定计划，而后付诸行动，最后对其所选活动的结果进行回顾和反思。

在选择和参与活动前,让儿童先计划活动。计划时间约 5—10 分钟,在这个时间,儿童计划他们想要在工作时间去做的事情(参观的区域、使用的材料、游戏的伙伴等),教师要给予儿童表达自己想法和打算的机会,通过让儿童做自己决定做的事,使儿童体验独立工作的感受和与成人、同伴一起工作的快乐。教师应与儿童一起讨论计划,鼓励儿童的想法,向儿童提问有关计划的具体内容,同时教师还可以给儿童提出更好的建议,让儿童有较清晰、具体的目标,避免盲目性。

完成计划后,儿童就可以开始一个人做或和同伴共同做,直到他完成了既定的目标,或是放弃了他的计划为止。"做"意味着行动,"做"的目的在于让儿童将关注点放在游戏和解决问题上。儿童进行他们计划的活动,尝试自己的想法,操作探究材料,与其他儿童互动,选择创造和分享,从而在运用技能、解决问题的过程中激发思维并促进能力的发展。这些活动多是小组活动,且建立在儿童的原有关键经验的基础上。儿童在"做"的时候很有主动性和目的性,他们可能遵循最初的计划,但是在参与之后常常变化,甚至完全变化。教师允许儿童根据他们的兴趣和发现去改变他们的计划。

儿童活动时,成人要时时刻刻地在旁观察,并适时加入给予帮助,精心创设各种问题,让儿童来回答或解决,从而锻炼儿童解决问题的能力或者巩固儿童已经获得的知识。教师要努力让儿童的学习活动建立在操作物体的主动性经验的基础上,注重运用言语和非言语表征来进一步丰富这种主动性经验。因为与空间、时间和逻辑概念有关的经验必须建立在主动的、具体的经验基础上,言语和非言语表征对具体的、生动的经验起到一种检查与说明的作用,可用来思考和解释这些经验。如在一个活动中,给儿童提供粗糙程度不同的砂纸,如果让儿童自己感觉或使用这些砂纸,儿童就是主动的。活动中的谈话能反映出儿童谈论材料的不同质地的愿望,也能反映出教师对这一组儿童所强调的有关分类、排序、空间或时间关系的经验。儿童还可能会通过非言语形式,如象征性地用砂纸擦一块木头,来表现他们对这一经验的思考。在工作时间,教师可完成儿童日常轶事记录,用简短的文字描述儿童的语言和行为。

做 45—60 分钟后,儿童需要开始收拾活动场地,将未完成的工作收至橱内,工具材料归回原处,进行下一环节的活动。整理材料时间是对儿童进行分类技能训练的最好时机。

整理和收拾完成后即进行 5—10 分钟的回忆或反思环节。儿童聚集在一起,一起分享、讨论他们之前做过的工作。回忆时可采用多种方式,儿童除了用语言外,还可用图画把自己做的事情表征出来。回忆有助于儿童将计划、行动和行动的后果联系起来,更清楚自己的计划和行动,使思维得到锻炼。

计划—做—回忆时间是一天中活动时间最长的一个时段。这个时段的目的是在顺应儿童兴趣的基础上发展他们解决问题的能力。

(2)小团体时间。

小团体时间在每日常规活动中至少占 15 分钟,是教师为了特定的关键指标而设计的。教师组织一个以儿童的兴趣为基础的小组活动,通常是 5—10 个儿童一组,一位教师带领着他们进行。教师让儿童通过实物操作尝试新的技巧和解决问题,自由交流他们的观点。小团体可随时根据儿童的年龄、兴趣等而变化。在小团体时间结束时,儿童帮助整理材料。

(3) 大团体时间。

大团体时间是为了帮助儿童建立团体意识,让成人与儿童有共同活动和分享体验的机会。通常这时候做的是运动、唱歌、讲故事、小组合作游戏等活动。儿童有许多机会去做出选择和扮演领导者的角色。

(4) 户外活动。

每天有 1—2 次户外活动,每次 30—40 分钟。户外活动时可让幼儿有机会做大肌肉的活动,有机会与同伴游戏并发明新的游戏方式与规则。成人参与儿童的活动,并与儿童进行互动。

此外,一日生活常规还包括转换时间(过渡时间),如小团体转换到大团体的时间,以及点心、午餐与休息时间。

总之,高瞻课程可形象地被描述为一个学习轮(learning wheel),主动学习位于其中心,具体课程实施可用图 9‐3 来表示。

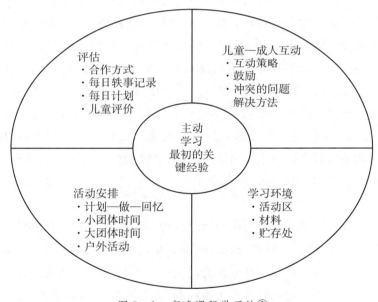

图 9‐3　高瞻课程学习轮①

在课程实施中,教师的角色基本上是支持者、观察者、辅导者与引导者,他们的基本任务是促进儿童的主动学习。教师具体的作用首先应表现在创设良好的环境上。一个好的学习环境能支持鼓励儿童根据自己的发展水平,用不同的方式与材料进行相互作用。教师要善

① Rush K K, Kruse T S. Head Start preschool programs: building a High/Scope program [M]. Ypsilanti: High/Scope Press, 2008:4.

于根据儿童的发展水平和特点创设多样化的环境。为此,教师要了解儿童现有的水平,了解儿童正处于哪个发展阶段。教师可通过观察、提问和设计专门活动的方法来了解与确定儿童的发展水平。另外,教师的作用还表现在脑海中有明确的目标或结果,可引导促进儿童积极参与活动,在需要的时候提供鹰架帮助、指导儿童。教师不催促儿童,不强迫儿童,不人为地加速儿童的学习过程,不为使儿童取得一个更高的发展水平而去"教"儿童,不以教儿童事实来代替儿童思考。同时,教师还要善于运用积极的互动策略,如与儿童分享、支持儿童游戏、与儿童形成真诚的关系,并使用鼓励和问题解决的方法来处理教室中每日发生的问题。① 教师可以通过一个小小的问题使儿童思考自己活动的过程,或者与儿童一起活动,启发挑战儿童通过自己的思考获得知识、得出结论,以发展儿童的思维技能,为儿童获得丰富的经验提供可能。

4. 课程评价

高瞻课程发展了一套儿童评价模式,该评价方式以观察记录为主,把观察作为理解儿童发展、学习和评价的主要工具。教师做好每日轶事记录、每日计划的讨论,每天利用儿童午睡的时间交流观察心得与问题。每隔一段时间,教师就用高瞻课程开发的以关键经验为基础的评价工具——高瞻课程儿童观察记录表(High/Scope Child Observation Record,简称COR)去评估儿童的进步和学习情况。

高瞻课程儿童观察记录表是高瞻课程广泛采用的以观察为基本方法的儿童评估工具(分婴幼儿和学前儿童两种工具),适用于观察和评定 0 到 6 岁幼儿的身心发展情况,该观察记录表具有较好的信度和效度,儿童发展信息的收集都来自每日的课堂活动。高瞻课程儿童观察记录表一般分为 6 大类,即教师要从 6 个领域记录儿童的行为,包括儿童的创造力、社会关系、创造性表征、音乐和运动、语言和读写、科学和数学,共 32 个评价项目。每个评价项目又包含 5 个层次的评价等级,每个等级都详细描述了儿童所应该达到的行为水平。教师根据记录,按 5 个水平对儿童的行为进行分类,5 个水平等级对应 1—5 分。如果儿童的行为与某一项目的某个水平等级的描述相符,那么他在这个项目上就会得到一个相应的分数,因此,儿童在某个类别上的得分反映了儿童在该方面的发展,儿童在所有项目上的得分总和就反映了儿童的总体发展状况。后来,该工具进一步发展,共分为 8 大领域,采用 7 级评分(1—7 分)。

教师可以根据高瞻课程儿童观察记录表中所列的观察项目决定每天的观察重点。教师对儿童进行评价的过程包括观察儿童、记录观察信息、通过评价工具进行评分、运用评价信息制定活动计划 4 个基本步骤。

观察记录能够促进活动计划的制定,教师在制定计划时应考虑的问题包括:今天我们观察到孩子们做了什么,孩子们的行为告诉我们什么,明天我们应提供什么活动材料,如何与

---

① Wortham S C. Early childhood curriculum: developmental bases for learning and teaching [M]. Upper Saddle River: Prentice Hall, 2000:65.

孩子们进行互动才能有效促进他们的活动和学习。比如,当记录了当日一个儿童或多个儿童对装满水的容器或空容器产生困惑时,教师应为第二天的活动增加水和容器等活动材料。① 由此,可以看出高瞻课程使用高瞻课程儿童观察记录表评价儿童发展的目的在于寻求有意义的教育效果。

(三)对高瞻课程的评析

高瞻课程在美国成为被运用得最为广泛的课程,其成功之处在于不断发展、完善和归纳总结。在众多的早期教育方案中,它一直是一种能高质量地服务于儿童、有系统、有组织的方案,被认为是"适宜儿童发展的教育实践"的一个例证。历时 40 多年的研究表明高瞻课程对儿童发展的效果:它可以提高儿童入学准备的能力、学业水平和社会行为,能够帮助儿童在成年后获得更好的生活。高瞻课程的优势不仅在于对儿童个体发展产生深远的影响,更在于它给整个社会及经济带来的高回报率,包括帮助受教育者打破贫穷局面,有效缓解犯罪、毒品泛滥和失业等社会问题。与此同时,高瞻课程对世界各地的学前教育课程的理论和实践都产生了并继续产生着深远的影响。

高瞻课程重视环境的创设和材料的提供,强调通过活动区和可供选择的丰富的材料引发儿童的主动学习,让儿童在主动探索的活动中得到发展,同时,活动区的创设具有弹性,能跟随儿童兴趣的变化而改变。高瞻课程重视语言的作用,充分发挥语言对儿童思维与行动的调节、控制和反思作用,促进儿童行动的目的性、计划性和元认知能力的发展。高瞻课程设置了较为稳定的、宽松的一日生活常规安排,给儿童安全感,并留出大段的儿童自主活动的时间,以促进儿童情感、身体和智力等的发展。高瞻课程一日生活的每一部分既有指导性原则,又有具体应对的策略,并列举了大量实例,具有较强的操作性。另外,高瞻课程注重教师对儿童日常的观察记录与评价作用,开发了全面细致的观察评价儿童的工具;注重教师在儿童主动活动中创设认知冲突以指导儿童,促进儿童的认知发展。与其他课程模式不同的是,高瞻课程还不要求购置和使用特殊昂贵的材料,唯一的花费在于为儿童设置学习环境,课程实施成本低。这些都是高瞻课程的优势。

但是,高瞻课程在实际执行中并不容易,原因之一是它对教师有很高的要求,完成计划—做—回忆这一主要常规活动有赖于教师对皮亚杰儿童认知发展阶段理论的理解能力和对该活动的认识,有赖于教师依据儿童的兴趣组织和调整活动、准备活动材料的能力,有赖于教师尊重儿童、观察儿童及运用教育机智指导儿童的能力。

四、方案教学

美国著名的儿童教育家凯兹(L. G. Katz)和查德(S. C. Chard)发现,幼儿园许多教育活

---

① High/Scope Educational Research Foundation. High/Scope approach to preschool education: assessment [M]. Ypsilanti: High/Scope Press, 1996:43 - 65.

动是用纸和笔完成书面作业任务，并不符合儿童的兴趣。他们认为，应让儿童通过探索和积累直接经验来进行学习，而不是进行正式的教授。学习经验可以帮助儿童发展社会交往和交流的能力及良好的性格、持久的习惯。以任务的方式去学习会导致注重知识技能导向的学科课程，而学科课程是不可能让所有的儿童都获得成功的。因此，他们提出了方案教学（the Project Approach），并在《探索孩子心灵世界——方案教学的理论与实务》（*Engaging children's minds: the Project Approach*）中这样描述："单是学术化或游戏化的课程对年幼的孩子都是不够的。因为这两者均未能充分挑战孩子的心智……我们认为真正符合发展原理的课程应该要强调心智目标。因此我们倡导方案教学。"①

方案是对一个有较多学习价值的主题所做的深入探究。方案活动是整个班级（有时是班级内的一群儿童，偶尔也会是一个儿童个体）对某一主题进行广泛深入研究的活动。② 当整个班级参与方案活动时，儿童会以一个组或个体的形式参与研究大主题下的分主题。"方案的最重要特征是着意地将研究努力放置于寻找问题的答案上，而这些问题是经由儿童、教师或师幼共同对主题的探究而提出的。"③在这种活动中，儿童主要是进行努力寻找主题问题答案的研究，他们要学会运用技能、提出问题、做出决定和选择、承担责任。方案教学和自发性游戏不同，儿童不仅有机会参与各种经过周详计划的活动，而且还必须不断地付出努力。

方案教学是指教师根据儿童的生活经验和兴趣确定主题，以该主题为中心将概念加以扩展，编制主题网络，让儿童通过自己的学习，探索概念的内涵。方案教学的基本要素有两个：一是解决真实生活中的问题；二是以小组为单位共同进行较长期的深入的主题探索。

凯兹和查德认为，方案教学能丰富儿童的心灵世界，让儿童通过自身的经验认识外部世界，鼓励儿童提出问题、解决问题，并积极地与环境发生交互作用。方案教学是非正式课程，有平衡课程的效果，能补充结构性教学（systematic instruction）的不足。结构性教学是一种正式课程，是对儿童的正式教导，旨在帮助儿童学习掌握读写、计算中的具体技能。

（一）方案教学的理论基础

方案教学最初是受杜威的观点启发而来的。在杜威实用主义教育思想的影响下，克伯屈（W. Kilpatrick）于 1918 年发表了《方案教学法》（或称《设计教学法》），在进步主义运动中倡导方案教学。这种方法在 20 世纪初被运用于芝加哥大学下属的杜威实验学校。20 世纪20 年代起，英国伦敦大学学者艾沙克斯（S. Isaacs）主张实施方案教学，六七十年代的普罗登

---

① （美）Lilian G. Katz, Sylvia C. Chard. 探索孩子心灵世界——方案教学的理论与实务［M］. 陶英琪，陈颖涵，译. 台北：心理出版社，1998：9.

② （美）贾珀尔·L. 鲁普纳林，詹姆斯·E. 约翰逊. 学前教育课程（第三版）［M］. 黄瑾，裴小倩，柳倩，等译. 上海：华东师范大学出版社，2005：176.

③ Katz L G. The project approach ［J］. Curriculum design, 1993(295)：27.

时代,方案教学成为英国学前教育和小学教育的一个中心部分。70 年代,许多美国教师在"开放教育"的名义下采用方案教学法。80 年代后期,由凯兹等人重新唤起方案教学。近二十年以来,引起全世界学前教育界广泛关注的瑞吉欧教育体系,其主要的特征之一也是方案教学。方案教学经过具有高度创造性的改造,成为该教育体系课程的一部分。

凯兹认为,方案教学最主要目的在于丰富儿童的心灵世界,它不局限于丰富儿童的知识和技能,也包含儿童的情感、道德和审美能力。当儿童正在通过其自身的经验认识世界的时候,真正的教育应能涵盖其整个成长过程的心灵,应鼓励儿童提出问题、解决问题,并与环境发生交互作用。

此外,方案教学的目的还在于平衡课程,补充并且增强儿童从游戏和结构性教学中所学到的东西。对学前儿童而言,虽然方案具有一贯性和连续性,是课程中比较结构化的部分,但是,由于方案具有偶发性及可商议性,而且不是完全由教师事前决定的,因此,提供了非结构化的、非正式的课程。

方案教学的第三个目的是产生使教育机构生活化的效果,让成人与儿童都视学校为生活,让儿童在学校的经验成为其真实的日常生活体验,而不是与现实生活脱离的经验。从儿童的眼光来看,学校就跟其他地方一样,有时没有外在压力,有时得努力工作,有时则可以完全放松,如生活一般,儿童在学校有可能遇到不同程度的压力。

方案教学的第四个目的是让儿童体验到教室就是一个社区。不论儿童付出努力的方法如何,当每个儿童都被期待和鼓励为团体做出贡献时,社区的气氛就会出现。方案教学提供了许多机会培养合作的气氛,让儿童共享着彼此的经验。

方案教学将自身建立在有关儿童发展和学习的一些因素上:①

1. 互动的作用

社会互动促进儿童的学习和社会能力的发展,因此,儿童应与同伴共同参与积极而富有意义的学习活动。当儿童与新的观念和思想相互作用时,这种活动便吸引了儿童头脑的参与。不过,活动应建立在儿童自己的经验和真实环境的基础上。

2. 非正规活动的重要性

凯兹认为,学习环境越不正式,儿童就越能表达自己的理解,教师也就有更多的机会了解儿童所理解的东西。当然,非正规活动也必须与其他活动保持平衡,这样儿童就能在学习中取得进步。课程的非正规活动包括自发的游戏和方案活动。

3. 不同的教学方法

要促进儿童的学习,需要使用不同的教学方法和策略,这样才能促进儿童学习的成功,而且,年龄越小,越需要使用不同的策略。

---

① Wortham S C. Early childhood curriculum: developmental base for learning and teaching [M]. Upper Saddle River: Prentice Hall, 2000:73.

（二）方案教学的基本要素

1. 课程目标

方案教学主要追求四种类型的课程目标，它们是知识（想法、概念、图书、事实、信息和头脑中其他诸如此类的东西），技能（细小的、分散的、相对较为短暂的、可被轻易观察到或从行为中推理出的动作，如数一组物品），倾向（相对较为持久的思维习惯，或者对发生在各种情境中的经历的特有反应方式，如坚持不懈地完成任务），情感（包括归属感、自尊感、自信感、充足感和不足感、有能力感和无能力感、焦虑感等）。①

2. 课程内容

方案教学的课程内容以主题为核心加以组织，主题既可以是与日常生活相联系的具体事物或现象，也可是比较抽象的，如"滚动"等。

凯兹等人曾给幼儿教育工作者提供了一个主题的基本系统，它们是：（1）儿童的日常生活，如家庭、孩子、食物、玩具等；（2）社区，如居民、医院、商店、交通等；（3）节日与大事，如国庆节、名人来访等；（4）地理，如河流、山川、森林等；（5）时节，如季节、日历、钟点等；（6）自然环境，如天气、植物、动物、水等；（7）抽象概念，如对称、形式等；（8）普通常识，如船、车、太空旅行等；（9）其他，如帽子、宠物等。

方案教学的课程内容涉及儿童的认知、情感、社会性、语言和体能等各个发展领域，具体教学中将游戏、故事、绘画、手工、音乐、数学等方面的内容融合为一体。

3. 课程实施

方案教学的实施总体有五种活动形式：团体讨论、实地考察、发表、探究和展示。这五种形式在方案教学的每一个阶段都有所体现，为教师支持、引导儿童的学习提供了一个策略性的"框架"。

团体讨论是全班一起或分成小组，针对某个问题进行讨论并分享彼此的想法和经验的方式。它也是教师了解儿童经验、指导儿童学习的重要方式。

实地考察就是走出教室进行现场参观、访问和调查，以获得深刻的、直接的第一手资料。如，调查幼儿园的建筑、户外场地或植物，拜访在幼儿园工作的人员，测量幼儿园面积并制作幼儿园的沙盘模型等，这些都是实地考察活动。除了幼儿园外，社区附近也有许多有趣、可让教师和儿童进行参观访问的地方，如商店、街道、自然景观、历史性建筑物、各种服务设施等，这些都能充实儿童对自己周围世界的理解。实地考察可以帮助儿童在个人经验的基础上建构新的知识，直接获得有关现实世界的经验。当儿童能使用感官来了解外部世界时，学习会更有兴趣和更有效果。

发表是让儿童回顾自身积累的与主题相关的个人经验，并将它表达出来。儿童可以用

---

① （美）贾珀尔·L. 鲁普纳林，詹姆斯·E. 约翰逊. 学前教育课程（第三版）[M]. 黄瑾，裴小倩，柳倩，等译. 上海：华东师范大学出版社，2005：228.

语言来表达，更可以用绘画、符号、戏剧扮演或模型制作等各种非语言方式来表述和解释个人经验。通过发表的方式，儿童可以向同伴、教师、父母等解释说明自己的想法、自己所做的工作，将自己的认识和体会与他人交流、分享。

方案教学重视儿童的各种探究活动。为了找到问题的答案，儿童可以访谈自己的父母、校外的朋友；可以通过实地参观和访谈专家，也可以实际接触、实验等方式来探讨分析事物之间的关系，更可以利用图书馆或教室里的书籍进行更深入的研究。

在方案教学中，儿童在布告栏和墙面上展示工作记录（档案），与全班儿童分享个人的工作和想法。借助展示，儿童能非常清楚地了解问题研究的情况，也有利于家长了解幼儿园的教育教学工作。

方案教学的组织过程可分为四大阶段：规划阶段、起始阶段、探索阶段和分享总结阶段。

（1）规划阶段。

这是产生主题并为方案活动的展开做准备的阶段。规划阶段主要的组织过程如下：

第一，确定方案教学的主题。

方案教学主题的产生没有固定的模式。主题的确定可以是计划好的，即教师可以根据儿童的经验、主题对儿童的学习价值、儿童的兴趣、课程的要求及资源的可获得性等方面来选择主题。但有时是偶然发生的，主题可来源于儿童的观点、活动和由好奇心引起的一些突发事件等，如几个孩子在一起聊天或游戏，往往可以产生一个有趣的主题，教师适时地号召和鼓励，将许多甚至全班的孩子纳入活动中来。但从实践层面上来讲，在一个由 25 个儿童组成的班级中，潜在兴趣的数量是相当多的，不可能关注到儿童所有的兴趣。因此，教师需要进行价值判断，决定哪些兴趣是值得集中关注的。如当某一部关于海盗的电影激发了儿童对于海盗的极大兴趣，但是，从发展、教育及道德意义上来看，这一兴趣对儿童的总体学习来说，只有较低的价值，因此，教师不需要花时间和精力组织儿童对该主题进行长期的探索。师幼谈话也是产生方案活动主题的一个很好的方式，对年龄稍大的儿童来说，主题可由教师和儿童以协商的方式一起选择确定。

凯兹等人提供了教师一些标准以判断一个主题是否为一个好主题：①

① 它在儿童自己的环境（真实世界）中能被直接观察到。

② 它在儿童经历的范围内（经历中的大多数还是经历中的一些）。

③ 第一手的直接调查研究是可行的（不是有潜在危险的）。

④ 当地资源是可用的而且是容易获得的。

⑤ 有很大的可能性使用多种表征媒介（角色游戏、建构、画图、多维表征、编制图表等）。

⑥ 家长有可能参与进来并贡献自己的力量（让家长参与进来，并没有多大的困难）。

⑦ 它不仅对当地文化敏感，而且在文化方面总体上是适宜的。

---

① 转引自：（美）贾珀尔·L.鲁普纳林，詹姆斯·E.约翰逊.学前教育课程（第三版）[M].黄瑾，裴小倩，柳倩，等译.
上海：华东师范大学出版社，2005：235.

⑧ 儿童当中有许多人对它感兴趣,或者成人认为它是值得在儿童中间发展的。

⑨ 它与学校和地区的课程目标是相关的。

⑩ 它给儿童提供了充足的机会去运用基本技能(取决于儿童的年龄)。

⑪ 该主题的特定性很适宜——既不太窄也不太宽(如研究教师养的狗则太窄,以音乐为主题则太宽)。

方案活动的主题是有层次和灵活性的,一个大的主题下面可能包含着许多次级主题,这些主题可以在整个方案教学的任何一个阶段产生。另外,一个方案活动进行到某一阶段时,可能会产生意想不到的情形,使得活动的主题发生转换或产生新的、不同的主题。

教师要注意,所选择的主题要能够整合多个学科领域,包括社会研究、科学、语言、艺术,以及读写和算术技能。

第二,编制主题网。

主题由教师、儿童确定下来后,教师就要开始设计初步的主题网(thematic web),考虑方案发展的多种方法,作为与儿童一起协商方案活动规划或开展活动时的框架。主题网就是教师利用自身积累的经验知识和通过询问儿童问题进行头脑风暴(brain storming),对主题下可展开的活动内容或主题下的概念进行多方面的假设与联想,调动出与主题有关的知识经验或概念,经过归纳整理,建立起一定的联系,并以“网状”的形式将这种联系直观形象地呈现出来所得到的网状结构(webbing structure)。

主题网可以作为教学准备的一个步骤,可由教师单独或与同事合作制作,也可由师幼共同讨论建构,当然还可以是二者的结合,即教师先制作自己的主题网,然后请儿童讨论,并根据儿童的意见和建议做出修订。一个主题网整合了各种各样的学习活动,主题网可以帮助教师拓展主题的范围,丰富主题的内容。

编制主题网大约可分四个步骤:一是头脑风暴。就某一主题,教师尽可能地利用自己的经验发散思维,也可通过让儿童进行头脑风暴,挖掘任何与主题有关的、所能想到的想法和概念,并进行记录。如果与同事合作制作主题网,应该先各自独立进行头脑风暴,再相互交流、讨论。分享与交流可使主题网编制得更完善。如果是与儿童共同制作主题网,除了自己的发散外,还需要把儿童的不同想法记录下来。二是归类。将头脑风暴后的记录尝试按类别分组,注意类别不要重复,类别下的内容或概念也不要重复。三是命名。选择一个最合适的概括性字词或短语,将每组中的内容或概念连接起来,即为每一类别写下一个标题,确定次级主题的名称。在这个过程中,教师需要重新验证一下分类是否重复或遗漏。四是连网。在大的纸张的中央写上主题名称,将主题用辐射状的短线与各次级主题连接起来,构成一个网状结构。主题网中的许许多多的小概念,就像是从一个中心概念散发出的星点一样,没有先后次序之分。

主题网由许多与主题有关的次级主题联结而成。在编制主题网时,教师可将主题网中的某一次级主题“放大”,并以该次级主题生成新的主题网,这是方案教学中常采用的一种策略,叫拉近技术(zooming in)。例如,在“幼儿园里朋友多”这一主题网中,“我的朋友多”是一个次级主题,如若儿童对它感兴趣,即可将它进一步"放大",引出"我的同伴""幼儿园的大朋友""哥哥姐姐"等次级主题。而"我的同伴"作为又一个次级主题,可引出"同伴的姓名、生日""同伴的本领""同伴喜欢的物品""同伴的电话号码"等内容。由此,通过拉近技术,次级主题可不断拓展,幼儿对主题的探究也可不断深入。

以上的主题网可详见图9-4。

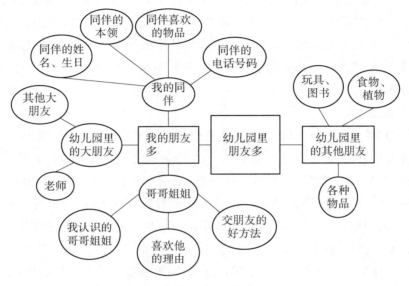

图9-4 "幼儿园里朋友多"主题网

(2)起始阶段。

方案活动开始时,教师要善于激发儿童的兴趣和好奇心,充分调动儿童与主题相关的经验,引发儿童进行开放式的讨论。教师鼓励儿童运用表征和表达的方式,如用语言表述自己的意见和亲身经历,也可以用绘画、戏剧扮演的方式来表现自己对于研究主题的体验及了解,重温与该主题相关的经历和回忆,并与同伴、教师、家长一起分享经验。例如,在开展"超级市场"这个主题活动的第一阶段,教师可以组织幼儿进行自由的谈话、开展角色游戏或绘画,用多种方式表达他们对超市的认识和理解。

通过表达与分享经验和"作品",可提高儿童参与活动的兴趣,也可使教师比较真实全面地了解儿童关于主题的原有经验和问题。此时,教师不要急于纠正儿童的"错误"观点,也不要马上提供正确的答案,而应充分让儿童陈述问题并提出解决问题的设想。儿童的经验、认识、设想和问题可以运用照片、文字、绘画等方式展示出来,既可留作"档案",也是以后活动的"起点"。

在讨论阶段,教师应关注三方面的问题:一是儿童已有的相关经验是什么;二是儿童的疑问是什么;三是如何让家长参与到方案活动中来。儿童的学习需要家长的支持,如果教师能用一定的方式,告诉家长目前所进行的方案活动,这不仅有利于他们理解幼儿园的工作,而且能通过"自然的"家庭活动,如带儿童去超市购物、谈论与主题相关的经历等方式丰富儿童的经验。同时,也有利于家长积极参与幼儿园的教育教学工作,发挥"教育资源"的作用,让家长以各种方式为方案活动出一份力,如安排参观的场所、出借要陈列的物品、接受儿童的访谈、提供获得信息的途径。

（3）探索阶段。

在儿童表达和分享了过去的经验,发现了共同关心的内容,明确了希望探讨的问题后,教师确定探索主题的地点,与该地点的人和其他能帮助儿童进行主题探索的成人一起设计方案。然后,教师可带领儿童实地调查、访问专家,并提供相当比例的与主题有关的非结构化活动。教师的重点工作是向儿童提供新的直接经验,以及依靠实地考察和收集大量信息来解决问题,并使活动多样化,以适应每个儿童的学习需要和兴趣。

实地考察前,教师应该帮助儿童考虑要探讨和解决的问题,要与之讨论可能会收集到什么资料,如何进行记录等。实地考察前的准备,对儿童来说也是一种重要的学习活动。

实地考察不需要很复杂。儿童可以去学校附近的地方,去商场、小店、公园、建筑工地等。实地考察有一个基本程序:全班先做整体考察,然后分成几个小组,每组由一位教师或家长带领。这样,每组可针对现场某一问题做更详尽的调查或观察,同时,小组成员可以一起交谈、讨论、访问,或个别就自己感兴趣或不理解的问题与工作人员交谈。实地考察时儿童可观察的事物包括:实物、事件、流程、工作中的人、材料、设备、工具、机器、记录及测量的工具、植物、动物等。教师要鼓励儿童在参观时仔细观察和提出问题。为了使儿童观察得更仔细、记忆得更清晰,教师应该指导儿童学习一些记录的方法,如绘画、照相、录音、数数、书写、收集说明书或其他材料等,并让儿童选择自己最喜欢的方式进行个性化的记录。教师可让儿童携带一个简易的写字板（用纸板和纸夹做成）,简略地画下或写下特别感兴趣并且在回到教室后能派上用场的内容。教师（包括家长等其他成人）要采用建议的方式协助孩子解决旧问题、提出新问题,还要帮助儿童把以后讨论可能会使用到的信息记录下来,同时注意儿童的个别反应与兴趣。

实地考察之后,教师组织儿童根据记录参与不同形式的后续探索活动。首先,鼓励儿童对考察的问题进行讨论、回忆。通过讨论,可以检查儿童是否解决了实地考察前提出的问题;比较实地考察中获得的信息与原有想法的差异,并对原有的想法进行修正。教师从中确切地了解儿童的进步和新的困惑,确定下一步所要研究的新问题。有时,为了对某个主题进行深入研究,需要多次实地考察。其次,教师要提供儿童相当比例的与主题有关的非结构化活动,组织儿童根据观察所得的资料进行多种形式的自由表达。非结构化的活动包括戏剧游戏、书写、建构、舞蹈或绘画等。这时,教师和儿童可通过回顾主题网或重新设计主题网来评价方案活动的过程,并确定新的问题或方案发展的方向。

在方案活动开展过程中,师幼双方始终处于积极的互动状态之中,多种类型的活动保证了这种互动。凯兹等人将这些活动分成三大类——建构互动、调查互动和戏剧扮演。这三大类活动中融合了语言、数学、科学、音乐、美术等各种知识和技能的学习。

（4）分享总结阶段。

教师设计一个高潮部分，让儿童与他人分享活动的成果，就此结束方案活动。

儿童的作品被陈列出来，家长及其他班级的儿童和教师都来参与活动。方案活动的成果，如儿童档案袋、方案作品、教师观察记录、书面描述等，都可以被展示出来以反映方案主题的进行过程。

分享总结是方案教学的最后一个阶段，是一个对全程活动系统的反思和总结过程。对儿童来说，评估、反思、分享自己及他人的学习经验是最有价值的内容，反思和总结的过程实质上是给儿童一个从更加整体化的角度、以各种方式表现和展示自己的新知识、新理解、新能力的机会。这种展现让每个儿童就在方案活动中所获得的学习经验进行交流、沟通，有助于儿童将新知识加以内化，也有助于养成儿童在集体面前大胆、清晰、完整讲述和表达的能力，形成积极反思和评价的良好作风，从而达到促进儿童发展的目的。

分享时，由儿童个人讲述自己整个活动的历程，或在教师及同伴的帮助下整理并展示活动中积累的成果，如绘画、照片、雕塑、模型等各种作品，向同伴和家长等汇报总结所收集的资料和自己的发现；也可以由全班儿童集体举办一个面向全园的作品展示会、戏剧表演等。

以上是方案教学组织的全过程。方案活动实际展开时，主题网并不是固定不变的，它必须随着儿童的兴趣、课程的发展而调整。一个方案可在较短的时间段内完成，持续几天，也可在较长的一段时间内完成，持续数月。教师可根据儿童活动中的兴趣和实际表现灵活掌握。

另外，家长的参与和社区资源的充分利用，在方案教学中占有重要的地位。家庭成员是儿童学习过程中的伙伴和合作者，家长和社区各类人员能为儿童提供大量的物品与信息，这对于主题的展开与深入都是十分有益的。

在方案活动中，教师的角色更多的是指导性的而非教导式的。儿童可随时向教师请教，教师则根据对儿童发展的观察来创设一个有价值的活动环境，并以此来促进活动的进展。在方案活动进行时，教师观察参与活动的儿童，把儿童的经历记录下来。就个体儿童可能需要的指导以及儿童对于新知识、新技能的问题，给予儿童相关的暗示。

在方案活动开展过程中，教师还是一名领导者，表现在教师帮助组织活动的进程；鼓励儿童对他们在讨论过程中提出的问题予以深入、持久的关注；确定活动完成的时间；给儿童如何表征他们的发现研究的相关建议等。

4. 课程评价

在方案教学中，文献展示法被认为是评估儿童的重要方法。其中，五种策略可用于记录儿童的进步：档案袋、个人或小组作品、观察记录、儿童的反思和学习经验的描述。每一种都能有助于理解儿童的进步和兴趣，有助于不断地评估方案的进步和所做的改变，有助于展示能与家长和他人分享的儿童作品。

（三）对方案教学的评析

凯兹等人自己总结了方案教学的优势。首先，其考虑了儿童知识技能的获得，也考虑了儿童性格和感官的发展。同时，其也提供了运用和发展儿童社会技能的条件与事件。最后，其给教师以不断的挑战，使教师为获得工作上的成就感而不断努力。

方案教学对当今我国的幼儿园课程实践也有许多启示。方案教学以主题的形式对儿童实施课程、开展教育，能使儿童的经验整体化；方案教学注重创设儿童能够与熟悉事物进行内容丰富的互动和对话的学习环境，提供不同能力水平的儿童都能够参与小组合作活动的机会；方案教学采用师幼互动的方式灵活地执行教师制定的计划，并随时根据儿童的实际表现进行调整，使教育更符合儿童的兴趣和需要；方案教学注重儿童的调查研究和表达表现，培养儿童的探索精神和多样化的表征能力，使儿童发挥出教育中的主体作用；方案教学记录儿童的进步，注重儿童的过程性评价。这些都是我国幼儿园教育实践值得借鉴的做法。

然而，方案教学作为一种弹性课程，运行过程有较大的灵活性，没有统一的操作模式，需要教师在与儿童互动的过程中学会观察幼儿，运用智慧与幼儿有效互动，把握教育、教学的实施，因此，对于教师的专业水平的要求较高，这在一定程度上影响了其操作性和推广性。

五、瑞吉欧教育体系

瑞吉欧教育体系（Reggio Emilia Approach）创建于 1945 年。在 1945—1946 年，意大利政权进行重新改组，意大利民众兴起了由家长团体自行经营的学校。1945 年，瑞吉欧教育体系的创始人马拉古兹（L. Malaguzzi）和当地家长在没有任何资源的情况下，在意大利东北部的一个小镇——瑞吉欧·艾米里亚建立了第一所学校：砖头是从爆炸后的房子里捡来的，第一座建筑是家长建造的。就从这第一步的努力开始，瑞吉欧教育体系开始建立了。1963 年，意大利充分肯定了非宗教性幼儿学校设立的权利，从而打破了天主教会垄断幼儿学校管理权的局面。1967 年，所有家长经营的民间学校全部由瑞吉欧·艾米里亚市政府收回管理，并于 1972 年通过了有关的学校管理规则。学前教育的指导和控制权得以解决后，这一地区最终建立了一个公共的儿童保教体系，形成了一套特殊且创新的教育哲学与理念、学校管理方法以及环境设计的观点，构成了一个有机的整体，即为瑞吉欧教育体系。

1981 年，瑞吉欧教育体系在瑞典的斯德哥尔摩举办了题为"如果眼睛能越过围墙"的展览，介绍了其工作成果。这一题目的含义为：眼睛代表儿童的心智、教学和教育，只有当眼睛越过由平庸、浮夸、迎合、惰性及怯懦所组成的围墙时，才能真正地开始看，开始推理，开始更新。这意味着只有冲破传统观念的围墙，才能真正地承认儿童的权利与潜能，实施适合儿童的教育。该展览取得了巨大的成功。

为了更准确、生动地反映其经验，1987 年，瑞吉欧教育体系在美国纽约的展览改名为"儿童的一百种语言"，其深刻含义在于：儿童虽然不能像成人那样掌握娴熟的语言技能，但儿童对自己及对世界的认识的表达却是独特的、多样的。1991 年，美国最有影响力的杂志之

——《新闻周刊》,把瑞吉欧幼儿学校评为世界十大最佳学校之一。如今,瑞吉欧教育体系被视为欧洲教育改革的典范,引起了全世界学前教育者的普遍关注。

(一) 瑞吉欧教育体系的文化背景和理论基础

1. 瑞吉欧教育体系的文化背景

美国心理学家加德纳教授在《儿童的一百种语言》的前言中曾这样讲过:"不管一个教育模式或体系如何理想,它总是立足于当地的环境中,没有一个人能够把瑞吉欧的戴安娜(Diana)学校搬到美国的新英格兰地区,也没有人可以把美国的新英格兰学校搬到瑞吉欧罗马格纳这个地区。"①这说明任何一种课程模式都有其独特的文化背景和支持系统,瑞吉欧教育体系也不例外。

瑞吉欧·艾米里亚是意大利东北部的一个城市,艾米里亚·罗马格纳(Emilia Romagna)是其所属的地区。这个地区是艺术和建筑珍品的故乡,不仅风景优美,而且在意大利因适合居住而闻名。其城市的低失业率、低犯罪率、高所得、诚信有效的地方政府及高品质的社会服务使得其市民在意大利 20 个地区中享有最高程度的市民责任感、团结、互助与合作的美誉。艾米里亚的市民认为每个人都可以代表他们自己及其隶属的团队,以主角的地位说出他们的心声。市民崇尚以民众组织与合作的方式来共同解决问题。这样一些悠久的传统,使艾米里亚的市民更加以主人的身份关注和参与教育,并就早期教育服务质量不断地与教育工作者展开对话,教育工作者也更加以全民社区的视角来组织与发展教育。在意大利,大家庭正在减少,但意大利的现代家庭成员相互之间仍然很近。意大利现在是世界上出生率最低的几个地方之一,所以,他们认为对于儿童的教育,大家有共同的责任,不管在实践中情况怎样,这仍然是意大利社区的理想。

以上是瑞吉欧教育体系特有的文化背景,一种特定的文化和独特的价值观念孕育了瑞吉欧教育体系。

2. 瑞吉欧教育体系的理论基础

受杜威的进步主义教育思想、皮亚杰的建构主义理论以及维果茨基的社会建构主义理论的启发,马拉古兹在对学校中的婴儿、学步儿和幼儿进行教育的实践中,逐渐发展形成了自己的幼儿教育理念和特色。

进步主义教育运动是 19 世纪末 20 世纪初出现在美国的一种教育运动。其核心的思想就是提倡民主精神,反对教育中对儿童的压制,要求尊重儿童。进步主义教育运动的代表人物杜威认为,教育即生活、教育即生长、教育即经验的改造,由此导出了"从做中学"的命题,导出了使用"问题教学法"让儿童在生活中去发现问题和解决问题的思想,并提出了"儿童中

---

① (美)卡洛琳·爱德华兹,莱拉·甘第尼,乔治·福尔曼. 儿童的一百种语言(第 3 版):转型时期的瑞吉欧·艾米利亚经验[M]. 尹坚勤,王坚红,沈尼婧,译. 南京:南京师范大学出版社,2014:3.

心"的论点。杜威的进步主义教育思想成为瑞吉欧教育体系的重要理论根源之一,他们反对对儿童进行知识的单向灌输,认为教育要以儿童为出发点,尊重儿童的人格特点,鼓励民主与合作的精神,发展出了以主题为核心的方案探索活动。

瑞吉欧教育体系的另一重要理论来源是皮亚杰的建构主义理论。皮亚杰认为,学习是一个主动建构的过程,知识是由外部客观刺激和主体认知结构相互作用而不断建构的结果,是由个体基于自己的经验背景与环境材料相互作用而建构生成的。皮亚杰认为,教育要注重儿童的需要、动机、原有经验和认知水平,注重学习的准备条件,不急于直接把知识"教给"孩子,要善于等待幼儿。因此,在瑞吉欧学校,儿童成为了主动的学习者。

瑞吉欧教育体系还受到了维果茨基的社会建构主义理论的影响。皮亚杰的理论低估了成人在促进儿童认知发展方面的作用,忽略了社会互动因素在儿童发展中的作用。因此,除了运用皮亚杰的理论外,瑞吉欧教育体系还整合了维果茨基的理论。维果茨基认为,学习的主动建构是社会的,而非个人的,人与人之间的社会互动是心理发展的源泉,教育是成人和儿童之间发生的"社会共享",强调集体学习及关系。瑞吉欧教育体系吸收了维果茨基社会建构主义的思想,强调儿童的集体学习。"集体"成员不仅仅指的是儿童,还包括成人,如家长、教师、他校的成员、社区成员等。除此之外,他们还关注维果茨基关于在形成观念、做出行动计划时语言和思维共同活动的理论及最近发展区理论。

此外,瑞吉欧教育体系还吸收了布朗芬布伦纳的教育生态学观点、加德纳的多元智力理论等。

广泛吸收各种理论之精华,将它们整合、提炼后,马拉古兹提出自己清晰的儿童观。儿童被认为是教育过程中的最主要的因素。儿童具有巨大的潜能,富有好奇心、创造性,有兴趣进行建构学习,并与环境中的一切接触。儿童不是孤立的,教育必须关注每个儿童与其他儿童、家庭、教师和社区的关系,强调小组活动。

(二) 瑞吉欧教育体系的基本要素

1. 课程目标

瑞吉欧教育体系提出了具有人文主义特色的课程目标:"让儿童更健康、更聪明、更具潜力、更愿学习、更好奇、更敏感、更具随机应变的能力、对象征语言更感兴趣、更能反省自己、更渴望友谊。"[①]从中可以看出该教育体系所追求的目标是促进儿童的健康成长和适应社会生活能力的发展,并突出了主动性、创造性的发展在儿童健康成长中的作用。

2. 课程内容

瑞吉欧教育体系的课程是生成的(emergent),教师并没有事先计划有明确目标的学习活动,更没有固定的"教材"或预先计划好了的"教育活动方案"。马拉古兹认为:"因为我们确

---

① (意)Malaguzzi L等. 孩子的一百种语言[M]. 张军红,等译. 台北:光佑文化事业股份有限公司,1998:24.

实知道的是，与幼儿在一起，三分之一是确定的，三分之二是不确定的或新的事物。"①

在设计课程时，教师事先研究儿童的能力、需要和兴趣，只制定一般的教育目标，根据对儿童的了解，做出发生情况的假设，同时考虑儿童、家长、社区和文化因素。可见，瑞吉欧教育体系的课程内容是建立在儿童兴趣和环境的基础上的，体现了较明显的儿童中心主义的课程设计取向。

瑞吉欧教育体系没有明确规定的课程内容，主题的选择是非预设的。课程内容主要来自儿童周围的环境，来自儿童生活中感兴趣的事物、现象和问题，来自儿童的各种活动。主题很多是从以下的问题产生的。

- 对物质世界和社会的好奇：影子的性质是什么？为什么有这么多的人群？
- 可行的建议：我们何不为鸟儿建立一个有趣的公园？我们开个运动会吧！
- 哲学困惑：敌人能成为朋友吗？儿童有权利吗？

瑞吉欧教育体系中儿童探索的主题，如"看见自己感觉自己""广场上的狮子的肖像""雨中城市""一片梧桐叶""孩子与电脑""收获葡萄""有关喷泉的讨论""水坑""椅子和桥的平衡"等，都涉及各种自然现象和社会现象。

除了围绕自己感兴趣的事物和问题开展研究外，儿童，尤其是小年龄的儿童还从事许多其他活动，包括积木游戏、角色游戏、听故事、表演游戏、烹调、家务活动以及穿衣打扮等自发性的活动，还有很多艺术活动，如颜料画、拼贴画等。

3. 课程实施

瑞吉欧的教育者认为空间可作为第三个教育者，把环境称为"第三位教师"，课程实施中首先崇尚优质的空间环境设计。

瑞吉欧教育者认为，优质的教育需要有理想的学习空间，他们致力于建立一种舒适、美观的学校环境，尊重儿童在环境中进行学习和游戏的权利，所以在空间环境的设计上，不论是设备的品质、空间的规划，还是建筑物本身等都考虑颇多。瑞吉欧学校的整体空间环境营造出了一种舒适、温暖、愉悦的气氛，空间的组织及其中的设备和材料都有一种内在的秩序与美感。玻璃被广泛用于连接内部空间，同时也创造出室内环境和室外环境一体化的感觉。大多数教室有大的向外开的窗户，形成光和影。镜子到处都是，大量的各种类型的反射物在走廊、教室和广场中都可见到。使用轻的盒子和被照亮的桌子展示儿童所收集的树叶或其他物品。教室的空间可作为小型工作坊，儿童在此可以巧妙地运用各种材料，独自或与同伴进行方案探索活动。教师为儿童提供悉心安排好的材料，使他们能自由拿取，供他们进行创造活动。

在瑞吉欧学校中，没有一处无用的环境。校门口被精心布置成一个"会说话"的长廊，贴

---

① Edwards C, Gandini L, Forman G. The hundred languages of children: the Reggio approach to early childhood education [M]. Westport: Ablex Publishing Corporation, 1998:61.

着一些公告、记录以及预告有关学校整体形式与组织事务的海报,向每一个来访者传达学校的概况,使人一目了然。学校中有一个共同的空间,是一个能作为活动中心的露天广场（plazza）。在这个广场周围放置着各种材料、工具、玩具等以支持儿童的兴趣。它是一个以注重社区的综合性教育理念为基础的空间设计的体现。因为在意大利,社区的广场是人们见面、聊天、讨论及参与政治、街头艺术的地方。学校的广场同样具有这一意义,它是儿童之间接触、发展友谊、游戏及进行其他活动的场所。在这里,儿童与同伴、儿童与不同的成人、成人与成人之间经常碰面,生发出更多的想法,促成更多的教育活动。儿童的教室与其他空间设施、广场虽相隔一段距离,但也都相互连接,每间教室都被区分成若干紧邻的空间,主要是考虑让儿童可独处或与教师在一起。校园内的所有墙壁都是会"说话"与"记录"的,因为它们是儿童或教师作品临时或永久性陈列和展示的空间。

瑞吉欧教育体系的环境还强调"家庭"元素。教室被屏风、布帘或帐篷等分成若干个小空间,儿童可自由选择区域,投入到方案活动中;教室内还设置了很多私密空间以满足儿童独处的情感需要;在婴幼儿中心门口设有舒适的躺椅,供家长抱着孩子和教师或其他家长交流;教室里铺着地毯,上面摆放了许多枕头,供婴幼儿爬行,或依偎在教师的怀里听故事。

瑞吉欧教育体系的课程实施以方案活动的形式进行。由于瑞吉欧教育体系强调在真实生活中解决问题,课程的组织与实施以方案活动的方式进行,所以,瑞吉欧教育体系的一大特色就是方案教学。在课程实施过程中,通过师幼共建的弹性课程与探索性教学,教师不断与儿童互动,观察、记录儿童的表现,与所有的参与者讨论;儿童通过探索,用一百种语言（图形、绘画、图表、泥塑、模型、生动的连环画等）表达创造出他们最感兴趣的内容。作品展示最终供其他儿童、家长和社区成人观赏。

同时,瑞吉欧教育体系的方案教学与凯兹提出的一般意义上的方案教学相比,更有其自身的特色。

（1）瑞吉欧教育体系的方案教学强调互动。

两者的主要差别是,在凯兹的方案教学实施过程中,教师对方案活动负主要的责任,方案活动具有明显的组织性,主要有三个阶段,总体是一种以目标为导向的教学方式,儿童解决问题能力的提高是方案教学的最终目的。而瑞吉欧方案教学是师幼共同合作的活动,强调儿童在主题探索活动中与教师、同伴的互动,强调学校与家庭、社区的互动。

（2）瑞吉欧教育体系的方案教学注重关系的建立。

瑞吉欧教育体系认为学校是一个关系系统,方案教学中的关系涉及三个方面:幼儿与教师平等、对话的关系;学校与家长沟通、合作、共同管理学校的关系;教师与教师集体协作的关系。

在瑞吉欧学校中,教师与儿童完全是平等的,儿童是计划课程和评价活动的平等参与者,每个方案都可能来自儿童的建议、想法或儿童的重要事件。在教育过程中,教师与儿童之间的关系是相辅相成的,他们互相提问、倾听与回答。瑞吉欧的教育者喜欢的一种隐喻是:"接住孩子抛过来的球。"其含义即是教师对儿童的倾听、关注,并且教师要以真诚的态度与儿童对话。教师与儿童之间的关系就如教师与儿童一起打乒乓球一样,一方把球抛出去,另一方把球接住,然后再把球抛回给对方……游戏是双方合作进行的,离开任何一方,游戏就无法继续下去。

在瑞吉欧学校中,家长一直是重要的参与者。家长对学校有知晓和参与的权利,家长在很大程度上与学校合作,共同负责学校的决策的制定及推行,共同管理学校。每一所学校的家长几乎都会成立一个咨询委员会,每月定期开会 2 到 3 次,一起讨论课程计划,策划方案活动,寻找必备的材料,协助教师准备环境、安排场地。家长和教师都是主动的,共同承担教育子女的责任,他们经常就教育孩子的问题交换意见,进行沟通。通常厨房中有较大的窗户,在家长和孩子入园时,厨师就可以通过窗户与他们互动,讨论及展示中午的菜谱。课程实施中鼓励家长参与,与教师进行思想交流。家长参与的方式有多种形式。每个班级的家长和教师就班级的特别事件,开单独的会议以及全班集体会议;家长和教师就共同关心的事情可进行小组讨论。家长在晚上或是周末来为学校添置一些设备或做一些别的贡献。还有整个学校范围内的会议,将集中讨论教育的问题(诸如儿童语言的学习和早期读写能力的培养等)和与儿童发展有关的话题(诸如父亲在儿童发展中的作用等),或是和学校资金有关的问题。有时瑞吉欧学校会安排会议来确保所有的家庭成员都感到自己是合作者。

在瑞吉欧学校中,教师与其他同事之间是一种密切合作的关系,是在集体协作的方式下工作的。每一间教室都有两位教师协同教学,学校所有的教职员工一星期开会一次,所有教师每周有 6 个小时在一起,相互呈现儿童的作品及记录,不断讨论和解释儿童的活动,使教师自身得到理论与实践的丰富。因为瑞吉欧学校的教师体会到,专业的成长一部分来自个人的努力,但更重要的是来自与同事以及专家之间的讨论,在讨论中通过认知冲突的发生与解决,最终取得进步。班级教师还会与工作坊教师合作,共同推进儿童的活动,与他们交换促进儿童进一步与材料互动和进行讨论的做法。

(3)瑞吉欧教育体系的方案教学强调意义、经验的分享。

一般意义上的方案教学强调"做"的要素,强调"过程"与"步骤",而瑞吉欧的方案教学强调儿童、教师及父母共同分享事物、经验的意义。

瑞吉欧的教育者认为,父母在孩子学习、建构知识的过程中已成为了他们的学习同伴,父母通过"教学记录",不仅了解到孩子的学习结果、工作成品,而且也了解到孩子的学习过程、学习方式,增强了父母对孩子学习过程的兴趣与投入,这样父母就可以与孩子一起分享他们所获得的经验,分享所获得的事物的意义。教师在儿童的方案活动过程中也参与讨论,如教师经常请儿童解释他们的作品,要求儿童回顾所发生的事,与他们谈话并尝试发现儿童所说与所做背后的深层原因。儿童在交流的过程中,获得自我认同或发现矛盾、冲突,进而重新评价或改变自己的认识。瑞吉欧的方案教学是成人与儿童共同建构、共同表达、共同成长的学习过程。

(4)瑞吉欧教育体系的方案教学强调教学记录的影响力。

记录不仅是学习的过程,也是学习的结果。瑞吉欧学校的教室的墙壁上满是儿童在学校里的体验,尤其是他们在方案中的长期参与的过程和高质量的成果。瑞吉欧学校的教师善于通过持续细心的观察、倾听,采用如笔记本、照相机、录音机、幻灯机、录像机等不同的工具,从不同的角度对儿童方案的探索活动进行记录。教师通过儿童活动记录的整理,在分享儿童学习经验的同时,也进行反思,包括对教学策略的思考,对儿童认知方式的把握,对方案在不同阶段的进展状况、儿童使用多种符号表征世界的方式等进行诠释与思考,使教师再一次聆听与回顾教学工作中的对话,给教师提供了解儿童想法与做法的机会,帮助教师确定方案的下一步骤。记录也帮助儿童进一步回忆,拓宽其学习的范畴,同时也为家长了解儿童,与儿童互动、与学校互动提供了机会。

(5)瑞吉欧教育体系的方案教学注重工作坊的设置与运用。

在瑞吉欧教育体系的方案教学中,工作坊的设置是又一特色。他们认为儿童的学习并不是教师教授后的一个自行发生的结果,而大部分是儿童自己参与活动的结果及教师提供资源的过程。他们反对传统教育把儿童的心灵看作是逐渐填满的容器,主张儿童在与事物、材料,与同伴的互动中逐渐积累经验,逐渐自我社会化,从而成为一个主体。工作坊就为儿童提供了这样一个学习场所。教师运用自己的艺术背景与儿童一起活动,参与儿童的绘画、涂色、黏土和使用其他技术及材料的活动。工作坊教师帮助儿童交流和表征他们在方案活动中学到的知识,他们也与班级教师、专家交谈,帮助教师理解儿童的艺术作品及学习方式。

其次,在瑞吉欧学校中,儿童在进行主题的探索活动时,往往急于表现对主题的认知,工作坊就为儿童提供了一个自由表现的机会与场所。在这样一个空间环境中,儿童将自己对不同主题活动探索的感受、体验、认知与理解,用不同的象征性语言,如绘画、泥工、肢体动作等加以表达。在工作坊中,儿童以丰富大胆的想象,以愉快的情绪,利用自己灵巧的双手,借助可用的材料将自己对世界独特的认知用多样化的象征性语言表达出来。

工作坊是儿童双手和心智探索的空间,儿童丰富的内心世界在工作坊中得到激发,所以马拉古兹说"工作坊是激发儿童的地方"。工作坊的教师都受过视觉艺术的训练,在每所学校与儿童、班级教师合作,从而使儿童探索更多的材料,使用更多的语言,使自己的学习"看得见"。

(6)瑞吉欧教育体系的方案教学鼓励儿童用多种多样的方式表达自己对世界的认知。

瑞吉欧教育体系认为儿童与他人交流的方式不仅仅包括传统的口头语言与书面语言,还包括儿童的符号语言的表征,如动作、绘画、建构、雕塑、戏剧游戏和音乐等,以发展儿童的交流水平、表征技能和想象能力。儿童表现自己对世界的认知的方式是多种多样的,儿童有多种符号语言,如果成人提供儿童发挥创造性的环境,他们就能很好地表达。在《儿童的一百种语言》一书中,马拉古兹写了一首诗《不,其实真的有一百》。

不,其实真的有一百

儿童,是一百的集合。

他们有一百种语言,

一百只手，

一百个想法，

一百种方式，

去思考、游戏和说话。

一百种方式去倾听

去惊讶、去爱慕。

从歌唱与理解中，

获得一百种欢乐。

一百种世界

有待去发现，

一百种世界

有待去创造，

一百种世界，

任他们去梦想。

儿童有一百种语言（另外还有千万种）⋯⋯

一百种语言指的是儿童多种多样的认识、交流、表现的手法和学习方式。对于儿童来讲，图像表现是一种简单且清楚的沟通方法，可以使儿童多样化的想法、意念得以形象化，而且，儿童也喜欢用这种独特的方式来表达。

在课程实施中，瑞吉欧教育体系的教师具有多样化的角色。

当问到教师"是否期望一个三四岁的孩子学会颜色的名字"时，典型的回答可能是"我们当然期望孩子们最终学会他们喜欢的关于颜色的词，但更重要的是，儿童用颜色做实验，体会颜色中的乐趣，理解颜色影响我们所看到的事物和我们怎样看事物"。① 可见，瑞吉欧教师的角色主要不是教授者。具体而言，瑞吉欧教师的角色是儿童活动的伙伴、倾听者、观察者、指导者和研究者。如，教师作为伙伴或合作者与儿童、家长共同学习；教师是专业的观察者，为了了解儿童怎样计划和开展方案活动，要仔细聆听和观察儿童，通过对儿童的观察制定适合儿童的计划。教师要能促进儿童对主题的探索和方案活动的进行，指导儿童发现相互联系的经验、发展解决问题的能力。教师还要提出问题，了解儿童的想法、假设和观点，并提供机会让儿童发现和学习。

除此之外，教师还应成为一名研究者。教师需要通过教学记录，与同事一起在当日进行讨论、反思，如如何与儿童共同建构方案活动，怎样发现既有挑战性又能让儿童得到满足的方案，教师如何介入儿童的活动等，并与儿童一起讨论、思考实践的每一个步骤，与儿童一起

① （美）贾珀尔·L.鲁普纳林，詹姆斯·E.约翰逊. 学前教育课程（第三版）[M]. 黄瑾，裴小倩，柳倩，等译. 上海：华东师范大学出版社，2005：447.

计划以后活动的方向。在这一过程中,师幼一起反省,共建共知,从而不断获得教学相长的经验。

4. 课程评价

瑞吉欧教育体系方案活动的成果集中反映在儿童的艺术作品中,因此,儿童的艺术作品是课程评价的重要依据。教师将儿童的作品张贴在墙上,提供书面信息来评价儿童的进步,同时也给了儿童和教师自我评价的机会。此外,教师还可通过与儿童和同事不断的讨论来评估课程与儿童的进步。班级教师和工作坊教师每天用轶事记录记下儿童的活动,分析进一步促进儿童发展的方法,因此,轶事记录也是评价的一大依据。

(三) 对瑞吉欧教育体系的评析

瑞吉欧教育体系虽然诞生在意大利,但其社会建构主义的理论与实践与目前的课程改革思想相一致,是影响当前世界学前教育的一大课程模式。当前我国的学前教育也可以从瑞吉欧教育体系中得到很多的启示。

瑞吉欧教育体系首先坚持一种忠诚的教育信念。这份教育信念和他们持有的儿童观是密切相关的。他们承认儿童拥有自身的权利、潜力、兴趣和主动性,教育者在实践中要始终予以关注和重视。

瑞吉欧教育体系考虑到了教育的边缘因素,对教育现象的探查更全面和深入。传统上,人们往往把教师、儿童、材料等看作教育系统中的主要因素,而在瑞吉欧学校,除了这些因素之外,还把空间环境、家长、社区等边缘因素作为影响教育的重要因素,充分考虑和重视这些边缘因素对教育及儿童发展所起的作用。

瑞吉欧教育体系重视错综复杂的关系,体现了一种在生态系统中考虑对儿童开展教育及促进儿童发展的大教育观,并重视各方主体参与儿童教育的价值。在瑞吉欧教育体系被广泛宣传和推广之前,学前教育受皮亚杰相关理论的影响,并不强调社会关系在儿童发展中的作用。而瑞吉欧教育体系重视"社会共享",强调集体学习及关系,把儿童之间的关系、儿童与家长的关系、儿童与教师的关系、幼儿园与社区的关系等多维立体的关系看成是教育系统的中心。同时,认为幼儿教育过程中主要的参与者——儿童、教育者、家庭,甚至是社区,是平等的、紧密相连的和缺一不可的,他们其中一方的状态良好,就会促进其他利益主体的参与。除了正规的咨询委员会(包括公民和教师代表以及家长)以外,瑞吉欧教育体系还设计了很多策略来确保家长和社区公民重视并切实建立与教师共同参与儿童教育的合作关系。为此,在瑞吉欧教育体系中,参与被看成是整个教育机构的特征和价值之所在。

瑞吉欧教育体系还尊重和接纳儿童发展中的差异,重视差异性价值。瑞吉欧教育体系将面临的差异看成是一种挑战,时时思考"面对差异,我们能做些什么""我们如何避免统一性和一致性的影响""所有的差异都能被接受吗"等。这些思考和做法反对的是"常态文化",重视的是差异性资源。

此外,瑞吉欧教育体系发现并尊重儿童独特的、多元的对外部世界的认识、交流和表达表现的方式,打破了语言单一的模式;注重教师对儿童进行持续细心的观察,并平等地与儿童互动等,这些都值得加以借鉴。

💡 **思考题** ::

1. 我国历史上较著名的幼儿园课程模式有哪些？它们的主要特征及其对当今幼儿园课程实践的启示是什么？

2. 对本书介绍的国外课程模式与早期教育方案,谈谈自己学习后的体会及其对当今幼儿园课程实践的启示。